国家出版基金项目
NATIONAL PUBLICATION FOUNDATION

U0875323

伟大抗疫精神研究

沈壮海　简繁　等◎著

长江出版传媒｜湖北人民出版社

图书在版编目（CIP）数据

伟大抗疫精神研究 / 沈壮海，简繁等著. -- 武汉：湖北人民出版社, 2024.6
ISBN 978-7-216-10734-1

Ⅰ. ①伟… Ⅱ. ①沈… Ⅲ. ①民族精神—研究—中国 Ⅳ. ①D648

中国国家版本馆CIP数据核字(2023)第204737号

责任编辑：曾若雪 耿天维
　　　　　李诺舟 程 敏
封面设计：刘舒扬
责任校对：范承勇
责任印制：蔡 琦

出版发行：	湖北人民出版社	**地址**：	武汉市雄楚大道268号
印刷：	湖北新华印务有限公司	**邮编**：	430070
开本：	787毫米 × 1092毫米 1/16	**印张**：	25.25
字数：	400千字	**插页**：	2
版次：	2024年6月第1版	**印次**：	2024年6月第1次印刷
书号：	ISBN 978-7-216-10734-1	**定价**：	68.00元

本社网址：http://www.hbpp.com.cn
本社旗舰店：http://hbrmcbs.tmall.com
读者服务部电话：027-87679656
投诉举报电话：027-87679757
（图书如出现印装质量问题，由本社负责调换）

目 录

绪　论

伟大抗疫斗争铸就伟大抗疫精神/伟大抗疫精神的充分彰显/抗疫大考下的中西之比/大力弘扬伟大抗疫精神

暴发于2019年末、2020年初的新冠肺炎疫情，是百年来全球发生的影响范围最广的全球性大流行病，是新中国成立以来我国遭遇的传播速度最快、感染范围最广、防控难度最大的重大突发公共卫生事件。回望我国极不平凡的抗疫防疫历程，中国共产党和中国政府高度重视、迅速行动，习近平总书记亲自指挥、亲自部署，统揽全局、果断决策，带领全党全军全国各族人民进行了一场惊心动魄的抗疫大战，经受了一场艰苦卓绝的历史大考，付出巨大努力，用3年多时间取得了疫情防控重大决定性胜利，创造了人类同疾病斗争史上又一个英勇壮举，孕育形成了弥足珍贵的伟大抗疫精神。2020年9月8日，在全国抗击新冠肺炎疫情表彰大会上，习近平总书记全面阐述了伟大抗疫精神的丰富内涵和重大意义，提出了在全社会大力弘扬伟大抗疫精神的明确要求。抗疫艰难时刻已然过去，但伟大抗疫精神永不褪色。今天的我们仍要深刻领会习近平总书记的重要论述，准确把握伟大抗疫精神的深刻内涵和时代价值，在弘扬践行中构筑新时代中华民族巍然屹立的精神长城。

第一节

伟大抗疫斗争铸就伟大抗疫精神

前所未知的新冠病毒突袭而至，并迅速蔓延扩散，使人民生命安全和身体健康面临严重威胁，使国家治理体系和治理能力经受重大考验，使中华民族伟大复兴战略全局遭遇严峻挑战，使世界百年未有之大变局加速演进。非常之时、非常之事呼唤非常之人、非常之举。

新冠肺炎疫情暴发后，以习近平同志为核心的党中央高度重视、迅速行动，坚持人民至上、生命至上，以坚定果敢的勇气和坚忍不拔的决心，同时间赛跑、与病魔较量，迅速打响了疫情防控的人民战争、总体战、阻击战。特别是习近平总书记在战疫危急时刻的一系列指挥部署和倡议主张，充分彰显了党的核心、军队统帅、人民领袖、大国元首的深厚为民情怀、高超治国智慧、强烈使命担当和博大世界胸怀。在党中央坚强领导下，在习近平总书记正确指挥部署下，全国上下构筑起疫情防控的坚固防线，共同应对这次危机和大考，始终不惜一切、挽救生命，始终万众一心、风雨同舟，始终临危不惧、敢于斗争，始终科学防治、求实创新，始终携手世界、共克时艰，因时因势优化调整防控政策措施，高效统筹疫情防控和经济社会发展，打赢了武汉保卫战、湖北保卫战及上海保卫战等，先后有效处置了百余起聚集性疫情，经受住了全球六波疫情流行冲击，始终用最小代价实现最大防控效果，取得了疫情防控重大决定性胜利，创造了人类文明史上人口大国成功走出疫情大流行的奇迹，交出了一份人民满意、世界瞩目、足以载入史册的抗疫答卷。对一个拥有 14 亿人口的大国来说，这次抗疫斗争历程艰辛曲折，成果来之不易。

大战大考铸精魂。中国的伟大抗疫斗争，是一场豁出一切保护人民生命安全的救援大战，是一场全民参与的群防群控、联防联控的人民战争，是一场以生命赴使命、用大爱护众生的英勇战斗，是一场坚持科学思维决策部署、运用科技武器有力防控的科学作战，是一场守望相助、携手合作的全球战疫。这场波澜壮阔、荡气回肠的大战大考，使中华民族经历了一次精神上的淬炼和洗礼，充分展现了新时代中国共产党人和中国人民的崇高精神风貌，培育锻造了感动中国、震撼世界的伟大抗疫精神，谱写了新时代中华民族精神的新篇章。

第二节
伟大抗疫精神的充分彰显

生生不息的中华民族精神，是我们这个民族坚韧顽强、不可阻挡走向复兴的重要力量。抗击新冠肺炎疫情的斗争，展现出并进一步锤炼着中华民族的伟大精神。习近平总书记在全国抗击新冠肺炎疫情表彰大会上发表重要讲话深刻指出："在这场同严重疫情的殊死较量中，中国人民和中华民族以敢于斗争、敢于胜利的大无畏气概，铸就了生命至上、举国同心、舍生忘死、尊重科学、命运与共的伟大抗疫精神。"① 伟大抗疫精神，是支撑和激励全党全国各族人民英勇抗击疫情的强大精神力量，是中华民族伟大民族精神和党的优良精神传统在新时代的新发扬，是社会主义核心价值观在抗击疫情这一特殊战斗中的践行和彰显，是当代中国人民精神风貌和中国特色社会主义精神优势的直接体现，是中国精神的生动诠释。

一、全力护佑人民彰显生命至上精神

天道好生，仁者爱人。中华优秀传统文化历来具有尊重生命、敬畏生命的人文主义精神传统，历来崇尚"天地之性，人为贵"（《孝经・圣治》）的人本、厚生理念。我国传统医学文化亦注重激励医者做悬壶济世的"苍生大医"。中华优秀传统文化中的民本理念和生命关怀，与马克思主义政

① 习近平：《在全国抗击新冠肺炎疫情表彰大会上的讲话》，人民出版社2020年版，第12页。

党的人民情怀深相契合。从革命战争年代将全心全意为人民服务确立为党的根本宗旨，到中国特色社会主义进入新时代，习近平总书记提出以人民为中心的发展思想，为人民谋幸福始终是中国共产党人的不变初心。

习近平总书记指出："在保护人民生命安全面前，我们必须不惜一切代价，我们也能够做到不惜一切代价，因为中国共产党的根本宗旨是全心全意为人民服务，我们的国家是人民当家作主的社会主义国家。"① 新冠肺炎疫情发生以后，以习近平同志为核心的党中央反复强调"把人民群众生命安全和身体健康放在第一位"，围绕坚决遏制疫情蔓延势头、坚决打赢疫情防控阻击战的目标，果断关闭离汉离鄂通道，不惜按下经济社会运行发展"暂停键"，以巨大的政治勇气和果敢的历史担当，领导人民全力以赴抗击病魔，坚决做到"不遗漏一个感染者，不放弃每一位病患者"。广大党员干部不忘初心、牢记使命，或坚守，或下沉，履职担当，积极发挥基层党组织战斗堡垒作用和广大党员先锋模范作用，鲜艳的党旗在疫情防控斗争第一线高高飘扬。广大白衣战士逆行出征、救死扶伤，为抗疫斗争的胜利立下"头功"，被誉为"新时代最可爱的人"；广大公安干警、社区工作者、以青年为重要组成部分的志愿者团队及广大人民群众无私奉献，踊跃参与生命大救援。这些都是人民至上、生命至上崇高理念在抗疫斗争中的生动体现，也是中国共产党执政为民理念的最好诠释。

二、团结共克时艰彰显举国同心精神

中华民族历来推崇上下一体、举国同心的团结精神。"上下一心，三军同力，是以百事成，而功名大也。"（《荀子·强国篇》）中华文明之所以能够在数千年风雨征程中战胜一切困难和挑战而生生不息、发展壮大，

① 习近平：《在全国抗击新冠肺炎疫情表彰大会上的讲话》，人民出版社2020年版，第13页。

一个重要原因，就是伟大团结精神为我们凝聚着踏平坎坷、激越向前的磅礴力量。中国人民从亲身经历中深刻认识到，团结就是力量，团结才能前进，一个四分五裂的国家不可能发展进步，只有发扬伟大团结精神，才能形成勇往直前、无坚不摧的强大力量。中国共产党是中华民族伟大团结精神的积极弘扬者，团结一切可以团结的力量、调动一切可以调动的积极因素而共同奋斗，是中国共产党领导中国人民取得革命、建设和改革胜利的重要经验。

此次抗击疫情的斗争，是一场波澜壮阔的人民战争，生动展现了中国人民和中华民族万众一心、众志成城的团结风貌。疫情发生后，以习近平同志为核心的党中央高度重视、坚强领导、统一指挥部署，统筹调度全国人力、物力、财力抗击疫情，确立了全国人民齐心抗疫的强大主心骨。在党中央集中统一领导下，14 亿中国人民及广大海内外侨胞紧密团结在一起，谱写着一幕幕守望相助、共战疫情的感人场景：全国各省（区、市）全力做好本地防疫工作的同时，调遣 4 万余名白衣战士及无数医疗设备、防护物资驰援湖北；全国各地区、各部门、各团体、社会各界及港澳台同胞和海外华侨华人，心往一处想、劲往一处使，以各种方式为疫情防控操心出力。一列列火车、一架架飞机、一辆辆卡车、一队队人员、一批批物资、一笔笔捐款、一声声加油，汇成了势不可挡的抗疫洪流，生动展现着中华民族举国同心的团结伟力。正如习近平总书记所指出的："14 亿中国人民同呼吸、共命运，肩并肩、心连心，绘就了团结就是力量的时代画卷！"①

① 习近平：《在全国抗击新冠肺炎疫情表彰大会上的讲话》，人民出版社2020年版，第 14 页。

三、挺身英勇奋战彰显舍生忘死精神

中华民族在历史上经历过很多磨难，但从来没有被压垮过，而是愈挫愈勇，不断在磨难中成长，从磨难中奋起。今天，中国人民所拥有的一切，凝聚着中国人的聪明才智，浸透着中国人的辛勤汗水，蕴含着中国人的巨大牺牲。为国家和民族大义而不惧艰险、迎难而上、不怕牺牲、忘我付出的大无畏斗争精神，是中华民族的宝贵精神财富。习近平总书记指出："中华民族能够经历无数灾厄仍不断发展壮大，从来都不是因为有救世主，而是因为在大灾大难前有千千万万个普通人挺身而出、慷慨前行！"①

此次新冠肺炎疫情，是新中国成立以来发生的传播速度最快、感染范围最广、防控难度最大的一次重大突发公共卫生事件。面对这场严峻的危机与大考，奋斗在各条战线上的抗疫英雄们闻令而动、坚韧不拔，敢于斗争、敢于胜利，以越是艰险越向前的顽强斗志绘就了一幅幅可歌可泣、荡气回肠的壮丽画卷。无数一线抗疫人员冒着被感染甚至牺牲的危险，勇敢逆行、英勇奋战，与疫情拼速度，与病魔抢生命；战斗在其他战线上的勇士们昼夜不息、轮番作战，以顽强毅力攻坚克难，创造出一个又一个展现中国速度、中国力量的人间奇迹；抗疫期间，湖北省内多地施行交通管控，全国范围限通限行，但湖北人民、全国人民不叫苦、不喊烦，积极克服种种困难为疫情防控贡献力量；不幸感染新冠肺炎的同胞们也没有被疾病和危险吓倒，在与病魔勇敢较量中展现着临危不惧的坚韧和顽强；一大批刚刚在火神山、雷神山医院奋战完工的建设者们，来不及休息就紧急投入被称为"生命之舟""希望之舟"的方舱医院建设中。这诠释了全国各条战线上的勇士们舍生忘死的顽强斗争精神。抗疫斗争中有医务人

① 习近平：《在全国抗击新冠肺炎疫情表彰大会上的讲话》，人民出版社2020年版，第15页。

员不幸感染，有抗疫人员壮烈牺牲。英雄的牺牲让人扼腕痛惜，但没有人因此而惧怕。“别样元宵夜，抗魔战正酣。你好我无恙，春花迎凯旋。”张伯礼院士在武汉抗疫一线写下的诗句，展现着广大抗疫人员以生命赴使命、用大爱护众生的大无畏革命精神。

四、坚持创新求实彰显尊重科学精神

科学精神主张严谨求实，鼓励创新创造。中华优秀传统文化历来倡导“考真求实”的求真务实精神，推崇“革故鼎新”的创新创造理念。尊重规律、尊重科学，勇于探索、勇于创新，是我们党成功战洪水、防非典、抗地震、化危机、迎变局，创造出世所罕见的经济快速发展奇迹和社会长期稳定奇迹的重要原因。当前，国际竞争日趋激烈，新一轮科技革命与产业变革不断向纵深推进，只有始终秉持尊重科学的求真务实精神，弘扬伟大创造精神，才能更大力度地激发全民族创新创造活力，创造出一个又一个人间奇迹。

在此次抗疫斗争中，“科学防治”是一个重要关键词。中国人民在疫情防控实践中尊重科学、大胆探索、勇于创新，成功展开了一场场科学的攻坚、科技的冲锋。习近平总书记强调：“面对前所未知的新型传染性疾病，我们秉持科学精神、科学态度，把遵循科学规律贯穿到决策指挥、病患治疗、技术攻关、社会治理各方面全过程。”① 广大科技工作者和医务人员勇担责任、日夜奋战，在病毒检测、临床救治、药物、疫苗及装备研发等重要领域迅速取得了一系列突破性成就。我国科研人员以举世惊叹的速度破解病毒全基因组序列、分离病毒毒株、研制核酸检测试剂；广大中医药人员在临床救治实践中探索出的“三药三方”，取得显著疗效，被中

① 习近平：《在全国抗击新冠肺炎疫情表彰大会上的讲话》，人民出版社2020年版，第15页。

央指导组、一线抗疫专家和社会各界普遍认为是“这次抗击疫情中的一大亮点”；我国科技人员开展的新冠病毒疫苗研制工作亦始终走在世界前列。此外，各级党委、政府积极探索实施科学、精准、协同的疫情防控新举措；多部门运用大数据、人工智能、云计算等信息技术积极开展流行病学和溯源调查、疫情监测、防控救治和资源调配；广大民众自觉遵守正确引导，主动开展科学防护等。这种勇于探索、严谨求实的科学精神，为我们打赢疫情防控阻击战注入了强大支撑力量。

五、携手全球抗疫彰显命运与共精神

“四海之内，皆兄弟也。”（《论语・颜渊》）中华传统文化向来主张天下一家、世界大同。马克思主义传入中国，其无产阶级解放学说和国际主义理想，与中华传统文化有着极高的契合度。中国共产党在团结带领中国人民进行革命斗争，独立自主建设美好家园的实践中，始终保持家国情怀与天下意识、爱国主义精神与国际主义胸怀的高度统一，为人民谋幸福、为民族谋复兴、为世界谋大同。党的十八大以来，习近平总书记在充分把握人类文明发展大势基础上，创造性地提出了构建人类命运共同体理念，成为中国引领时代潮流和人类文明进步方向的鲜明旗帜。

习近平总书记指出：“我们秉承‘天下一家’的理念，不仅对中国人民生命安全和身体健康负责，也对全球公共卫生事业尽责。”① 在此次新冠肺炎疫情防控斗争中，中国人民在抗击国内疫情的同时，还与受疫情袭击的世界各国风雨同舟、患难与共，积极支援、帮助各国人民与疫情作斗争。习近平主席高屋建瓴、顶层擘画，与联合国等国际组织、地区组织负责人及多国领导人在致电、通话、会谈中，积极阐扬人类命运共同体理念，商

① 习近平：《在全国抗击新冠肺炎疫情表彰大会上的讲话》，人民出版社2020年版，第16页。

讨合作抗疫方案，倡议构建人类卫生健康共同体；我国相关部门向国际社会实时发布疫情信息，向世界公开疫情救治方案，分享研究成果和技术文件，并与多国专家联合开展疫情防治技术攻关；我国在力所能及范围内，向多国派遣医疗专家团队、捐赠医疗物资，向世卫组织捐赠抗疫资金等。“遇山一起爬，遇沟一起跨”“守望相助，共克时艰”“青山一道，同担风雨”“山和山不相遇，人和人要相逢”……一批批对外援助物资上标写的双语口号，传达着中华民族的温情和大爱。我国积极倡导的人类命运共同体理念和团结抗疫的主张，越来越成为国际社会的共识，生动展现着大国形象和大国担当。

第三节 抗疫大考下的中西之比

新冠肺炎疫情是全人类的共同敌人，是对世界各国治理体系和治理能力的一次大考。在这场大考中，中国速度、中国力量、中国精神得到进一步淬炼和验证。中国共产党领导中国人民迎难而上、顽强拼搏，取得了抗疫重大决定性胜利，为世界疫情防控争取了宝贵时间、贡献了重要经验、提供了强大支援、增添了必胜信念。与中国相比，一些西方大国的疫情应对表现和成效却有所不及，不仅经济社会发展遭受重创、文化价值观念备受质疑，还有大量民众被病魔夺去生命或身处苦难之中。

一、抗疫大考，检验了中西执政党的政党本色

这是一场有关执政党“价值立场”的大考。中国共产党坚持人民至上，把人民生命安全和身体健康放在第一位，领导实施应检尽检、应收尽

收、应隔尽隔、应治尽治，免费核酸检测、免费治疗、免费接种疫苗，分类管理、精准施治、一人一策等一系列举措，努力提高收治率和治愈率，降低感染率和病亡率。一些西方国家执政党却把经济和政党利益放在第一位，为了保资本、保选举，鼓吹疫情不过是“大号流感”，不断向公众淡化疫情风险，导致疫情失控、酿成悲剧。中国共产党平等、无歧视地保障每一个公民的生命权、健康权，仅湖北一省就成功治愈了3000余位80岁以上、7位百岁以上新冠肺炎患者。然而一些西方国家，老年人却成为政府抗疫不力的“牺牲品”。美国得克萨斯州副州长丹·帕特里克在接受采访时曾表示，他“宁愿死也不愿看到公共卫生措施损害美国经济”，同意以老年人的生命为代价“冒险重启美国经济”。①

这是一场有关执政党“担当作为”的大考。中国共产党统揽全局、统一领导，以巨大勇气和长远眼光因时因势制定关闭离汉离鄂通道等重大战略决策，以科学精神和科学态度领导组织党政军民学、东西南北中大会战。2021年6月国外学者发文称：如果华盛顿采纳了中国实施的公共卫生措施，那么美国今天新冠病毒死亡人数大概也就只有1200人。②然而事实却是，美国民主党和共和党互相攻击，联邦政府与州政府推诿扯皮，医疗、科研机构的专业意见被拒之门外，以及截至2024年2月11日超过120万人、世界排名第一的死亡人数③。中国3914.4万名党员干部投身疫情防控，近400名党员干部为此献出生命，美国一些高官却罔顾人民生死，借疫情为自己谋求私利。美国媒体曾报道多名国会议员一边对公众表示疫情可防可控，一边却通过内幕交易在疫情引发美国股市大跌之前抛售大量股票以“完美”避险。

---

① 参见中国人权研究会：《新冠肺炎疫情凸显“美式人权”危机》，《人民日报》2020年6月12日。

② 参见《“拜登害怕极了”》，“参考消息”微信公众号，2021年7月6日。

③ http://data.who.int/dashboards/covid19/death?n=c.

这是一场有关执政党“胸襟情怀”的大考。中国共产党秉承“天下一家”理念，与180多个国家、10多个国际和区域组织开展疫情交流与合作，领导发起了新中国成立以来援助时间最集中、涉及范围最广的紧急人道主义行动。然而，即便美国卫生研究院研究人员2021年6月在《临床传染病》杂志上发布报告表明，新冠病毒2019年12月就已在美国出现，且这一研究结果也支持了美国疾控中心此前与此相同的研究发现，但美国执政党却一直试图将疫情政治化、病毒标签化，一再散布虚假信息，翻炒“病毒实验室起源论”，攻击抹黑中国甚至世卫组织，还在此期间实施单边主义和贸易保护主义，完全不顾经济全球化潮流和合作抗疫所需。截至2022年6月底，中国已向120多个国家和国际组织提供超过22亿剂疫苗，积极践行了中国将新冠疫苗作为全球公共产品的庄严承诺。而美国曾承诺截至2021年6月底“向海外提供8000万剂疫苗”，最终却不足1000万剂。其极力奉行的“疫苗民族主义”，更是在人为制造“免疫鸿沟”，放任疫情“像野火一样”蔓延。

没有用先进理论武装起来的先进政党的领导，没有先进政党顺应历史潮流、勇担历史重任、敢于作出巨大牺牲，一个国家、一个民族在发展前进的道路上必然步履维艰。中国共产党和一些西方执政党在领导抗疫中的显著不同，真实反映了政党本色，再次证明了中国共产党是风雨来袭时中国人民最可靠的主心骨。我们应在中西比较中讲好中国共产党领导抗疫的故事、共产党员参与疫情防控的故事，进一步坚定听党话、跟党走的信心和决心，引导人们追随榜样力量。

二、抗疫大考，考验了中西制度的优势效能

应对疫情，考验的是制度的组织动员能力。法国前总理拉法兰称赞：“在疫情面前，中国政府展现出强大高效的组织和动员能力，令我印象深

刻，这正是中国制度的优势！”① 与中国各级党委和政府、社会各方面闻令而动、守土尽责形成鲜明对比的，是美国从联邦政府到疾控中心等受制于毫无章法的上级指示，朝令夕改的情况时常出现；与中国医疗卫生、科研等专业机构勇挑重担形成鲜明对比的，是美国相关机构及工作人员因政府的不作为、慢作为和乱作为而面临巨大救治压力，甚至连自身都难以保全。

应对疫情，考验的是制度的统筹协调能力。中国制度不仅能调动各方面积极性，而且能有效整合社会资源，集中力量办大事；然而美国的两党制、联邦制等却让疫情防控处处掣肘，加上长久以来的贫富分化、种族歧视等，整个国家在疫情期间陷入严重分裂状态。为缓解医院收治压力，中国分别在 10 天、12 天建成共可容纳 2600 张床位的“两山”医院，19 天改建 16 座方舱医院，迅速开辟 600 多个集中隔离点；然而 2020 年 3 月美国联邦政府派出的医疗船从声称 10 艘到谣传 35 艘，最终却只有“安慰号”和“仁慈号”被分别派往纽约和洛杉矶。为补齐受援地市资源缺口，中国 19 省份对口支援湖北，采用 9 省联保联供协作和 500 家应急保供企业调运机制，全力保障了居民生活正常运转；然而美国联邦政府和州政府自始至终都在是否封城、隔离、支援等问题上吵得不可开交。

应对疫情，考验的是制度的贯彻执行能力。中国上下统一行动、令行禁止；然而美国联邦政府和州政府却各自为政，纽约州州长甚至表示封锁相当于“联邦政府向这些州宣战”。同是救治患者，中国火神山医院运行 73 天，收治 3059 人，出院 2961 人；雷神山医院运行 68 天，收治 2011 人，出院 1900 余人；16 座方舱医院在 30 天内收治患者 1.2 万余人，实现了“零感染、零死亡、零回头”；而美国“安慰号”有 1000 张床位，在大约 1 个月服务期内仅收治 182 名患者。同是疫苗接种，中国 2021 年 6 月 14 日至 2022 年 5 月 4 日接种量从 9 亿剂次上升至超过 33 亿剂次，而当美国

① 拉法兰：《中国制度优势令人印象深刻》，《人民日报》2020 年 2 月 24 日。

总统拜登下令上门推广疫苗接种，一些州级官员等却以联邦政府侵犯隐私为由拒绝，一次民调也显示近 30% 的美国人对接种新冠疫苗态度消极。在巨大疫情防控压力下，中国还完成了消除绝对贫困的艰巨任务，而西方国家疫情蔓延时间更久，保障民生更是口惠而实难至。

“衡量一个社会制度是否科学、是否先进，主要看是否符合国情、是否有效管用、是否得到人民拥护。”① 中西制度在抗疫斗争中组织动员、统筹协调、贯彻执行能力的高低，彰显了中国特色社会主义制度的强大生命力和巨大优越性，也戳破了西方制度无坚不摧、具有广泛普适性和强大影响力的神话。我们应在中西比较中剖析艰辛防控下“全国一盘棋”与“一盘散沙”、“一方有难、八方支援”与“互不援助”等所体现的制度优劣，清晰阐明中国特色社会主义制度是适合中国的、优势显著的、“行得通、真管用、有效率”的先进制度，引导人们进一步坚定制度自信。

三、抗疫大考，检测了中西文化的精神力量

这场大考，验证了中西政治文化理念的实与虚。抗疫斗争中，当中国维护生命健康权的努力超越年龄、国界、种族时，一些西方国家的“人人平等”理念，却变成了“富人的平等”“白人的平等”，更遑论还有不顾疫情传播风险将至少 8800 名无人陪伴的非法移民儿童强制驱逐出境、针对亚裔群体的种族歧视和仇恨犯罪等恶劣行径。中国把遵循科学规律贯穿到决策指挥、病患治疗、技术攻关、社会治理各方面全过程，而西方曾引以为傲的“科学精神”，在一些国家却变成了“领袖科学”“政党科学”。西方一直强调的“崇尚理性”，在一些国家也变成了“物竞天择，适者生存”的理性。

① 习近平：《坚持、完善和发展中国特色社会主义国家制度与法律制度》，《求是》2019 年第 23 期。

这场大考，验证了集体主义与个人主义的是与非。集体主义价值观念常被西方国家拿来与其个人主义作比较，并以此批判和抹黑中国。在中国实施史无前例的严格管控时，不少西方国家曾将戴口罩、居家隔离等斥为“专制”“侵犯人权与自由”，虽然他们最终都效仿了这些举措。当这些举措在中国实行时，深受“天下兴亡，匹夫有责”等价值观念熏陶的中国人心往一处想、劲往一处使，无数抗疫英雄舍小家为大家，把个人冷暖、集体荣辱、国家安危融为一体，铸就团结一心、众志成城的强大精神防线。以集体利益为重，换来了更多人的生命健康和自由呼吸。然而当这些举措在西方推行时，却阻力重重，即便只是“戴上让他们觉得不舒服的口罩或者取消计划好的生日派对”①。根据世界卫生组织官方数据，截至2024年2月11日，美国、英国、意大利、法国死亡人数都在全球前十。②

这场大考，凸显了敢于斗争、敢于胜利的精神品质的重要价值。中华民族历来崇尚依靠自身力量实现自我价值、改变现实世界，所以经千难而前仆后继、历万险而锲而不舍，锻造了敢于压倒一切困难而不被任何困难所压倒的顽强意志。抗击疫情的斗争中，各条战线上的无数英雄以生命赴使命，用大爱护众生；14亿多英雄的中国人民生死较量不畏惧、千难万险不退缩，以各种方式为疫情防控操心出力。相较而言，一些西方政府防控政策反复无常、推行不力，以及日常生活中暴力事件频繁发生，在面对困难时斗争意志和必胜信念有所不足。美国《时代》周刊曾发文指出，包括各类暴力事件在内的几乎每天都在面对的“不可言说的恐怖”，令美国作为一个国家“变得对悲剧麻木不仁”，而美国人对疫情大流行的态度也“存在一股令人不安的暗流：愿意接受大规模死亡是日常生活中不可

---

①《美国〈时代〉周刊：疫情暴露了美国的根本性缺陷》，“参考消息”微信公众号，2020年8月18日。

② https://data.who.int/dashboards/covid19/deaths?n=c.

避免的一部分”。①

“没有先进文化的积极引领，没有人民精神世界的极大丰富，没有民族精神力量的不断增强，一个国家、一个民族不可能屹立于世界民族之林。”② 中西文化在抗疫斗争中所发挥的精神力量的显著差异，既证实了西方所宣扬的“普世价值”实为彻头彻尾的谎言，也让世界看到了中华文化在凝聚人心、汇聚民力中的巨大能量。我们应在中西比较中以多种载体、多样形式讲活人民的英雄和英雄的人民风雨同舟共抗疫情的感人故事及其文化内涵，引导人们进一步坚定文化自信，自觉弘扬中华优秀传统文化、革命文化和社会主义先进文化，共筑中华儿女团结奋进、一往无前的思想基础。

四、抗疫大考，考察了中西道路的生机活力

中西道路生机活力的强弱，体现于综合国力的有效积累。沿着中国特色社会主义道路，中国用几十年时间走完了发达国家几百年走过的工业化历程，在新中国成立尤其是改革开放以来积累了雄厚物质基础、建立了完整产业体系、形成了强大科技实力、储备了丰富医疗资源，为疫情防控提供了坚强支撑。即使经济社会发展不少方面一度按下“暂停键”，但社会秩序总体正常。正是因为“走自己的路”，中国才能以更快速度积累起坚实国力，并确保这些国力都切实用之于民。与中国不同，西方国家走资本主义道路，奉行生产资料私有制，一切以资本利润为先。“2021 年 1 月美国亿万富翁的财富相比 2020 年 3 月中旬总计增加了 1.1 万亿美元，增幅近 40%；660 名亿万富翁拥有 4.1 万亿美元的财富，比最底层 50% 人

---

① 参见《美国〈时代〉周刊：疫情暴露了美国的根本性缺陷》，“参考消息”微信公众号，2020 年 8 月 18 日。

② 中共中央文献研究室编：《习近平关于社会主义文化建设论述摘编》，中央文献出版社 2017 年版，第 7 页。

口所拥有的财富多三分之二。与之形成鲜明对比的是，2020 年下半年有 800 多万美国人陷入贫困，贫困率攀升了 2.4%，几乎是 20 世纪 60 年代以来贫困率最大年度增幅的两倍。”①

中西道路生机活力的强弱，体现于坚实国力的合理运用。世卫组织发布的《2020 年世界护理状况报告》显示，2018 年每 1 万人口中护理人员的密度，欧美发达国家远高于中国。然而就是在这样的差距下，中国却更快、更好地应对了疫情，这得益于危急时刻我们能最大限度运用综合国力，将最优秀的人员、最急需的资源、最先进的设备用在关键要害之处、用在人民身上。与中国相比，一些欧美发达国家看似实力雄厚，但在疫情期间的物资保障水平和统筹协调能力却是另一番景象。以美国为例，曾经，特朗普政府的抗疫表现为人所不齿；2021 年 6 月 20 日至 7 月 3 日感染德尔塔变异株的病例占美国新增病例的一半以上，也使人们质疑拜登政府在全国层面控制该变异株的计划。可见，美国的抗疫不力，绝非换一任总统、一届政府即可解决的。

中西道路生机活力的强弱，体现于国民经济和社会发展的恢复能力。疫情期间，中国在危机时刻果断按下经济“暂停键”，疫情蔓延势头遏制之后落实“分区分级精准复工复产”等举措，率先控制住疫情、率先复工复产、率先实现经济正增长。出于资本的逐利本性，西方国家在疫情之初便选择优先发展经济，在疫情未成功遏制之时又开始大力推动复工，结果非但未能有效控制疫情，经济发展也深受影响。中国、美国、欧元区 2021 年经济增长分别为 8.1%、5.7%、5.3%。中国欧盟商会《商业信心调查 2021》指出，新冠肺炎疫情席卷全球，具有强大弹性的中国市场成为欧盟企业的避风港，帮助企业顺利渡过了难关。除了经济复苏和经济韧性领先西方，全国两会的顺利召开、建党 100 周年庆祝活动的开展，也引发了

① Egan, M.*“America’s billionaires have grown $1.1 trillion richer during the pandemic”*, https://edition.cnn.com/2021/01/26/business/billionaire-wealth-inequality-poverty/index.html.

中外舆论的广泛关注和赞扬。然而美国却在大选后发生了特朗普支持者暴力冲击国会大厦事件，据美国福克斯新闻频道网站报道，美国独立日的“周末假期，美国全国有近 100 人遭到枪击”。

每个国家和民族的历史传统、文化积淀、基本国情不同，其发展道路必然有着自己的特色。符合自身实际的、符合人类社会发展规律的道路，才是真正具有生机活力的道路。只有这样的道路，才能把一个国家引向更光明的前景、更宽广的未来。我们应在中西比较中讲明抗疫大考中不同发展道路的不同抗疫成效，引导人们进一步坚定道路自信，以“千磨万击还坚劲，任尔东西南北风”的定力，为坚持和发展中国特色社会主义、满足人民美好生活向往、创造新的历史伟业贡献力量。

第四节
大力弘扬伟大抗疫精神

习近平总书记强调：“我们要在全社会大力弘扬伟大抗疫精神，使之转化为全面建设社会主义现代化国家、实现中华民族伟大复兴的强大力量。”① 迎战新冠肺炎疫情，是中国前进道路上的又一次磨炼。继续沿着中国特色社会主义道路昂首奋进，需要全党全国各族人民大力传承弘扬伟大抗疫精神。一段时间以来，我们在全社会范围内选树并宣传表彰了一批抗疫英模，举办抗疫事迹宣讲会，举行系列专题展览，推出反映抗疫斗争的系列宣传作品等，这些有力举措为我们弘扬伟大抗疫精神作出了不可忽视的重要贡献。如今，我们对这场百年不遇的历史大考、波澜壮阔的抗疫大战、气壮山河的精神大观所进行的研究、宣传、阐释，在认识与理

① 习近平：《在全国抗击新冠肺炎疫情表彰大会上的讲话》，人民出版社2020年版，第 16 页。

解的深度上、积累与沉淀的厚度上、弘扬与普及的广度及效度上，还有待进一步深化和拓展。

弘扬伟大抗疫精神，要进一步发掘利用好伟大抗疫斗争相关资源。记录和展现伟大抗疫斗争的各种形式的资源，承载着中华民族同新冠肺炎疫情抗争过程中形成的集体记忆和精神财富，必须高度重视这些资源的发掘利用。一是要在掌握现有历史资源的基础上，广泛深入搜集整理相关资源。二是要建设抗疫斗争纪念馆，合理利用档案馆、博物馆、展览馆等，加强对具有重要纪念意义的史料、文物、图片、音频、视频等资料的留存保护和开发利用。三是要鼓励、支持和引导文艺工作者围绕抗疫主题精心创作，推出诗词、歌曲、散文、小说、绘画、摄影、话剧、影视剧等多种体裁的高品质文艺作品，热情讴歌中国人民的伟大抗疫斗争，礼赞伟大抗疫精神，同时结合互联网传播特点与规律，精心制作有代表性的网络文学、网络歌曲、网络微视频等高水平网络作品，推动伟大抗疫精神的云端传播普及。

弘扬伟大抗疫精神，要开展广泛深入的研究阐释。一是要聚焦抗疫实践历程和伟大抗疫精神，综合调动哲学、历史学、经济学、政治学、法学、社会学、新闻学、心理学等学科资源，就指挥部署抗疫斗争的科学思想方法和工作方法、抗疫斗争的历史进程和基本经验、统筹疫情防控和经济社会发展、疫情危急时刻的治国理政、依法防控疫情、公共卫生危机中的基层治理和社会动员、公共危机中的新闻传播工作和舆情研判处置、疫中疫后的心理疏导等问题，开展多学科、跨学科的学术研究，打造具有中国特色的抗疫研究命题、概念、理论、观点、话语、方法。二是要开拓视野、潜心钻研，努力从中国人民应对疾病与灾难的抗争史角度、从中华民族与中国共产党人的精神成长史角度、从中外抗疫实践的比较视角等出发，多维度研究总结中国抗疫历程背后的智慧、经验、启示。三是要以雄辩的理论逻辑、亲和的大众话语，阐释清楚支撑中国抗疫取得重大决定性胜利的制度优势、精神优势、人民伟力，打造高质量、有影响的通俗理论读物，教育引导广大人民群众不断增强“四个意识”、坚定“四个自信”、做到“两个维护”。

弘扬伟大抗疫精神，要同党史学习教育等活动有机融合。党的革命精神教育是党史学习教育的重要内容。习近平总书记深刻指出：“要教育引导全党大力发扬红色传统、传承红色基因，赓续共产党人精神血脉，始终保持革命者的大无畏奋斗精神，鼓起迈进新征程、奋进新时代的精气神。”① 伟大抗疫精神凝结着中国共产党人的初心使命，是中国共产党精神谱系中又一颗熠熠生辉的精神之“钻”，是百年大党风华正茂的生动写照，是党史学习教育的鲜活素材。我们要将伟大抗疫精神宣传教育作为党史学习教育等全党范围的学习教育活动的重要一环，作出统筹安排，用党领导伟大抗疫斗争的历史教育全体党员，用伟大抗疫精神感召全体党员，引导全党在回望历史中联系当下，在砥砺奋进中开辟未来。

弘扬伟大抗疫精神，要善用抗疫这堂“大思政课”。习近平总书记强调：“‘大思政课’我们要善用之。”② 要面向全社会，包括各省（区、市），宣传、教育、新闻、文艺、党史研究等各个部门，工农群众、党外人士、民营企业家、新媒体从业人员、新兴职业者等各类群体，通过线上线下多种渠道，报告会、研讨会、座谈会、讲座、论坛等交流方式，及时、长期、深入地讲好抗疫这堂“大思政课”。要把青少年学生作为抗疫精神宣传教育的重点对象，运用新时代中国人民波澜壮阔的抗疫斗争实践“活教材”，将思政小课堂与社会大课堂结合起来，在理论与实践相统一中讲好抗疫这堂“大思政课”。一是在授课形式上，可参考湖北省教育厅面向全省本科院校开设、22.1 万余名大学生选修的“伟大抗疫精神”省级素质选修课模式，在有条件的地区、高校组织开设疫情防控思政选修课；也可将疫

① 习近平：《在党史学习教育动员大会上的讲话》，人民出版社 2021 年版，第 20—21 页。

②《“‘大思政课’我们要善用之”（微镜头 · 习近平总书记两会“下团组”· 两会现场观察）》，《人民日报》2021 年 3 月 7 日。

情防控相关素材科学、系统地融入现有思政课程体系及专业课程体系之中，在思政课程与课程思政协同共促中培育弘扬伟大抗疫精神。二是在授课内容上，应聚焦“五大”维度，即着眼抗疫斗争的宏大背景，再现波澜壮阔的浩大场景，展示世所罕见的重大成就，弘扬气壮山河的伟大精神，落脚民族复兴的远大征程。三是在授课载体上，应依据大中小学不同阶段的学生学习及接受特点，编写高质量“伟大抗疫精神”教材或学生读本。

弘扬伟大抗疫精神，要致力于向世界讲好中国抗疫故事。一方面，要有理有据地做好中国抗疫的对外宣介。中国不仅要善于做好本国疫情防控、积极支援世界抗疫斗争，还要善于向世界讲述好中国抗疫故事、弘扬好伟大抗疫精神。要通过精心选取富有说服力、感染力的多种多样的中国抗疫故事，讲清楚疫情防控的中国速度、中国效率、中国奇迹背后的大党领导、中国精神、中国力量、中国文化、中国制度、中国担当；要做好讲述准备、找准讲述时机、丰富讲述主体、研究讲述对象、拓展讲述形式、改善讲述方法，有节奏、有技巧、有策略地讲述中国抗疫故事，努力让世界人民更加客观、理性、全面地了解和认识中国抗疫斗争。另一方面，要理直气壮地回应、批驳抗疫历史虚无主义。要研究掌握国际舆论和意识形态斗争规律方法，以事实为依据，有效回应对中国疫情防控的意识形态偏见和双重标准，坚决回击各种疫情政治化、病毒标签化论调，有力驳斥污蔑中国隐瞒及延误发布疫情信息、企图向中国“甩锅”推责的险恶言行，有力澄清“以疫谋利”等种种阴谋论，充分揭露那些自私自利、嫁祸他人、颠倒是非、混淆黑白的做法，努力在疫情相关问题上争夺国际话语权。

一个民族只有在精神上达到一定的高度，才能在历史的洪流中屹立不倒、奋勇向前。伟大抗疫精神高度凝练了中国人民在伟大抗疫斗争中展现的崇高精神风貌，极大地丰富了中华民族和中国共产党人的精神谱系，是社会主义核心价值观在新时代的生动表达，是党和人民战胜各种风险挑战、不断夺取新的伟大胜利的重要精神支撑。从漫长文明发展的苦难辉煌中走来的中国人民和中华民族，必将从伟大抗疫精神中汲取磅礴之力，吹响新时代长征路上的奋斗号角，在新的伟大征程上创造新的历史伟业。

第一章

抗击疫情的艰辛历程

迅即应对突发疫情／初步遏制疫情蔓延势头／本土新增病例数逐步下降至个位数／取得武汉保卫战、湖北保卫战决定性成果／全国疫情防控进入常态化

己亥岁末，庚子新春，来势汹汹的新冠肺炎疫情在湖北武汉集中暴发，在人流规模最大的春节假期快速扩散。新冠肺炎疫情，是新中国成立以来传播速度最快、感染范围最广、防控难度最大的重大突发公共卫生事件，是中华民族接续奋进征程中面临的一场大考。面对全球百年来暴发的影响范围最广的大流行病，以习近平同志为核心的党中央把方向、谋大局、定政策，带领全党全国各族人民共克时艰、同心向前，始终发挥总揽全局、协调各方的领导核心作用。在抗疫研判阶段果断开启病原追踪，及时公布疫情信息；在抗疫防御阶段果毅关闭离汉离鄂通道，多措并举救治病患；在抗疫反攻阶段果决调整应急响应级别，进行疫情防控新部署；在抗疫决战阶段果勇重启离汉离鄂通道，分类推动复工复产；在抗疫追歼阶段果敢应对零星散发病例，大力推进复工复产复学。走出了一条艰辛的抗疫路，绘就了一幅宏大的“医无私、兵无畏、民齐心”的抗疫阻击战画卷。

第一节
迅即应对突发疫情

沧海横流，方显英雄本色。新冠肺炎疫情是一个世纪以来对人类影响最大的全球性流行病，对中国不仅是一次危机，也是一场大考。面对这场严峻的考验，党中央统筹全局、果断决策，当不明原因肺炎病例被检测发现时，中国政府迅速报告疫情，并及时开展病原学和流行病学调查，阻止疫情在短时间内迅速扩散与蔓延。同时，第一时间向世界卫生组织、有关国家和地区进行疫情通报，及时公布病毒基因组序列。中国政府以最快速度，依法科学制定防控政策，严格抓好落实，开展新冠肺炎疫情防控工作。

一、发现不明原因肺炎病例，第一时间报告疫情

震撼历史的斗争，必然留下震撼历史的篇章。2020 年是极其不平凡的一年，一场突如其来的肺炎疫情在国内蔓延，阻挡了人们出行的脚步，给各行各业按下了“暂停键”。中国人民在党和政府的坚强领导下沉着应对，对发现的不明原因肺炎病例，采取第一时间报告的做法，拉响了疫情防控的警报。

2019 年 12 月，多例不明原因肺炎病例在武汉市出现，并引发关注。疫情伊始，受早期条件的限制，各级疾控部门在进行流行病学调查和访谈中，对这些不明原因肺炎病例进行反复确认和调查，避免盲目采取措施。随着对不明原因肺炎病症认识的逐渐深化，有着相似病情的患者在数量上出现聚集性增多，病情在临床特征上开始展露全貌。12 月 26 日，湖北省中西医结合医院呼吸与重症医学科主任张继先，先后接诊 4 例奇怪的肺炎病人，在进行了甲流、乙流、鼻病毒、支原体等与流感相关的检查后，她排除了流感，并开始警觉起来。翌日，张继先向医院汇报了 4 个不明原因肺炎病例，医院第一时间上报给武汉市江汉区疾控中心，这是中国地方部门首次报告的可疑病例。由此，张继先成为“疫情上报第一人”。根据湖北省中西医结合医院上报的具体情况，武汉市组织专家根据病情、治疗转归、流行病学调查、实验室初步检测等方面情况，认为这些病例为病毒性肺炎。紧接着，武汉市卫健委向辖区医疗机构发布紧急通知，要求各单位统计近一周接诊过的具有类似特点的不明原因肺炎病人情况，并做好不明原因肺炎病例的救治工作。12 月 31 日，国家卫健委立即向武汉市派出工作组、专家组开展检测核实工作，并与湖北省、武汉市共同研究疫情防控处置工作事项。当日，武汉市卫健委开始依法发布疫情信息，提醒广

大人民群众外出佩戴口罩，尽量避免到人群集中、空气不流通的地方。根据疫情发展情况，2020年元旦这天，国家卫健委成立疫情应对处置领导小组。由此说明，国家和湖北省武汉市地方卫健委高度重视上报的疫情信息，应对迅速。截至2020年1月3日，多个关于不明原因病毒性肺炎诊疗的方案相继被制定出来。同时，针对疫情相关信息，武汉市卫健委进行了多次情况通报。自通报不明原因肺炎病例，关于不明原因肺炎疫情的防控工作就备受关注。习近平总书记更是高度重视，时刻关注疫情发生发展形势。1月7日，在中共中央政治局常务委员会会议上，他对疫情防控工作提出要求。同日，中国疾控中心的科学家用惊人的效率甄别出病原体，成功分离病毒毒株。继而，专家评估组初步判断并对外发布"不明原因病毒性肺炎"的病原体为"新型冠状病毒"的消息。随后，"武汉市卫健委在情况通报中首次将'不明原因的病毒性肺炎'更名为'新型冠状病毒感染的肺炎'"①。

新型冠状病毒对人类的突然袭击，不管是专家院士还是临床医生，其了解都需要一个过程。在新冠肺炎疫情的初期应对上，尽管对它的致病病原、潜伏期、传播方式、传播能力、感染来源等尚不确定，但是，中国政府依然履行了应尽的责任和义务。从上述时间线可以清晰看出，中国政府从接到病例报告，到发布疫情通报和防疫提示；中国科学家从初步确定病例特征、开展病原鉴定到成功分离病毒毒株，再到确认新冠病毒为疫情病原的反应是极为迅速的。从发现不明原因肺炎病例起，中国政府所花费的时间，都用在了必要的病毒研究、科学决策和专业处置上。唯有如此，才能从根源上快速扑灭疫情，防止其进一步蔓延。

① 中华人民共和国国务院新闻办公室：《抗击新冠肺炎疫情的中国行动》，人民出版社2020年版，第9页。

二、公布病毒基因组序列，向世界通报疫情信息

山川异域，风月同天。病毒没有国界，疫情不分种族，世界各国是休戚与共的命运共同体。疫情之下，考验的不仅是人类的智慧，更是患难与共、携手同行的团结协作精神。战疫伊始，中国政府本着依法、公开、透明、负责任的态度，第一时间向世界通报疫情相关情况，及时分享病毒基因组序列，将“中国战疫的一盘棋”融入“世界战疫的一盘棋”之中，不仅彰显了中国同舟共济的精神，更展现了中国的责任与担当。

公开透明的信息是应对疫情的关键。新冠肺炎疫情发生后，中国政府疫情防控工作公开透明，取得的成效有目共睹。在通报疫情方面，自2020年1月3日，中国政府对世界进行了高频率、高质量的疫情信息通报。首先，实现了定期与世界卫生组织、有关国家和地区疫情信息共享。自1月11日起，中国政府每日向世界卫生组织等通报疫情信息。据统计，截至1月20日，中国政府已累计向世界各国分享信息15次。其次，将病原学鉴定取得的初步进展与世界进行分享。最后，采取政府网站、电话会议、新闻发布会等多渠道、多样化的方式方法，积极主动向世界发声。

公布病毒基因组序列是应对疫情的有效手段。为使世界各国能够开发特定的诊断工具，快速识别并治疗感染者，确保更好的治疗结果和有效控制病毒，中国政府采取了系列应对措施。首先，中国政府第一时间向世界卫生组织、有关国家和地区分享病毒基因组序列，并在全球流感共享数据库发布。与此同时，中国疾控中心领衔的研究团队在顶级医学杂志发表关于该病毒的分离方法，为各国进行科学研究、快速诊断患者提供了重要支撑，引起全世界关注。其次，国家卫健委还与美国等多国技术部门、驻华使馆保持密切交流。2020年1月4日，中美两国疾控中心负责人多次通电话，就信息沟通、技术协作等方面保持密切沟通与合作达成了一致意见。最后，除与世界分享常规疫情信息、病毒基因组序列之外，中国政

府还邀请世界卫生组织、各国、各地区专家赴武汉市进行实地考察，以加强对病毒的进一步认知。同时，进一步加强与港澳台地区的沟通协作。1月13日，香港、澳门、台湾考察团赴武汉市考察疫情防控工作，对疫情相关情况进行了深入的了解，并与医护人员进行深入交流。

众所周知，为避免产生不良影响，世界各国对传染性疾病信息的确认和发布有着严格规定。中国政府在向世界通报新冠肺炎疫情信息和发布治疗方案上，没有任何保守，也没有任何迟疑。特别是，中国在疫情初期就向国际社会公布了病毒基因组序列，发出了清晰而明确的中国声音，为拉响世界防控疫情警报作出了中国贡献。国际社会对中国政府公布病毒基因组序列，第一时间向世界通报疫情信息的行为给予了高度的评价。

三、针对确诊肺炎病例，逐步展开疫情防控

生命至上，人民至上。面对疫情防控的现实拷问，党中央从一开始就提出要与时间赛跑，将人民生命安全和身体健康放在第一位，紧紧依靠人民群众狠抓疫情防控工作。针对确诊肺炎病例，通过采取全力救治患者、深入开展流行病学调查、广泛宣传防病知识、进行病原学研究等措施，逐步展开疫情防控，坚决遏制疫情蔓延势头。疫情发生初期，武汉市在国家和湖北省的支持下，相关部门通力协作，疫情防治工作有序进行。

一是全力救治患者，全面展开疫情防控。在制定和完善诊疗工作方案方面，当病原体被确定为新型冠状病毒之后，国家、省（区、市）等医疗专家组及时修订和完善病毒的诊疗、监测方案。2020年1月15日，国家卫健委发布新型冠状病毒感染的肺炎第一版诊疗、防控方案。3天之后，第二版诊疗方案接续发布。通过不断更新病毒的诊疗方案，优化检测流程，加快检测速度，切实做到早发现、早诊断、早隔离、早治疗。在全面展开疫情防控工作方面，1月6日，国家卫健委相关负责人针对武汉市疫情防控情况，在全国卫生健康工作会议上强调要全力救治病患者，同时

还要加强对疫情的监测、分析和研判，以便及时做好疫情处置工作；1月14日，国家卫健委在全国电视电话会议中，针对新发传染病在传播能力、传播方式中的不确定性，进一步部署加强了湖北省、武汉市的疫情防控工作，以最严格的措施，尽最大努力避免武汉市疫情扩散蔓延。此外，国家卫健委还在全国建立了“日报告、零报告”制度，出台了《不明原因的病毒性肺炎防控“三早”方案》《不明原因的病毒性肺炎诊疗方案（试行）》《不明原因的病毒性肺炎医疗救治工作手册》等多个文件，并组织了国家高级别专家组赶赴武汉，集中医疗资源全力救治患者，全面展开疫情防控。

二是深入开展流行病学调查。2020年1月1日，相关部门发出“关于休市整治的公告”，并进一步加强对公共场所的防病指导、环境卫生管理和卫生学调查。同时，武汉市充分依托初步研发出的检测试剂盒，对全市有发热症状正在进行门诊就医、69所二级以上医院留观治疗的所有病例进行了主动筛查，追踪密切接触者从而开展流行病学调查。截至1月14日，专家组综合临床表现，依托试剂盒等检测技术，总计确诊病例为41例。

三是广泛宣传防病知识，增强公众自我防护意识。经高级别专家组认真研判，明确新冠肺炎病毒出现人传人现象。中国政府官方网站及各大媒体向公众广泛宣传防病知识。一则倡导民众要保持室内空气流通。二则注意勤洗手、勤换衣物。三则强调外出佩戴口罩，尽量不要到人群集中、封闭的场合。如遇有发热、呼吸道感染症状，特别是持续发热不退，要及时到医疗机构就诊等。

四是进行病原学研究。在疫情暴发初期，武汉市病毒所积极响应武汉市政府、湖北省和武汉市卫健委的防控联动机制，开展新型冠状病毒样本的收集和标准化入库工作。在病原鉴定上，2020年1月3日，中国疾控中心、中国医学科学院等多家科研院所，多次对湖北省武汉市的病例标本展开病原鉴定，以加强对病毒的研究，探求应对疫情的有效方法。截至2020年1月10日，武汉市对相关病原全部进行了核酸检测。

面对突发的新冠疫情，中国政府迅即采取措施，紧紧抓住疫情重点地区发力，以实实在在的作为、切切实实的措施保障人民生命安全和身体健康，让人民群众更有安全感，极大彰显了“人民至上”的价值理念。

第二节
初步遏制疫情蔓延势头

新冠病毒的突然袭击，不仅让包括临床医生在内的专家学者始料不及，更让普通群众手足无措。随着确诊病例的数字快速上升，疫情防控形势也愈来愈复杂。一方面，以习近平同志为核心的党中央采取了关闭离汉离鄂通道的关键措施，打响了武汉保卫战、湖北保卫战。另一方面，迅速成立疫情工作领导小组，加强对疫情严重地区的有效指导。与此同时，全面严格执行联防联控各项措施，国家迅速统筹调动各方力量，集中资源和力量驰援湖北。一系列疫情防控措施的迅速出台和有效实施，初步遏制了疫情的蔓延势头。

一、关闭离汉离鄂通道，坚决遏制疫情蔓延

新冠肺炎疫情暴发之时，正值中国农历春节来临之际，面对春运大迁徙、疫情呈迅速扩散的趋势，如何阻止疫情进一步在全国范围内蔓延，成为一道不得不解决的难题。党和政府坚持人民至上，以雷霆之势果断作出了关闭离汉离鄂通道的决策。党中央一声令下，从 2020 年 1 月 23 日 10 时起，武汉市全面关闭离汉通道。“隔离”一座人口超千万的城市，在人类历史和城市发展史上前所未有，这是武汉人民为了遏制疫情在国内的继续蔓延而作出的巨大牺牲。这是外防输出、内防扩散的重要措施，正

是这项措施保护了全国，保护了武汉。

正确的决策离不开调查研究。起初，根据患者的临床症状表现、实验室的初步检测结果，排除了流感、传染性非典型性肺炎等呼吸道病原，并将此次肺炎病例称为病毒性肺炎。1 月 14 日，国家卫健委在全国电视电话会议上指出，新发传染病在传播能力、传播方式上仍需要深入研究，不排除疫情进一步蔓延的可能。经专家组的实地考察与研判，最终明确病毒出现人传人现象，广大人民群众才真正意识到新冠病毒传染的严重性。至此，人们才对新型冠状病毒的传播途径和方式有了初步的认识。

事实上，自发现首例不明原因肺炎病例，国家卫健委迅速组建工作组、专家组赴武汉展开现场调查。截至 2020 年 1 月 23 日 24 时，国家卫健委官方网站报告新增确诊病例 259 例，新增死亡患者 8 例；20 个省（区、市）累计报告疑似病例 1072 例，累计收到港澳台地区通报确诊病例 5 例，国外通报确诊病例 9 例。

面对疫情的蔓延，党中央和国务院高度重视，以雷霆之势拉开了一场全国性的战疫行动帷幕。交通运输部发布的数据显示，2019 年春运全国旅客发送量高达 29.8 亿人次。武汉作为国际性综合交通枢纽，地处中部腹地，承东启西、沟通南北，被誉为“九省通衢”。在确定了新型冠状病毒可以通过人与人的交往传播之后，当务之急是要采取切实有效的措施，阻断疫情的传播途径，减少人与人的交往，避免出现大量的人员聚集与流动。关闭离汉离鄂通道绝不是一时的头脑发热，管控这样一座千万级人口城市的人员流动也绝不容易。习近平总书记指出：“作出这一决策，需要巨大政治勇气，但该出手时必须出手，否则当断不断、反受其乱。”① “人民生命重于泰山！只要是为了人民的生命负责，那么什么代价、什么后果

① 习近平：《在统筹推进新冠肺炎疫情防控和经济社会发展工作部署会议上的讲话》，《人民日报》2020 年 2 月 24 日。

都要担当。”① 正是党中央这一果断决策，构筑起一道生命的保护屏障。1月22日，习近平总书记作出重要指示，要求立即对湖北省、武汉市人员流动和对外通道实行严格的交通管控。武汉市疫情防控指挥部于1月23日凌晨发布消息：为全力做好新型冠状病毒感染的肺炎疫情防控工作，有效切断病毒传播途径……自2020年1月23日10时起，全市城市公交、地铁、轮渡、长途客运暂停运营；无特殊原因，市民不要离开武汉，机场、火车站离汉通道暂时关闭。自此，随着各省陆续启动一级应急响应，全国疫情防控由此展开。

关闭离汉离鄂通道阻止了疫情的失控扩散，为接下来打赢疫情防控阻击战提供了重要保障，也为取得武汉保卫战、湖北保卫战的胜利奠定了坚实基础。

二、中央指导组进驻武汉，各方全力驰援湖北

初心如磐，使命如炬。武汉暴发疫情之后，习近平总书记密切关注事态发展和防控工作进度，通过召开会议、听取汇报，了解前线情况并作出重要指示，亲自指挥疫情防控斗争，并向湖北等疫情严重的地区，派出指导组，督促贯彻落实党中央关于疫情防控工作各项决策部署，为打赢疫情防控战提供政治引领、行动指南和根本遵循。

1月25日，习近平总书记主持召开中央政治局常委会会议，对疫情防控特别是患者治疗工作进行再研究、再部署、再动员，并提出疫情防控的总要求，即“坚定信心、同舟共济、科学防治、精准施策”，这成为指引疫情防控斗争的总要求。同日，党中央成立疫情工作领导小组，即刻派出指导组进入包括湖北在内的疫情严重区域。在疫情防控的全程，每一步

---

①《关键时刻的关键抉择——习近平总书记作出关闭离汉通道重大决策综述》，《人民日报》2020年9月8日。

都有党中央的直接领导，都有习近平总书记的亲自指挥、亲自部署。按照党中央决策部署，各级党委和政府始终坚持详细全面部署；积极全面动员，增进全面工作，把疫情防控置于所有工作中最重要的位置，始终将人民的生命安全放在首位，把人民的身体健康放在第一位。各级党组织和广大党员干部冲锋在前、顽强拼搏，充分发挥了战斗堡垒作用和先锋模范作用。

1月27日，习近平总书记作出重要指示，各级党组织和广大党员干部必须牢记人民利益高于一切，不忘初心、牢记使命，团结带领广大人民群众坚决贯彻落实党中央决策部署……紧紧依靠人民群众坚决打赢疫情防控阻击战。受习近平总书记委托，中共中央政治局常委、国务院总理、中央应对疫情工作领导小组组长李克强于1月27日赴武汉考察指导疫情防控工作，代表党中央、国务院慰问疫情防控一线的医务人员。同日，以副总理孙春兰为组长的中央指导组抵达武汉，对新冠肺炎疫情一线防控工作等展开全面“督战”。按照党中央的要求，中央指导组的主要职责有三项：一是督导湖北，把习近平总书记的指示和中央部署贯彻落实好，把各项措施布置到位，各项任务按目标、按预期完成，以取得疫情防控的最后胜利；二是指导湖北抗击疫情，增强防控力量，为湖北协调一些重大事务，比如协调物资、协调医务人员、协调技术支持等；三是督察职责，督察不作为、乱作为、不担当的问题，依法依纪要求有关方面作出整改，作出调查处理。中央派指导组到来，是告诉武汉和全国人民，武汉决不是孤军作战 。

病毒挑战的是人体免疫机能，而疫情考验的是国家制度体系。1月27日之后，武汉的疫情呈现出点状局部地区暴发和多点、多地大面积多发的情势。针对当时的形势，中央指导组组织多方力量驰援武汉，争分夺秒开展救治工作。

在政策部署上，从2月2日开始，在中央指导组指导下，武汉市部署实施“四类人员”分类集中管理办法：一是确诊患者，二是疑似患者，三是发热患者，四是确诊患者的密切接触者。按照应收尽收、应治尽治、应检尽检、应隔尽隔“四应”要求，全市开展拉网式排查、集中收治、清底排查。同时组织开展流行病学的调查，对传染源、传播途径、传播机理进行追踪和研究，及时研判疫情走向、走势。中央指导组特别强调，要求武汉、湖北落实好四方责任。在对四类人员的集中收治、应收尽收过程中，一些干部存在底数不清、情况不明、救治不及时、责任不落实的问题，导致群众不满。对此，中央指导组对有关部门负责同志进行了约谈，目的就是警醒广大党员干部必须进入战时状态，真正把人民群众的生命安全和身体健康放在第一位。

在解决武汉医用物资短缺问题上，中央指导组发挥了至关重要的作用。面对武汉医用物资特别是防护服非常短缺的情况，国务院副总理、中央指导组组长孙春兰不仅指出了解决武汉医用物资短缺问题的思路：一是要省内挖潜，二是后方由领导小组提供支持、靠其他省和进口补充；而且带领指导组前往医用防护服生产企业，亲自给政策，支持企业开工复工、满负荷生产，把回家的职工高薪请回来，如果企业在此期间有亏损，国家给予补贴。

在患者救治工作上，中央指导组对床位不足、群众住不上院、救治压力大等问题作出部署，从全国调来了 8 支由专家牵头的医疗队到武汉，集中了协和、同济、人民医院三家大医院收集重症患者，而后建立火神山、雷神山医院救治重症患者，把重症患者集中到一起，接下来又分类、分级、分层开展管理救治。

三、多措并举推进疫情防控，打响疫情防控阻击战

随着防控形势变得异常严峻，全国各地纷纷启动重大突发公共卫生事件的应急响应。最全面、最严格、最彻底的全国疫情防控由此正式展开，各省协同作战、多措并举，初步遏制疫情蔓延势头。关闭离汉通道后的武

汉迅速成为全国抗疫主战场，集结号响起，人力、物力紧急调动，中国举全国之力与时间赛跑，与病毒对战。

“集中患者、集中专家、集中资源、集中救治”①，是防疫救灾的科学之策，也是扭转战局的关键之举。从 2020 年 1 月 24 日起，各地和军队共调集 346 支国家医疗队、4.26 万名医务人员和 965 名公共卫生人员急速驰援武汉市和湖北省。人民解放军和全国各地精锐医护力量不惧灾难、不畏牺牲，以最快的速度、最强的力量火速集结、英勇出征。1 月 23 日，武汉第一座应急医院火神山医院火速开工；1 月 25 日，武汉第二座应急医院雷神山医院火速开工。秉持着早一分钟建成就可以早一分钟救治患者的理念，广大建设者勇于同时间竞速、同疫情作战，克服一切困难和挑战，全力完成每一项艰巨任务，以最快的“中国速度”建成高质量的医院，让更多患者看到希望，在最短时间内得到医治。火神山、雷神山医院建设的背后，体现了以习近平同志为核心的党中央崇高的人民情怀，也体现了我们党所具有的强大的组织力、动员力和保障力，更体现了中国特色社会主义制度无可替代、无法比拟的优越性。

2 月 3 日，中央指导组果断从全国调集 22 支国家紧急医学救援队，连夜作战开辟方舱医院集中收治轻症患者。2 月 4 日，火神山医院正式接诊首批患者。同日，钟南山院士团队、王晨院士团队等开始对武汉重症患者展开巡诊。2 月 5 日，武汉市成功建成并启用三家方舱医院，多家方舱医院迅速建设启用，托起应治尽治的生命之舟。在疫情最严重、防控形势最严峻的武汉，逐渐形成定点医院救治重症患者、方舱医院治疗轻症患者、基层社区排查“四类人员”的三级分层分级防护体系。

2 月 10 日，疫情防控进入胶着对垒的关键时刻，中央紧急部署，19 个省份火速集结优势资源，有序对口驰援湖北省除武汉市之外的 16 个市

---

① 中华人民共和国国务院新闻办公室：《抗击新冠肺炎疫情的中国行动》，人民出版社 2020 年版，第 14 页。

州及县级市。2 月 12 日，习近平总书记主持召开中共中央政治局常务委员会会议，指出疫情防控工作到了最吃劲的关键阶段，要毫不放松做好疫情防控重点工作……强调要全面增强收治能力，坚决做到“应收尽收、应治尽治”，提高收治率；强调要提高患者特别是重症患者救治水平，集中优势医疗资源和技术手段救治患者。

为贯彻落实习近平总书记重要讲话和中央政治局常务委员会精神，切实遵循“应收尽收、应治尽治”的防控之策，2 月 16 日，武汉市部署开展为期 3 天的集中拉网式大排查，摸清底数，推动落实“五个百分之百”工作目标，坚决遏制疫情扩散蔓延。最终，通过对全市 421 万户居民为期两轮的拉网式集中排查，全市共排查出确诊和疑似患者 9037 人，并追踪到大量密切接触人员。

在党中央、国务院的坚强领导下，全国各地各族人民坚定信心、科学防治，一系列积极变化正在逐步显现。2 月 13 日，火神山首批 7 名患者治愈出院；2 月 14 日，全国范围内除湖北省外的其他各省份新增确诊人数实现“十连降”；2 月 17 日，新冠肺炎患者从发病到确诊的全国平均时间已缩短至 4.95 天，武汉重症患者比重也从初期的 38% 降至 18%；2 月 19 日，武汉市新增治愈出院病例数首次大于新增确诊病例数”，2 月 21 日起基本实现了“床等病人”。上述积极变化表明，打赢疫情防控阻击战的曙光开始呈现。

第三节

本土新增病例数逐步下降至个位数

经过长达 1 个月的艰难奋战，抗疫取得了初步成果，疫情蔓延势头被遏制。2 月 19 日，在武汉的疫情救治中首次出现了新增治愈出院病例数大于新增确诊病例数的利好转变。面对疫情转好的情势，党和国家并没有松下抗疫之弦，而是一面仍然积极调集人力物力支援抗疫工作，制定疫情分区分级管理方案，各省逐步因地因势调整响应级别；一面积极开展疫情防控的新部署，将经济社会秩序的恢复与发展作为后续工作的重要抓手。习近平总书记在主持召开中共中央政治局会议以及多次重要讲话中，强调要准确分析把握疫情和经济社会发展形势，紧紧抓住主要矛盾和矛盾的主要方面，确保打赢疫情防控的人民战争、总体战、阻击战。在坚持严防严控、科学防治的抗疫措施之下，疫情形势进一步好转，3 月中旬本土每日新增病例下降至个位数，湖北省和武汉市疫情快速上升势头均得到有效遏制，首批援鄂医疗队开始离汉，复工复产也取得了新进展。

一、各省调整应急响应级别，逐步取消通行限制

共克时艰，四方豪杰齐聚武汉；众志成城，战疫前线捷报频传。从 2020 年 1 月 24 日开始，各地和军队调集医疗队、医务人员和卫生人员驰援湖北省和武汉市。截至 2 月 20 日，经过各部门通力合作和全体医护人员在武汉夜以继日的奋斗，疫情蔓延势头初步遏制，武汉市 19 日的新增治愈出院病例数首次大于新增确诊病例数。2 月 21 日，据国家卫健委介绍，截至 2 月 20 日，全国新增病例 10 例以下或无新增确诊病例的省（区、市）达到了 28 个，其中包括新疆生产建设兵团。全国还首次出现了新增治愈出院病例单日超过 2000 例的情况。与此同时，疫情防控的劲头丝毫未曾懈怠，全国援助的人力物力仍然源源不断投入武汉。由各地援助湖北的后期医疗队伍，包括陕西省第二批中医医疗队、内蒙古第八批支援湖北医疗队、甘肃省第六批援助湖北医疗队、宁夏第六批援助湖北医疗队、广东省第二十二批援助湖北医疗队等，仍然在日夜兼程赶往武汉奔赴抗疫一线，为抗疫之战“增添火力”。

根据疫情初步遏制和本土新增病例逐步下降的形势，国务院联防联

控机制于2月17日印发了《关于科学防治精准施策分区分级做好新冠肺炎疫情防控工作的指导意见》，提出疫情防控工作要注重分区分级，各地要制定差异化的县域防控和恢复经济社会秩序的举措。随后，多个省份逐步建立疫情评估机制，对不同县域确立了相适应的风险等级。广东省率先启动《广东省突发公共卫生事件应急预案》，根据影响范围、危害程度等，将突发性的公共卫生事件应急响应分为Ⅰ至Ⅳ级4个等级。这为不同区域制定疫情防控策略提供了参照，也为迎接未来工作转向迈出了关键性一步。

在疫情区域分级管理之下，抗疫斗争顺利进行，各地各部门也出台了新措施，对原有部署作了新调整。2月21日，全国恢复交通运输秩序电视电话会议召开，要求各地实行分区域差异化管控政策，畅顺交通堵点。在低风险地区实行全面取消道路限制，使交通运输秩序恢复正常。在中风险和高风险地区，根据具体疫情形势优化细化交通管控政策。从2月21日起，为贯彻中共中央对疫情所作出的新决策、新部署，全国各地陆续因地制宜地调低省级重大突发公共卫生事件响应级别，逐步取消通行限制，对公路、铁路等道路卡点逐渐调整通行。而早在2月15日，交通运输部就下发了《关于新冠肺炎疫情防控期间免收收费公路车辆通行费的通知》。经国务院同意，2月17日零时起至疫情防控工作结束，全国收费公路免收车辆通行费。依据交通运输部统计，在作出取消通行限制之后的连续几天，全国高速公路连续保持10%左右的车流量增速，积极走向复工复产。

时至2月24日，全国除湖北省、北京市之外，其他省、自治区及直辖市所设主干公路卡点全部打通，原先暂停的交通运输秩序逐步得到了恢复。响应级别陆续下调，通行限制逐步取消，但这并不意味着抗疫的最终胜利。疫情初步好转，经济社会发展也亟待恢复，党和国家的工作将面临新的任务。

二、针对疫情防控新形势，开展疫情防控新部署

一山放过一山拦。疫情暴发后，武汉迅速采取关闭离汉通道等措施，全国各地也相应开启交通管制，相关地区经济生活也因此按下了“暂停键”。全国人民经过长达一个月的艰辛战疫，取得了初步成果。全国新增病例数也出现大幅度下降，一些省份新增病例为零。国家也逐步依据疫情的新变化，开始了疫情防控的新部署。

2020 年 2 月 21 日，中共中央政治局召开会议研究新冠肺炎疫情防控工作，部署统筹做好疫情防控和经济社会发展工作。经过紧密的团结奋战，疫情蔓延的势头得到了初步遏制，防控工作成效也得到了阶段性提升，全国范围的新增确诊病例以及疑似病例数也呈现出下降的总体趋势，治愈出院患者人数也呈快速增长趋势，尤其表现在除湖北以外的其他省份新增病例大幅减少。然而全国疫情发展的拐点仍未到来，湖北疫情防控战依旧严峻复杂。因此，会议指出在贯彻中央有关疫情防控各项决策部署的同时，各级党委和政府要坚持疫情防控工作毫不放松，防控策略措施及时完善，要在巩固成果、扩大战果的基础之上，做好疫情防控的总体战、阻击战的准备，全面打赢事关党和国家、关系社会个人的疫情防控人民战争。同日，国务院总理、中央应对新冠肺炎疫情工作领导小组组长李克强在北京市海淀区考察疫情防控医疗物资生产时强调，要在以习近平同志为核心的党中央坚强领导下，执行党中央、国务院决策部署，统筹疫情防控和经济社会发展，促进企业协同合作，有序复工复产；提高防疫物资产量，保障疫情防控需要。2 月 21 日，国务院印发了《企事业单位复工复产疫情防控措施指南》，为促进复工复产提供了重要指导。

在 2020 年 2 月 23 日召开的统筹推进新冠肺炎疫情防控和经济社会发展工作部署会议上，习近平总书记出席并通过视频同全国 17 万干部见面讲话。疫情就是一场危机和大考，是一次重大的突发性公共卫生事件，

在传播速度、感染范围、防控难度方面达到新中国成立以来之最。疫情防控正处于最吃劲的关键阶段，我们要树立必胜信念，对各项防控工作要坚持抓紧抓实抓细，要变压力为动力、善于化危为机，使生产生活秩序得到有序恢复，通过强化"六稳"举措，加大政策调节作用，释放巨大的发展潜力以及强大动能，努力实现年度经济社会发展目标任务。

2月24日下午，十三届全国人大常委会第十六次会议在北京圆满闭幕，表决通过了推迟召开十三届全国人大三次会议的决定。中国人民政治协商会议第十三届全国委员会紧接着也召开了第三十三次主席会议，讨论了全国政协十三届三次会议应该推迟召开的问题。

2月25日，习近平总书记作出重要指示强调，各级党委要把"三农"工作摆到重中之重的位置，统筹抓好决胜全面建成小康社会、决战脱贫攻坚的重点任务，把农业基础打得更牢，把"三农"领域短板补得更实，为打赢疫情防控阻击战、实现全年经济社会发展目标任务提供有力支撑。2月26日，国务院联防联控机制举行新闻发布会，介绍中央政法委会同最高人民法院、最高人民检察院、公安部、司法部制定的《关于政法机关依法保障疫情防控期间复工复产的意见》。2月27日，国务院联防联控机制要求坚决实施最严野生动物管控措施，集中打击涉野生动物犯罪。2月28日，在国务院联防联控机制新闻发布会上人社部强调要抓好稳定经济增长扩大就业、支持企业发展稳定就业、突出重点群体保障就业等工作，努力确保就业局势总体稳定。3月3日，国务院办公厅印发《关于进一步精简审批优化服务　精准稳妥推进企业复工复产的通知》，为促进有序而迅速地复工复产提供了条件。3月6日，习近平总书记在决战决胜脱贫攻坚座谈会上发表讲话。他强调，到2020年现行标准下的农村贫困人口全部脱贫，是党中央向全国人民作出的郑重承诺，必须如期实现。这是一场硬仗，越到最后越要紧绷这根弦，不能停顿、不能大意、不能放松。各级党委和政府要不忘初心、牢记使命，坚定信心、顽强奋斗，以更大决心、更强力度推进脱贫攻坚，坚决克服新冠肺炎疫情影响，坚决夺取脱贫攻坚战全面胜利，坚决完成这项对中华民族、对人类都具有重大意义的伟业。

针对实际出台的一系列政策，适应了疫情初步好转的形势需要，是疫情新形势之下，党和国家坚持实事求是，对疫情工作作出的科学安排。实践证明，立足于实际的上述政策和措施对经济恢复发展发挥了积极的作用。世界卫生组织赴中国考察专家组负责人、世卫组织总干事高级顾问布鲁斯·艾尔沃德在2月25日日内瓦世卫组织总部举行的记者会上，介绍了世卫组织新冠肺炎联合专家考察组在中国的考察情况，高度评价了中国所采取的务实灵活的大规模防控措施，认为这不仅使中国新增感染病例大幅下降，也为各国积极防控疫情争取了宝贵时间，提供了值得借鉴的经验。

三、疫情总体保持较低水平，首批援鄂医疗队撤离武汉

在中共中央关于疫情防控新布局的思想指导下，我们坚持统筹做好疫情防控和经济社会发展工作，不断制定和实施新策略、新政策和新措施，持续的抗疫战斗取得了积极成果。2020年2月27日，疫情防控战取得了新进展，全国除湖北省以外的其他省份、除武汉市以外的其他地市，新增确诊病例数首次双双降至个位数。

2020年2月28日，国家卫健委介绍，目前核酸检测能力从每天300人份提高到2万人份，使采样送检到反馈结果的时间从2天缩短到4至6个小时；新冠肺炎收治床位从5000多张增加到23000张，其中重症床位达到9000张。此外，武汉市已建成16家方舱医院，实际开放床位13000多张，累计收治患者12000多人；定点医院收治的重症患者转归为治愈的占比从14%提高到64%；已有3.6万多名新冠患者治愈出院，占累计确诊病例的45.9%。上述成绩的取得，离不开湖北省和全国各地支援湖北的医疗力量。截至2月29日，全国支援湖北的医疗力量超4.2万人，其中，护士有2.86万人，占医疗队总数的68%。医护人员一道，为促进患者康复、

提高治愈率作出了积极贡献。

疫情防控的成果显著，疫情总体保持在较低水平，但党和国家仍然不放松疫情防控。2 月 28 日，国务院联防联控机制印发了《关于进一步落实分区分级差异化防控策略的通知》，通知指出继续抓牢疫情防控的工作，坚持分区分级差异化管理，实施具体问题具体分析，体现出党和国家在疫情防控上已经逐步积累经验，可以科学有序地应对。2 月 29 日，中国—世界卫生组织发布了关于新型冠状病毒肺炎联合考察报告，报告充分肯定了中国在抗疫中的积极表现，赞扬中国采取了历史上最勇敢、最灵活、最积极的防控措施，最可能迅速地遏制病毒传播；尤为令人瞩目的是，在所考察的每一个机构都能够强有力地落实防控措施；面对共同威胁时，中国人民凝聚共识、团结行动，使防控措施得以全面有效地实施。3 月 2 日，习近平总书记于北京实地考察了新冠肺炎防控科研攻关工作，强调要把新冠肺炎防控科研攻关作为一项重大而紧迫的任务。一是坚持科学性、确保安全性；二是加强药物、医疗装备研发和临床救治相结合，切实提高治愈率、降低病亡率；三是推动多种技术路线的疫苗研发，争取早日进入临床试验；还要将生物安全作为国家总体安全的重要组成部分，加强疫病防控及公共卫生科研攻关体系和能力建设。国家卫健委于 3 月 3 日发布了《新型冠状病毒肺炎诊疗方案（试行第七版）》，从传播途径、临床表现等方面实行修改和完善，增强中西医结合，落实防控科研攻关要求。3 月 4 日，习近平总书记在主持召开中共中央政治局常委会时强调，要加快建立同疫情防控相适应的经济社会运行秩序，完善相关举措，巩固和拓展来之不易的良好势头；强调要持续用力，加强湖北省和武汉市疫情防控工作，继续保持“内防扩散、外防输出”的防控策略。3 月 6 日，全国新增本土确诊病例数降至 100 例以下，3 月 11 日开始降至个位数，抗击疫情再一次取得重大进展。

3 月 10 日，抗疫斗争战至关键时刻，习近平总书记赴湖北省武汉市考察和指导疫情防控工作，指出经过艰苦努力，湖北和武汉疫情防控形势发生积极向好变化，取得阶段性重要成果，但疫情防控任务依然艰巨繁重，要慎终如始、再接再厉、善作善成，坚决打赢湖北保卫战、武汉保卫战；指出武汉人民识大体、顾大局，不畏艰险、顽强不屈，自觉服从疫情防控大局需要，主动投身疫情防控斗争，作出了重大贡献；指出抗击疫情有两个阵地，一个是医院救死扶伤阵地，一个是社区防控阵地，要充分发挥社区在疫情防控中的重要作用，使所有社区成为疫情防控的坚强堡垒；强调打赢疫情防控人民战争要紧紧依靠人民，把群众发动起来，构筑起群防群控的人民防线。

我国的疫情防控形势持续好转。3 月 11 日至 17 日，全国新增本土确诊病例出现新变化，单日维持在个位数。从总体来看，中国此次疫情高峰已过，新增病例持续下降，疫情也开始保持在较低水平。经批准，3 月 17 日，此前各省首批援鄂的 42 支国家医疗队开始陆续撤离武汉。当日下午，中共中央政治局委员、国务院副总理、中央指导组组长孙春兰来到武汉东西湖方舱医院，代表党中央、国务院，为即将离鄂的部分国家紧急医学救援队送行，高度赞扬了白衣战士们逆行出征、舍生忘死的巨大付出，期望大家继续发扬优良作风，全力以赴保障人民群众生命安全和身体健康。

在较短的时间里，我国疫情形势积极向好的转向，离不开党和政府的正确领导和科学指挥，离不开一线人员的浴血奋斗和日夜坚守，更离不开人民群众的大力支持与积极配合。疫情防控的初步胜利是国家的胜利，也是人民的胜利，展现出党和政府应对突发公共卫生事件、驾驭复杂局面的强大动员能力和组织能力。

第四节
取得武汉保卫战、湖北保卫战决定性成果

全国上下历经 3 个多月艰苦抗疫，基本上阻断了国内本土疫情传播，使得离汉离鄂通道管控措施解除。随着武汉市各大中小医院新冠肺炎患者全部治愈出院，武汉与湖北保卫战取得决定性成果，疫情防控阻击战也由此在全国范围内取得了重大战略性成果。面对新冠肺炎疫情在国内的零星散发状况，以及在国外快速传播蔓延的变化，中央精准把握疫情发展，果断确定了“外防输入、内防反弹”的疫情防控策略。在处置各类聚集性疫情，不断巩固提升国内疫情防控救治成效的同时，积极分类推动复工复产，关心帮助境外中国公民。

一、本土疫情基本阻断，离汉离鄂通道重启

大江大河的“中流砥柱”，是平波镇浪的巨大伟力。同样，一个国家在面对大灾大难的关键时刻，“领头雁”越是睿智有谋，就越能集聚起风雨无阻的磅礴力量。自新冠肺炎疫情暴发，以习近平同志为核心的党中央时刻关注疫情变化新形势，习近平总书记亲自指挥、缜密思考、慎重部署，作出重要指示和批示。2020 年 3 月 18 日，此时湖北和武汉的患者救治、社区防控以及后续各项工作任务仍旧繁重艰巨，习近平总书记主持召开中央政治局常务委员会会议并发表重要讲话：要准确把握国内外疫情防控和经济形势的阶段性变化，因时因势调整工作着力点和应对举措，确保打赢疫情防控的人民战争、总体战、阻击战，确保实现决胜全面建成小康社会、决战脱贫攻坚目标任务。要毫不放松抓紧抓实抓细各项防

控工作，决不能让来之不易的疫情防控持续向好形势发生逆转。各级党委和政府要增强紧迫感，加快建立同疫情防控相适应的经济社会运行秩序，积极有序推进企事业单位复工复产，努力把疫情造成的损失降到最低限度。

3月26日，在二十国集团领导人特别峰会上，习近平主席作了题为《携手抗疫　共克时艰》的重要讲话，呼吁人类是一个命运共同体。战胜关乎各国人民安危的疫病，团结合作是最有力的武器。面对国内疫情防控和全球疫情蔓延的严峻复杂形势，习近平总书记始终作出立足长远的判断、科学求精的部署、审时度势的决策，展现着大国领袖以人民为中心的深厚情怀，以及亲自指挥部署疫情防控阻击战的责任担当。

随着3月18日全国新增本土确诊新冠肺炎病例首次实现零报告，至3月19日湖北省以外省份连续7日无新增本土确诊新冠肺炎病例，3月25日零时起，“湖北省有序解除离鄂通道管控措施，撤除除武汉市以外地区所有通道（市际、省界通道）检疫站点。湖北省除武汉市以外地区逐步恢复正常生产生活秩序，离鄂人员凭湖北健康码‘绿码’安全有序流动”①。4月8日零时起，武汉市正式解除离汉通道管控措施，有序恢复对外交通。至此，按下长达76天“暂停键”的英雄城市终于“复苏”，同疫情决战的英雄人民守得云开见月明。

武汉和湖北是全国疫情防控的重中之重，武汉胜则湖北胜，湖北胜则全国胜。76天前，为阻止疫情在更大范围蔓延和扩散，作为“九省通衢”且拥有千万人口的特大城市——武汉，以国家疫情防控的大局需要为着眼点，以“隔一座城，护一国人”的担当毅然关闭离汉通道，在巨大压力之下克服重重困难，为全国全民战疫作出重大贡献。武汉人民在抗疫过程中作出的巨大牺牲、展现出的大无畏精神，是我国能够实现疫情持续向

① 中华人民共和国国务院新闻办公室：《抗击新冠肺炎疫情的中国行动》，人民出版社2020年版，第30页。

好发展的重要基础。正如习近平总书记在湖北考察新冠肺炎疫情防控工作时对武汉人民深情礼赞的那样："在这场严峻斗争中，武汉人民识大体、顾大局，不畏艰险、顽强不屈，自觉服从疫情防控大局需要，主动投身疫情防控斗争，作出了重大贡献，让全国全世界看到了武汉人民的坚韧不拔、高风亮节。正是因为有了武汉人民的牺牲和奉献，有了武汉人民的坚持和努力，才有了今天疫情防控的积极向好态势。武汉人民用自己的实际行动，展现了中国力量、中国精神，彰显了中华民族同舟共济、守望相助的家国情怀。"①

二、调整疫情防控策略，"外防输入、内防反弹"

逆水行舟用力撑，一篙松劲退千寻。尽管全国疫情防控阶段性成果不断巩固、持续拓展，但并不意味疫情防控的最终胜利。从国内看，零星散发病例和局部疫情暴发的风险依旧存在；从国际看，全球疫情大流行使输入性风险显著提升，疫情防控工作任重道远。

2020 年 3 月 25 日，23 个省份向上报告了境外输入的新冠肺炎确诊病例，这表明防范疫情扩散蔓延的防疫压力仍旧巨大，外部输入性风险不可小觑。鉴于此，3 月 27 日，习近平总书记主持召开中共中央政治局会议。会议指出要因应国内外疫情防控新形势，及时完善疫情防控策略和应对举措，把重点放在"外防输入、内防反弹"上来，保持疫情防控形势持续向好态势；强调要在疫情防控常态化条件下加快恢复生产生活秩序，力争把疫情造成的损失降到最低限度，努力完成全年经济社会发展目标任务；强调要在做好疫情防控的前提下，支持湖北有序复工复产，做好援企、稳岗、促就业、保民生等工作。3 月 29 日至 4 月 1 日，习近平总书记前往浙江，

① 习近平：《在湖北省考察新冠肺炎疫情防控工作时的讲话》，《求是》2020 年第 7 期。

就统筹推进新冠肺炎疫情防控和经济社会发展工作进行调研，指出要把严防境外疫情输入作为当前乃至较长一段时间疫情防控的重中之重，增强防控措施的针对性和实效性，筑起应对境外疫情输入风险的坚固防线；强调要准确识变、科学应变、主动求变，善于从眼前的危机、眼前的困难中捕捉和创造机遇；强调要在严格做好疫情防控工作的前提下，有力有序推动复工复产提速扩面，积极破解复工复产中的难点、堵点，推动全产业链联动复工。

为认真贯彻习近平总书记重要讲话和中央政治局常务委员会会议精神，认真落实"外防输入、内防反弹"的防控策略，4 月 1 日起，中国海关启动最新管控措施，即在所有航空、水运、陆路口岸对全部入境人员实施核酸检测，并将所有人员及其信息全部移交口岸所在地联防联控机制，分类采取医疗救治或统一集中隔离的措施。"4 月 6 日，国务院联防联控机制印发《关于进一步做好重点场所重点单位重点人群新冠肺炎疫情防控相关工作的通知》和《新冠病毒无症状感染者管理规范》。"① 同日，国务院联防联控机制召开新闻发布会，系统介绍了最新的针对境外输入性疫情的防控和救治情况。其中，海关总署对于部分出入境人员在提供个人健康信息时瞒报疫情、遮掩症状等行为，坚决给予警告或行政处罚，对于情节严重并造成不良后果的移送司法机关，依法追究刑事责任。同时，海关总署也进一步强化了失信惩戒力度，如将被处罚人员根据程度不同列入海关失信旅客"黑名单"等。国家移民管理局总体上构筑起三道防线，即入境前防线、入境时防线和入境后防线，加强边境管控。民航局也因应疫情防控最新需要，果断出台了调减国际客运航班量的"五个一"政策，使得通过航空口岸入境人数大幅减少，有效防范了疫情输入性风险。此外，中国民航局对于个别需求集中、接收能力有充分保障的省（区、市），

① 中华人民共和国国务院新闻办公室：《抗击新冠肺炎疫情的中国行动》，人民出版社 2020 年版，第 32 页。

也已相应启动重大航空运输保障机制，在符合全国疫情防控形势的前提下，安排临时航班协助海外中国公民顺利回国。

4 月 4 日清明节，全国各地各族人民深切悼念抗击新冠肺炎疫情斗争牺牲烈士和逝世同胞。随着外部输入病例的持续增加，为切实做好关键环节和重要风险点的疫情防控工作，4 月 6 日，李克强主持召开应对新冠肺炎疫情工作领导小组会议，指出落实“四早”是严防疫情反弹最有效的措施，要坚持群防群控，压实各方责任，守住社区、口岸、边境等防线，不获全胜决不松懈。4 月 8 日，习近平总书记在中央政治局常务委员会会议上指出要坚持底线思维，做好较长时间应对外部环境变化的思想准备和工作准备；强调“外防输入、内防反弹”防控工作决不能放松；强调要抓好无症状感染者精准防控，把疫情防控网扎得更密更牢，堵住所有可能导致疫情反弹的漏洞；强调要加强陆海口岸疫情防控，最大限度减少境外输入关联本地病例。

湖北省和武汉市坚持底线思维，依旧紧紧扭住医疗救治和社区防控的关键环节，积极做好重症患者救治工作，迅疾收治新发病例，及时安排流行病学调查。各地始终坚持实事求是的原则，公开透明发布信息，科学精准防控，对新发病例发现一起依规处置一起。国家相关部门依规出台各项措施，积极支持恢复同疫情防控和医治工作相适应、相协调的经济社会运行秩序，使精准科学的疫情防控策略同有序有力的企业事业单位复工复产活动相辅相成。落实外防输入重点任务，海陆空全部门持续完善大数据信息共享机制和入境入关人员身份核查排验机制。对于全部入境人员从口岸健康信息排查、目的地逐个送达到社区点对点防控做到全流程管理，形成了严密闭环。同时，我国也加强了疫情防控的国际合作，向有需要的国家毫无保留地分享防控和救治经验，并对境外中国公民提供必要的疫情防控指导与帮助，保护其生命安全和身体健康。

泾溪石险人兢慎，终岁不闻倾覆人。疫情防控手段从强调“毫不放松做好疫情防控重点工作”，到要求“健全低风险地区及时发现、快速处置、精准管控、有效救治的常态化防控机制”，再到强调“要在疫情防控常态化条件下加快恢复生产生活秩序”；疫情防控策略从“内防扩散、外防输出”到“外防输入、内防反弹”，无不凸显出我国在抗击新冠肺炎疫情时的果断决策和科学部署。

三、分类推动复工复产，关心境外中国公民

乱云飞渡仍从容，风雨无阻更向前。2020年是我国决战全面脱贫攻坚、决胜全面建成小康社会，实现第一个百年奋斗目标，进而乘势开启全面建成社会主义现代化强国的关键之年。面对不期而至的新冠肺炎疫情，我国经济社会发展一度按下“暂停键”，遭受到前所未有的冲击与挑战。但正如恩格斯所言：“没有哪一次巨大的历史灾难不是以历史的进步为补偿的。”① 中华民族在数千年成长前进的道路上，从治理桀骜不驯的江河湖海，到战胜不计其数的自然灾害，再到抵御寇急祸重的入侵势力，重重灾难的磨砺最终都汇聚成了推动中华民族不断发展壮大的时代伟力和经验洪流。

疫情防控关乎生命，复工复产牵涉生计。我们国家制度和国家治理体系的鲜明底色就是始终坚持执政为民、执政靠民，把以人民为中心的发展理念全面根植践行到具体的政策安排和工作实际中。以习近平同志为核心的党中央顺应时势变化，精准把脉国内外疫情防控救治和经济社会发展形势的阶段性变化，科学调整未来工作的重点所在和应对之策，及时改变疫情防控与经济建设的“组合打法”，牢牢攥住了疫情防控阻击战的主动权，在本土新增病例数逐步下降至个位数阶段时，作出统筹疫情防控和经济社会发展以及有序有力复工复产的重大科学决策。这充分彰显了中国共产党人深厚的为民情怀和强烈的责任担当，凸显了党中央坚决打

①《马克思恩格斯文集》第十卷，人民出版社2009年版，第665页。

赢疫情防控阻击战和脱贫攻坚战的坚定决心和意志。

2020 年 3 月 27 日，中央政治局会议强调，要在疫情防控常态化条件下加快恢复社会生产生活秩序，最大限度降低疫情带来的各种损失，使全年经济社会发展的总体目标任务顺利完成。同时，在做好疫情防控的前提下，要支持湖北有序复工复产，做好援企、稳岗、促就业、保民生等重点工作。4 月 7 日，国务院印发《全国不同风险地区企事业单位复工复产疫情防控措施指南》。中央应对疫情工作领导小组印发《关于在有效防控疫情的同时积极有序推进复工复产的指导意见》，要求各地要分区分级恢复生产秩序，推动全产业链复工复产，推动服务业复工复市，做好客运恢复和返岗服务，加强交通秩序保障；各地区各部门要坚决克服形式主义和官僚主义，坚决纠正防控措施“一刀切”、防控要求“层层加码”，杜绝复工复产下指标、虚报数据等行为。4 月 8 日，习近平总书记在中央政治局常务委员会会议上强调，当前我国疫情防控阶段性成效进一步巩固，复工复产取得重要进展，经济社会运行秩序加快恢复。同时，国际疫情持续蔓延，世界经济下行风险加剧，不稳定不确定因素显著增多。我国防范疫情输入压力不断加大，复工复产和经济社会发展面临新的困难和挑战。面对严峻复杂的国际疫情和世界经济形势，我们要坚持底线思维，做好较长时间应对外部环境变化的思想准备和工作准备。要统筹推进疫情防控和经济社会发展工作，“外防输入、内防反弹”防控工作决不能放松，经济社会发展工作要加大力度。要坚持在常态化疫情防控中加快推进生产生活秩序全面恢复，抓紧解决复工复产面临的困难和问题，力争把疫情造成的损失降到最低限度，确保实现决胜全面建成小康社会、决战脱贫攻坚目标任务。

在经济全球化纵深推进，各国经济发展的互补性显著增强的背景下，4 月 14 日，李克强总理在东盟与中日韩（10+3）抗击新冠肺炎疫情领导人特别会议上系统介绍了中国统筹推进疫情防控和经济社会发展的经验，并提出国际社会要全力加强防控合作、努力恢复经济发展、着力密切政策协调等合作倡议。截至 4 月 14 日，全国规模以上工业企业平均开工率已高达 99%，人员复岗率高达 94%。4 月 17 日，习近平总书记主持召开中央政治局会议。根据会议精神，稳中求进的工作总基调不能变，要在稳的基础上积极进取，在常态化的疫情防控中全面推进复工复产达产，恢复正常经济社会秩序，培育壮大新的增长点增长极，牢牢把握发展主动权。4 月 20 日至 23 日，习近平总书记深入一线，前往陕西考察，指出要坚持稳中求进工作总基调，扎实做好“六稳”“六保”工作，努力克服新冠肺炎疫情带来的不利影响。4 月 23 日，李克强总理主持召开部分省（区、市）经济形势视频座谈会，着重强调了保住亿万市场主体，经济回升就有动力，就业就有支撑。要求落实和及时完善税费减免、金融支持、降低成本等助企纾困政策。要求各地要加大力度帮助企业尤其是中小微企业和个体工商户渡过难关，全面复工复产，保住更多就业岗位，为高校毕业生、农民工和退役军人等重点群体就业提供支撑。

分类有序推动复工复产过程中，党和国家领导人密集的会议安排和指示部署，充分证实了抗击疫情不仅是护佑中国人民的公共卫生安全之战，而且是维系中国和世界经济持续繁荣的发展之战，充分体现了负责任大国关注民生的价值追求和国家行动。从有助于稳定经济发展的“六稳”举措的全面实施，到推动减免税费、金融支持和稳岗补贴政策等的逐步出台，我们真正兑现了减负政策提速、稳岗政策提标、复工服务提质的重大承诺。各类应急措施既有力对冲了疫情带来的不良影响，又使我国企业快速“动起来”，经济稳步“转起来”。各地区、各部门也正是在充分依循如上指示安排的基础上，结合本地区实际，出台了相应政策措施，保证了企业复工复产的阶段性成效。

乔木亭亭倚盖苍，栉风沐雨自担当。经过数月的奋力抗击，我国新冠肺炎疫情形势总体趋稳，但境外疫情呈现加速蔓延扩散态势，使得全球疫情防控成为一场持久战。在伟大抗疫斗争中，我们党充分彰显了人民至上的执政理念和生命至上的价值追求。面对海外疫情的肆虐之势，党和国家力克资源紧张、航空运力艰难等因素，不惜一切代价协调资源、筹措物资，通过中国驻各地外使领馆及时向海外中国留学生发放“健康包”，并通过对相关国家实时分享救治经验、外派医护专家等措施，直接或间接对境外中国公民进行领事保护和防护指导，可谓“牵挂跨山水，万里近吾乡”。

第五节
全国疫情防控进入常态化

千里不辞行路远，时光早晚到天涯。2020 年 4 月 29 日以后，尽管境内疫情总体呈零星散发之势，局部出现散发病例引起的聚集性疫情，但境外输入病例基本得到控制，疫情积极向好态势持续巩固，全国疫情防控进入常态化。随着复工复产复学的大力推进，工人分类分时复工，学生分期分批入学，经济和社会逐渐恢复以往的生机和活力。9 月 8 日，全国抗击新冠肺炎疫情表彰大会在北京人民大会堂隆重举行，习近平总书记给国家勋章和国家荣誉称号获得者颁授勋章奖章并发表重要讲话，深刻阐发了中华民族和中国人民在这场严峻斗争中铸就的伟大抗疫精神。

一、境外输入病例基本控制，疫情防控形势积极持续向好

新冠肺炎疫情是百年不遇的全球性大流行病，在国外疫情暴发式增长的态势下，我国外防输入的压力陡然增加。2020 年 3 月 24 日 0—24 时，31 个省（区、市）和新疆生产建设兵团上报新增 47 例确诊病例，均为境外输入病例；4 月 9 日 0—24 时，31 个省（区、市）和新疆生产建设兵团上报新增 42 例确诊病例，其中境外输入病例 38 例，本土病例 4 例。这些

数据表明我国“外防输入、内防反弹”工作仍然不容忽视。5 月 14 日，中共中央政治局常务委员会召开会议，会议指出，目前全国疫情防控形势总体是好的，同时国外疫情形势严峻复杂。要坚决克服麻痹思想、侥幸心理、松劲心态、厌战情绪，持续抓紧抓实抓细“外防输入、内防反弹”工作，决不能让来之不易的疫情防控成果前功尽弃，确保完成决战决胜脱贫攻坚目标任务，全面建成小康社会。

疾风过境能迎上，危急关头敢作为。在这一阶段，为了持续抓紧抓实抓细“外防输入、内防反弹”工作，海关总署继续采取严格的口岸防控措施来遏制疫情的传播。海关总署主要采取了四项具体措施。一是密切监测疫情，及时开展研判。根据监测和研判的结果，在全国口岸采取了一系列有效且有针对性的应对措施。二是全面启动健康申报制度。要求对所有出入境人员进行健康申报和健康审核，严查有没有症状、有没有接触史，有没有在14天内到过疫情发生的国家或地区，实现“网上报，码上通”。三是加强入境卫生检疫工作。要求对所有出入境人员实施“三查、三排、一转运”的严格检疫措施。四是强化联防联控机制。在国务院联防联控机制的统一协调下，与各个单位成员密切配合，构建起多层次、全链条、立体化的防控体系。4 月 27 日，海关总署卫生检疫司副司长宋悦谦在国务院联防联控机制召开的新闻发布会上介绍，在船舶抵临入境港口时，海关对其登临检疫。船舶靠港后，对全部入境下船船员实施核酸采样检测等防控措施。

作为外防输入的另外一个重要职能部门，交通运输部也制定了强有力的外防输入举措。交通运输部新闻发言人孙文剑在 5 月 29 日交通运输部例行的新闻发布会上表示，当前疫情防控的重点是“外防输入、内防反弹”，特别是外防输入方面，疫情防控工作面临着巨大的挑战。交通运输部一方面要果断采取措施最大限度阻断疫情通过交通运输工具传播。另一方面要切实做好保通保畅保运等工作，主要包括三个方面内容：一是严格实施国际运输“货开客关”；二是严格做好跨境货运人员的防疫保障；

三是全力保障中国籍船员的有序换班。

6 月 4 日，由交通运输部管理的中国民用航空局发布的《民航局关于调整国际客运航班的通知》规定，自 2020 年 6 月 8 日起，根据入境航班抵达后旅客核酸检测结果，对入境航班采取熔断和奖励措施。6 月 14 日，民航局表示，由于 6 月 11 日南航 CZ392 孟加拉国达卡至广州航班中有 17 位旅客进行新冠病毒核酸检测时结果显示阳性，决定对南航 CZ392 孟加拉国达卡至广州航班开出第一份暂停该航班该航线运行 4 周的“熔断指令”。

病毒不分国界和种族，全人类只有共同努力和协作，才能战而胜之。对此，中方多次呼吁愿同国际社会加强联防联控、药物和疫苗研发合作，支持世卫组织发挥应有作用，在多边框架内不断推进双边和国际抗疫合作。5 月 18 日，习近平主席在第 73 届世界卫生大会视频会议开幕式上呼吁构建人类卫生健康共同体。6 月 17 日晚，习近平主席在北京主持中非团结抗疫特别峰会并发表《团结抗疫　共克时艰》的主旨讲话。疫情发生后，中国与韩、日、俄、美、德等多国领导人和国际组织负责人通话或见面探讨疫情问题，与非盟、东盟、欧盟等国际和地区组织开展多次疫情防控交流活动。中国还向世界卫生组织提供两批共计 5000 万美元现汇援助，并积极在检测、溯源、药物、疫苗等方面同世界卫生组织和有关国家展开国际科研交流合作。这些交流和合作为阻击新冠肺炎病毒的全球传播蔓延，推进国际国内的抗疫合作作出了重大贡献。

群力谁能御，齐心石可穿。在党和政府的坚强领导下，在全面落实“外防输入、内防反弹”的总体防控政策中，我国境外输入病例日渐减少。2020 年 6 月的疫情通报显示，各省境外输入的数字基本处于个位数水平，全国新冠肺炎疫情防控向好态势进一步巩固。

二、大力推进复工复产复学，平衡疫情防控与经济社会发展

在确保疫情防控到位的情况下，推动非疫情防控地区重点单位及重点企业复工复产，恢复生产生活秩序，事关疫情防控、社会稳定、民生保障和全年经济社会发展等目标的实现。

在大力推动复工复产方面，自2020年2月，国家各部门为企业特别是中小微企业和个体工商户减负纾困，密集制定出台了多项政策，如实施减税降费，加大金融支持，增加财政补贴，优化政府服务，减负稳岗扩就业等。4月底，全国中小微企业复工率达到88.4%，规模以上工业企业复工率超过99%，重大项目复工率超过95%；湖北省规模以上工业企业员工到岗率、复工率分别达到92.1%、98.2%，总体接近全国平均水平。一批国家超级民生工程、重大标志性外资项目、重点科技专项重现往日繁忙景象，我国经济活力正在快速释放，经济运行加快回归常态。4月29日，中共中央政治局常务委员会召开会议，分析境内外新冠肺炎疫情防控局势，研究部署支持湖北省经济社会发展一揽子政策，研究确定完善常态化疫情防控举措。各地政务部门积极运用现代信息技术手段，创新服务机制，优化服务流程，提高政务服务质量和便利度，助力企业有序复工复产。比如，上海浦东新区推出“信用审”“远程核”，深化政务服务“一网通办”。截至5月9日，上海浦东新区在线进行远程身份核验达到1.6万人次。又如，浙江杭州构建政商“亲清在线”平台，推行惠企服务“最多点一次”。截至5月10日，“亲清在线”平台累计为60.9万名员工、16.7万家企业兑付补贴13.5亿元。再如，天津滨海新区开启“云政务”，推动“云复工”。截至5月10日，天津滨海新区已有超过119万人返岗，6万家企业复工。

2020年5月11日至12日，习近平总书记在山西考察调研，就统筹推进常态化疫情防控、经济社会发展工作和巩固脱贫攻坚成果进行调研，强调要坚持稳中求进工作总基调，坚持新发展理念，坚持以供给侧结构性

改革为主线，扎实做好“六稳”工作，全面落实“六保”任务，努力克服新冠肺炎疫情带来的不利影响。5月6日至17日，交通运输部统计显示，全国高速公路车流量日均增长16.34万辆次，交通量的快速增长和运输物流的有序畅通，有力推动了复工复产。6月5日，人社部会同国务院国资委、全国工商联、湖北省人民政府，联合多家市场主体，启动实施“湖北高校毕业生就业促进行动”，促进湖北高校毕业生尽快就业。6月上旬，国务院副总理孙春兰先后实地考察深圳市、广州市，详细了解了口岸防控、复工复产复市复学防控、社区防控和外国人服务管理、科研攻关等情况，督促指导复工复产复市复学工作的有效开展。6月23日，国务院副秘书长、国务院联防联控机制联络组组长丁向阳主持召开湖北省有关部门、企业联合会、8家金融机构、22家企业负责人及中小企业协会参加的金融政策支持湖北专题座谈会，帮助企业恢复生产、解决实际困难。经过上述努力，我国工业企业效益状况持续改善。据国家统计局发布数据，2020年5月，随着复工复产深入推进，生产经营秩序逐步恢复，全国规模以上工业企业利润增速由4月份同比下降4.3%转为增长6.0%，实现利润总额5823.4亿元。7月27日，国家统计局发布数据显示，2020年上半年，工业企业利润增速呈“前低后高、由降转升”趋势，就二季度来说，工业企业利润同比增长4.8%;6月份，全国规模以上工业企业实现利润总额6665.5亿元，增速比5月份加快5.5个百分点，同比增长11.5%。

在分批分次推动复学复课方面，5月7日，中央应对新冠肺炎疫情工作领导小组组长、国务院总理李克强主持召开领导小组会议。会议指出，目前全国部分高校学生开始返校，许多省份中小学已有序复学复课。要压实地方和学校责任，强化相关人员防疫知识培训，做好中小学复学后疫情防控，改善条件相对薄弱学校的卫生基础设施和防疫物资配备支持力度。各高校要针对学生跨区域返校、集中住宿、教室和食堂等人员密集等情况，细化防控方案，做好防疫物资保障，以科学精准防控推动复学复课。5月5日至5月8日，国务院联防联控机制联络组连续4天到武汉市第十五中学、武汉外国语学校等5所学校进行调研，就科学精准防控推动复学复课情况进行调研。5月12日，教育部应对新冠肺炎疫情工作领导小组办公室在教育部新闻发布会上介绍，截至5月11日，全国31个省（区、市）和新疆生产建设兵团均已开启返校复学工作，复学学生人数达到10779.2万，复学比例达到39%。“疫情没有得到基本控制前不开学，学校基本防控条件不具备不开学、师生和校园公共卫生安全得不到切实保障不开学”，是开学复课的标准和原则。5月20日，国家卫生健康委印发关于进一步加强学校传染病防控监督工作的通知，指导各地严格做好疫情常态化防控下学校传染病防控监督工作。截至5月31日，各省（区、市）和新疆生产建设兵团中小学有1.63亿学生（含幼儿园）返校，部分学段均已开学。6月6日，北京大学、北京化工大学、北京理工大学等首批20多所高校开启返校复课，分批次迎接毕业年级学生返回校园。自6月8日起，武汉数十万高校有科研任务和毕业年级的学生，按照错时错峰、自愿原则返校。

复工复产复学的扎实推进，离不开党的集中统一领导，离不开政府的前瞻性谋划和规律性思考，也离不开每一个普通中国人的共同努力和艰苦奋斗。复工复产复学的大力推进，为确保完成2020年决战决胜脱贫攻坚目标任务、全面建成小康社会打下了坚实的基础。

三、召开全国抗疫表彰大会，阐述伟大抗疫精神

2020年9月8日上午，在北京人民大会堂内，一场庆祝全国抗击新冠肺炎疫情取得阶段性胜利的表彰大会正在隆重举行。大会在回顾累月奋战疫情的历程中总结经验、启示未来，在铭记坚守疫情一线斗士的故事中致敬英雄、表彰先进。

钟南山院士，一个坚守疫情战斗始终的英雄，在表彰大会上被授予“共和国勋章”，而“人民英雄”国家荣誉称号则分别授予了抗击疫情中

的另外三位勇士——张伯礼、张定宇和陈薇。此外表彰大会另授予1499人“全国抗击新冠肺炎疫情先进个人”称号，授予500个集体“全国抗击新冠肺炎疫情先进集体”称号。被授予或者追授“全国优秀共产党员”称号的共产党员达到了200人，获得“全国先进基层党组织”称号的基层党组织达到了150个。隆重表彰众多抗疫斗争中的模范组织与个人，不仅是对他们在抗击疫情中作出的杰出贡献和示范作用的认可，更是弘扬他们忠诚、担当、奉献的崇高品质，凝结他们舍生忘死、尊重科学、命运与共的伟大精神，激发全国上下干实事、创宏业、谋新局的责任使命感，汇聚全社会众志成城、共克时艰、人人有责的强大正能量。

习近平总书记在表彰大会上作了重要讲话。这次会议让更多人对疫情和抗疫斗争有了更为全面深刻的理解和认识。新冠肺炎疫情是百年来全球暴发的最严重的传染病大流行，也是新中国成立以来我国遭遇的最重大的突发公共卫生事件，在传播速度、感染范围及防控难度方面都达到了历史之最。病毒突发而至，疫情来势汹涌，威胁着人民的生命安全，侵袭着人民的身体健康。党中央第一时间实施集中统一领导，统揽全局、果断决策，提出“坚定信心、科学防治、同舟共济、精准施策”的总要求，坚持把人民生命安全和身体健康放在首位。各级党委和政府、各单位各部门各方面闻令而动、各就各位，迅速形成全面部署、统一指挥、立体防控的战略布局，大大改变了病毒蔓延的危险进程，有效遏制了疫情大面积传播，最大限度保障了人民的生命安全和身体健康。

中国人民面对突如其来的严重疫情，能众志成城、团结一致，构筑起病毒防控的坚固长城；武汉人民、湖北人民面对最严重的防控压力，能识大体、顾大局，敢于抗争、勇于牺牲，坚决阻断疫情扩展，为全国抗疫斗争的打响争得战略主动；广大医务人员面对最危险的战斗前线，能白衣为甲、逆行出征、舍生忘死、救治生命，堪称新时代最美天使、最可爱的人。在全球疫情流行肆虐之时，中国主动同世界各国增强合作、携手同行、共克时艰，不仅用实际行动挽救了众多的生命，也用实践证明了中国构建人类命运共同体的诚意和愿望，为全球抗疫贡献了中国智慧和力量。

自古英雄出少年。习近平总书记在大会中称赞了青年一代在这次抗疫斗争中的突出表现。青年一代不辞劳苦、不畏艰难、不惧牺牲，用自己的行动诉说自己的使命，用自己的肩膀扛起如山的责任，用自己的汗水写出青春激昂的风采，展现出中华民族的希望。

伟大事业需要伟大斗争，伟大斗争铸就伟大精神。这场中国人民和中华民族与疫情的殊死较量彰显了敢于斗争、追求胜利的大无畏气概，凝结出了催人奋进、意蕴深厚的伟大抗疫精神。伟大抗疫精神，蕴含了生命至上的价值追求，凝聚了举国同心的团结伟力，彰显了舍生忘死的顽强意志，铸成了尊重科学的实践品格，培育了命运与共的道义担当。

“物有甘苦，尝之者识；道有险夷，履之者知。”在这场抗击疫情的战斗中，中国人民见证了中国共产党风雨袭来时的坚强领导力，明确了谁才是真正的主心骨；中国人民感知了最广大人民群众战胜艰险时的顽强意志力，明确了谁才是真正的力量源泉；中国人民感受了中国特色社会主义显著的制度优势，明确了什么才是事业的根本保证；中国人民领略了新中国成立后艰难累积的坚实国力，明确了什么才是发展的深厚底气；中国人民感悟了社会主义核心价值观、优秀传统文化凝聚人心、汇聚民力的强大精神动力，明确了什么才是前进的强大动力；中国人民也深刻感受到了人类命运共同体理念的广泛感召力，明确了什么才是推进世界繁荣的人间正道。

大会强调，当前世界百年未有之大变局加速演进，国内改革、发展、稳定任务艰巨。我们必须坚持稳中求进工作总基调，坚持党的基本理论、基本路线、基本方略不动摇，以新发展理念为指导，统筹国内国际两个大局，构建新发展格局，办好安全与发展两件大事，实现国家治理体系和治理能力的现代化。我们要抓好疫情防控常态化，争得疫情斗争全面胜利；要统筹经济社会发展，落实“六稳”工作、完成“六保”任务；要确保决胜全面建成小康社会目标和决战脱贫攻坚目标任务如期完成；要加快弥补治理体系存在的短板弱项，夯实事关人民生命安全和身体健康的制度保障；要秉持人类命运共同体理念，携手国际社会共同应对全球性挑战；要坚持底线思维，树立忧患意识，注重防范和化解前进道路中的各种风险；要团结一切可以团结的力量，吸纳一切积极因素，不断夺取新时代伟大斗争的新胜利。

四、防控境内零星散发病例，迅疾处置局部疫情

2020 年 4 月后，尽管我国境外输入病例在逐渐减少，但一段时间，黑龙江、吉林、北京、新疆、大连、青岛等地先后出现了零星散发或局部暴发的小规模聚集性疫情态势，这让我们不得不对国内疫情的反弹提高警惕。4 月 9 日，首例来自哈尔滨的本土新增确诊病例结束了黑龙江省保持许久的本土病例“零增长”。5 月 7 日，吉林省舒兰市也通报了首例本地确诊病例。孙春兰亲自督战黑龙江和吉林两地，调研指导疫情防控工作，实地考察抗疫一线，详细了解抗疫情况，连续召开多场座谈会，研究部署各项防控工作。在各级领导和当地疫情防控部门、医务人员、社区工作者等的共同努力下，当地按照“及时发现、快速处置、精准管控、有效救治”的要求，实施更加果断精准、灵活管用的常态化防控举措，有效防止了疫情的扩散和蔓延。

6 月 11 日，北京新发地又出现聚集性疫情。这次疫情传播速度快，传染扩散范围广，短时间内出现大量确诊病例，防控形势异常严峻。北京市委、市政府快速反应，团结依靠最广大人民群众，以最坚决的态度、最果断的措施、最严格的落实，实行核酸检测应检尽检，科学防控，争分夺秒阻断疫情传播，在两个潜伏期内（28 天）实现了确诊病例的零增长，捍卫了城市的和谐与安宁。

7 月 22 日，辽宁大连新增了 1 例新冠肺炎本地确诊病例。大连市委、市政府坚持生命至上的原则，发动群众，以最大决心、最强措施、最快速

度全力以赴应对，迅速锁定重点区域，采取强力措施封闭涉疫单位，严格管控涉疫人员。用 11 天保证了无症状感染者和社会面新增确诊病例的零增长；用 25 天使全域变为了低风险地区，保证了正常的经济秩序；用 39 天实现了无症状感染者和本地确诊病例全部出院。

2021 年 1 月 2 日，河北省石家庄市藁城区新增报告 1 例新冠肺炎确诊病例，此后大量确诊病例在河北省短时间内出现，给疫情防控带来巨大挑战。此次疫情呈现家庭聚集性、发病多等特点。截至 1 月 25 日 24 时，河北省累计报告本地新冠肺炎确诊病例 1263 例，尚在医学观察本地无症状感染者 80 例。面对疫情的快速蔓延，党中央高度重视，要求“刻不容缓落实防控措施，尽快遏制疫情扩散蔓延”。河北省委、省政府依靠群众，尊重科学，迅疾反应，积极控制疫情。一是对重点区域实行封闭管理。1 月 4 日，石家庄市藁城区增村镇辖区所有村庄实行封闭管理;1 月 8 日，石家庄全市广大群众居家 7 天;1 月 12 日，邢台市、石家庄市、廊坊市全域进行封闭管理;1 月 15 日，石家庄市人民继续保持居家防疫到 1 月 19 日 24 时。二是及时调整地区风险级别。1 月 4 日，石家庄市藁城区增村镇小果庄村、刘家佐村，邢台市南宫市天地名城小区、天一合院小区调整为中风险地区;1 月 5 日，石家庄市藁城区增村镇小果庄村调整为高风险地区;1 月 6 日，石家庄市藁城区全域调整为高风险地区。三是快速启动全员核酸检测工作。第一轮全员核酸检测于 1 月 6 日拉开序幕。紧接着，1 月 11 日，石家庄市从中高风险地区开始，开启第二轮全员核酸检测。1 月 20 日，石家庄市、邢台南宫市组织开展第三轮全员核酸检测。在党中央的高度重视下，在疫情防控部门和医护人员的共同努力下，从 2021 年 2 月 4 日起，河北省实现了确诊病例和无症状感染者零增长，有效遏制了局部聚集性疫情的蔓延和扩散。

2021 年 7 月至 8 月，全国的疫情形势又再度严峻。此波疫情主要与江苏南京早期报告的南京禄口国际机场病例有关。截至 7 月 27 日 24 时，南京市累计报告本土确诊病例 153 例。

南京禄口国际机场疫情发生后，党中央高度重视，李克强总理、孙春兰副总理及江苏省委、省政府主要领导第一时间作出批示，要求最大限度保证人民群众的生命安全和身体健康，尊重科学、勠力同心、从严快速做好各项防控措施。江苏省电视电话会议立即召开，全省（市、区）防控指挥部迅即行动，组织开展流调追踪、隔离管控、核酸检测、医疗救治、环境消毒等工作，并向有关省、市发出协查通报，举国同心，全国防控“一盘棋”，齐心协力做好疫情防控工作。

南京市委应对疫情工作领导小组多次召开会议，第一时间部署疫情防控工作。具体来说，一是坚持“四集中”和“生命至上”的原则，全力抢救病患，保护广大人民群众的生命安全和身体健康；二是第一时间将部分相关社区（村居）划分为中、高风险地区，实施封闭式管理，对高危人群，实行定点隔离，严格防止疫情进一步扩散；三是及时高效动员全市全员进行核酸检测和全面筛查，科学做好病毒溯源工作，不落一人；四是对一些重点地区，例如各类入境口岸、机场、车站等地区实施严格管控，同时对各类公共场所，例如宾馆饭店、大型商超等地区，织牢疫情防控防线。

在党中央的高度重视下，在各级部门和人民群众的共同努力下，疫情防控形势逐渐好转。8 月 19 日，江宁区禄口街道从中风险地区调整为低风险地区。南京市全域为低风险地区，防控压力进一步减轻。8 月 26 日，禄口街道进入常态化防控阶段。

2021 年底，西安遭遇了严峻复杂的重大疫情，经历了一场疫情防控的大战大考。在习近平总书记的关心关怀下，在党中央、国务院坚强领导下，在省委、省政府有力指挥下，全市上下团结一心、顽强拼搏，汇聚起守望相助、共克时艰的磅礴力量，打赢了一场疫情防控的阻击战、歼灭战。在这场没有硝烟的战斗中，医护战士白衣执甲、逆行出征，兄弟城市火线驰援、雪中送炭，爱心人士慷慨而行、无私奉献，党员干部闻令而动、冲锋在前，广大社区工作者、物业工作者、志愿者、快递小哥、环卫工人、保供人员等夜以继日、连续奋战，1300 万西安市民以及考研学子、务工人员等积极配合，大力支持核酸检测、流调溯源、封控管理等各项疫情防控工作，给予了极大包容，克服了种种困难，为阻断疫情蔓延、取得抗疫胜利作出了重要贡献，彰显了这座城市万众一心、众志成城的精神力量。

同时，西安着力健全常态化防控和应急处置转换机制，完善疾病预防控制体系，健全重大疫情应急响应机制，优化重大疫情救治体系，加强城市应急能力建设，取得了明显成效。

2022 年 3 月，上海面临空前严峻复杂的新一波疫情。上海坚决贯彻执行习近平总书记重要指示和党中央决策部署，在中央有关部门、全国各地和人民军队的大力支持下，调动一切可以调动的资源，动员一切可以动员的力量，投入到抗击疫情的斗争中。全市上下团结一心、众志成城，展开了夜以继日的奋战，付出了艰苦卓绝的努力，挺过了一个又一个极限挑战，在十分危急的关头遏制住疫情指数级上升的势头，在攻坚清零的阶段打破了疫情胶着反复的态势，实现和巩固了社会面动态清零的成果，打赢了大上海保卫战。在这场抗疫大战中，中央各部门、省（区、市）和解放军、武警部队援助人员给予了上海大力支持，广大医务人员、疾控人员、基层工作者、公安民警、志愿者、下沉干部、新闻工作者、工程建设者、城市保供服务人员等作出了重要贡献，全市广大人民群众识大体顾大局、高度自律、坚韧不拔。这场大战锻炼了队伍、锤炼了思想、淬炼了意志，为今后应对重大挑战、抵御重大风险增强了底气和力量。

2022 年 11 月，传播力更强的奥密克戎 BF.7 开始在我国传播，奥密克戎变异株隐匿传播特点明显，免疫逃逸能力不断增强，快速识别、追踪、诊断和隔离的难度增加，清零难度大，加之受 3 年疫情的持续影响，疲惫、焦虑、紧张等复杂情绪开始蔓延，疫情防控的社会成本和代价变高。随着奥密克戎病毒致病性的减弱、疫苗接种的普及、防控经验的积累，国务院联防联治机制于 11 月 11 日公布《关于进一步优化新冠肺炎疫情防控措施　科学精准做好防控工作的通知》，明确进一步优化疫情防控的二十条措施；并于 12 月 7 日出台了“新十条”优化措施。12 月 26 日，国家卫健委发布公告，将“新型冠状病毒肺炎”更名为“新型冠状病毒感染”。同时，自 2023 年 1 月 8 日起，对新冠病毒感染实施“乙类乙管”，最大限度减少疫情对经济社会发展的影响。我们在成功避免致病力较强、致死率较高的病毒株广泛流行，有效保护人民群众生命安全和身体健康的基础上，将工作重心从“防感染”转到“保健康、防重症”，不断优化调整防控措施，较短时间实现了疫情防控平稳转段，2 亿多人得到诊治，近 80 万重症患者得到有效救治，新冠死亡率保持在全球最低水平。

2023 年 2 月 16 日，习近平总书记主持召开中共中央政治局常委会会议并发表重要讲话。会议指出，3 年多来，我国抗疫防疫历程极不平凡，明确了我国“取得疫情防控重大决定性胜利”。会议强调，当前全国疫情防控形势总体向好，平稳进入‘乙类乙管’常态化防控阶段，但全球疫情仍在流行，病毒还在不断变异。各地区各部门要以时时放心不下的责任感，深入总结 3 年多来特别是最近一段时间的经验做法，完善相关机制和举措，抓实抓细新阶段疫情防控各项工作，建强卫生健康服务体系，坚决巩固住来之不易的重大成果。这为我们正确认识疫情防控形势，明确疫情防控新阶段目标任务，做好常态化疫情防控工作提供了根本遵循。

人无精神不立，国无精神不强。中华民族的伟大抗疫精神，体现了与新冠病毒进行殊死较量的必胜决心，激励我们创造了人类宏远历史征途中与疾病斗争的又一个英雄壮举，引领我们夺取了疫情防控重大决定性胜利，交出了护佑生命的优秀时代答卷。中国的抗疫斗争不仅是维护国内人民群众生命的安全之战，更是维护全球公共卫生的安全之战，维护人类的健康之战。我们要倍加珍惜抗疫斗争的重要成果，主动淬炼、积极弘扬、自觉践行伟大抗疫精神，以“不破楼兰终不还”的巨大勇气和决心，投身于新时代新征程新的伟大斗争中，为最终建成社会主义现代化强国，实现中华民族伟大复兴凝聚中国力量！

第二章

伟大抗疫精神的深刻意蕴

伟大抗疫精神的丰富内涵 / 伟大抗疫精神的鲜明特质 / 伟大抗疫精神的时代价值

习近平总书记深刻指出，精神是一个民族赖以长久生存的灵魂，唯有精神上达到一定的高度，这个民族才能在历史的洪流中屹立不倒、奋勇向前。大战大考铸精魂，在抗击新冠肺炎疫情这场没有硝烟的伟大斗争中，中华民族经历了一次精神上的淬炼和洗礼，铸就了生命至上、举国同心、舍生忘死、尊重科学、命运与共的伟大抗疫精神。伟大抗疫精神内涵丰富、意蕴深刻，具有鲜明的实践性、人民性、历史性、时代性特征，是记写中华民族精神成长的不朽丰碑，是推进民族复兴壮阔进程的精神动力，是丰富人民精神世界的宝贵滋养，是助力全球共同发展的中国能量。

第一节
伟大抗疫精神的丰富内涵

苦难磨砺民族风骨，拼搏铸就中国精神。习近平总书记用“生命至上、举国同心、舍生忘死、尊重科学、命运与共”短短二十字生动概括出了伟大抗疫精神的核心要义，彰显了中华民族奋进于新时代的精神风貌。

一、生命至上的为民追求

生命至上，是中华传统“天地之性，人为贵”文化理念的鲜明体现，是中国人民敬仰生命的道德情怀的有力印证，是中国共产党以人为本执政理念的生动诠释。在严峻的疫情形势面前，我们党团结带领亿万人民始终秉持生命至上理念，不惜一切代价赢得这场疫情防控的人民战争，最大限度地保护了人民群众的生命安全与身体健康。

生命至上就是“把人民生命安全和身体健康放在第一位”。生命至上，是中国共产党“以人民为中心”发展思想的集中体现。中国共产党团结带领人民进行革命、建设、改革实践，根本目的就是让人民过上好日子，无论面临多大挑战和压力，无论付出多大牺牲和代价，这一点都始终不渝、毫不动摇。党的十八大以来，习近平总书记多次强调必须始终把人民利益摆在至高无上的地位。生存权和发展权是首要的基本人权，而其中生存权尤为重要，生存权无法得到保障，其他一切权利都无从谈起。2020年伊始，前所未知的新冠肺炎疫情来势汹汹。在人民生命健康受到严重威胁的紧急时刻，中国共产党和中国政府始终秉持对人民负责、对生命负责的理念，准确分析局势，迅速打响疫情防控阻击战，在保护人民生命安全与维持经济社会发展的抉择中果断选择前者。以习近平同志为核心的党中央在指挥疫情防控工作时把人民群众生命安全和身体健康放在第一位，围绕坚决遏制疫情蔓延势头、坚决打赢疫情防控阻击战的目标，果断关闭离汉离鄂通道，同时在全国范围内采取史无前例的严格管理措施，严控人员流动，延长春节假期，部分企业及学校停工停学。党和国家不惜按下经济社会运行发展“暂停键”，以巨大的政治勇气和果敢的历史担当全力以赴抗击病魔，始终将人民群众的生命安危视作头等大事，不惜代价，不计成本地救治病患，不断夯实相关保障。正如习近平总书记指出的：“为了保护人民生命安全，我们什么都可以豁得出来！”①一系列强有力的应对举措体现了中国共产党一如既往的高度政治自觉，生动诠释了全心全意为人民服务的根本宗旨，诠释了以人为本、执政为民的核心理念。

① 习近平：《在全国抗击新冠肺炎疫情表彰大会上的讲话》，人民出版社2020年版，第13页。

生命至上就是“不遗漏一个感染者,不放弃每一位病患者”。近年来,在决战脱贫攻坚、决胜全面建成小康社会伟大斗争中,习近平总书记多次强调,让改革发展成果更多更公平惠及全体人民,朝着实现全体人民共同富裕不断迈进。这种经济社会发展成果惠及每一个人的为政理念在抗疫斗争中得到了鲜明的体现。疫情防控初期,病毒感染者急剧增多,面对沉重的医疗压力和备受疾病折磨的患者,党和政府做出“不遗漏一个感染者,不放弃每一位病患者”“应收尽收,不漏一人”的铿锵誓言,积极采取科学、灵活的救治策略,全力以赴救治每一位病人。从呱呱坠地的婴儿到怀胎七月的孕妇,从垂暮之年的老人到生活不便的残障人员,只要有一丝希望,党和国家就绝不会轻易放弃;从城市到乡村,从街道到社区,只要发现一例病患,便第一时间开展排查应对;只要有抢救需要,便给予人员、药品、设备、费用等方面的全力保障。同时,党和政府也时刻挂念着身处海外的中国公民及广大华侨华人。习近平总书记多次强调要切实保护好海外中国公民的安全和健康,一方面敦促有关国家政府采取有效措施保障当地侨民的安全,另一方面派出医疗专家组、工作组,以及开设远程医疗服务平台等,为海外中国公民提供科学专业的疫情防控指导。此外还充分调动国内医疗资源,协调外方全力救治在国外确诊感染的中国公民,协助在海外确有困难的中国公民有序回国。海外华侨华人虽然身在异乡,但祖国永远在身后。

生命至上就是“扎扎实实做好保障和改善民生各项工作”。民生问题直接关系着人民群众的最切身利益,是社会发展的基础问题。中国共产党始终将解决好民生问题作为执政基础建设的重要内容,尤其是党的十八大以来,我国改革开放已经进入了攻坚期和深水期,社会形势发生巨大改变,以习近平同志为核心的党中央不断重申民生工作的重要性,强调“保障和改善民生是一项长期工作,没有终点站,只有连续不断的新起点”①。疫情侵袭之下，人民群众的正常生活受到巨大冲击，习近平总书记对此格外牵挂。在病毒肆虐的日子里，中国共产党和中国政府加大宏观政策应对力度，出台了一系列普惠性政策，稳定人民群众的“菜篮子”“米袋子”“肉兜子”，对米、面、油、菜、果等生活必需品保障供应、加强监管，并且开展线上实名登记预约、线下免费配送的投放服务，最大程度减少疫情对群众基本生活的影响。在疫情得以基本控制后，中国共产党和中国政府以更大的决心、更强的力度推进脱贫攻坚，优先支持扶贫产业和同群众生活密切相关的服务业，在做好疫情防控工作基础上有序复工复产，鼓励低风险地区的农民工尽快返岗复工，采取“点对点、一站式”直达运输服务。民生稳，人心稳，社会才能稳。随着疫情防控形势的好转，党和国家“抗疫情”和“保民生”两手抓，两手都硬，扎实做好“六稳”工作，全面落实“六保”任务，基本民生支出只增不减。中国共产党自诞生之日起除了最广大人民群众的利益，没有自己的特殊利益。越是困难之际，越是关注人民群众的生活问题，这是马克思主义政党的性质所在，也是中国共产党的执政宗旨所在。

二、举国同心的团结伟力

举国同心，彰显中华民族面对灾难时上下一体、同舟共进的凝聚力，体现中国人民患难与共、守望相助的团结精神。以习近平同志为核心的党中央之所以能够团结带领全党全国各族人民取得新冠肺炎疫情防控斗争的伟大胜利，一个重要原因就是举国同心的伟大团结精神为我们凝聚着踏平坎坷、激越向前的磅礴力量。

举国同心就是“中央统筹，步调一致”。上下同欲者胜，同舟共济者赢。

---

①《习近平在天津考察时强调：稳中求进推动经济发展　持续努力保障改善民生》，《人民日报》2013 年 5 月 16 日。

衡量一个国家的社会制度和社会治理是否成功，一个重要方面就是看其能否在重大风险挑战面前号令四方，共同应对。凝聚中华民族磅礴之力下好“全国一盘棋”是中国成功应对各种历史考验的关键。布局“全国一盘棋”，首先要有一个引领亿万民众团结相向的主心骨，其次要求其他各方面能够与主心骨步调一致，协同应对。疫情发生后，习近平总书记高度重视，作出重要指示。要求各级党委、政府制定周密方案，组织各方力量开展防控，采取切实有效措施，坚决遏制疫情蔓延势头，并主持召开一系列重要会议，成立中央应对新冠肺炎疫情工作领导小组，提出“坚定信心、同舟共济、科学防治、精准施策”总要求及“四早”“四集中”的防控原则与救治措施等。习近平总书记和党中央在这场惊心动魄的战斗中总揽全局，运筹帷幄，其坚强领导和统一指挥部署确立了全国人民齐心抗疫的强大主心骨。同时，全国各地各部门坚持大局意识和全局观念，正确认识大局、自觉服从大局、坚决维护大局，认真贯彻落实党中央决策部署，落实属地责任，有序开展各项防控措施，省际相互合作，协调联动，在抗疫斗争中筑牢了协同防控的铜墙铁壁。举国同心的战疫画面，凸显了中国共产党领导下集中力量办大事的制度优势。

举国同心就是“一方有难，八方支援”。中国共产党领导下的中国人民从不相信世界上有救世主，能使我们在复杂环境中转危为机、在艰难险阻中无往不胜的只有中国人民自己。从“兄弟同心，其利断金”的朴素谚语到“像石榴籽一样紧紧抱在一起”的生动比喻，中华儿女以深植于血脉中的同胞情义、以数千年历史中形成的扶危济困的优良传统和伟大团结精神共同渡过一次次难关。此次新冠肺炎疫情发生后，全国上下紧急行动，依托强大综合国力，开展全方位的人力组织战、物资保障战、科技突击战、资源运输战，全力支援湖北人民和武汉人民抗击疫情，在最短时间集中最大力量阻断疫情传播。中国共产党和中国政府在全国范围内开展了一场新中国成立以来规模最大的医疗支援行动，各省纷纷调动精尖医疗队伍和优质医疗资源集结湖北，强有力地保障了湖北省和武汉市的救治行动，极大缓解了医疗资源不足的压力。除了医疗物资，全国各地的热心人士、心系祖国的海外侨胞和富有担当的社会团体也纷纷为湖北抗疫募集资金，为湖北人民捐送米、面、粮、油、菜、肉等生活物资和口罩、防护服、消毒水等医疗物资。疫情防控初期，为了节省防护用品，医护人员不得不克服困难，延长防护用品使用时间。为了尽快解决这一问题，除了前线源源不断的支援，后方也开足马力，深挖潜力。医疗企业克服多方不利因素快速恢复医疗用品生产，其他生产行业迅速调整转产急需物资，快递运输业全力保障上下游原料供应和物流运输，全国各地各厂、各行各业都在全力保证疫情防控物资的大规模生产与配送。危难之际，中华民族总能以聚沙成塔、握指成拳的团结伟力，血浓于水、同甘共苦的同胞之义奏响中国必胜的铿锵旋律。

举国同心就是“各守其位，各司其职”。中国人民从亲身经历中深刻认识到，团结就是力量，团结才能前进。从抗洪抢险，到抗击非典，再到抗震救灾，中华儿女在风雨考验面前总是将个人职责与集体荣辱和国家安危融为一体，以责无旁贷的使命感绘就举国同心的时代画卷。疫情防控不仅是对我国医疗卫生事业的一次大考，也是对我国社会治理水平的一次考验。在与新冠病毒的较量中，我国各条战线上的英雄们各司其职，协同发力：医疗卫生队伍奋战前线，全力抢救病患，保护人民群众的生命安全；科研队伍快速分解病毒，寻求高效的救治方法，攻关疫苗研发；医保和财政部门及时落实补助政策，解决病患的后顾之忧；军队闻令而动，精兵强将奔赴疫情防控第一线；工人们响应号召，夜以继日地推进医疗应急工程，彰显“中国速度”；社区工作者强化社区网格化管理，及时处理疫情防控中的各类矛盾和问题，做好宣传教育与管理协调工作；普通群众居家隔离，服从疫情防控工作安排……大江南北、全国各地，每个人在防疫大局中都坚守自己的岗位。历史是由人民群众创造的，中华民族渡过的每一次难关既需要先锋的引领，又离不开亿万人民的共同奋战。

三、舍生忘死的顽强斗志

在全国抗击新冠肺炎疫情表彰大会上，习近平总书记强调："舍生忘死，集中体现了中国人民敢于压倒一切困难而不被任何困难所压倒的顽强意志。"① 中国抗疫斗争的胜利，浸透着中国人民忘我拼搏的斗争勇气，彰显着激越向前的英勇气概。

舍生忘死就是以身许国的奉献意识。习近平总书记在2021年的新年贺词中由衷感慨：平凡铸就伟大，英雄来自人民。正是因为在灾难和考验面前总有千千万万个普通人挺身而出，慷慨前行，以朴实的行动诠释家国情怀，以无私的付出彰显集体精神，中华民族才能够经历无数灾厄仍不断发展壮大。抗击新冠肺炎疫情的斗争打响后，在习近平总书记和党中央坚强领导下，没有人在国家危难之际退缩，反而争相冲锋在前。广大医务工作者、基层党员干部等以生命赴使命，用大爱护众生，冒着生命危险深入重灾区，战斗在第一线，为抗击疫情承受着身体和心理的极限压力而毫无怨言，为抗疫斗争的胜利立下赫赫战功。没有人生而英勇，只是有人选择无畏。这些逆行者何不是有家庭、有牵挂的普通人，但面对史无前例的严重疫情，他们将自己的安危置之度外，舍小家为大家，用"明知山有虎，偏向虎山行"的壮举彰显了护国佑民的家国情怀。

舍生忘死就是迎难而上的顽强斗志。艰难方显勇毅，磨砺始得玉成。从孟子"天将降大任于是人也，必先苦其心志，劳其筋骨，饿其体肤，空乏其身，行拂乱其所为，所以动心忍性，曾益其所不能"的格言，到孙中山"精诚无间，百折不回，满清之威力所不能屈，穷途之困苦所不能挠。吾志所向，一往无前，愈挫愈奋，再接再厉"的警句，中华民族自古以来

---

① 习近平：《在全国抗击新冠肺炎疫情表彰大会上的讲话》，人民出版社2020年版，第14页。

坚信“自强而胜物”，自强不息精神是中华民族遇到风险考验时能够始终保持坚韧定力的精神支撑。面对新冠肺炎疫情这一新中国成立以来我国发生的传播速度最快、感染范围最广、防控难度最大的一次重大突发公共卫生事件，中国人民表现出大无畏斗争的精神，以越是艰险越向前的顽强斗志绘就一幅幅气壮山河的抗争画卷，用置之死地而后生的勇气创造了中华民族斗争史上又一个英勇壮举，再次向世界证明了中国人民具有的坚定毅力和顽强斗志。

四、尊重科学的求是态度

尊重科学，是我们党成功战洪水、防非典、抗地震、化危机、迎变局，创造出世所罕见的经济快速发展奇迹和社会长期稳定奇迹的重要原因，也是我们在此次抗疫斗争中取得重大胜利的关键。中国人民在疫情防控实践中尊重事实、大胆探索、勇于创新，完成了一场场科学的攻坚、科技的冲锋。

尊重科学体现着我们党一贯坚持的“实事求是”精神。中国共产党在长期的革命实践中形成了“一切从实际出发，理论联系实际，实事求是，在实践中检验真理和发展真理”的思想路线。“实践反复证明，坚持实事求是，就能兴党兴国；违背实事求是，就会误党误国。”① 实事求是是通往科学的唯一途径，也是我们思考问题、解决问题所必须遵循的根本原则。在抗击疫情的全过程中，中国共产党和中国政府始终坚持用事实说话，依事实办事。疫情防控初期，面对前所未知的新型传染性病毒，我们秉持“对病毒的了解多一分，战胜疫魔的能力就增一分”的想法，展开了一场与时间的赛跑，科研工作者连续几十个小时高强度工作，对病毒抽丝剥茧、层层深入，破译新冠病毒的全基因组序列。党中央以科学严谨的态度

① 习近平：《坚持实事求是的思想路线》，《学习时报》2012 年 5 月 16 日。

谋划疫情防控布局，遵循病毒传染规律做出果断决策，确定了迅速阻击疫情蔓延势头、依靠人民实施抗疫大会战的斗争方向，周密部署了武汉保卫战、湖北保卫战，牢牢抓住救治、阻隔两大关键环节。各大省（区、市）在将中央部署一一落细、落实的同时，依据本地实际情况实行分区分级差异化防控策略，精准施策，高效透明地上报疫情信息，根据疫情形势转变调整风险等级，在疫情形势总体平稳时科学统筹疫情防控和经济社会发展工作，审慎安排复工复产复学事宜。正是因为我们党将实事求是的思想路线贯穿于抗击疫情的全部实践，才使中国最早恢复安全的生产生活环境。

尊重科学体现着中国人民勇于“开拓创新”的探索精神。实践发展永无止境，认识真理永无止境，理论和实践的创新也应该永无止境，创新始终摆在国家发展全局的核心位置。创新创造是国家理论、制度、科技和文化等一切工作发展的需要，也是中华民族最深沉的民族禀赋。中国人民用实践理性、医学智慧拓开“蛮荒”，在充分了解病毒基因序列及传播规律的基础上大胆进行探索和创新，推动抗疫认识和实践。中国人民勇于开拓创新的探索精神成为拯救生命战场上最鲜明的符号：医疗工作者在临床救治实践中探索出具有明显疗效的“三药三方”，中医辨证施治，中西医结合治疗，将一个个重症患者从生死线上拉回；改进检测手段，2020 年 2 月 5 日，武汉启动试运行日均万份核酸检测能力的“火眼”实验室，检测效率大大提高；革新救治方法，改造呼吸机，为患者做喉镜直视下插管有创机械通气；探索用新冠肺炎康复者血浆抗体治疗……面对新型病毒的挑战，面对生命的呼唤，创新成为一种格外珍贵的实践品格。开拓创新的探索精神，不仅体现在科技、医护领域的攻关方面，而且体现在一系列与疫情防控相关的制度优化与创新方面。2020 年 2 月 14 日，中央全面深化改革委员会第十二次会议提出了包括改革完善疾病预防控制体系、重大疫情防控救治体系等在内的多项举措，旨在科学精准打赢疫情防控阻击战。此外，各级党委和政府、各部门积极探索实施科学、精准、协同的疫情防控新举措，运用大数据、人工智能等高新技术积极开展流行病学和溯源调查、疫情监测、资源调配，健康码和行程卡的研发运用为护航常态化疫情防控背景下的人口流动提供了支撑。开拓创新的实践品格不仅是打赢疫情防控战的秘诀，也是中国社会发展全局的“牛鼻子”。在日新月异的新时代中，惟创新者进，惟创新者强，惟创新者胜。

五、命运与共的天下情怀

命运与共，集中体现了中国人民和衷共济、爱好和平的道义担当。病毒不分国界、不分种族，只有各国携手应对才能战而胜之，中国在此次抗击新冠肺炎疫情的斗争中始终秉持“天下一家”的理念，在为全球抗疫事业贡献中国智慧和中国力量的实际行动中践行人类命运共同体理念，充分展现了讲信义、重情义、扬正义、守道义的大国形象。

命运与共就是“讲信义、重情义”的大爱情怀。讲信义、重情义，是中华传统美德的基本特征。中国古人历来倡导孝老爱亲、泛爱大众、诚信立身。这就是《论语》强调的“入则孝，出则弟，谨而信，泛爱众，而亲仁”。中华民族高扬的信义与情义，不仅是指导我们处理个体与他人、个体与集体、个体与国家关系的准则，而且也是处理国家与国家、民族与民族关系的基本规范，这就是中国古人“民胞物与”“天下一家”思想的价值指向。在此次抗击新冠肺炎疫情的斗争中，中国人民讲信义、重情义的大爱情怀得到淋漓尽致的体现。患难见真情，疫情暴发之初，一些国家和友好人士纷纷给予中国支持；在国内疫情趋于好转时，中国投桃报李，为全球许多国家输送医疗物资，并加入“新冠疫苗实施计划”，促进疫苗在国际上的公平分配。我们秉承“天下一家”的理念，将“仁民之治”“仁爱之心”“仁善之情”传递到世界各国人民那里，彰显“达则兼济天下”的广博胸怀。

命运与共就是“扬正义、守道义”的大国担当。倾厦非一木之支也，决河非捧土之障也。国际社会的持久和平与发展需要各国携手共创。当今世界正面临着百年未有之大变局，新旧风险交织迭现，国际秩序受到极大挑战，在这样的国际形势中，中国作为全球最大的发展中国家，在坚守自己的发展道路的同时，将扬正义、守道义作为义不容辞的责任，是世界和平的倡导者和全球发展的贡献者。中国在抗击国内疫情的同时，也信守对世界人民和全球公共卫生事业负责的承诺，高扬正义旗帜，积极承担大国责任。一方面，中国政府始终遵守国际规则，以开放透明的原则对疫情发展的最新态势做实时更新报道，让国际社会及时了解疫情的变化情况，并且本着对中国人民和国际社会高度负责的态度，采取了史上最彻底、最严格的防控举措，坚决果断地实行交通管控，竭力遏制病毒的世界性扩散，为世界争取了长达两个月的“窗口期”，同时中国加快对病毒检测速度和治疗产品的攻关，第一时间与世界卫生组织分享新冠病毒全基因组序列等相关数据，毫无保留地同国际社会分享防控、治疗经验，为病毒的识别和后续的治疗节省了宝贵的时间。另一方面，中国作为人类命运共同体的倡导者，在此次疫情危机积极推动全球抗疫合作，与国际组织联合开展疫情防控调研，与多国专家协同进行药物、疫苗、检测试剂等方面的技术攻关等。可以说，中国始终坚守国际道义，既不会在他国受难时隔岸观火，也不会在伸出援手时夹带私利；既不会借疫情之事干涉他国内政，也不会借疫情之难趁火打劫。中国以实际行动为全球疫情防控事业做尽可能多的贡献，坚定支持联合国在国际事务中的核心地位和世界卫生组织在全球抗疫合作中的领导作用，积极倡导并带头践行人类命运共同体理念，不断为完善全球治理贡献中国力量。

第二节
伟大抗疫精神的鲜明特质

一个时代有一个时代的精神特质，一个民族有一个民族的精神品格。伟大抗疫精神，是支撑和激励全党全国各族人民英勇抗击疫情的强大精神力量，是中华民族伟大民族精神和党的优良精神传统在新时代的新发扬，是社会主义核心价值观在抗击疫情这一特殊战斗中的践行和彰显，是当代中国人民精神风貌和中国特色社会主义精神优势的直接体现，是中国精神的生动诠释。可以说，伟大抗疫精神具有鲜明的实践性、人民性、传承性、时代性等重要特征。

一、伟大抗疫斗争的精神写照

人民群众的社会实践活动是社会精神财富的源泉。伟大抗疫精神不是空想出来的，而是生成于、锻造于、升华于中国人民倾力投入的抗疫斗争实践，是亿万中华儿女用艰苦拼搏铸就的新时代中华民族和中国社会不朽的精神坐标，具有鲜明的实践性特征。

这是一场全体中华儿女在党中央集中统一领导下团结相向、奋勇拼搏的人民战争。人民是社会实践的主体，是推动历史发展的决定性力量。中国共产党之所以能够在百年征程中引领中华民族铸就一个又一个彪炳千秋的历史伟业，就是因为中国共产党人始终坚持马克思主义的唯物史观，尊重人民群众在历史发展中的主体地位，一切为了人民、一切依靠人民，始终与人民心心相印、与人民同甘共苦、与人民团结奋斗。面对严重危及人民生命安全和身体健康的新冠肺炎疫情，以习近平同志为核心的党中央坚持以人民为中心的价值立场，团结带领亿万民众在中华大地上开展了一场气势恢宏的人民战争。其一，主心骨引领亿万民众团结一心。沧海横流显砥柱，万山磅礴看主峰。面对汹涌疫情，习近平总书记亲自指挥、亲自部署，在党中央集中统一领导下，14 亿多中国人民形成共抗疫情的滚滚洪流。其二，“急行军”驰援湖北，筑牢血肉长城。危难来袭之际，从军队到地方，一队队全副武装的白衣“精锐”由五湖四海奔赴荆楚大地，见证着中华民族伟大团结精神。其三，“生力军”手拉手建起防疫防火墙。广大党员、干部职工、志愿者，各行各业的人民群众，为战胜疫情汇聚起强大力量。大江南北、全国各地，上自白发老者，下至咿呀童子，将自己的工资、积蓄、补贴乃至压岁钱踊跃捐出；口罩、防护服、大米、蔬菜、水果等物资从全国各地源源不断涌向重点防疫地区。其四，“同心圆”联结港澳台同胞与海外侨胞。五洲四海的同胞同袍超越山海之隔，贡献涓滴之力。他们第一时间行动，积极捐款捐物，在当地开启“扫街模式”，将医用物资争分夺秒运往祖国。亿万民众同舟共济的人民战争模式，为我们赢取疫情防控重大决定性胜利凝聚起了无坚不摧的磅礴力量。

这是一场统筹调动一切资源、综合运用一切力量开展的战略总体战。新冠肺炎疫情以百年未见的速度、广度和深度影响人们生产生活的各个方面，渗透社会运行发展的各个领域。与这一世所罕见的重大突发公共卫生事件展开搏斗，不是医疗卫生领域的局部战争，而是一场涉及装备研发、物资生产、资源调度、人力统筹乃至社会治理等各层次、诸领域的总体战争。正如习近平总书记深刻指出的：“衡量一个国家的制度是否成功、是否优越，一个重要方面就是看其在重大风险挑战面前，能不能号令四面、组织八方共同应对。”① 新冠肺炎疫情的全球大流行，就集中检验着世界各国的国家治理体系和治理效能。对于某些国力稍弱的发展中国家而

① 习近平：《在全国抗击新冠肺炎疫情表彰大会上的讲话》，人民出版社2020年版，第 19 页。

言，没有雄厚的物质基础和充足的资源储备，就难以打响抗击疫情的总体战；而对于一些具有雄厚物质基础和先进生产能力的发达国家而言，如若缺乏强大的组织动员和统筹协调能力，同样不能在气势恢宏的总体战中快速、高效战胜疫情。我国社会主义制度具有非凡的组织动员能力、统筹协调能力、贯彻执行能力，能够充分发挥集中力量办大事、办难事、办急事的独特优势。同时，我们长期积累的雄厚物质基础、建立的完整产业体系、形成的强大科技实力、储备的丰富医疗资源，为疫情防控提供了坚强支撑。这就决定了在疫情发生后，我们能够迅速开展全方位的人力组织战、物资保障战、科技突击战、资源运动战。

这是一场英雄人民与疫情拼速度、与病魔搏生死的阻击大战。击败病魔的关键，是在迅疾阻断病毒传播的同时击败病毒、挽救被感染者。无论是在时间上还是空间上，都决定了中国人民与新型冠状病毒角力、较量的阻击大战的极端艰巨性。一方面，农历春节是中华民族最为重要、最为盛大的传统节日之一。近年来，每年春节之际，我国都面临着被称为“春运大潮”的规模达 30 亿人次的人口大迁徙。另一方面，湖北武汉地处中国中部，素有“九省通衢”之称，不仅是一座常住人口超过千万的超级大都市，而且是我国中部地区重要的经济、文化中心，是我国公路、铁路、航空、水运的重要交通枢纽。在这么一个独特的时间节点上，于这样一个重要的地理空间里，与新型冠状病毒打一场遭遇战、阻击战，需要非常之领袖、非常之人民、非常之举措、非常之毅力。从习近平总书记亲自决策的史无前例的关闭离汉离鄂通道，到数百万、上千万人的检测，再到基于大数据、人工智能、云计算等的病毒流调溯源等，这些极具创造性的非凡之举，为我们在最短时间内有效阻断病毒传播、成功遏制疫情蔓延发挥了至关重要的作用。与此同时，举数万人之力平地起医院；征各类场馆批量建“方舱”；基于现代高新技术，以国际领先的速度研发试剂、疫苗、药物、装备；立足传统医学瑰宝筛选具有中国特色、抗疫特效的“三药三方”等，这些充分见证中国速度、中国精神、中国智慧、中国力量的非常之事，为我们最终击败病毒、取得疫情防控阻击战胜利筑就了坚实保障。

二、人民中心立场的集中体现

人民群众是历史的主体，是社会物质财富与精神财富的创造者。伟大抗疫精神是从人民群众的抗疫斗争中凝练而成的，反映的是人民群众的精神品格和道德风貌，具有鲜明的人民性。一切为了人民、一切依靠人民是伟大抗疫精神人民性特征的重要体现。

一切为了人民，坚持人民至上是抗疫斗争的主基调。习近平总书记深刻指出："我们党来自于人民，为人民而生，因人民而兴，必须始终与人民心心相印、与人民同甘共苦、与人民团结奋斗。"① 人民立场是中国共产党的根本政治立场，全心全意为人民服务是中国共产党的根本宗旨，代表最广大人民群众的根本利益是中国共产党区别于其他政党的显著标志，人民对美好生活的向往是中国共产党的奋斗目标，为中国人民谋幸福、为中华民族谋复兴是中国共产党的初心与使命……可以说，中国共产党的一切追求，无不和"人民"二字息息相关。从诞生之日起，中国共产党就将人民立场、群众观点同党的性质与宗旨紧密联系在一起，始终致力于维护好、实现好与发展好群众利益，将是否符合人民的根本利益作为检验党的一切工作的重要标准。突如其来的新冠肺炎疫情是考验执政党执政理念、执政效能的试金石。疫情发生后，以习近平同志为核心的党中央高度重视，多次召开专题会议研究疫情防控工作，反复强调，必须"牢记人民利益高于一切"，明确要求"把人民生命安全和身体健康放在第一位"。2020 年 5 月两会期间，在参加内蒙古代表团审议时，习近平总书记再次指出，"我们党没有自己特殊的利益，党在任何时候都把群众利益放在第

① 习近平:《在"不忘初心、牢记使命"主题教育工作会议上的讲话》,《求是》2019 年第 13 期。

一位。这是我们党作为马克思主义政党区别于其他政党的显著标志。在重大疫情面前，我们一开始就鲜明提出把人民生命安全和身体健康放在第一位。在全国范围调集最优秀的医生、最先进的设备、最急需的资源，全力以赴投入疫病救治，救治费用全部由国家承担。人民至上、生命至上，保护人民生命安全和身体健康可以不惜一切代价”①。

习近平总书记系列重要讲话为各地各单位做好疫情防控工作提供了基本遵循。一切为了人民，坚持人民至上就是本着生命至上的原则，不惜一切代价救治所有病患；就是对人民群众负责，不遗余力采取最严格、最彻底的防控措施，阻断病毒传播路径；就是热心服务群众，千方百计为居家隔离的人们提供基本生活保障；就是统筹做好疫情防控与经济社会发展工作，扎实推进“六稳”“六保”，将疫情对人民生活造成的损失降到最低。可以说，人民性贯穿于伟大抗疫斗争实践及在这一实践中升华锤炼而出的抗疫精神的各个方面。

一切依靠人民，重视发挥人民的力量是抗疫斗争的制胜法宝。人民是历史的创造者，离开人民群众，社会的一切发展都无从谈起。“求木之长者，必固其根本；欲流之远者，必浚其泉源。”尊重人民群众的首创地位是马克思主义唯物史观的基本要求。坚持这一原理，把握这一历史规律，充分调动人民群众的积极性、主动性、创造性，才能创造新的历史伟业。江山就是人民，人民就是江山。人民群众始终是中国共产党执政的最大底气，是中华人民共和国的坚实根基，是决定党和国家前途命运的根本所在。习近平总书记强调：“我们党来自人民、植根人民、服务人民，党的根基在人民、血脉在人民、力量在人民。”②中国共产党艰苦创业的过程就是不断凝聚民心、汇聚民智、发挥民力的过程，延安革命根据地政权是

①《习近平在参加内蒙古代表团审议时强调　坚持人民至上　不断造福人民　把以人民为中心的发展思想落实到各项决策部署和实际工作之中》，《人民日报》2020年5月23日。

②《习近平谈治国理政》第一卷，外文出版社2018年版，第367页。

"陕北人民用小米哺育出来的"，淮海战役的胜利是"人民用独轮小车推出来的"，改革开放是"适应人民愿望、根据群众创造搞起来的"。回首来时路，中国共产党带领亿万人民自力更生，艰苦创业，越过一道又一道沟坎，跨越一座又一座高山。历史证明，中国共产党之所以能够发展壮大，中国特色社会主义之所以能够不断前进，正是因为党和国家始终注重团结发挥广大人民群众的磅礴之力与非凡之智。为了找到应对新型病毒的有效方法，中国共产党自觉拜人民为师，向能者求教，向智者问策，从不断优化调整隔离政策到更新诊治方案，从依托现有大型场馆改建方舱医院到新型医疗设备的应用，我们党积极汲取专家智慧，确保防控决策科学有力。为了快速打赢这场攻坚战，我们党发动群众力量，号召 14 亿人民以主人翁的姿态投入这场战疫中，为疫情防控贡献力量，不留死角地落实联防联控、群防群控举措。正是因为人民群众的支持与努力，中国才能先于世界各国取得疫情防控的胜利。群策为之则无不成，群力举之则无不胜。在这场全民参与的战争中，奋斗在各个领域、各条战线上的每一个群体都是主角，都是创造、演绎、承载伟大抗疫精神的鲜活主体。抗疫斗争的胜利源自亿万人民的团结伟力，抗疫精神的生成源自全体人民的精神迸发，这就是伟大抗疫精神人民性特征形成的根本原因。

三、民族特质禀赋的继承发扬

抗疫精神不是无源之水、无本之木，而是中华民族在几千年历史中形成的精神谱系的重要组成部分。抗疫精神同中华民族长期形成的特质禀赋和文化基因一脉相承，是对中华优秀传统文化和中国共产党革命精神的传承与发展，具有鲜明的传承性特征。

抗疫精神与中华优秀传统文化及伟大民族精神一脉相承。习近平总书记深刻指出："抗疫斗争伟大实践再次证明，社会主义核心价值观、中华优秀传统文化所具有的强大精神动力，是凝聚人心、汇聚民力的强大力量。”① 在对抗新冠肺炎疫情的坎坷历程中，中国人民赓续共同的文化血脉，传承共存的文化基因，吮吸共有的文化滋养，在丰厚的传统历史文化底蕴基础上练就了伟大抗疫精神。我们可从中华优秀传统文化中的民本观、义利观、天下观三个具体角度一探抗疫精神背后的深厚文化底蕴。其一，抗疫精神彰显了“民惟邦本，本固邦宁”的中华传统治国理念。中华文化格外注重人民在国家政治经济生活中的地位与作用。《荀子》将人民与国家比作“水”和“舟”，并以此阐述二者的关系：“君者，舟也；庶人者，水也。水则载舟，水则覆舟。”《管子》提出“政之所兴在顺民心，政之所废在逆民心”。这些都是中国古代民本思想的直接体现。习近平总书记多次引用传统经典强调以人为本的思想，将“坚持以人民为中心”作为新时代坚持和发展中国特色社会主义的基本方略之一。在此次疫情中，中国共产党始终谨记全心全意为人民服务的宗旨，竭尽所能地对每一位人民群众的生命安全与身体健康负责。其二，抗疫精神彰显了“舍生取义，为国分忧”的中华传统道德准则。中华传统文化笃行“生，亦我所欲也；义，亦我所欲也。二者不可得兼，舍生而取义者也”的义利观；倡导“国而忘家，公而忘私”的责任担当，崇尚“捐躯赴国难，视死忽如归”的牺牲精神。几千年来，对国忠诚、为国奉献一直都是中华儿女的深厚思想情感与矢志不移的重要精神追求，并凝结成一种深沉的爱国主义精神，成为中华民族精神的核心。习近平总书记在全国抗击新冠肺炎疫情表彰大会上深刻指出：“中国人历来抱有家国情怀，崇尚天下为公、克己奉公，信奉天下兴亡、匹夫有责，强调和衷共济、风雨同舟，倡导守望相助、尊老爱幼，讲求自由和自律统一、权利和责任统一。”② 在这次抗疫斗争中，中国人民展现出高尚的道德情操，以坚定的责任意识、自律观念、奉献精神、友爱

① 习近平：《在全国抗击新冠肺炎疫情表彰大会上的讲话》，人民出版社2020年版，第20页。

② 习近平：《在全国抗击新冠肺炎疫情表彰大会上的讲话》，人民出版社2020年版，第21页。

情怀，铸就起坚不可摧的战疫防线。其三，抗疫精神彰显了“亲仁善邻，协和万邦”的中华传统处世之道。中国古代先贤有着“大道之行也，天下为公”的美好憧憬和“四海之内皆兄弟”的真诚情感，坚持“四海之内皆兄弟”“达则兼济天下”的宽广胸襟和“万物并育而不相害，道并行而不相悖”的和合观念。这些传统观念都是习近平总书记据以提出构建人类命运共同体理念的文化根基。面对严重的疫情突袭，中国在自身防控压力巨大的情况下，仍然秉持人类命运共同体理念和国际人道主义精神，尽力为全球抗疫贡献中国力量。

抗疫精神是对中国共产党优良革命传统的传承赓续。在100年的非凡奋斗历程中，一代又一代中国共产党人弘扬伟大建党精神，形成了井冈山精神、苏区精神、长征精神、延安精神、抗战精神、抗美援朝精神、兵团精神、雷锋精神、焦裕禄精神、大庆精神、“两弹一星”精神、特区精神、女排精神、抗洪精神、抗击“非典”精神、抗震救灾精神、载人航天精神、劳模精神、劳动精神、工匠精神、科学家精神、抗疫精神、脱贫攻坚精神等伟大精神，以及理论联系实际、密切联系群众、实事求是等优良传统。这些红色基因和优良传统是中国共产党经历百年风雨仍不断壮大，以顽强的生命力、战斗力克服一个个困难、突破一道道难关，创造一幕幕令世界惊叹的“中国奇迹”的坚强精神支撑和强大精神动力。伟大抗疫精神是对中国共产党红色基因的传承赓续，是新时代中国共产党和中国人民不忘初心、牢记使命，在正确发展道路上接续奋进的精神航标。抗击疫情的伟大实践发扬了中国共产党善于团结一切力量的优良传统。中共一大代表们研究起草党的实际工作计划时就曾提出“我们应当团结所有的人，竭尽全力与共同的敌人作斗争”① 的主张。抗日战争期间，毛泽东在《中国革命战争的战略问题》中强调“团结最大多数人民万众一心地作战”②。

① 中共中央文献研究室、中央档案馆编：《建党以来重要文献选编（一九二一——一九四九）》第一册，中央文献出版社 2011 年版，第 23 页。

②《毛泽东选集》第一卷，人民出版社 1991 年版，第 199 页。

旨在团结一切可以团结的力量而共同奋斗的统一战线政策，是中国共产党领导中国人民不断取得社会主义革命、建设和改革成果的重要法宝。在疫情防控初期，中国共产党迅速提出“制定周密方案，组织各方力量开展防控”，提出“坚定信心、同舟共济、科学防治、精准施策”的总要求。在习近平总书记和党中央的领导与号召下，14 亿中国人民及广大海内外侨胞紧密团结在一起，凝聚形成共抗疫情的滚滚洪流。抗击疫情的伟大实践还发扬了中国共产党勇于斗争、乐于奋斗的优良传统。诞生于革命战争年代、立志为包括中国人民在内的全人类的解放事业而不懈奋斗的中国共产党，始终充满大无畏的革命斗争精神。从建党精神强调的“不怕牺牲、英勇斗争”到井冈山精神强调的“坚定信念、艰苦奋斗”；从抗洪精神强调的“不怕困难、顽强拼搏”到抗击非典精神强调的“迎难而上、敢于胜利”等，都是党和人民攻坚克难、敢战能胜的伟大斗争精神的真切体现。在抗击疫情的伟大实践中，中国共产党带领广大人民群众再一次展现出斗志昂扬的民族风貌，以顽强毅力攻坚克难，创造出一个又一个展现中国速度、中国力量的奇迹，生动地彰显着我们党对伟大斗争精神的传承弘扬。历史和现实向我们证明，坚持中国共产党的领导是全国各族人民的利益所在、幸福所在，也是快速取得抗疫胜利的关键，从这场伟大抗疫斗争中凝练出的抗疫精神处处闪烁着中国共产党人不改的初心和不变的使命。

四、当代中国精神的生动演绎

伟大抗疫精神体现时代特点、反映时代风貌，具有鲜明的时代性特征，是当代中国精神的生动演绎。

抗疫精神是马克思主义与中国抗疫实践相结合的产物。习近平总书记指出：“实践证明，马克思主义的命运早已同中国共产党的命运、中国人民的命运、中华民族的命运紧紧连在一起，它的科学性和真理性在中国得到了充分检验，它的人民性和实践性在中国得到了充分贯彻，它的开放性和时代性在中国得到了充分彰显！”[①] 近代以来，从众多“主义”中脱颖而出的马克思主义，被历史和实践充分证明是符合中国发展实际和中国人民美好愿景的理论。中国共产党成立以来的百年历史中，中华民族所经历的历史变革、所完成的艰巨任务和所取得的丰硕成果无不折射着马克思主义的灿烂光辉，马克思主义已经成为社会主义先进文化的指导思想和重要组成内容。在抗击新冠肺炎疫情的斗争中，我们以马克思主义中国化的最新理论成果——习近平新时代中国特色社会主义思想为指导，坚持尊重客观规律，在把握疫情传播规律的基础上制定应对策略和救治方案；坚持一切从实际出发，根据各地疫情形势及时调整防控措施，合理有序地推进复工复产；坚持辩证思维，以普遍联系的观点推进“全国一盘棋”国内疫情防控格局的形成，积极参与全球合作，践行人类命运共同体理念；坚持马克思主义矛盾分析法，在危机中育新机，于变局中开新局，实现矛盾双方的相互转化；坚持两点论与重点论的统一，处理好重点地区防控工作与全国防控总体战的关系，统筹推进夺取疫情防控胜利和稳定经济社会发展；坚持以人民为中心的马克思主义历史观，发挥人民群众的主体作用，团结带领全国各族人民共同抗疫……可以说，马克思主义是中国人民开展的伟大抗疫斗争实践的根本思想指南，是贯穿伟大抗疫精神的思想红线。

伟大抗疫精神凸显社会主义核心价值观的基本价值追求。社会主义核心价值观是社会主义先进文化的精髓，是当代中国精神的集中体现，也是中国复兴征程中的价值风向标。抗击新冠肺炎疫情的斗争实践是对培育和践行社会主义核心价值观成效的一次检验。在这次检验中，中国人民用实际行动彰显了新时代中国特色社会主义的道德规范和价值导向。

---

① 习近平：《在纪念马克思诞辰 200 周年大会上的讲话》，人民出版社 2018 年版，第 14 页。

首先，抗击疫情的伟大实践从国家层面诠释了真正的人民民主。坚持以人民为中心是中国共产党和中国政府自始至终都没有改变的基本价值立场。在应对新冠肺炎疫情挑战的过程中，中国始终将人民群众的生命安全和身体健康置于首位，把疫情防控工作作为最重要的工作来抓，切实关注人民群众的安危冷暖，重视发挥人民群众的主体性作用，将“人民至上、生命至上”诠释得淋漓尽致。其次，抗击新冠肺炎疫情的伟大实践从社会层面展现了坚持公正法治的价值导向。法治是确保社会长治久安的重要保障。疫情发生后，以习近平同志为核心的党中央高度重视依法防控，提出从立法、执法、司法、守法各环节发力，全面提高依法防控、依法治理能力，为疫情防控工作提供有力法治保障。再次，抗击新冠肺炎疫情的伟大实践更是从个人层面彰显了爱国主义的价值追求。爱国主义是流淌在中华儿女精神血脉中的恒久基因，在国家和民族遭受疫情突袭的危急关头，中国人民战不旋踵，将真挚深沉的爱国情感转化为奉献祖国的实际行动，以拳拳爱国心、铮铮报国情、殷殷强国志投身于抗疫战场，以“祖国如有难，汝应作前锋”的气概彰显了爱国奉献的个人价值追求。

第三节
伟大抗疫精神的时代价值

唯有精神上站得住、站得稳，一个民族才能在历史洪流中屹立不倒、挺立潮头。中国共产党和中国人民从艰苦卓绝的抗疫斗争中淬炼出来的“生命至上、举国同心、舍生忘死、尊重科学、命运与共”的抗疫精神是一笔宝贵财富，蕴含着影响深远的时代价值和实践力量。

一、记写民族精神成长的不朽丰碑

可歌可泣的抗击疫情实践证明，中华民族精神不仅仅记写在文化典籍中，流传在历史长河里，而且更鲜活地存在于当下，光大于时代。抗疫精神融汇于中华民族的血脉之中，极大地丰富和完善了新时代中华民族的精神图谱，强化了中华民族的精神记忆，促进了中华民族的精神成长。

抗疫精神丰富了民族精神的表现形态。在5000年的征程中，中华民族曾经历风雨如晦的动荡年代，陷入山河破碎的艰难境地。然而，“千磨万击还坚劲，任尔东西南北风”，在危急关头，中国人民自强不息，书写下气壮山河的英雄史诗，创造出震惊中外的伟大奇迹，孕育了以伟大创造精神、伟大奋斗精神、伟大团结精神、伟大梦想精神为重要内容的伟大民族精神。民族精神是一条具有流动性的精神长河，流淌千年仍奔腾不息，并在不同的历史时期分出支流，形成各种具体的精神形态，伟大抗疫精神正是民族精神在新时代的新发展。概括而言，伟大抗疫精神以新的表现形式彰显和强化着中华民族历来具有的创造精神、奋斗精神、团结精神和梦想精神。比如，在疫情阻击战中，中国创新防控格局，运用新型疗法，统筹疫情防控和经济社会发展这种应变局、解危局、开新局的实践行动正是求实求是、革故鼎新的伟大创造精神的生动体现。中国人民在抗疫斗争中舍生忘死、勇毅前行的战疫行动，体现了中华儿女不惧艰险、勇于奋斗的豪气，锲而不舍、勤于奋斗的毅力，以苦为乐、乐于奋斗的情操，是对中华民族伟大奋斗精神的新发扬。中华儿女在抗击疫情的斗争中彼此依靠在一起，与其他各国人民并肩作战的实际行动，恰是中华民族历来倡导的伟大团结精神的生动体现。

抗疫精神续写了中国共产党的精神谱系。中华民族精神是中国人民在5000年风雨征程中锤炼、积淀而成的，中国共产党人是中华民族精神的忠实传承者和积极弘扬者。中国共产党的先驱们在风雨如晦的近代社会矢志探求救国道路，英勇创建中国共产党，形成了“坚持真理、坚守理想，践行初心、担当使命，不怕牺牲、英勇斗争，对党忠诚、不负人民”①的伟大建党精神。伟大建党精神是中国共产党的精神之源。在伟大建党精神激励下，在百年发展历程中，中国共产党人铸就了一个个反映党的性质、宗旨和品格的精神坐标，进而构筑起庞大的精神谱系。中国共产党历经革命、建设、改革等不同的历史发展阶段，其所构筑的精神谱系既有一脉相沿的不变底色，也彰显着特定的时代风貌。伟大抗疫精神是中国共产党精神谱系的重要组成部分，既与伟大建党精神一脉相承、息息相通，又进一步深化了新时代中国共产党的精神品格，推进了中国共产党人精神谱系的发展和完善。党的十八大以来，以习近平同志为核心的党中央将党和国家的事业推向一个新高度，中国特色社会主义进入了新时代，“坚守初心，践行使命”成为中国共产党精神谱系的一个关键词。在脱贫攻坚战收官之年和“两个一百年”奋斗目标交汇之际，中国共产党带领人民群众取得抗击疫情的重大决定性胜利，标志着共产党人的精神自觉达到一个前所未有的高度，再一次证明了中国共产党有信心、有能力应对各种挑战、化解各种风险，是为人民而生、因人民而兴、具有强大生命力和战斗力的马克思主义政党。伟大抗疫精神是中国共产党璀璨的精神标识，为中国共产党团结带领中国人民和中华民族开启全面建设社会主义现代化国家新征程增添了无穷的精神动力。

二、推进民族复兴进程的精神动力

在2020年这个承前启后、收官布局的关键之年迎战新冠肺炎疫情，是中国前进道路上的又一次磨炼。疫情没有将伟大的中华民族压垮，反

① 习近平：《在庆祝中国共产党成立100周年大会上的讲话》，《人民日报》2021年7月2日。

而孕育出中华民族在磨难中奋起，在磨砺中成长的伟大抗疫精神。伟大抗疫精神是激励我们取得并不断巩固抗疫斗争重大决定性胜利，开启中华民族伟大复兴新征程的强大精神力量。

伟大抗疫精神传达了统筹推进疫情防控和经济社会发展的必胜信念。狭路相逢勇者胜，中国人民气吞山河的抗疫实践，证明了只有社会主义中国才能做到不惜一切代价抢救生命，举全国之力在最短的时间内控制住疫情，证明了中国共产党的集中统一领导是我们战胜疫情的最大制度优势，党领导人民在抗疫斗争中铸就的伟大抗疫精神是我们战胜疫情的独特精神优势。中国共产党和中国政府以抗疫成就进一步筑牢了全体国人对中国特色社会主义道路、理论、制度、文化的信心信念。伟大抗疫精神不断为我国夺取抗疫斗争全面胜利、实现生产生活秩序全面恢复，统筹破解安全与发展难题筑牢了必胜信念，鼓舞我国以更大的决心和更强的力度推进经济社会发展，乘风破浪、勇毅前行。

伟大抗疫精神为全面深化改革开放提供了不竭动力。习近平总书记领导指挥疫情防控工作时明确指出，既要立足当前，科学精准打赢疫情防控阻击战，更要放眼长远，总结经验、吸取教训，针对这次疫情暴露出来的短板和不足，抓紧补短板、堵漏洞、强弱项，该坚持的坚持，该完善的完善，该建立的建立，该落实的落实。① 新冠肺炎疫情是一场来自公共卫生领域的重大考验。面对这场大考，我们在坚决顶住压力、从容应对挑战的同时，还积极争取化危险为机遇，变压力为动力。新冠肺炎疫情不是中华民族经历的第一次生死考验，也不会是最后一次，中华民族能不断夺取胜利，化危为机的关键就在于我们面对每一场危险和挑战时都坚持准确识变、科学应变、主动求变，在变中求新、变中求进、变中突破，牢牢掌握斗争的主动权。抗疫精神正是在中国共产党发挥执政智慧，补齐体制机

---

①《习近平主持召开中央全面深化改革委员会第十二次会议强调　完善重大疫情防控体制机制　健全国家公共卫生应急管理体系》，《人民日报》2020 年 2 月 15 日。

制短板，创新建立同疫情防控相适应的经济社会运行秩序的实践中形成的，这一精神激励中国人民越是在困难时期，越要以壮士断腕的勇气和刮骨疗毒的决心深入推进多领域改革和高水平开放；激励中国人民进一步强化创新思维，增强开放意识，提高自我站位，为中华民族的复兴征程增添不竭动力。

伟大抗疫精神磨砺了社会主义中国攻坚克难的坚强意志。世间奇观常在险远。人们要领略胜景，就需要跋远涉险的坚韧意志。战胜残酷的新冠肺炎疫情如此，发展中国特色社会主义事业同样如此，我们在前进路途中，越到山顶阻力越大，愈到中流风浪愈急。习近平总书记深刻指出："抗疫斗争伟大实践再次证明，中国人民所具有的不屈不挠的意志力，是战胜前进道路上一切艰难险阻的力量源泉。"[①] 新时代的中国人民，距离实现民族复兴的梦想无比接近，同时，我们面临的改革发展稳定任务之重、矛盾风险挑战之多、治国理政考验之大亦前所未有。行百里者半九十。中华民族伟大复兴，绝不是轻轻松松，敲锣打鼓就能实现的，处在这一关键时期的我们，不能松劲、不能懈怠、不能麻痹，而是要准备付出更为艰巨、更为艰苦的努力，以更加清醒的头脑认清发展进程中面临的各种矛盾，强化底线思维、增进忧患意识，增强我们克服一切艰难险阻勇往直前的坚定意志。

三、丰富人民精神世界的宝贵滋养

民族精神是中华民族共有的精神家园。形成于抗疫斗争实践的抗疫精神是丰富人民精神世界的宝贵滋养，充分展现了当代中国社会主义道德建设与发展的新高度。

---

① 习近平：《在全国抗击新冠肺炎疫情表彰大会上的讲话》，人民出版社2020年版，第18页。

抗疫精神增强了新时代中国人民的民族自信心和民族自豪感。抗击新冠肺炎疫情的斗争犹如一块试金石，检验着各国政党的执政立场与执政水平。中国共产党在这次疫情大考中交出了一份令人民满意的答卷。抗疫精神集中展现了此次危机应对中的中国效率，大大增强了中国人民的民族自信心和民族自豪感。一方面，以习近平同志为核心的党中央高度重视此次疫情，全面加强对疫情防控的集中统一领导，形成了中央统一部署、上下联动的防控救治体系，以“举国同心”之力在最短时间内控制住了疫情在国内的蔓延，“舍生忘死”的平民英雄也成就了中国力量与中国速度，中国特色社会主义制度以人民为中心的核心理念和集中力量办大事的显著优势等得以充分彰显。经过这次疫情，广大人民群众对中国共产党的领导地位和社会主义制度的优越性有了更加深刻的体悟，更加坚定中国特色社会主义道路自信、理论自信、制度自信、文化自信，对实现中华民族伟大复兴的光明前景更加充满信心。另一方面，在中国奋力抗击新冠肺炎疫情的同时，部分西方国家不仅坚持资本优先的价值取向，消极应对疫情，造成国内制度失灵、社会失序的混乱局面，还设法将本国民众的指责“转嫁”给他国，制造“政治病毒”，公开诋毁中国抗疫取得的巨大成就。然而事实胜于雄辩，中国不理会这些“噪音”“杂音”，用抗疫实绩有力回击了负面舆论和歪曲偏见。在“中国之治”与“西方之乱”的对比中，中国对抗疫情的举措获得全球越来越多国家的尊重与称赞，中华儿女的民族自豪感油然而生。

抗疫精神标示了新时代中国人民精神境界与道德素养的新高度。习近平总书记强调：“在这次抗疫斗争中，14 亿中国人民显示出高度的责任意识、自律观念、奉献精神、友爱情怀，铸就起团结一心、众志成城的强大精神防线。”① 没有人生来就是英雄，但总有普通人以平凡的付出成就

① 习近平：《在全国抗击新冠肺炎疫情表彰大会上的讲话》，人民出版社2020年版，第 21 页。

伟大。在整个抗疫斗争中，社会公德、职业道德、家庭美德、个人品德四个基本方面的社会主义道德建设成果得以充分显现。首先，社会公德在疫情防控中得到淋漓展现。面对疫情危机，14 亿人民表现出了惊人的集体行动力和合作精神，人民群众的大局意识和社会责任感明显增强。其次，职业道德实现了整体升华。面对严峻的疫情形势，广大医务工作者、社区工作者、基层干部、志愿者、解放军战士等将生死置之度外，以“召之即来、来之能战、战之必胜”的信念冲作先锋，争作表率。再次，家庭美德在亲情互助中生动绽放。家庭是社会的细胞，是人们养成良好道德的起点，一些家庭甚至全员出动，奋战在抗疫一线。那些被病毒隔开的家人彼此牵挂，相互鼓励，以“小家”守护“大家”。最后，个人品德集体迸发。在抗击新冠肺炎疫情的斗争中，中华儿女或奔赴一线救死扶伤，或居家隔离配合国家大局，或保持理性抵制网络谣言，或志愿服务纾解群众困难，每个人都在用自己的方式为疫情防控事业贡献力量。总之，伟大抗疫精神感染着每一个中国人，强化了人民群众的责任担当，提高了人民群众的思想觉悟，也提升了人民群众的文明素养，推动新时代全民道德素质和社会文明程度达到新的高度。

四、助力全球共同发展的中国能量

伟大抗疫精神蕴含着中国面对全球性重大危机时的价值判断与价值选择，其所传达出的价值主张是中国取得抗疫胜利、获得国际尊重的关键。面对世界百年未有之大变局，中国人民在抗疫实践中锻造出的伟大抗疫精神有助于推动世界各国人民在人类命运共同体理念下同舟共济、共同发展。

抗疫精神昭示以人为本的价值理念是人类对抗疾病的正确原则。“民惟邦本，本固邦宁”的中华传统民本文化，传承千年而历久弥新。在一以贯之的文化传承下，中国共产党将人民群众的根本利益作为制定路线方针的根本依据和衡量工作得失的根本标准。以人为本的价值主张在此次抗击疫情的斗争中得到了充分的彰显，是抗疫精神所传达的核心理念之一。新冠肺炎疫情犹如一面镜子，清晰地映照出各国执政党的“本色”与“底色”，一览无遗地展现了各国的人权状况。中国共产党和中国政府坚持平等无差别地对待患者，不惜一切代价救治生命。也正是因为中国共产党始终将人民置于首位，中国人民才充分信赖、热爱、拥护中国共产党，党的领导这一中国特色社会主义制度的最大优势才能得以充分发挥。可以说，“一切为了人民”是中国应对疫情的价值旨归，“一切依靠人民”是中国抗击疫情的制胜法宝。然而部分以“人权”“民主”标榜自身的西方国家却在疫情期间行动“迟缓”，出于政治选举或经济利益的考虑放任疫情不管。它们在中国极力对抗疫情之时，不加紧做好自己国家的防疫准备工作，而是隔岸观火做尽嘲讽歧视之事，浪费了长达两个月的“窗口期”。当疫情不可避免地扩散开来时，一些资本主义国家秉持“资本优先”的理念，将优质的医疗资源向富人和特权者倾斜，弱势群体的生命安全被抛之脑后。在这场疫情中，西方所谓“民主”“人权”“自由”“平等”的光环逐一破裂。危机面前，以何种态度对待人民，考验着一个国家的良知，也决定了这个国家在危机前的战斗力。中国把人民群众生命安全和身体健康放在第一位，慎终如始地坚持人民至上的价值理念，为世界提供了在危急时刻保障人权的中国方案。

抗疫精神内含的人类命运共同体理念是指引人类社会发展进步的正确主张。习近平总书记强调：“经济全球化是历史潮流。长江、尼罗河、亚马孙河、多瑙河昼夜不息、奔腾向前，尽管会出现一些回头浪，尽管会遇到很多险滩暗礁，但大江大河奔腾向前的势头是谁也阻挡不了的。”① 当今时代，各国“你中有我、我中有你”，利益交融、命运与共是大势所趋。

① 习近平：《开放合作　命运与共——在第二届中国国际进口博览会开幕式上的主旨演讲》，《人民日报》2019 年 11 月 6 日。

新冠肺炎病毒以一种残酷的方式再一次揭示出人类命运休戚与共的事实，人类命运共同体理念在这场波及全球的新冠肺炎疫情中得到了更加立体化、具体化的呈现，其丰富内涵和深远意义愈发凸显，熠熠生辉。面对复杂的世界形势和全球性重大危机，习近平总书记首次提出构建人类卫生健康共同体的崭新倡议，进一步表达了中国携手国际社会联合对抗疫情的坚定决心。人类卫生健康共同体是伟大抗疫精神的现实指向，彰显出中国共产党人对时代特征和世界大势的精准把握。疫情冲击下，全球产业链和供应链受到严重打击，各国经济都不可避免地产生衰退趋势。越是在这样的艰难境地中，国际社会越是要联手抗击疫情，恢复和稳定世界正常秩序。然而，部分西方国家却借疫情鼓吹“逆全球化”，大行保护主义，试图通过贸易壁垒、技术封锁、撤回产业链等方式扭转经济全球化大潮。如作为超级大国，美国试图以强权政治阻挡和逆转经济全球化的客观趋势，带头采取以邻为壑的单边主义做法，不断质疑、断供甚至退出世界卫生组织。这种“美国优先”的霸权主义作风，不仅不能改变世界是一个人类卫生健康共同体的客观事实，反而贻误了抗疫时机，害人害己。

抗疫精神传达的团结合作声音是人们处理当前国际关系的正确遵循。安全与健康是全人类的共同利益和共同追求，也是人类卫生健康共同体理念的价值底色。在跨越国界的新冠肺炎疫情面前，生命安全与身体健康是不同肤色的人民的首要关切，因此各个国家需要团结合作，共同击退病毒，合力维护全人类的利益。这是人类命运共同体理念的倡导，也是抗疫精神所传达的价值理念。孤举者难起，众行者易趋。疫情之下，习近平总书记高屋建瓴、顶层擘画，与联合国等国际组织、地区组织负责人及多国领导人在致电、通话、会谈中，积极阐扬人类命运共同体理念，商讨合作抗疫方案，倡议构建人类卫生健康共同体。这一倡议来自中国，但成效惠及世界。从尽己所能驰援全球战疫，增强国际社会的抗疫信心，到排除万难有序复工复产，稳定全球经济社会秩序，中国积极弘扬“命运与共”的国际互助精神，用实际行动为全球合作抗击疫情树立了参照系。反观部分西方发达国家在疫情期间不仅没有承担起大国责任，反而以狭隘的个别利益为标尺处理国际关系，“合则用，不合则弃”，借疫情大搞政治操弄，罔顾中国的抗疫成就，将“肺炎病毒”转化为“意识形态病毒”，试图推卸本国抗疫不力的责任，转移国内矛盾，制造国际对立。种种做法不仅没有对缓解严峻的国际疫情形势起到积极作用，反而搅乱了国际疫情防控局势，加剧了国际社会的不稳定性。在鲜明的现实对比下，世界民众对于中国所提倡的人类命运共同体理念产生了更深刻的理解与体悟，中国同舟共济、团结合作的号召得到了越来越多的认同与响应。可以说，天下一家、命运与共，必将成为引领 21 世纪人类社会发展进步的时代强音。

第三章

党的领导与伟大抗疫精神

奠定伟大抗疫精神的实践基础／塑造伟大抗疫精神的文化内核／构建伟大抗疫精神的重要价值

以生命至上、举国同心、舍生忘死、尊重科学、命运与共为主要内容的伟大抗疫精神，是中国共产党带领中国人民在惊心动魄的抗击新冠肺炎疫情实践中生成的观念成果，是人类同疾病斗争史上中国奇迹的精神记录。中国共产党在这场抗疫大战中全面展现出一个成熟的马克思主义政党所拥有的强大政治领导力、思想引领力、群众组织力、社会号召力，"是风雨来袭时中国人民最可靠的主心骨"①，中国共产党以自身的实践品格、价值追求、情怀气度引导中国抗疫的实践创造和精神创造，彰显了一个有着百年历史的大党应对人类重大公共卫生事件的大情怀、大智慧、大视野和大作为。中国共产党的领导为抗疫精神的形成奠定实践基础、提供文化内核，中国共产党对抗疫精神的建构和弘扬体现了高度的文化自觉和文化自信。

第一节
奠定伟大抗疫精神的实践基础

马克思主义认为，"精神"是高度组织起来的物质即人脑的产物，是人们在改造世界的社会实践活动中通过人脑产生的观念、思想上的成果。中国共产党以独特的实践举措，推进了中国式抗疫，为抗疫精神的形成奠定了实践基础。

① 中共中央党史和文献研究院编：《习近平关于统筹疫情防控和经济社会发展重要论述选编》，中央文献出版社 2020 年版，第 12 页。

一、抱持高度的责任感，勇于担当

突如其来的新冠肺炎疫情，使中国共产党和中国政府面临一场历史性的大考。由于人类对新冠病毒及其传播认知不足，新冠肺炎疫情发生在中国人口大流动、大聚集的春节期间，使这场大考远远超出了医疗卫生的范围，成为对国家治理体系和治理能力的严峻考验。列宁曾指出，“工人政党和工人阶级之所以有力量，始终是由于它们能勇敢、直接、公开地正视危险，不害怕承认危险”①。面对新冠病毒对人民群众生命的威胁，中国共产党以高度的责任感、勇于担当的姿态“应考”，实现了全党动员，从党中央到社区、乡村的党支部，从党的总书记到普通党员，坚定承担起护佑人民生命安全和身体健康的使命。

党中央以非常之举应对非常之事。在疫情发生初期，以习近平同志为核心的党中央坚持“把人民生命安全和身体健康放在第一位”②，将疫情防控工作作为当时最重要的工作来抓，当机立断启动集中统一领导机制，迅速成立应对疫情工作领导小组，持续召开领导小组会议，研究部署疫情防控和统筹推进经济社会发展的重大问题和重要工作，向湖北等疫情严重地区派出中央指导组，推动有关地方全面加强防控一线工作。中央政治局常委会、中央政治局在第一时间提出“坚定信心、同舟共济、科学防治、精准施策”的“十六字”总要求，明确坚决遏制疫情蔓延势头、坚决打赢疫情防控阻击战的目标。2020 年 1 月 28 日，中共中央印发《关于加强党的领导、为打赢疫情防控阻击战提供坚强政治保证的通知》，明确要求各级党委（党组）、各级领导班子和领导干部、基层党组织和广大

---

①《列宁全集》第三十四卷，人民出版社 2017 年版，第 339 页。

② 中华人民共和国国务院新闻办公室：《抗击新冠肺炎疫情的中国行动》，人民出版社 2020 年版，第 1 页。

党员不忘初心、牢记使命，团结带领广大人民群众按照党中央决策部署，坚决打赢疫情防控阻击战；党中央决定建立国务院联防联控机制，持续跟踪分析研判疫情形势，加强医务人员和医疗物资调度。习近平总书记亲自部署、亲自指挥，先后主持中央政治局常委会会议，听取中央应对疫情工作领导小组和中央指导组汇报，开展专题研究，及时作出决策部署，提出抗击疫情的重大方针、总体要求和防控救治的重大原则。同时，习近平总书记还到北京、武汉、浙江、陕西、山西等地，就社区防控、防疫科研攻关、统筹推进常态化疫情防控和经济社会发展工作、巩固脱贫攻坚成果开展考察调研。党中央的高度重视、积极施策，成为全国应对重大公共卫生风险挑战的“定星盘”。中国的领导人“不像西方世界的领导人那样，傲慢地自认为掌握了一切……他们成功地激励了人民，使人们相信所采取的措施是正确的和必要的”①。

各级党组织发挥战斗堡垒作用。各级基层党组织是确保党的各项措施落实到位的关键所在。在抗疫中，党的基层组织全面贯彻“坚定信心、同舟共济、科学防治、精准施策”的疫情防控总要求，迅速统一思想认识，积极行动，坚持守土有责、守土担责、守土尽责，坚决落实党中央关于疫情防控各项决策部署，构筑起抗击疫情的强大合力机制。在国家机关，国家卫生健康委党组牵头建立 32 个部门参加的应对疫情联防联控机制；中央政法委多次召开专题会议针对疫情中出现的违法乱纪行为进行依法打击；国家发展改革委运行局党支部以最短的时间、最快的速度建立生活物资保障组运转机制，协调解决重点地区急需生活物资供应保障遇到的突出问题；教育部基础教育司党支部专门制定工作方案，指导各地教育部门做好延期开学工作，统筹建好“国家中小学云课堂”和“空中课堂”，确保“停课不停教、不停学”……在全国各地，460 多万个基层党组织迅速

① 转引自姜辉主编：《中国战“疫”的国际贡献和世界意义：国外人士看中国人抗疫》，当代中国出版社 2020 年版，第 197 页。

进入战时状态，切实担负起属地防控工作的政治责任，广泛动员、组织、凝聚群众，全面落实防控措施。各单位党组织与社区、街道、村庄加强协同配合，强化对辖区企业、学校、医院等单位和商场、公园、市场等公共场所防控工作的统筹调度；注重加强网格党建，全面建立党员干部带头分片包干、全覆盖登记排查制度；仅 2020 年上半年，全国参与疫情防控的建制村基层党组织 67.7 万个，城市社区基层党组织 30.2 万个，覆盖了全国 54.2 万个村和 6.4 万个社区。为适应抗疫工作的需要，在抗疫一线共建立临时党组织 24.4 万个，其中临时党委 2061 个，临时党总支 2292 个，临时党支部 23.9 万个。驰援湖北的 346 支医疗队分别建立临时党委、党总支、党支部，共建立临时党组织 1661 个，实现党的组织全覆盖。① 这些基于疫情防控的新机制、新做法，将党的政治优势、组织优势、密切联系群众优势转化为防控疫情的综合优势。

广大党员发挥先锋模范作用。中国共产党所具有的坚强领导力、战斗力，是通过每个共产党员的实际行动去呈现的。党的十八大以来，中国共产党推进全面从严治党，在一定程度上解决了党内的突出矛盾和问题，党内政治生态明显好转，党的创造力、凝聚力、战斗力显著增强，广大党员的精神面貌和工作作风明显改善。抗疫之始，党中央向全党发出了"让党旗在防控疫情斗争第一线高高飘扬"的号召，全国 9000 多万名共产党员响应号召，在抗疫中勇当先锋，活跃在病患救治、疫情监测、排查预警、信息上报、物资运送、环境消杀、研究开发、舆论引导等各项工作中。可以说，在抗疫最危险、最艰苦、最需要的地方，共产党员是最坚定的行动者。截至 2020 年 6 月，有 396 名党员、干部在抗疫一线因公殉职（牺牲），有 2337 名党员、干部在参与疫情防控工作中感染新冠肺炎。② 共产党员

① 参见姜洁：《基层党组织和党员在新冠肺炎疫情防控中发挥突出作用　党旗在抗疫一线高高飘扬》，《人民日报》2020 年 6 月 30 日。

② 参见姜洁：《基层党组织和党员在新冠肺炎疫情防控中发挥突出作用　党旗在抗疫一线高高飘扬》，《人民日报》2020 年 6 月 30 日。

"不忘初心、牢记使命"的大爱情怀和舍生忘死、舍己为人的实际行动，深深感动、教育了人民群众，引领人民群众投入抗疫中。25000多名优秀分子火线入党，人民群众普遍认同中国共产党的政策措施，积极配合各项抗疫工作，生动说明了共产党员先锋模范作用所产生的积极影响。

中国共产党全党动员、上下齐心，意志坚定、行动果断，勇于担当、敢于胜利，必然成为中国抗疫的主心骨；党员干部的精神风貌和工作作风，必然引领抗疫精神的生成。

二、坚持科学观点，理性研判疫情、部署抗疫

善于运用马克思主义世界观和方法论指导实践活动，是中国共产党的鲜明特征。在疫情防控中，中国共产党坚持马克思主义科学观点，自觉运用唯物辩证法这一"伟大的认识工具"，以实事求是态度认识疫情动态、把握防控的内在要求，理性选择正确的防控策略，全面部署疫情防控，从而使我国的疫情防控展现出鲜明的科学性、预见性、主动性和创造性。

坚持一切从实际出发，实事求是地研判、应对疫情。面对新冠肺炎疫情对中国人民生命健康的严重威胁，中国共产党以实事求是的态度对待疫情，而不是从特定的观念、主观想象出发。在实践中，中国共产党从国情、党情的实际出发来制定政策和策略，包括积极发挥中国共产党善于做群众工作的优良传统和党的基层组织的作用，动员群众开展群防群控；积极发挥中国中医药的特长，推进中西医结合治疗病患，提高治愈率、降低危重率；根据疫情在不同地方的发展程度，区别对待、精准施策，安排定点隔离、复工复产；保持信息公开，每天公布全国疫情数据，如实向国际社会和人民群众说明疫情情况。正是坚持实事求是，党中央的每项部署、每项政策都落在实处、产生实效。这与西方国家一些政党缺乏对疫情的理性认识、科学研判，或是把疫情当作"大号流感"放任自流，或是在疫情尚未控制住时就解除防控措施形成了鲜明对照。

坚持发展的观点，因时因势调整工作着力点和应对举措。中国共产党坚持以发展的观点来看待疫情，努力根据传染病发展的一般进程和规律，不断深化对新冠肺炎疫情的认识，因时因势制定、调整政策。在疫情上升、增长期，将疫情防控确定为党和国家“头等工作”，不惜一切代价救治病患，在全国普遍执行严厉的防控政策，在最短时间内集中最大力量阻断疫情传播，有效避免了疫情的全面扩散；2020 年 3 月后，随着春耕季节的到来和疫情防控形势的好转，党中央适时作出统筹疫情防控和经济社会发展、有序复工复产的重大决策，安排经济社会发展、全面建成小康社会、决战脱贫攻坚等重要工作和具体目标。从 4 月开始，境外疫情快速扩散蔓延，国内疫情得到有效控制，武汉、湖北的疫情有了根本性好转，党中央推动全国疫情防控由应急性超常规防控转为常态化防控，将全国总体防控策略调整为“外防输入、内防反弹”，在巩固深化国内疫情防控成效的基础上，科学、及时处置输入性、聚集性疫情，分类推动复工复产；2021 年在国际疫情持续蔓延、国内疫情时有反复的情况下，我国疫情防控强化了外防输入，同时在国内加强了疫苗接种和核酸检测；2022 年 10 月后，我们坚持“动态清零”总方针，有效避免了致病力较强的德尔塔、奥密克戎病毒及其变异株在我国的流行，尽最大努力保障了人民群众生命安全和身体健康；2022 年 11 月开始，我们先后制定了优化疫情防控的二十条措施、“新十条”优化措施，将“新型冠状病毒肺炎”更名为“新型冠状病毒感染”，将新冠病毒感染从“乙类甲管”调整为“乙类乙管”，最大限度减少了疫情对经济社会发展的影响。

坚持普遍联系的观点，打造“全国一盘棋”的疫情防控战略格局。鉴于新冠肺炎传染性强、致病力强，中国共产党以普遍联系的观点来谋划全国抗疫，将抗疫斗争视为总体战。在应急性超常规防控阶段，中国共产党强调集中统一领导，发挥社会主义制度“集中力量办大事”的优势，进行“全面动员、全面部署、全面加强”，“统一指挥、统一协调、统一调度”，在最短时间内形成了“全国一盘棋”的疫情防控格局，形成了联防联控、群防群控防控体系，打造出全国抗疫的最大“合力”。在常态化防控阶段，中国共产党坚持协调统筹疫情防控和经济社会发展两个方面，在“全国一盘棋”的格局下处理局部疫情，调动全国各地力量支持局部地区的治疗、检测工作，确保将疫情控制在有限范围内，保证全国经济发展、社会稳定的大局。

坚持“两点论”与“重点论”统一的观点，着力解决主要矛盾和主要问题。新冠肺炎防控是一项系统工程，涉及病患治疗、病源调查、疫苗研发、防控管理、物资供应、信息处理等多个方面，要求正确处理经济发展与疫情防控、重点地区防控与全国防控等重大关系。中国共产党坚持“两点论”与“重点论”的统一，既谋求夺取疫情防控和经济社会发展两个战场的双胜利，又在全面防控中突出重点地区、重点领域。在地域上，一开始党中央把武汉和湖北作为全国抗疫的主战场，作为“打赢疫情防控阻击战的决胜之地”，领导全国打响武汉保卫战、湖北保卫战，果断采取关闭离汉离鄂通道的关键一招，指挥全国集中资源和力量驰援湖北省和武汉市，最终取得武汉保卫战、湖北保卫战的胜利，奠定我国全面抗疫决定性胜利的基础。在 2021 年常态化防控中，对于江苏、湖南等局部地区出现的疫情，也是将这些地区作为阶段性防控重点。在工作领域上，党中央统筹协调各个领域，重点突出了科技攻坚。习近平总书记指出：“纵观人类发展史，人类同疾病较量最有力的武器就是科学技术，人类战胜大灾大疫离不开科学发展和技术创新。”① 中国共产党组织了一场科技攻坚战，包括加强药物和医疗装备的研发、推进疫苗研发和产业化链条有机衔接、统筹病毒溯源及其传播途径研究、完善平战结合的疫病防控和公共卫生科研攻关体系、推进疫情防控科研攻关的国际合作等，从而使我国在认识新冠病毒、推出检测试剂、筛选有效药物、制定治疗方案、推进疫苗研

① 中共中央党史和文献研究院编：《习近平关于统筹疫情防控和经济社会发展重要论述选编》，中央文献出版社 2020 年版，第 99 页。

发、利用大数据防控、实施在线办公教学等多个方面取得了重大进展，走在世界的前列，不仅为中国打赢疫情防控这场硬仗提供了有力的智力支撑，而且推动人民群众确立尊重科学的观念，积极适应信息技术发展。

坚持矛盾转化的观点，在危机中开新局。突如其来的新冠肺炎疫情给我国经济造成巨大冲击，导致我国 2020 年第一季度 GDP 下滑 6.8%。同时，疫情防控也暴露了我国国家治理体系和治理能力的薄弱环节，包括公共卫生法治保障不充分、应急管理体制不健全、公共医疗物资储备结构不合理、疾病监测预警和应急响应能力不足，等等。习近平总书记根据矛盾运动规律，在 2020 年 5 月提出“在危机中育新机，于变局中开新局”论断，指出，“既要立足当前，科学精准打赢疫情防控阻击战，更要放眼长远，总结经验、吸取教训，针对这次疫情暴露出来的短板和不足，抓紧补短板、堵漏洞、强弱项”①。这一论述阐明了“危”和“机”的辩证关系，为我国在“危”中寻“机”、化“危”为“机”提供了科学方法论。中国共产党准确识变、科学应变、主动求变，把握在抗疫中线上零售、线上教育、远程办公、视频会议等行业迅速发展蕴含的技术创新与产业发展的新趋势，把握疫情防控对国家治理体系和治理能力提出的新要求，充分发挥主观能动性，既立足当下，又着眼未来，以推动创新来补短板、强弱项。最突出的就是在《中共中央关于制定国民经济和社会发展第十四个五年规划和二〇三五年远景目标的建议》中，就我国经济社会的发展、国家治理体系的完善和治理能力的提升作出战略安排，深刻反映了摆脱疫情侵扰、破解全球治理困境的客观要求，又着眼于疫情后中国经济社会的长远发展、国家治理体系和治理能力现代化水平的提升，给广大人民群众赢得抗击新冠肺炎疫情胜利、追求美好生活带来了明确、积极的预期。

中国共产党对待新冠肺炎疫情的科学态度和理性防控举措，弥补了

---

① 中共中央党史和文献研究院编：《习近平关于统筹疫情防控和经济社会发展重要论述选编》，中央文献出版社 2020 年版，第 51 页。

人类对新冠病毒、新冠肺炎的认知不足，找到一条高效的抗疫技术路线，使中国疫情防控避免因陷于无谓的争论而错失时机、走弯路，也避免了抗疫中的短视、短期行为。

三、强化舆论引领，全面展现中国抗疫的真实图景

在抗疫斗争中，中国共产党领导中国人民开展抗疫斗争的总体战，其中不仅包括病患治疗、社区防控、药物疫苗研发等，还包括在国内、国际两个舆论空间引领大众思想、引导舆论走向、捍卫中国声誉。

（一）在国内坚持思想引领

新冠肺炎疫情发生后，中国各省份普遍启动公共卫生事件一级响应级别。在这种状态下，人们围绕政府信息公开、疫情防控、患者治疗和人民群众日常生活等多个话题，各抒已见，并在互联网的各种平台进行表达，网络空间一度沸沸扬扬，显示出人们复杂多样的心态和价值取向，凸显了思想引领的紧迫性与重要性。中国共产党一方面正视疫情信息发布方面存在的问题，在实际工作中进行改进，另一方面在国内加强对大众的思想引导。

第一，改进信息发布机制。党中央推动迅速建立全国疫情信息发布机制，实事求是、公开透明发布疫情信息。一是确立严格的疫情发布机制，武汉市从 2019 年 12 月 31 日起依法发布疫情信息，并逐步增加信息发布频次。2020 年 1 月 21 日起，国家卫生健康委每日在官方网站、政务新媒体平台发布前一天全国疫情信息，各省级卫生健康部门每日统一发布前一天本省疫情信息。从 2020 年 2 月 3 日起，国家卫生健康委英文网站同步发布相关数据。二是建立分级分层新闻发布制度。坚持国家和地方相结合、现场发布与网上发布相结合，建立多层次多渠道多平台信息

发布机制，持续发布权威信息，及时回应国内外关注的疫情形势、疫情防控、医疗救治、科研攻关等热点问题。三是多渠道多平台传播信息。在国家卫生健康委中、英文官方网站和政务新媒体平台设置疫情防控专题页面，在各省（区、市）政府网站及政务新媒体平台及时发布本地疫情信息和防控举措。同时通过科普专业平台、媒体和互联网大力开展面向公众应急科普，引导公众理性认识新冠肺炎疫情，做好个人防护，消除恐慌恐惧。截至 2020 年 5 月 31 日，国务院联防联控机制、国务院新闻办公室共举行新闻发布会 161 场，湖北省举行 103 场新闻发布会，其他省份共举行 1050 场新闻发布会。① 在 2021 年疫情常态化防控阶段，中国仍然坚持每天发布疫情信息，基于对一些病例、无症状感染者及其密切接触者的活动轨迹准确调查后，向公众报道、说明。中国主动与世界卫生组织保持沟通与合作，及时公开发布疫情信息，加强疫情防控的经验交流，及时消除外界的恐惧和担忧，得到了多国政府和国际组织的理解与支持。

第二，主动回应群众关切。针对人民群众在防控措施、治疗方案、体制机制、干部能力等方面的疑虑，党中央强调疫情防控中要做好宣传教育和舆论引导工作，统筹网上网下、国内国际、大事小事，更好强信心、暖人心、聚民心。在实践中，中国共产党创新思想教育、舆论引导的新格局。即在主体上，不仅通过党的宣传部门、官方媒体等相关机构开展思想宣传，也鼓励社交媒体、自媒体传播正能量，形成了党的领导下官方媒体、专家学者、医护人员、基层组织和大众等的合力；在路径上，大大扩展思想引领的场域，将思想引领内嵌在社区乡村普及防控知识中、医护人员防护服上的文字中、武汉方舱医院的活动中、自媒体传播救援信息及赞美抗疫英雄事迹中，使大量正面信息以贴近大众、贴近抗疫一线的方式不断传播；在话语上，突破单纯运用官方话语、理论话语表达思想，适应我国 10

① 参见中华人民共和国国务院新闻办公室：《抗击新冠肺炎疫情的中国行动》，人民出版社 2020 年版，第 55 页。

亿网民获取信息的习惯，积极利用各类网络平台，大量采用鲜活灵动的网络话语、大众话语，采用开放、互动的交流方式，拉近官方媒体与普通网民的距离，使官方媒体成为网民获取信息的主要渠道。这些举措使“齐心抗疫”“感恩医护”“完善治理体系”“发挥制度优势”等日益成为社会共识。

第三，加强互联网内容管理，打击各类谣言。针对境内外一些势力频繁利用疫情中人们的负面情绪，或抓住典型人物、事例借题发挥，或以西方政治价值观和话语解读中国政府的防控措施，或无中生有、制造谣言等情况，一方面由网信部门、公安机关加强互联网内容管理、依法打击涉疫谣言，另一方面由各级地方政府在网站、微信、QQ 的政务平台上设置辟谣专栏，不让谣言跑在事实真相前面。

（二）在国际上坚定开展舆论斗争

自疫情发生，以美国为首的西方国家罔顾人道主义和科学精神，秉持意识形态偏见和一己私利，利用各种媒体在多种场合诬陷、抹黑中国，对中国发动了舆论战。在我国疫情发生初期，他们指责我们“反应落后、迟钝、信息不透明”，指责武汉关闭离汉通道，还发布各种真假掺杂的新闻，比如“中国医疗系统已经被击穿”“医护人员被大面积感染”等；在我国控制住疫情而西方国家疫情初步暴发的时候，他们又毫无根据地指责“病毒源于中国”，试图让中国承担全球疫情暴发的责任，鼓动向中国“索赔”；在世界疫情大暴发的时候，中国为世界抗疫提供大量的支援，他们则提出“中国向世界传播病毒，却借此做生意赚钱”，“中国借向世界提供疫苗和医疗物资进行扩张”等说辞，或者指责中国抗疫物资“假冒伪劣”，或者指责中国“疫情数据作假”，等等。2021 年，美国在世界卫生组织溯源专家组已经到武汉进行病毒溯源，并形成明确结论的情况下，继续将病毒溯源政治化，施压世界卫生组织尽快启动对华“第二阶段溯源”，并企图在世卫组织框架外推进所谓的第三方独立调查。西方政客和西方媒体的言论和行为，不仅涉及新冠病毒来源、中国疫情防控措施、中国对外援助和贸易、中国是否遵守国际规则和道义等重大事项，而且关系中国的尊严和中国共产党的国际形象，关系后疫情时代中国的国际话语权。其真实目的是破坏中国作为一个负责任、社会主义大国的国际形象和影响力，消耗中国共产党的外交资源；诱发中国大众对中国共产党的不满，破坏中国社会稳定；在疫情结束后进一步强化西方大国，尤其是美国控制世界、“美国优先”的旧秩序。

面对以美国为首的西方国家掀起的舆论战，中国共产党坚持用事实和真相说话，在国际上积极宣传中国共产党的抗疫主张、抗疫成效，针对各种攻击抹黑展开有理有节的舆论斗争。主要措施有以下几条。

第一，发布《抗击新冠肺炎疫情的中国行动》白皮书。2020 年 6 月 7 日，国务院新闻办发布《抗击新冠肺炎疫情的中国行动》白皮书。白皮书全面、详尽地记录了中国人民抗击疫情的伟大历程，记录了中国帮助世界其他国家控制疫情所作出的努力，并与国际社会分享中国抗疫的经验做法，阐明全球抗疫的中国理念、中国主张，展示了中国共产党带领中国人民众志成城抗击新冠肺炎疫情的形象，展示了中国担当大国责任，与其他国家携手共克时艰的形象。白皮书的发布，直接回应了西方政客和媒体对中国的污蔑、抹黑。

第二，利用党际关系对外宣传中国抗疫事实和主张。中国共产党不仅领导中国媒体积极主动向世界宣传中国的抗疫举措、成效，利用党际交往渠道，多形式、多层次、多角度开展对外宣介，推动国外政党、政治组织、智库媒体积极声援支持我国抗疫斗争，客观公正评价我国为全球抗疫作出的牺牲、贡献及背后体现的制度优势，坚决驳斥少数西方势力的不实言论。中共中央对外联络部（以下简称中联部）先后开设了“中共进行时（CPC WORKS）”英文微信公众号、推特平台的英文账号，用于对外宣传，多次通过国际电话、互联网视频会议等方式同外国政党政要保持联络，围绕新冠肺炎疫情防控、国际抗疫合作等进行交流，凝聚共识；根据 100 多位外国政党领导人声援中国抗疫的视频，策划制作了《团结抗疫，外国政党政要有话说》5 集系列短视频，在微信、抖音、快手、今日头条等新媒体平台播出。中国共产党还通过党际渠道召开战疫经验座谈会、云端专题论坛，邀请钟南山院士等与印度医疗专家进行交流，向国际社会提供新冠肺炎诊疗方案和防控方案的中国官方版本，推送 5 个语种的《新冠肺炎预防指南》动画短片视频等多种方式，广泛分享中国抗疫经验。2021 年 8 月，针对美国操弄病毒溯源，中联部邀请 13 个阿拉伯国家的 28 个政党和政治组织参加视频会议，全面阐述了在新冠病毒溯源问题上的原则立场，就反对美国行径、坚持病毒溯源必须尊重科学和与会政党取得共识。同时，世界上 100 多个国家和地区的 300 多个政党、社会组织和智库向世界卫生组织秘书处提交《联合声明》，强调面对新冠病毒对人类生命安全和健康的严重威胁，国际社会需要加强抗疫合作，呼吁世卫组织客观公正地开展全球新冠病毒溯源研究，坚决反对将溯源问题政治化。

第三，提出在全球范围内开展病毒溯源的主张。针对以美国为首的西方国家叫嚣要开展对华“第二阶段溯源”，中国共产党据理力争，利用外交部例行记者会、官方媒体、驻外大使馆官方网站等多个渠道，阐明病毒溯源必须尊重科学，反对政治操弄；揭露美国搞疫情政治化、病毒污名化、溯源工具化，目的在于转移自身抗疫不力的责任，达到抹黑、遏制中国的政治目的，阐明美国的行径既不尊重科学和世界，也给全球抗疫合作蒙上阴影，严重损害了科学溯源和全球抗疫大局。中国共产党根据美国有 200 多个生物实验室散布全球、德特里克堡基地在疫情暴发前神秘关闭的事实，从对人类卫生健康负责出发，支持对全球各地发现的所有新冠肺炎疫情早期病例进行全面核查，对某些散布全球又往往秘而不宣的基地、生物实验室等进行彻查。中国共产党坚持科学溯源，站在道义制高点上，也获得了主动。

在关于疫情的舆论战中，中国共产党以积极主动的姿态，以符合国际规则和国际惯例的方式，努力为坚定中国人民乃至全世界人民抗疫信心、推动全球联合抗疫创造清朗的舆论空间，消除西方政客和西方媒体制造的“信息疫情”以及由此带来的误读误判，展现中国全力抗疫的大国形象、为人类命运负责任的正面形象，同时推动国际社会认识、接受构建人类卫生健康共同体的理念。

马克思主义将实践视为人类社会发展的本质表现，视为推动人类社会发展的内生性动力。其动力的作用是全方位的，体现在社会存在和社会意识两个层面。在中国抗疫这一场伟大实践中，中国共产党的坚强领导、倾力投入和科学应对，人民领袖的铿锵承诺、博大胸怀，广大普通党员的身体力行、勇于战斗和无私大爱，不仅护佑了中国人民的生命安全和身体健康，密切了中国共产党与中国人民之间生死与共、融为一体的血肉联系，使中国这样一个拥有 14 亿人口的大国率先克服新冠肺炎疫情困扰，成为 2020 年唯一经济增长的主要经济体；而且以丰富的实践方式，改造了中国人民的主观世界，推动人们对于中华民族复兴、国家制度、中国共产党领导、中国与世界关系等问题的思考，推动人们在对比国内外抗疫中感悟中国社会主义制度的优势和中国共产党保持“初心”、践行“使命”的真实，油然而生对中国共产党的政治认同。

第二节
塑造伟大抗疫精神的文化内核

政治文化是关于政治体系和政治问题的态度、信念、情绪、符号和价值的总体倾向。从政治学视角考量，政治文化是社会的政治关系、政治过程、政治制度、政治活动等在人们精神领域的反映，是一定的社会主体对于政治问题的认识、态度和价值取向。政治文化主要由政治传统、政治意识、政治态度、政治伦理、政治价值认同等构成。政治文化既渗透和存在于社会生活的各个方面，也存在于政党生活的内部。一个政党的指导思想、奋斗目标、路线纲领、制度规范、思维方式、价值观念、精神状态、作风习惯等，都属于政治文化范畴。执政党的政治文化对整个社会精神风貌具有鲜明的影响、塑造作用。

中国共产党是中华民族复兴伟业和中国特色社会主义事业的领导核心，在百年奋斗历程中，不断用党的先进的政治文化推动中国精神的生成传播、引领社会主义先进文化的发展。中国共产党的政治文化具有鲜明特征，即以马克思主义为指导思想，坚持马克思主义崇高的社会理想、鲜明的人民立场、科学的思想方法、爱国主义和集体主义道德原则、以建党精神为源头的精神谱系。中国共产党领导的抗疫斗争是在中国特色社会主义进入新时代的历史条件下展开的，也是在中国共产党经过百年锤炼、以坚定的信念和丰富的执政经验面向世界百年未有之大变局、面向民族复兴，领导中国大踏步跟上时代的状态下展开的。党的政治文化焕发出巨大的感召力和影响力，深嵌于抗疫斗争的全过程，塑造了伟大抗疫精神的文化内核。

一、坚守爱国主义、集体主义和社会主义，为抗疫精神生成提供思想文化基础

习近平总书记指出，伟大抗疫精神“是爱国主义、集体主义、社会主义精神的传承和发展”①。这一论断清晰地阐明了伟大抗疫精神与中华民族精神、中国共产党优良精神传统和道德原则的内在联系，揭示了抗疫精神的重要基础。

① 习近平：《在全国抗击新冠肺炎疫情表彰大会上的讲话》，人民出版社2020年版，第16页。

爱国主义是中国共产党一贯倡导的道德规范和政治准则，也是中国共产党人始终保持的深厚情感。中国共产党带着对国家民族命运的深切忧患、对广大人民群众艰难困苦的深切同情，在马克思主义指导下，超越以往一切政治力量追求自身特殊利益、脱离人民大众的局限，忠实代表中国人民根本利益和中华民族整体利益，以无私无畏、为人民服务的博大胸怀和坚忍不拔的意志精神，在不断探索中积累经验、深化认识、纠正错误，带领中国人民找到走向民族复兴的正确道路。在百年奋斗的砥砺中，中国共产党坚持把对共产主义理想的追求转化为对中国社会的改造，转化为在中国实现民族复兴、国家富强和人民幸福。在战争岁月，党领导人民反对侵略者，争取民族独立、人民解放，为建设一个人民当家作主的新中国而努力；在和平建设和改革开放岁月，中国共产党致力于中国社会主义现代化事业，自觉探索中国式现代化道路，学习和借鉴人类文明成果，不断完善社会主义制度体系，全面推进经济社会发展，不断满足人民群众对美好生活的期盼；在百年奋斗的砥砺中，中国共产党既吸收中华优秀传统文化的精华、反映中华民族近代以来求富求强的深刻诉求，又坚持以马克思主义话语阐释爱国主义的内涵，要求将爱国和爱党、爱社会主义相统一，要求每个党员义不容辞地承担对国家、民族和人民的责任；采用多种方式、途径加强对全民的爱国主义教育，以爱国主义为核心建构中华民族精神，从而使爱国主义超越了狭隘民族主义、民粹主义的眼界，能够引导人民大众正确认识当代中国发展中的成绩和困难，正确处理本国利益和他国利益的矛盾，在中国遭遇大灾大难的时刻，迅速唤起人民群众最真挚的情感和最勇毅的态度，引导人们为了国家的利益、声誉和形象而勠力奋战。

集体主义是社会主义道德的基本原则，是社会主义社会里处理个人利益与集体利益关系的价值标准。在理论上，中国共产党根据马克思主义经典作家的思想，既强调集体利益的优先性和首要性，也认可个人利益的正当性和合理性。同时，把握集体主义原则对个人和集体的双向要求，即一方面集体应维护公正，平等对待个人，另一方面个人应承担维护集体的义务和责任。在社会主义制度建设中，中国共产党充分遵循集体主义的要求，各项制度充分体现共同的根本利益、共同的社会理想和共同的价值追求，从而克服了私有制社会“集体的虚幻性”，以集体利益为先，实现集体利益与个人利益的辩证统一。在实践中，中国共产党一贯维护党的集中统一领导，坚持民主和集中、集体领导和个人负责的统一，要求党员干部要有大局意识，自觉服从大局、维护大局，坚决反对个人主义；长期推动全社会开展集体主义教育，在马克思主义指导下对中国传统文化中以群体为本位、强调个体对群体道德义务和责任的整体主义意识、家国情怀进行创造性转化，引导人民群众将“中国梦”与“个人梦”、国家强大与个人幸福发展联系在一起，以维护集体的利益为荣，组织人民群众发挥主体能动性，有序参与到国家“集中力量办大事”的各项具体工作中。可以说，在中国共产党的领导下，集体主义成为中国人民道德观念和价值取向的基本底色。在抗疫中，中国共产党弘扬集体主义，党中央统揽全局，打造了“全国一盘棋”的格局。党员干部无私奉献，带头冲锋陷阵；国家出资救治每一个病患，使“每一个生命都得到全力护佑，人的生命、人的价值、人的尊严得到悉心呵护”①。国家出资为每一个人免费接种疫苗，各级政府多次免费开展大规模的核酸检测，体现了集体对每个个体利益平等的保护；人民群众服从疫情防控大局，克服疫情防控措施带来的生活不便，甚至经济损失，自觉遵守疫情防控要求，普遍表现出个人对集体（国家）的信任和忠诚。可以说，集体主义引导中国社会普遍而迅速地达成团结抗疫、命运与共的共识，把个人冷暖、集体荣辱、国家安危融为一体，从而使中国共产党和人民群众达到同心同德的状态。

社会主义在中国共产党的话语体系中具有特定指向和丰富内涵：作

① 习近平：《在全国抗击新冠肺炎疫情表彰大会上的讲话》，人民出版社2020年版，第13页。

为理论形态，是指马克思主义的科学社会主义及其中国化的理论成果；作为实践形态，是指中华民族选择的社会发展道路，所进行的中国特色社会主义事业；作为制度形态，是中国共产党领导中国人民经过70多年探索建构、不断完善的中国特色社会主义制度体系。在当代中国，这些形态反映到思想精神层面，就是中国共产党坚持倡导的中国特色社会主义道路自信、理论自信、制度自信、文化自信和社会主义核心价值观。中国共产党自成立起就把走社会主义道路作为中华民族复兴的必由之路，坚持科学社会主义基本原则，结合中国实际，在探索中形成了中国特色社会主义理论体系，深化对社会主义建设规律的认识，用社会主义建设的成就彰显社会主义价值追求、彰显社会主义制度的优势；持续在全社会推进中国特色社会主义理论教育，推动全党和全社会树立中国特色社会主义共同理想，把培育和弘扬社会主义核心价值观作为凝魂聚气、强基固本的基础工程，通过教育引导、舆论宣传、文化熏陶、实践养成、制度保障等，使社会主义核心价值观内化为人们的精神追求，外化为人们的自觉行动。在抗疫中，中国制度“集中力量办大事”优势的发挥、短时间内有效控制疫情，都促使人民群众在与他国抗疫的比较中，对中国特色社会主义制度优越性的认同不断加强；长期的社会主义教育、社会主义核心价值观的培育，激发人们自觉参与抗疫，关键时候挺身而出、慷慨前行。

中国共产党坚持和弘扬爱国主义、集体主义、社会主义，赋予我国抗疫独特的价值优势和伦理优势，正如美国著名经济学家大卫·科茨所说：“中国和美国对新冠肺炎的反应之间的差异主要是社会主义和资本主义的问题。总的来说，社会主义比资本主义更善于应对流行病。”[①] 这些优势与中国长期发展积累的坚实国力、中国特色社会主义制度优势结合在一起，就产生了打赢疫情防控人民战争总体战、阻击战的强大力量，也促进伟大

① 转引自姜辉主编：《中国战“疫”的国际贡献和世界意义：国外人士看中国抗疫》，当代中国出版社2020年版，第211页。

抗疫精神的形成。

二、彰显崇高价值追求，为抗疫精神生成提供价值引领

马克思主义是关于无产阶级和全人类解放、实现人的自由全面发展的理论。中国共产党坚持以马克思主义为指导，把马克思主义的价值追求和未来社会理想作为最高奋斗目标。同时，中国共产党以为中国人民谋幸福、为中华民族谋复兴为己任，把为人民服务确定为党的宗旨，并作为党性原则的重要体现。人类解放和中国人民的幸福，就是中国共产党崇高的价值追求。

党的十八大以来，以习近平同志为核心的党中央丰富了对党的价值追求的理解，将党的价值追求表达为“以人民为中心”，强调“永远把人民对美好生活的向往作为奋斗目标”“党的一切工作必须以最广大人民根本利益为最高标准”“坚持不懈强化宗旨意识，解决好党员、干部是人民公仆的角色定位问题”等重要观点，明确要求无论是国家发展规划、党的执政活动、政府施政行为，还是新闻传播、文艺创作、哲学社会科学研究都要围绕和服从人民这个“中心”。尤其突出的是，中国共产党将崇高价值追求具体化为把人民健康放在优先发展战略地位、努力全方位全周期保障人民健康上。《“健康中国 2030”规划纲要》把“健康中国”上升为国家战略，召开全国卫生与健康大会，全面部署健康中国建设，就提高人民健康水平作出新的制度安排，即“坚持关注生命全周期、健康全过程，完善国民健康政策，让广大人民群众享有公平可及、系统连续的健康服务……加强公共卫生防疫和重大传染病防控，健全重特大疾病医疗保险和救助制度”①。这些战略安排为中国抗疫奠定基础。

①《中共中央关于坚持和完善中国特色社会主义制度　推进国家治理体系和治理能力现代化若干重大问题的决定》，新华社 2019 年 11 月 5 日。

在抗疫过程中，中国共产党更加鲜明地坚持马克思主义政党的价值追求，这主要体现在以下方面。

（一）不惜一切代价保护人民生命安全和身体健康

在抗疫中，中国共产党秉持对中国人民最深厚的情感，继承中华优秀传统文化中“人命关天”的道德观念，将“以人民为中心”具体转化为“把人民群众生命安全和身体健康放在第一位”[①]。中国共产党领导了2020年湖北和武汉规模空前的生命大救援，提出早发现、早报告、早隔离、早治疗的防控要求，实行国家承担新冠肺炎病患的全部治疗费用、国家承担全部疫苗接种的费用等措施，积极调配物资确保满足隔离中群众生活需要……中国共产党还关注境外中国同胞的健康。驻外使领馆积极做好中国公民的领事保护、防护指导和物资保障，采取多项举措为海外中国公民提供帮助，包括用飞机专门接回在海外工作、学习的同胞，向留学生、中资机构的人员分发“抗疫健康包”，等等。这一切政策选择、政策安排，正如习近平总书记所说：“为了保护人民生命安全，我们什么都可以豁得出来！”[②]这意味着面对发展经济与保障人民生命安全的选择，中国共产党坚定地以保护人民生命安全和身体健康为首要任务，真实做到“以人为本”。中国共产党对人民生命的护佑，激发了成千上万的医护人员白衣为甲、逆行出征，以生命挽救生命；指引广大党员干部义无反顾地投入到疫情防控中，坚守阵地、尽心尽责；引导人民群众为生命安全和身体健康自我约束、守望相助。

相比之下，西方国家执政党表现出明显的责任缺失。尽管西方国家

---

① 习近平：《要把人民群众生命安全和身体健康放在第一位　坚决遏制疫情蔓延势头》，《人民日报》2020年1月21日。

② 习近平：《在全国抗击新冠肺炎疫情表彰大会上的讲话》，人民出版社2020年版，第13页。

一些政党常常高喊“人权”“公平”“自由”，动辄对他国的人权状况说三道四，但在疫情面前，他们或者只关注选举选票，组织各种集会活动，罔顾防控要求；或者秉持资本利益优先，淡化疫情，欺骗百姓；或者奉行赤裸裸的“社会达尔文主义”，搞“选择性治疗”，以致在医疗水平、科技水平都高于我国的条件下，疫情发展失控，发病率高企、死亡数惊人。在疫情延绵反复中，西方国家执政党不是反思自己的抗疫思路、抗疫政策，而是把防控不力归结为病毒变异。对此，英国学者罗思义评价说：“因为人权影响着人们的真实生活，中国是从真正理解人权开始，而不是西方的、纯粹形式的‘人权’的人为建构。”① 中国共产党的抗疫作为清晰标示出马克思主义政党与资产阶级政党的本质差别。

（二）紧紧依靠人民群众打赢防疫人民战争

马克思主义认为社会历史的发展、进步，不是“神的旨意”，不是少数杰出人物的作用，更不是资产阶级政客和理论家所伪饰的“资本的作用”和“金钱万能”的结果，而是历史活动的主体——人民群众充分发挥积极性、主动性和创造性的结果。在领导中国革命、建设和改革的过程中，中国共产党秉持马克思主义这一观点，将对初心的坚守、对使命的执行，与尊重人民群众历史创造者主体地位结合在一起，强调相信群众、依靠群众，坚持群众路线，形成了密切联系群众的优良作风，也形成了依靠人民群众、打人民战争应对重大挑战、危机的优良传统。抗疫伊始，习近平总书记就将中国抗疫定位于“人民战争、总体战、阻击战”。随后他多次强调“打赢疫情防控这场人民战争，必须紧紧依靠人民群众”②。中国共产

① 转引自姜辉主编：《中国战“疫”的国际贡献和世界意义：国外人士看中国抗疫》，当代中国出版社 2020 年版，第 104 页。

② 中共中央党史和文献研究院编：《习近平关于统筹疫情防控和经济社会发展重要论述选编》，中央文献出版社 2020 年版，第 89 页。

党统筹协调，组织引导、鼓励支持各行各业一齐上阵、尽锐出战。党高度重视基层社区的防控工作，把基层社区防控作为“第二战场”，推动防控资源和力量持续下沉，扎实落实社区防控各项措施，构筑群防群治的严密防线；积极发挥各类民营企业、民办医院、慈善机构、养老院、福利院等的作用，发挥行业协会、商会等社会组织的作用；指导和帮助企业等科学精准防疫、有序复工复产；动员、支持广大社工、义工和志愿者开展心理疏导、情绪支持等服务；面向群众开展耐心细致的思想工作，及时回应群众关切，尽力解决群众在疫情防控中遇到的困难，教育引导广大群众着眼大局、遵守疫情防控各项规定，自觉维护社会秩序。可以说，在抗疫中，中国共产党既相信群众、依靠群众、接受群众的监督，又教育群众、引导群众。

中国共产党将崇高价值追求贯穿于抗疫举措中，激励中国人民在抗疫中克服地理阻隔，发扬仁爱互助传统，促进形成了万众一心的强大合力；中国共产党超越国家制度、意识形态的差别，以博大的胸怀，努力推动国际合作抗疫、推进公共卫生安全治理体系的变革创新，在重大危急时刻实现了对人类进步发展的新贡献。可以说，中国共产党的崇高价值追求引导了抗疫精神生成、发展的方向。

三、弘扬伟大建党精神，为抗疫精神生成提供精神滋养

中国共产党在百年奋斗历程中，不仅深刻改变了中国的社会面貌，而且深刻改变了中国人的精神面貌，即用马克思主义指导、融合中华优秀传统文化的精神成果塑造人民的精神生活、精神状态。中国共产党根据重要地点、英模人物、重大事件所蕴含的原则、道德、态度、情感心理等，提炼了各具特点的精神样态。如伟大建党精神、井冈山精神、苏区精神、长征精神、遵义会议精神、延安精神、抗战精神、红岩精神、西柏坡精神、照金精神、东北抗联精神、南泥湾精神、太行精神（吕梁精神）、大别山精神、

沂蒙精神、老区精神、张思德精神；抗美援朝精神、“两弹一星”精神、雷锋精神、焦裕禄精神、大庆精神（铁人精神）、红旗渠精神、北大荒精神、塞罕坝精神、“两路”精神、老西藏精神（孔繁森精神）、西迁精神、王杰精神；改革开放精神、特区精神、抗洪精神、抗击“非典”精神、抗震救灾精神、载人航天精神、劳模精神（劳动精神、工匠精神）、青藏铁路精神、女排精神；脱贫攻坚精神、抗疫精神、“三牛”精神、科学家精神、企业家精神、探月精神、新时代北斗精神、丝路精神；等等。2021 年 7 月 1 日，习近平总书记在庆祝中国共产党成立 100 周年大会上，论述了以坚持真理、坚守理想，践行初心、担当使命，不怕牺牲、英勇斗争，对党忠诚、不负人民为核心内容的伟大建党精神，明确了伟大建党精神是中国共产党精神谱系的源泉。

伟大建党精神的内涵丰富深刻。“坚持真理、坚守理想”反映了中国共产党始终坚持以马克思主义为指导，坚守对人类美好社会的追求，坚持对中国成为富强、民主、文明、和谐、美丽的社会主义现代化强国这一中华儿女共同理想的追求；“践行初心、担当使命”表明中国共产党以实现人民幸福、实现民族复兴为己任，不谋求人民群众利益之外的利益，中国共产党的一切奋斗都是为了人民；“不怕牺牲、英勇斗争”表明中国共产党无私无畏，勇于面对各种风险挑战、艰难险阻，敢于斗争、敢于胜利；“对党忠诚、不负人民”反映中国共产党人在党爱党、在党为党，心系人民、情系人民，把对党忠诚与不辜负人民统一起来。伟大建党精神集中体现中国共产党的思想素养、价值追求、实践品格和政治操守，为中国精神的发展提供“营养基”“生发点”。

在抗疫斗争中，中国共产党领导中国人民展现出来的精神风貌，正是全面弘扬伟大建党精神的产物。中国共产党提出的“生命至上”的要求，把“救人”放在第一位，尊重科学采取多项精准、有力措施，正是不忘初心、不负人民的生动体现；广大党员干部积极响应党中央的号召，不畏艰险、不计个人得失冲锋在抗疫的第一线，做好疫情防控每个细节的工作，正是担当使命、不怕牺牲、英勇斗争、对党忠诚的现实写照；中国共产党主张命运与共、全球团结合作共同应对新冠肺炎疫情这一场重大公共卫生危机，主张坚持公平正义合理分配疫苗、帮助广大发展中国家，反对西方大国为一己之利将病毒溯源政治化，破坏全球合作，是追求真理、担当使命的具体化、现实化；全国人民服从大局、听从指挥、守望相助，是建党精神中蕴含的爱国、自强、团结、奉献、坚韧等要素的现实表现。尤其是面对西方政客、媒体对中国共产党的攻击、对中国抗疫成效的否定、对中国共产党与人民关系的挑拨，面对国内一些“公知”的错误言论，中国人民表现出对中国共产党的信任认同、对中国制度的自信、对西方媒体的鄙夷、对错误言论的批判、对他国病患的同情，正是坚持真理、坚守立场、勇担使命、不负人民、兼济天下的自觉，说明建党精神、中国精神已经在党领导的社会实践和思想引领中，深刻影响、塑造了中国人民的意志、情感和心理。

可以说，建党精神凝聚着中华民族的利益诉求、未来愿景、现实关怀和生存智慧，在伟大抗疫斗争中弘扬伟大建党精神，中国共产党和中国人民必然焕发出特有的精神状态。

四、运用科学思维，赋予抗疫精神丰富内涵

党的思维方式、作风习惯在抗疫实践中发挥积极作用，同时赋予抗疫精神时代内涵。党的十八大以来，习近平总书记高度重视提高全党的科学思维能力，强调中国共产党面对着十分复杂的国内外环境，肩负着繁重的执政使命，如果缺乏科学理论思维的有力支撑，就难以战胜各种风险和困难、不断前进。面对突如其来的严重疫情，中国共产党运用科学思维来认识疫情、指挥疫情防控，主要体现在以下方面。

第一，坚持战略思维，从统筹“两个大局”的高度来应对疫情。中国共产党准确判断疫情对世界格局的深刻影响，尤其是对国际权力结构变

革、国际秩序结构变革、国际观念结构变革的催生，对不同国家制度差别、利益分化的放大；准确判断疫情对我国的安全发展的深刻影响，通过抗疫检验我国治理体系和治理能力，更加清晰地认识完善治理体系的方向和任务；认识防范化解重大疫情和突发公共卫生风险，事关国家安全和发展，事关社会政治大局稳定；用全面、辩证、长远的眼光分析疫情造成的经济发展形势变化，在坚决打赢疫情防控战中加强科学谋划，努力在危机中育新机、于变局中开新局，把疫情带来的危机、变局转化为有利于中国安全、发展的机遇；站在构建人类命运共同体的高度，把握合作应对大规模传染性疾病是大势所趋、民心所向，主张以国际合作抗疫为契机推动全球治理格局变革。

第二，坚持创新思维，在实事求是的前提下创造性解决疫情带来的新问题。“明者因时而变，知者随事而制。”（《盐铁论·忧边》）中国共产党直面疫情防控中的困难和我国经济社会发展存在的问题及其在抗疫形势下的衍生表现，坚持问题导向，实事求是，尊重规律，务实创新。在疫情防控上，坚持科学防治，把遵循科学规律贯穿到决策指挥、疫情防控、患者救治、技术攻关、社会治理等各方面全过程。无论是实行中西医结合，不断完善新冠肺炎诊疗方案，筛选出“三药三方”等临床有效药物和治疗办法，还是抢建方舱医院，以多条技术路线研发疫苗；无论是开展大规模核酸检测、大数据追踪溯源和健康码识别，还是分区分级差异化防控、有序推进复工复产；无论是形成联防联控、群防群控的机制，还是实行信息公开制度，都蕴含对科学精神的尊崇和弘扬，都是通过技术创新、管理创新、观念创新为战胜疫情提供支撑，体现实事求是的科学态度和求真务实的工作作风。

第三，坚持法治思维，在法治轨道上领导抗疫。2020 年 2 月，习近平总书记明确提出“从立法、执法、司法、守法各环节发力，切实推进依法防控、科学防控、联防联控。要完善疫情防控相关立法，加强配套制度建设，完善处罚程序，强化公共安全保障，构建系统完备、科学规范、运行有效的疫情防控法律体系”①。我国疫情防控遵照传染病防治法及其实施条例、野生动物保护法、动物防疫法、突发公共卫生事件应急条例等法律法规展开。同时又有针对性地补短板、堵漏洞，包括将新冠肺炎纳入《中华人民共和国传染病防治法》，通过《中央全面依法治国委员会关于依法防控新型冠状病毒感染肺炎疫情、切实保障人民群众生命健康安全的意见》，对依法科学有序防控新冠肺炎疫情作出指导；最高人民法院、最高人民检察院、公安部、司法部印发《关于依法惩治妨害新型冠状病毒感染肺炎疫情防控违法犯罪的意见》的通知；十三届全国人大常委会第十六次会议审议通过了关于全面禁止非法野生动物交易、革除滥食野生动物陋习、切实保障人民群众生命健康安全的决定；全国检察机关多批次公布依法办理涉新冠肺炎疫情典型案例，媒体也加强了相关法律法规的宣传。这些举措纠正了抗疫初期一度出现的阻断道路、截留物资、怠政懒政，落实措施不力、泄露个人信息、哄抬物价、制假售假等行为，保证了我国疫情防控期间社会稳定有序。中国共产党还着眼于未来，积极推动法治体制的完善。2020 年 4 月下旬，全国人大常委会发布“强化公共卫生法治保障立法修法工作计划”，覆盖疫情防控、生物安全、应急管理、医疗保障、社会救助、科技支撑等多个方向的立法、修法工作，表达了以法治防范、应对公共卫生风险的决心。

第四，坚持底线思维，增强忧患意识，未雨绸缪。面对严峻复杂的国际疫情和世界经济下行风险，习近平总书记指出“要坚持底线思维，做好较长时间应对外部环境变化的思想准备和工作准备”②，即从最坏处着眼，做最充分的准备，朝好的方向努力，争取最好的结果。自疫情发生，中国共产党领导中国守住多条底线。在疫情防控上，始终保持对疫情的高度

① 中共中央党史和文献研究院编:《习近平关于统筹疫情防控和经济社会发展重要论述选编》，中央文献出版社 2020 年版，第 50 页。

② 中共中央党史和文献研究院编:《习近平关于统筹疫情防控和经济社会发展重要论述选编》，中央文献出版社 2020 年版，第 138 页。

警惕，防止麻痹思想、厌战情绪、侥幸心理，切实巩固来之不易的疫情防控成果，确保疫情不反弹；及时采取更有针对性和实效性的措施外防输入，加强陆海口岸疫情防控，加大对边境城市疫情防控人员和物资保障力度，严格落实集中隔离的要求，深入开展国际合作。在民生问题上，积极稳就业、保供应，切实保障困难群体的基本生活。重视粮食生产，保障国家粮食供应能力。在复工复产上，坚持发展决不能以牺牲安全为代价，要求牢固树立安全发展理念，继续强化安全监督，守住安全生产底线。在意识形态领域，坚持正确的舆论导向，坚持以正面宣传为主，主动发声、正面引导，让正能量始终充盈在网络空间，为打赢疫情防控阻击战提供了强大的舆论支撑。

中国共产党坚持和运用科学思维指导抗疫，既在实践领域确保我国抗疫沿着合乎科学、合乎规律的方向前行，也用事实深刻影响了人民大众的思想，使人民大众获得以下重要观念，赋予抗疫精神丰富内涵。

一是大局意识。中国共产党在抗疫中的战略安排、战略举措，深刻揭示在经济全球化深入发展的条件下，应对人类重大公共卫生事件必须要有大局意识。这种意识表明，中国抗疫不仅仅是要保障中国人民的生命安全，而且要在维护中华民族的根本利益中，实现中华民族对人类社会进步发展的贡献。中华民族要以高远的历史眼光、宽广的国际视野，站在人类道义的制高点上，展现世界和平建设者、全球发展贡献者、国际秩序维护者的责任担当和天下情怀。在抗疫过程中，大局意识深入人民大众的思想，“生命至上”“舍生忘死”“命运与共”就成为中华民族在面对人类重大公共危机关头作出的重要抉择。

二是科学观念。历史表明，人类在面临重大疾病或灾难时，反智主义、唯心主义极易蔓延。它们拒绝科学和理性，常常利用大众对疾病和灾难的恐惧，兜售各种伪科学知识，制造各种“阴谋论”，引导大众对疾病、灾难产生严重的认知偏差。新冠肺炎疫情发生后，一些国家反智主义盛行，上演一幕幕啼笑皆非的闹剧。或是认为新冠肺炎传染“是 5G 基站辐射所致”，或是认为羟氯喹、地塞米松等药物可以“以毒攻毒”，或是把个人自由的绝对实现视为比生命还重要的权利，集会抗议戴口罩、居家隔离，批判、攻击正视疫情的专家，等等。这种反智主义、唯心主义拒绝科学和理性，在很大程度上导致这些国家抗疫效果大打折扣。而在中国，中国共产党运用科学思维筹谋抗疫、分析国际国内形势，引导大众理性认识新冠病毒、疫情的危险和战胜疫情的可行路径，理解党中央的抗疫部署和日常防控的具体措施，从而使中国的抗疫过程成为大众增进科学知识、形成文明理念、养成卫生习惯的过程，尊重科学的意识广泛确立。

三是政治认同。中国共产党以科学思维领导、部署抗疫，在社会心态上产生了多重效果。首先是带给人民群众希望和信心，帮助人们克服了恐惧、惊慌，以理性、积极的态度对待疫情防控，增强参与抗疫的主动性、自觉性；其次是使人民大众深入思考、正确认识国家与个人、干部与群众、医护人员与病患等的关系，理解中国共产党“以人民为中心”的真实性和满足人民美好生活愿景的过程性；再次是推动人民大众透过西方国家抗疫的真实状态，识别西方政党、媒体的立场及价值标准，在比较中认识中国社会主义制度的优势、认识中国共产党的执政能力建设。多重效果的叠合，形成了人民大众对中国共产党和中国特色社会主义的政治认同、对中华民族复兴的乐观预期。“举国同心”正是这种政治意识的集中反映。

四是积极心态。中国共产党以科学思维领导、部署抗疫，实际也向全社会传导认识事物、认识现实问题的科学方法、多维视角，尤其是在中国与世界、国家与个人、干部与群众、医务人员与病患、希望与现实等关系上，引领大众正确认识中国在世界上的地位，正确认识中国特色社会主义制度的优越性，正确认识评价党员干部队伍，正确认识医护人员及其与病患的关系，正确认识西方媒体的真实立场及价值标准，正确认识西方国家在民生问题上的实际状态，正确认识中国共产党满足人民美好希望的真实性和过程性，从而使整个社会心态更加理性、平和、冷静，对于应对新冠肺炎疫情自信从容，对于参与抗疫日益主动、自觉，对国家和个人的未来持乐观预期，对实现中华民族伟大复兴充满信心。

总之，中国共产党用政治原则、价值理念、精神气质和科学思维影响了中国人民的观念和思维，由此赋予抗疫精神独特的意蕴和品格。

第三节 构建伟大抗疫精神的重要价值

英国学者汤因比曾说，“就中国人来说，几千年来，比世界任何民族都成功地把几亿民众，从政治文化上团结起来。他们显示出这种在政治、文化上统一的本领，具有无与伦比的成功经验”①。应该说，中国共产党在这一点上具有更多的自觉。习近平总书记在总结中国抗疫经验的基础上，对中国抗疫实践的精神成果进行凝练、概括和表达，对抗疫精神的根基、内涵作了深刻阐述。党中央积极推动开展对抗疫精神的研究和宣传，在全社会倡导弘扬抗疫精神。这种精神成果的构建符合中国共产党的传统，丰富了中国共产党和中华民族的精神谱系，具有重要价值。

一、以构建伟大抗疫精神实现自觉的精神创造

重视精神成果的构建是中国共产党的一个优良传统，形成这一传统基于以下几点。其一，马克思主义认为，精神生产是人类特有的精神活动，属于人的“全面生产”中一个重要组成部分；精神生产包括在自发意义上形成的“思想、观念、意识的生产”，在自觉意义上形成的政治、法律、道德、艺术、宗教、形而上学等社会意识形式的生产；精神生产的发展逻

① [英]阿·汤因比、[日]池田大作：《展望21世纪——汤因比与池田大作对话录》，荀春生等译，国际文化出版公司1999年版，第283—284页。

辑，一方面受到物质生产生活的“纠缠”，另一方面受其自身发展的相对独立性和能动性的影响。一个社会的统治阶级既要掌握物质生产的生产资料，也要掌握精神生产的生产资料，必然要使自己的意识形态成为统治地位的意识形态。根据马克思主义的要求，中国共产党把精神生产视为党的文化建设、国家软实力建设的重要内容。其二，中国共产党带领中华民族探寻复兴之路，充满了艰辛坎坷，长期面临着经济文化落后、半殖民地半封建社会带来的各种挑战，面临着帝国主义、霸权主义实施的封锁、破坏和干扰。而在面对各种艰难险阻的过程中，人的主观意志发挥着强大的反作用，理想信念、道德情怀等精神力量往往成为强大的支撑。正如邓小平所说：“延安时候我们有什么？物质条件很差，就靠精神文明。靠有理想，靠坚强的信念，什么困难都能克服。在某种情况下，这种精神具有决定意义。”① 百年党史生动证明“人无精神不立，国无精神不强”②。其三，中华民族追求伟大复兴，正大步跟上时代，走向世界舞台中央。中华民族复兴不仅在于物质层面的丰裕富足，制度层面的先进高效，而且在于精神层面的丰富向上，中华民族在精神领域能够为人类文明作出更多贡献。历史已经证明，中华民族只有在具有坚定的意志、崇高的觉悟和伟大的精神时，才能够克服现实中的各种障碍，并按照自己的观念和理想创造历史。所以，“实现我们的发展目标，不仅要在物质上强大起来，而且要在精神上强大起来”③。

中国共产党构建抗疫精神，为中国精神注入新鲜内容。抗疫精神与中国精神谱系中的其他精神样态具有共同点，都是以马克思主义为指导，以建党精神为根源，吸收中华优秀传统文化的精华，反映中国共产党的价

---

① 中共中央文献研究室编：《邓小平年谱（1975—1997）》下卷，中央文献出版社2004年版，第838页。

②《习近平谈治国理政》第二卷，外文出版社2017年版，第47页。

③ 习近平：《在同全国劳动模范代表座谈时的讲话》，《人民日报》2013年4月29日。

值追求，反映中国人民的时代风貌。中国共产党带领中国人民在抗疫中表现出来的爱国奉献、勇于担当，众志成城、守望相助，顾全大局、尊法守序，尊重科学、善于创新，团结合作、命运与共等，包含在以爱国主义为核心的民族精神和以改革开放为核心的时代精神之中。同时，由于应对新冠肺炎疫情较中国共产党历史中发生的其他大事件而言，具有与人的生命安全直接关联度高、科学技术要求复杂、涉及人群广泛、控制疫情任务紧迫、系统性管理难度大等特点，加上新冠肺炎疫情在全世界蔓延，成为人类共同的敌人，中国共产党在开放条件下领导抗疫，考察、描述中国抗疫必然具有国际比较的视角，也包含着对不同制度和价值观冲突的认识。这些都决定了抗疫精神更突出对生命的珍惜、对科学的尊重、对团结合作的呼唤、对社会主义的信心。可以说，抗疫精神是在全球共同面对疾病困扰条件下，反映中国共产党和中国人民抗疫的特点和优势，对中国精神所作的新诠释。

中国共产党构建抗疫精神，反映了中国共产党的文化自觉。"文化自觉只是指生活在一定文化中的人对其文化有'自知之明'，明白它的来历，形成过程，所具的特色和它发展的趋向……自知之明是为了加强对文化转型的自主能力，取得决定适应新环境、新时代时文化选择的自主地位。"① 中国共产党深刻理解马克思主义对中国共产党价值追求的规定、对党员干部工作作风的要求，深刻理解社会主义核心价值观和中华优秀传统文化中"人命关天""以民为本""以义为先""勇者不惧""天下兴亡，匹夫有责""天下大同"等对中国共产党和中国人民抗疫行为的引导，深刻理解新中国成立以来所积累的坚实国力是从容应对惊涛骇浪的深厚底气，中国特色社会主义制度所具有的显著优势，是抵御风险挑战、提高国家治理效能的根本保证，在国际比较中深刻理解"四个自信"的真理性、

① 费孝通：《反思·对话·文化自觉》，《北京大学学报（哲学社会科学版）》1997年第3期。

构建中国抗疫叙事的必要性。中国共产党从中国抗疫波澜壮阔的实践中、从无数个感人至深的故事中萃取精华，凝练出伟大抗疫精神，就是自觉的文化创造，坚守中国文化发展的自主地位。中国共产党将抗疫精神置于中国精神的整体谱系中，意味着抗疫精神将借助中国精神的文化优势不断发挥作用，激励中国共产党和中国人民在实现社会主义现代化和中华民族伟大复兴中不放弃、不退缩、不止步，百折不挠地奋斗。

二、以构建伟大抗疫精神把握应对风险挑战的法宝

当代中国是在国际形势风云变幻、国内经济社会发展面临着众多复杂矛盾和困难的条件下快速推动民族伟大复兴和社会主义现代化进程的。伴随改革开放的深入和扩大，国内经济结构、社会结构的深刻变化，以及由此而来的利益分化和社会分化、多种社会思潮蔓延，人民大众日常生活中面临一些现实问题，一些不够完善、科学的具体政策和体制机制在实行中带来负面效果，等等，都易导致、触发风险。同时，一些西方国家大肆利用其在国际权力结构中的优势地位、在国际舆论空间的话语权，从政治、贸易、金融、军事、意识形态等多个方面对中国施压，并在网络空间散布各种抹黑社会主义中国、中国共产党及其领袖的言论，按照“需要”构建中国形象。互联网技术的不断发展，在一定程度上为源自国际的风险与源自国内的风险叠加、交织提供了条件。如果不能周密防范和妥善应对风险，就会危及党的执政地位、危及国家安全和民族复兴进程。应对风险挑战，已是中国共产党领导民族复兴过程中的“必修课”。习近平总书记指出：“既要高度警惕‘黑天鹅’事件，也要防范‘灰犀牛’事件；既要有防范风险的先手，也要有应对和化解风险挑战的高招；既要打好防范和抵御风险的有准备之战，也要打好化险为夷、转危为机的战略主动

战。”[1] 这表明中国共产党对中华民族伟大复兴征程中可以预见和难以预见的各种风险保持着清醒认识。

中国共产党构建抗疫精神，有利于深化对应对风险挑战主观条件的认识。新冠肺炎疫情如一只“黑天鹅”飞起，给人类生命安全和身体健康带来巨大威胁，人类猝不及防。在人类与新冠病毒的较量中，只有中国共产党带领人民群众坚决果断地控制住这只“黑天鹅”，使其不至于引发“灰犀牛”出场。抗疫精神作为对中国抗疫实践的观念反映，蕴含中国抗疫的宝贵经验，刻录着中国应对这只“黑天鹅”的秘籍，即习近平总书记在全国抗击新冠肺炎疫情表彰大会上所指出的，中国共产党所具有的无比坚强的领导力，中国人民所具有的不屈不挠的意志力，中国特色社会主义制度所具有的显著优势，新中国成立以来所积累的坚实国力，社会主义核心价值观、中华优秀传统文化所具有的强大精神动力和构建人类命运共同体所具有的广泛感召力，汇聚在一起形成了强大的合力，使中国在这场大考中创造出优于其他国家的成绩。抗疫精神作为对中国抗疫实践的观念反映，再次证明马克思主义一经掌握群众就会转变成巨大的物质力量，而这个转变要靠中国共产党的正确领导、靠中国共产党把人民群众组织起来才能实现。这一转变的完成就使强大的精神力量成为“物质的”力量，即防范风险的先手、化解风险挑战的高招。

由于新冠肺炎疫情导致的风险是全球性的、系统性的、高层级的，由于中国抗疫期间遇到的风险挑战具有系统性，既有生命安全、生物安全领域，也有政治安全、经济安全和意识形态安全领域，那么有效应对这一风险中所获得的知识、所积累的经验和所形成的精神样态，必然具有普遍意义，不会因为疫情结束、抗疫斗争结束而丧失价值。“一个聪明的民族，从灾难和错误中学到的东西会比平时多得多。”[2] 在这个意义上，抗疫精

---

①《习近平谈治国理政》第三卷，外文出版社 2020 年版，第 219—220 页。

②《胡锦涛文选》第二卷，人民出版社 2016 年版，第 65 页。

神正是中国共产党和中国人民从新冠肺炎疫情中学到的东西，即应对风险挑战的法宝，必将成为中国在今后应对风险挑战的经验支撑和精神支撑。

中国共产党构建抗疫精神，有利于确立中国抗疫叙事。在抗疫过程中，中国一直面临一个突出的议题就是如何进行全球抗疫叙事，尤其是中国抗疫叙事。长期以来，西方大国利用把控的国际话语权，通过学术研究、媒体讲述、出版发表等途径，按照自己的需要来界定国际事务、事件的性质、特点和价值评价，构建符合其利益的“真相”“历史”。为了达到目的，西方政客不惜伪造证据、编造谣言，西方媒体违背客观性，选择性地报道。比如，1918 年第一次世界大战结束前欧洲发生严重流感，尽管流感病毒并非起源于西班牙，欧美很多的国家都发生了大面积的流感，而西班牙如实报道了本国流感的发病情况，结果这场流感就被界定为具有地域性的“西班牙流感”。面对新冠肺炎疫情的蔓延，以美国为首的西方国家故技重施，对中国和中国共产党进行攻击、抹黑，试图制造中国共产党与中国人民的对立，将本国抗疫不力归咎于中国，尽量消解中国和西方抗疫效果对比给它们带来的冲击。如果这种抗疫叙事被国际社会普遍接受，中国的国际形象和声誉将受到极大打击，一些具有侮辱性的表达或将成为历史叙述中约定俗成的固定话语，而中国人民给予世界各国抗疫的支持就会被视为“赎罪”。因此，中国必须根据客观事实，确立关于全球抗疫的叙事。

自抗疫开始，习近平总书记对国内国际多次作出关于抗疫的重要论述，特别是《在全国抗击新冠肺炎疫情表彰大会上的讲话》对中国抗疫进行了阶段性的总结。这些都具有构建中国抗疫叙事，引导国际抗疫叙事走向的重要意义。构建中国精神是构建中国抗疫叙事的重要方面，与说明中国抗疫的实际状态、总结中国抗疫经验、分析中国抗疫取得胜利的原因、部署中国抗疫工作一起，全面呈现了中国抗疫的面貌，揭明中国抗疫的内在规定性。构建中国抗疫精神，叙述中国抗疫精神的内涵，实际蕴含着对西方抗疫叙事的回应。其一，中国共产党和中国政府珍视人民群众的生命，尽力救治病患、尽力保护每个人避免感染，这是对人民群众基本人权最真实的尊重、护佑。其二，中国共产党和中国人民在抗疫上有稳定的共识、有一致的行为。中国发挥社会主义制度“集中力量办大事”的优势，并没有抹杀人民群众的意志、忽略人民群众的权利和利益，而是将人民的愿望汇入党的决策中，以国家制度的力量保护、实现人民的根本利益。其三，中国抗疫不是单凭中国共产党的主观意志，而是尊重科学，尊重规律，依靠科学技术的转化、创新来解决治疗、防控中的问题；中国共产党的领导干部在抗疫中严格遵守党纪和国法。其四，中国基于社会主义价值观念和大国责任，切实为全球抗疫提供物资支持、经费支持、技术支持，为推动全球团结抗疫作出了重大贡献。

所以，构建抗疫精神，有利于构建中国的抗疫叙事，维护中国的尊严和形象，应对西方抗疫叙事制造的舆论危机，为中国在全球抗疫叙事上赢得话语权。

三、以构建伟大抗疫精神实现思想引领

马克思主义认为，共产党人要竭尽全力来指导工人运动以及整个社会发展沿着正确的道路走向未来社会。为此，共产党人“不仅要争取和引导整个无产阶级或无产阶级的绝大多数，而且要争取和引导全体受资本剥削的劳动者跟着无产阶级的革命先锋队共产党走”①。思想引领力是领导力的重要体现，是马克思主义政党应具备并不断增强的能力。中国共产党一贯重视加强对中国工人阶级和人民大众的思想教育、思想引领，尤其是重视党的理论创新，用党的创新理论来武装头脑、统一思想、指导实践、抵御错误思潮。“因为革命理论能使一切社会党人团结起来，他们

---

①《列宁全集》第三十九卷，人民出版社 1986 年版，第 180 页。

从革命理论中能取得一切信念，他们能运用革命理论来确定斗争方法和活动方式。”① 中国共产党不断推进马克思主义中国化时代化，形成了一系列理论成果，把中国化时代化的马克思主义推向 21 世纪。凝练精神样态、丰富中国精神便是一个重要途径。

当前，中国特色社会主义进入新时代，我国的经济体制、社会结构、利益格局发生了深刻变化，加上经济全球化、社会信息化、文化多样化的交互影响，人们的理想信念、价值观念、道德观念更加多元多样多变，对于一些重大问题往往众说纷纭。中国共产党要团结带领全国各族人民奋力实现中华民族伟大复兴中国梦，比历史上任何时候都更需要增强思想引领力，以凝聚人心、谋求共识，画出思想“同心圆”，也就是通过持续的、多途径、多方式的思想教育活动，在全社会树立社会主义核心价值观，确立“四个自信”。

构建抗疫精神是从“最顽强的事实”出发，结合人民群众亲身经历、身边的事实创造认同基础。抗疫精神基于抗疫实践的事实，基于中国人民的共同精神状态。全体中国人民是抗疫实践的主体。虽然在不同地域疫情发展程度不一样，但疫情防控的基本要求仍是每个中国人遵循的，疫情防控的基本措施仍是中国每一个地方政府都在执行的。那么，中国人民在抗疫中的共同实践经历带来了共同的实践体认，即人民群众对中国抗疫总体事实的了解和认可，基于共同经历而生发的共同情感和心态，基于个人在疫情中实际状况而产生的自我价值判断。这些实践体认就为在人与人之间、政府与人民大众之间开展对话、形成共识奠定了基础。

构建抗疫精神是通过贴近人民群众的情感来提升理性认识。人民大众在日常生活中形成的认识大量属于具有直观性、生动性和具体性的感性认识。对中国抗疫和世界抗疫，广大人民群众更多的是感性认识，而理性认识更具稳定性、深刻性。将人民大众在抗疫中形成的感性认识上升

① 《列宁全集》第四卷，人民出版社 1984 年版，第 161 页。

到对中国特色社会主义道路、理论、制度、文化的认同，转化成“四个自信”的理性认识，上升为对中国共产党执政能力的认同，需要有蕴含感性认识和理性认识的事物充当中介。抗疫精神的概括，使用了具有鲜明中国文化特点的文字，极易与人民大众形成情感上的共鸣；同时，抗疫精神内含着对我国社会主义制度、文化和中国共产党领导的理解，包含着对马克思主义为什么“行”、中国共产党为什么“能”、中国特色社会主义为什么“好”、中国抗疫为什么“能胜利”的回答。全面、正确理解抗疫精神，既要有情感基础，又必须超越情感，去思考抗疫精神背后的社会经济基础、“政治的上层建筑”和“观念的上层建筑”等因素。抗疫精神将关于中国抗疫的感性认识和理性认识链接起来，从而使人民群众由对“中国抗疫”这个具体事件的感性认识转化、升华为对中国道路、中国制度的理性认识。

构建抗疫精神主动回应人们思想上的疑惑和问题，将更多的人凝聚在中国特色社会主义旗帜下。虽然中国抗疫取得显著成效，中国共产党为保障人民生命安全做了大量工作，但社会上时有一些杂音，网络空间会出现否定中国共产党领导、否定中国抗疫成果、美化西方国家抗疫的言论。这些言论与境外一些否定中国共产党、否定中国抗疫的声音形成呼应。尽管它们不是主流，却偶尔产生消极影响。消除或削弱这些错误思想思潮的影响，要求党在理论上主动回应错误思想、思潮涉及的问题。构建抗疫精神，阐明抗疫精神的内涵，阐明中国抗疫的独特优势、独特经验，倡导大力弘扬抗疫精神，就是在理论上对错误思想、思潮的回应，帮助大众澄清思想上一些模糊或者错误的认识。

中国共产党是中国特色社会主义事业的领导核心，同时也是中国精神繁荣发展的创造者、推动者。中国共产党引领了中国抗疫的实践，也引导了人民大众的思想，推动了抗疫精神的生成；中国共产党的政治文化为抗疫精神提供了内核，这些精神内核反映抗疫实践的内在规定性；中国共产党构建抗疫精神，为强化思想引领、化解重大风险、确立中国抗疫叙事等创造了条件，具有时代价值。伟大抗疫精神已经融于中国共产党的政治文化中、融于中国人民的思想情感中，必将鼓舞中国共产党和中国人民为实现民族复兴和社会主义现代化的宏伟目标、为实现对人类进步发展作出新贡献坚定前行。

第四章

人民伟力与伟大抗疫精神

抗击疫情是一场伟大的人民战争／疫情危急时刻遍地见英雄／抗疫斗争充分激发人民伟力

在抗击新冠肺炎疫情的关键时刻，习近平总书记指出，当前疫情形势仍然十分严峻，各级党委和政府要坚决贯彻党中央关于疫情防控各项决策部署，“紧紧依靠人民群众，坚决把疫情扩散蔓延势头遏制住，坚决打赢疫情防控的人民战争、总体战、阻击战”①。抗击新冠肺炎疫情战斗，是在以习近平同志为核心的党中央坚强领导下的一场人民战争，是一场全民战役。在抗击疫情的艰苦奋战中，全国各族人民以齐心协力、和衷共济的抗疫行动汇聚成抗击疫情的人民伟力，人人都是抗疫英雄。在各条战线上，成千上万的普通人谱写了一首首可歌可泣、感人至深的英雄赞歌，取得了抗击疫情的一次又一次伟大胜利。

第一节
抗击疫情是一场伟大的人民战争

来势汹汹的新冠肺炎疫情，严重威胁着人民群众的生命安全与身体健康，广大人民群众面临着前所未有的巨大考验，这是一场和平年代里没有硝烟的人民战争。习近平总书记把抗击疫情这场战疫定位为人民战争，意义重大。抗疫战争该怎么打？如何赢得胜利？为了谁？依靠谁？我们的回答是：人民，只有人民，才是我们赢得这场人民战争辉煌胜利的伟大动力和根本保证。

① 中共中央党史和文献研究院编：《习近平关于统筹疫情防控和经济社会发展重要论述选编》，中央文献出版社 2020 年版，第 55 页。

一、打赢抗疫战争必须依靠人民

唯物史观认为，人民群众是历史的主体，是历史的创造者。人民群众不仅创造着自己的历史，而且对整个社会的发展起最终决定作用。因此，打赢抗疫战争也必须依靠人民群众。

（一）我们在历史上总是依靠人民群众打胜人民战争

人民战争不仅是中国革命取得胜利的法宝，也是社会主义现代化建设的法宝，更是以弱胜强、克敌制胜的重要法宝，中国的抗疫斗争就是要在中国共产党的领导下打一场疫情防控的人民战争。

其一，人民战争是中国人民最宝贵的战斗遗产和特有优势之一。打赢抗疫战争，必须始终坚持打人民战争。毛泽东在《论持久战》中指出："战争的伟力之最深厚的根源，存在于民众之中。"① "动员了全国的老百姓，就造成了陷敌于灭顶之灾的汪洋大海……"② 翻开我国波澜壮阔的人民战争恢宏画卷，在革命战争年代，中国共产党始终坚持依靠人民群众，在"坚持人民战争"，进行"全国人民总动员"，全力"团结一切可以团结的力量"的思想指导下，全国人民用生命和鲜血谱写了抵御外侮的伟大篇章。中国共产党广泛发动群众，使日本侵略者陷入了人民战争的汪洋大海。正是因为紧紧依靠千百万真心实意拥护革命的群众，发动伟大的人民战争，我们才最终成功推翻了"三座大山"，实现了民族独立和民族解放的历史任务。

其二，人民战争中蕴含着强大无比、不可战胜的人民伟力。打赢抗疫战争，必须始终坚持把人民战争作为我们的重要战略。在严峻的形势下，

---

①《毛泽东选集》第二卷，人民出版社 1991 年版，第 511 页。

②《毛泽东选集》第二卷，人民出版社 1991 年版，第 480 页。

必须筑牢党的领导、人民群众广泛参与的抗疫体系，构建全国上下一条心、劲往一处使的抗疫格局。树立人民战争理念，是打赢抗击疫情战争的基本前提和保障。正如毛泽东讲的那样："我们的战争不是也不能是其他样式的战争，它必须在承认敌强我弱、敌大我小的条件下，充分地利用敌之劣点与我之优点，充分地依靠人民群众的力量，以求得生存、胜利和发展。"①

其三，我国的人民战争理论饱含着丰富的战斗智慧和战争经验。打赢抗疫战争，必须充分挖掘人民群众的战斗潜力。抗击疫情是为了人民，也必须依靠人民。疫情不仅对我国人民群众是一次重大考验，也是一次全球性危机，更是一次世界级大考验。历史上，中国人民就以生命力的顽强、凝聚力的深厚、忍耐力的坚韧、创造力的巨大而闻名于世。中国人民所具有的不畏艰难的民族性格，所具有的不屈不挠的意志力，所具有的战无不胜的战斗力，是战胜前进道路上一切艰难险阻的力量源泉。紧紧依靠人民、一切为了人民，充分激发广大人民群众顽强不屈的意志和坚忍不拔的毅力，保持革命精神和革命斗志，进行伟大斗争，我们就能创造一个又一个以弱胜强的战争奇迹，取得一个又一个的胜利。因此，必须激发人民群众的抗疫潜力，紧紧依靠人民群众坚决打赢抗击疫情战争。

（二）人民战争为了人民，人民战争依靠人民，人民群众才是战胜疫情的真正英雄

习近平总书记指出："战胜这次疫情，给我们力量和信心的是中国人民。"② 在抗疫防控斗争过程中，人民至上成为最鲜明的价值导向，"紧紧依靠人民群众坚决打赢疫情防控阻击战"成为最重要的战略指引。

第一，抗击疫情是为了人民。人民立场是中国共产党的根本政治立

①《毛泽东选集》第三卷，人民出版社 1991 年版，第 982 页。

②《习近平同波兰总统杜达通电话》，《人民日报》2020 年 3 月 25 日。

场，是马克思主义政党区别于其他政党的显著标志。回望百年党史，从红船精神中“立党为公、忠诚为民的奉献精神”到延安精神中“全心全意为人民服务的根本宗旨”，从西柏坡精神中的“一切为了人民、一切依靠人民”到脱贫攻坚精神中的“不负人民”，中国共产党作为最先进的工人阶级政党，团结带领中国人民不惜流血牺牲，不懈努力奋斗，为的就是中华民族伟大复兴、人民群众的生活幸福。新冠肺炎疫情严重威胁人民群众的生命安全和身体健康，以习近平总书记为代表的中国共产党人始终心中怀有人民，始终把人民生命安全和身体健康放在第一位。在这样的理念指导下，全国上下迅速行动起来，争分夺秒救治患者，尽最大努力阻止疫情扩散蔓延，力争早日取得抗疫胜利。

第二，抗击疫情必须依靠人民。抗击疫情不仅是为了人民，更要相信人民、依靠人民，这是人民至上价值追求的本质要求。从抗击疫情一开始，习近平总书记就把这场抗疫斗争称为一场人民战争，强调打赢疫情防控这场人民战争，必须紧紧依靠人民群众。人民群众是指社会的一切成员，他们是推动社会历史前进的主体，是物质资料生产的主要承担者，是一个历史的范畴。人民群众为人类生存和社会发展生产必需的政治、经济、文化、科学等条件，没有人民群众对物质财富的创造，社会就会消亡，人类也将不复存在。因此，必须充分认识和估计创造社会发展所需物质财富的人民群众的决定作用和伟大力量。在抗疫过程中，人民群众是主体力量，他们是应对风险挑战的力量源泉，必须紧紧依靠人民群众坚决打赢抗疫战争。

第三，人民群众才是战胜疫情的真正英雄。人民是历史的创造者和真正的英雄。在迄今为止的人类历史上，人民不仅创造了辉煌灿烂的人类文明，还在战胜威胁人类生命等重大疫情方面积累了丰富的经验和知识。疫情防控是一项复杂的系统工程，任何一个环节、一个节点、一个个体都会影响全局的工作成效。因此，在这场特殊的战斗中，谁都不是旁观者，谁也不是局外人。抗击人类共同的敌人，必须唤起人民的主人翁意识，引导人民群众理性看待疫情，努力做好自己，履行社会责任，为保卫自己、家庭、他人、社会、国家而战，激发深植于人民群众中最深厚、最广泛的人民伟力。在这场伟大的人民战争中，我国的广大医务人员白衣执甲，解放军指战员闻令而动，党员干部冲锋在前，社区工作者昼夜值守，车间工人加班加点，志愿者无私奉献，亿万人民自觉防护，一个个平凡而又伟大的抗疫行动显示了战疫英雄在各自岗位的勇敢与奉献。

二、新冠肺炎疫情是对中国人民的重大考验

面对凶猛的新冠肺炎疫情，整个世界都笼罩在新冠病毒的威胁之下，中国人民的生命安全和身体健康也受到极大威胁。习近平总书记强调："中华民族历史上经历过很多磨难，但从来没有被压垮过，而是愈挫愈勇，不断在磨难中成长、从磨难中奋起。"① 习近平总书记这一重要论述，深刻揭示了贯穿5000多年绵延不断、璀璨夺目的中华文明精神之核。艰难困苦，玉汝于成。我们以人民智慧对抗空前巨灾，以人民伟力应对空前危机。14亿中国人民在以习近平同志为核心的党中央领导下，万众一心、同心同德，奋勇投入抗疫战斗。

（一）新冠肺炎疫情给广大人民群众带来巨大危机

当地时间2020年1月30日晚，世界卫生组织宣布，将新型冠状病毒疫情列为国际关注的突发公共卫生事件（PHEIC）。2月11日，世界卫生组织疫情报告显示，世界卫生组织将此次由新型冠状病毒引发的疾病命名为COVID-19。习近平总书记指出："这次新冠肺炎疫情来势汹汹，对

① 中共中央党史和文献研究院编：《习近平关于统筹疫情防控和经济社会发展重要论述选编》，中央文献出版社2020年版，第91页。

各国都是一次大考。”① 伟大的中华民族又一次面临严峻考验，百年变局与世纪疫情交织叠加，冲击超乎想象。

其一，新冠病毒源头未知。新冠病毒到底是怎么回事？为什么会出现？为什么在人类科技发达的时代还不能够得到有效的控制？人们对这一系列问题充满疑惑。如果人类面对新冠肺炎疫情时，不能客观、公正、合作、团结，并共同应对，只能使疫情的危机更加严重。

其二，有效控制疫情任务艰巨。疫情出现以后，医学、生物学、药学等领域专家倾尽全力研究，中国、美国、俄罗斯以及其他许多国家和地区迅速研究了新冠疫苗，中国率先向全世界宣布将研究出的疫苗与全人类共享。各国医学专家协同合作，毫无保留地将学术成果奉献出来，以期早日控制疫情，给人类一个安全稳定的环境。谭德塞表示，新冠病毒的影响将持续数十年。

其三，新冠肺炎疫情使整个人类面对巨大挑战。纵观人类发展的文明史，其中有相当一部分是人类与瘟疫疾病抗争的历史。对疫情的有力防控，既是民生诉求，又是事关经济发展、社会稳定的重大考验，也是对国家治理效能的综合性检验。“从世界范围来看，一些发展中国家在治理大规模传染病上始终无法走出困境。即便具备更优越的物质基础和治理手段的发达国家，在面对突发疫情时往往也不能完全应对得当。”②

（二）善于从危机、困难中捕捉和创造机遇

新冠病毒似不速之客闯进了人类世界，全国人民、世界人民都深受其害，人类生存和生产生活都面临着巨大挑战。但是在中华民族危难之际，不畏艰难、舍生忘死的中国人民总会挺身而出，团结一心，共克时艰。

新冠肺炎疫情是一次突发的危机、紧迫的危机、严重的危机。面对这

① 《习近平同哈萨克斯坦总统托卡耶夫通电话》，《人民日报》2020 年 3 月 25 日。

② 阚道远、左权：《疫情防控考验国家治理效能》，《经济日报》2020 年 3 月 9 日。

样的危机，人民群众斗志昂扬、愈挫愈勇，汇集起了人民伟力，构筑起了抗疫的铜墙铁壁。在抗疫的过程中，全国的医务人员义无反顾地冲向抗疫一线，社区网格员时刻坚守在抗疫阵地，居家隔离的居民主动配合疫情防控，抗疫的力量被极大地调动起来，抗疫的顽强精神被发扬起来。中国共产党坚持走群众路线，一切为了群众，一切依靠群众，从群众中来，到群众中去，把党的正确主张变为群众的自觉行动，坚持同人民群众血肉相连，克服了一次又一次的困难，干成了一件又一件的大事，创造了一个又一个的奇迹。习近平总书记高度重视，发表一系列重要讲话，作出一系列重要指示，多次主持召开会议，对疫情防控工作进行研究部署，提出明确要求。这些重要讲话、重要指示、重要战略部署彰显了人民情怀，体现了以人民为中心的价值理念，为打赢疫情防控的人民战争注入强大动力和信心。面对新冠病毒这个狡猾的人类“天敌”，为什么中国能在短时间内有力扭转抗疫局势，并且取得胜利？人民是关键所在。广大人民群众在中国共产党的领导下，不畏病毒、迎难而上，坚决打赢疫情防控阻击战。中国人民在克服困难中发展壮大，涵养了敢于斗争、善于斗争的精神，增强了知难而进、逆流而上的决心、信心。

2020 年 3 月 29 日至 4 月 1 日，习近平总书记在浙江考察，就统筹推进新冠肺炎疫情防控和经济社会发展工作进行调研并发表重要讲话。他强调：“危和机总是同生并存的，克服了危即是机”①，要深入分析，全面权衡，准确识变、科学应变、主动求变，善于从眼前的危机、眼前的困难中捕捉和创造机遇。②2020 年 1 月 23 日，在疫情刚刚暴发的武汉，为了尽最大的可能切断新冠病毒传播的途径，武汉市疫情防控指挥部发布 1 号公告，1100 万武汉人民坚持居家抗疫整整 76 天。那么，武汉关闭离汉通道到底有多大的效果？国际顶级研究机构的量化数据是：武汉关闭离汉

① 中共中央党史和文献研究院编：《习近平关于防范风险挑战、应对突发事件论述摘编》，中央文献出版社 2020 年版，第 224 页。

②《信心不垮希望就在　要善于化危为机》，《人民日报》2020 年 4 月 9 日。

通道让中国新冠肺炎感染者的总病例数减少96%，对疫情的遏制起到了至关重要的作用。国际顶级学术期刊《科学》（*Science*）在线发表的来自中国、美国、英国的包括牛津大学、哈佛大学等15家全球顶级机构及22位科学家联合完成的研究显示：武汉关闭离汉通道使得新冠病毒推迟2.91天蔓延到其他城市，相比采取措施较晚的城市，提前采取措施的城市在疫情暴发的第一周报告的病例数少33.3%。正是因为有了武汉人民的牺牲和奉献、坚持和努力，才有了化危机为战胜疫情的重大机遇，才有了疫情防控的积极向好态势。

三、紧紧依靠人民战胜疫情

为什么中国总是能一次又一次取得疫情防控斗争的胜利？答案是：打赢疫情防控这场人民战争，必须紧紧依靠人民群众。在中国，疫情防控是一场没有旁观者的全民行动，是一场齐心协力的人民战争。广泛动员群众、组织群众、凝聚群众，是我们打赢疫情防控人民战争的制胜之本。

（一）把广大人民群众全部动员起来

“中国之治”下的抗疫胜利，在很大程度上得益于自身超强的社会动员能力，尤其是把广大人民群众动员起来的能力。在革命、建设和改革进程中逐渐形成的中国式社会动员机制，以其一核统领、纵横交互、多维相济的有效逻辑，在抗疫中再次发挥了整体效能。历史实践证明，无论形势多么复杂、挑战多么严峻，中国共产党都能够把全国上上下下、方方面面的力量最广泛地动员起来、组织起来，形成战胜任何艰难险阻的人民伟力。在抗击疫情的人民战争中，中国所展现出的强大动员力令世界惊叹。

世界卫生组织总干事谭德塞感叹道："我一生中从未见过这样的动员。"① 把人民群众动员起来，构建人人参与的疫情防控格局，发挥人民群众主观能动性，汇聚抗击疫情的人民伟力，是打赢抗击疫情战役的根本保障。一方面，紧紧依靠人民群众的力量，充分调动广大人民群众的主动性、积极性，引导他们投身到疫情知识宣传和教育、入户登记排查、人员信息管理、属地进出管控、居民生活保障、不良行为劝诫等防控工作中去。人民群众既要做好宣传员和管理员，也要做好冲锋员和战斗员，构建人人参与、人人负责、人人有责的群防群控工作格局。另一方面，动员广大人民群众利用好国内外的众多社会资源，以最短的时间筹集各类必备医疗物资，有效补充短期内的医疗供给缺口，为深入做好疫情防控工作提供基础保障。组织人民群众为抗疫提供基本生活物资、车辆运输帮扶、抗疫志愿服务等多元化公共服务，满足抗击疫情期间生活需要，有效增强广大人民群众的主人翁意识。

打赢疫情防控的人民战争必须凝聚人民磅礴伟力。在抗疫过程中，广大人民群众识大体、顾大局，自觉配合疫情防控斗争，形成了疫情防控的基础性力量，人民群众中蕴含的人民伟力在抗疫斗争中得到充分展现，人民群众中蕴含的无穷智慧在抗疫斗争中得到充分发挥。充分发动群众、紧紧依靠群众，胜利终将属于英雄的中国人民，正如《抗击新冠肺炎疫情的中国行动》白皮书所指出的，14 亿中国人民都是抗击疫情的伟大战士。为应对疫情，西方国家也进行了社会动员。然而，植根于私有制土壤的所谓的西方式民主政治，无法根本消除阶级社会固有的结构性利益冲突。同时，资产阶级政党为赢取"轮流坐庄"的主场优势，彼此间不遗余力地进行着消耗性的政治缠斗，也相应地假借"民主"之名，把"作为整体的人民"悄然分化为"持有不同政见的选民"。受此影响，西方国家执政党

---

① 转引自任仲文编：《讲好中国共产党的故事》，人民日报出版社 2021 年版，第 214 页。

发起的抗疫社会动员，因缺乏广泛的思想共识和牢固的互信基础，只能被民众选择性接受。① 抗疫实践再次雄辩地证明，中国特色社会主义制度有能力把广大人民群众充分动员起来、凝聚起来，充分激发广大人民力量，构建起坚不可摧的战疫防线，确保全国疫情防控不留死角、全面覆盖。

（二）把广大人民群众全部组织起来

新冠肺炎疫情防控是一场典型的、成功的人民战争。党中央统筹运用人民战争、总体战、阻击战的战略战法，强调要广泛动员群众、组织群众、凝聚群众，全面落实联防联控措施，构筑群防群治的严密防线。广大人民群众被动员起来后，还要把广大人民群众有序组织起来，而这正是一个国家进行动员的最大优势、无可比拟的优势。中国特色社会主义制度有能力把四面八方统筹起来，做到“全国一盘棋”，确保各方面各领域联动发力，有条不紊、井然有序。抗击疫情战斗是一项宏大的系统工程，而不只是医药卫生问题，涉及人力、财力、物力、信息等全方位的工作，既包括患者救治、科研攻关、物资保障、交通管理、社会隔离等，还包括统筹疫情防控和经济社会发展、国内防控疫情和国际合作等工作。只有把这些方方面面的因素都有序地组织起来，才能形成全国各地、各行各业共同防控疫情的工作格局和强大合力。同时，这种高效的社会组织力，也体现在决策和贯彻的速度上，更体现在全社会各方面力量的迅速行动上。当新冠肺炎疫情来势汹汹时，党中央当机立断，紧急启动一级响应机制，全国各地、全社会立即动员起来。广大医务工作者、人民解放军指战员、普通群众、公安民警、疾控工作人员、社区工作人员、新闻工作者、志愿者等闻风而动，不畏艰险，深入一线，真诚奉献，不辞辛劳。正是这种正确而又果断的决策和人民群众的高度觉悟，推动形成了万众一心、众志成

① 参见陶立业：《中国式社会动员在抗疫中的独特作用》，《光明日报》2021 年 7 月 23 日。

城的抗疫“合力”。①

疫情发生后，我们依托各级各类组织，迅速建立起中央统一指挥、统一协调、统一调度，各地方各方面各负其责、协调配合、运行高效的疫情防控指挥体系，在很短时间内就实现全国各地区各领域由平时常态运行指挥管理向非常状态运行指挥的转变，确保了疫情防控与经济社会发展各项工作有序进行。可以说，如果离开了社会主义条件下“全国一盘棋”迸发的人民伟力，中国不可能在很短时间内由“抗击疫情的主战场”成为“世界上最安全的地方之一”。以防止疫情在社区蔓延为例，为了防止疫情扩散，要把大量居民的生产生活管理好，谈何容易。但是，在各级党组织的领导下，全体人民共同努力，所有居民自觉配合，整个中国社会秩序井然。中国特色社会主义制度内在地具有强大的组织力，能够全面动员人力、全方位调度资源，形成壮阔而强有力的疫情防控的人民战争态势。

（三）让广大人民群众全部行动起来

疫情防控的人民战争是一场没有硝烟的战争，发起抗疫社会动员，目的在于形成多方参与的抗疫局面，以实际行动抗击疫情。广泛的社会动员后，中国迅速进入疫情防控的“战时状态”。其一，全国紧急驰援，军民齐上阵。从 2020 年 1 月 24 日开始，各地和军队共调集 346 支国家医疗队、4.26 万名医务人员和 965 名公共卫生人员驰援湖北省和武汉市；国防动员系统着眼“面向三军、协调军地”职能使命，组建驻鄂部队抗击疫情运力支援队，全力保障武汉市民、各救治医院生活物资。其二，对口帮扶，各省份倾力相助。从 2020 年 2 月 10 日开始，全国 19 个省份集中优势资源，对口支援湖北省除武汉市外 16 个市州及县级市。有人巧用各

① 参见李君如：《抗疫展现中国高效动员力组织力协调力》，求是网，2020 年 4 月 24 日。

个省份的简称，对帮扶行动作了意味深长的记录：兵“桂”神速、“湘”互扶持、竭“晋”全力、鼓足“赣”劲、力“皖”狂澜、“粤”来越好……其三，志愿行动，汇聚爱心洪流。疫情发生后，大批企业和个人捐款捐物、尽己所能。党员捐款号召发出后一个月的时间，全国有 7901 万余名党员自愿捐款 82.6 亿元。满腔热情的城乡居民、学校师生、退役军人等穿上红马甲，当起志愿者。其四，全民参战，织密防控网络。社区是疫情联防联控的第一线，全国 400 多万名社区工作者坚守岗位、不胜不休。①

人民伟力构筑起了抗击疫情的万里长城。在抗疫的过程中，抗疫的力量被极大地调动起来，全体中国人民，不分男女老幼，不论岗位分工，都自觉投入到抗击疫情的人民战争之中，以各种方式为疫情作出自己的贡献，团结奋斗、和衷共济，形成了遍及全国的抗疫力量，展现出全民族万众一心战胜疫情的壮丽画卷。

第二节
疫情危急时刻遍地见英雄

天下艰难际，时势造英雄。回顾抗击新冠肺炎疫情斗争，在党中央统一领导下，全国动员、全民参与，凝聚起坚不可摧的强大抗疫力量。广大医务工作者、人民解放军、人民警察、志愿者、环卫工人、城市管理执法者以及千千万万的人民群众迅速集结，建立了抗击疫情的人民战线，创造了人类抗疫史上的伟大壮举，绘就了团结抗疫的时代画卷，充分证明了人民才是真正的英雄。

---

① 参见薛志亮、程荣、贾勇：《从抗疫实践看大国动员》，《中国国防报》2020 年 5 月 14 日。

一、抗疫英雄群体彰显伟大抗疫精神

自古以来，中华民族就是一个英雄辈出的民族，这些英雄群体或个人总是能够在危急时刻挺身而出，为中国社会发展作出重要贡献。党和国家历来都高度重视英雄群体以及先锋模范的带头作用，中华民族从站起来到富起来，再到强起来的伟大历程，同样离不开那些在危急时刻披肝沥胆、碧血丹心的英雄群体，正如习近平总书记强调的："中华民族是崇尚英雄、成就英雄、英雄辈出的民族，和平年代同样需要英雄情怀。"①在新冠肺炎疫情这场突如其来的危机与大考之中，中国共产党带领全国各族人民展开了一场惊心动魄的人民抗疫战争，其间无数英雄群体和先进个人纷纷涌现，他们身上的鲜明品格为中国人民树立了标杆。

抗击新冠肺炎疫情之所以能够广泛发动人民群众，得到广大人民群众的积极支持和积极参与，一个重要原因在于党和国家一开始就强调抗击疫情是为了人民群众，紧紧依靠人民群众。纵观整个抗击疫情的艰难历程，无论是从疫情暴发开始，还是抗疫处于胶着状态时，人民群众始终是战胜疫情和困难的基础，只要我们始终坚持为了人民、依靠人民，就能无往而不胜。在抗击疫情的日子里，全国各族人民在各自的领域里坚守着、奉献着，他们舍生忘死、迎难而上，凝聚起抗击疫情的人民伟力。危难面前，中国人民对中国共产党和中国政府高度信任，勇敢承担起社会责任，为取得抗疫胜利约束自我乃至牺牲自我。疫情暴发时正值春节假期，国家一声令下，全民响应，一致行动，整个社会紧急停下脚步。人们取消了春节期间的走亲访友和各种聚会，克服困难就地隔离，外出自觉佩戴口罩、测量体温、保持社交距离。保护自己就是保护别人、就是为国家作贡献，成为社会共识和每个人的自觉行动。毛泽东指出："依靠民众则一切

①《习近平春节前夕赴江西看望慰问广大干部群众》，《人民日报》2016年2月4日。

困难能够克服，任何强敌能够战胜，离开民众则将一事无成。”① 国家兴亡，匹夫有责。在这场抗击疫情的伟大战斗中，中国人民不怕苦不怕累，更不怕牺牲，涌现出许多英雄模范人物。他们中既有来自抗疫一线的夏思思医生、李文亮医生、彭银华医生、刘智明医生等医务人员，也有钟南山院士、陈薇院士、王辰院士等。他们冲锋在前，无私无畏，有的甚至奉献出了自己的生命。除了这些先锋模范，千千万万的普通人民群众也坚守在防疫一线，他们以力所能及的奉献为抗疫贡献着力量，他们的努力和奉献融入人民伟力之中，融入伟大的抗疫精神之中。正是因为广大人民群众的不懈努力，抗疫斗争才取得了伟大胜利。磅礴的人民伟力来自平凡人、普通人的付出。每一个在抗疫斗争中作出贡献的凡人义举，都值得我们铭记。在抗疫斗争中涌现出来的先进人物，是我们这个时代最可爱的人，他们铸就的新时代民族精神丰碑，将永远耸立在我们每个人心中。

二、伟大抗疫之中的人民英雄群体

伟大出自平凡，英雄来自人民。习近平总书记在 2021 年新年贺词中指出，“我们以人民至上、生命至上诠释了人间大爱，用众志成城、坚忍不拔书写了抗疫史诗。在共克时艰的日子里，有逆行出征的豪迈，有顽强不屈的坚守，有患难与共的担当，有英勇无畏的牺牲，有守望相助的感动”②。在伟大的中华文明发展过程中，伟大的中国人民逐渐形成了勤劳踏实、坚毅果敢、自强不息、敢于创新、崇尚和合、追求和平等民族特质和禀赋。在与病毒的殊死较量中，中国人民以敢于斗争、敢于胜利的大无畏气概，诠释了人民至上、生命至上的人间大爱，书写了众志成城、坚忍不

①《毛泽东军事文集》第二卷，军事科学出版社、中央文献出版社 1993 年版，第 381 页。

②《国家主席习近平发表二〇二一年新年贺词》，《人民日报》2021 年 1 月 1 日。

拔的抗疫史诗。以钟南山、张伯礼、张定宇、陈薇等为代表的抗疫英雄群体，凝聚起举国同心、同甘共苦的人民伟力，用以生命赴使命的行动，诠释了伟大抗疫精神。

（一）白衣执甲、逆行出征的广大医务工作者

马克思指出，“每一个社会时代都需要有自己的大人物，如果没有这样的人物，它就要把他们创造出来”①。面对突如其来的严重疫情，医护工作者们白衣执甲、逆行出征，与新冠病毒短兵相接，率先打响抗击新冠肺炎疫情的遭遇战。他们不惧艰难、不畏生死，奋战在抗疫的第一线，舍生忘死般地从死神手里赢下一轮又一轮胜利。他们不仅仅是拯救病患生命的医护工作者，更是为一个又一个家庭带去希望的白衣天使，给这漫漫长夜带来了黎明的曙光。在武汉市考察疫情防控工作时，习近平总书记对奋战在一线的医务工作者给予了高度的评价和热情的赞扬：“沧海横流，方显英雄本色。你们真正做到了救死扶伤、大爱无疆。你们是光明的使者、希望的使者，是最美的天使，是真正的英雄！党和人民感谢你们！”②在疫情防控的关键时期，湖北省和武汉市的54万名医务人员全员出动，还有来自346支国家医疗队、4.26万名医务人员的紧急救援，他们都毅然决然地奔赴抗疫战场的第一线，在除夕夜踏上新一轮的抗疫征程。在抗疫过程中，广大医务工作者胸怀对生命的敬佑、对人民群众的赤诚，坚决服从党中央统一指挥、统一部署，在抗疫一线上争分夺秒，救死扶伤。由于防疫物资的紧缺，许多医护工作者不敢喝水、不敢休息，只为能够最大化利用每一只口罩、每一身防护服，连续在重症监护室里持续高强度作战，承受生理与心理的双重极限挑战。许多人由于长时间佩戴护目镜与

---

①《马克思恩格斯选集》第一卷，人民出版社1995年版，第432页。

②《毫不放松抓紧抓实抓细各项防控工作　坚决打赢湖北保卫战武汉保卫战》，《人民日报》2020年3月11日。

口罩，脸颊上留下了深深的口罩印直至出血；很多人长时间穿戴防护服，汗水浸透全身，双手开始发白、溃烂，甚至有一些医务人员以身殉职。广大医务工作者用自己的血肉之躯筑起阻击新冠肺炎病毒的钢铁长城，挽救了一个又一个垂危生命，诠释了医者仁心和大爱无疆。

疫情暴发后，全国卫生健康系统的广大医务工作者坚决贯彻以习近平同志为核心的党中央提出的“坚定信心、同舟共济、科学防治、精准施策”的总要求，以维护广大人民群众的生命安全和身体健康为最高使命，展开了一场气壮山河的生命大救援，深刻体现出“生命至上、举国同心、舍生忘死、尊重科学、命运与共”的伟大抗疫精神。在这个过程当中，涌现了一大批为抗疫作出杰出贡献的功勋模范人物和先进集体。他们的挺身而出，体现了中华文明“人命关天”的道德观念，同时印证了中国人民敬仰生命的人文精神。“步履蹒跚”的张定宇，即便身患渐冻症难以正常行走，妻子感染新冠病毒，也依然坚守在治病救人的第一线上。“国士无双”的钟南山，在抗击非典时就已经放言：“把重症病人都送到我这里来！”在2020年抗击新冠肺炎疫情时更是身先士卒，让大家“没什么特殊情况，不要去武汉”，自己却踏上从广州到武汉的高铁。钟南山敢医敢言，在8个多月的时间里，84岁的他始终奋战在抗疫的第一线，他带领的医学团队更是在科研攻关以及临床救治中作出了极大贡献。

正是广大医务工作者凭借实际行动为人民群众建立起了第一道战胜疫情防线，生动诠释了“救死扶伤、甘于奉献”的崇高精神，充分展现了新时代卫生健康工作者的精神风貌、职业操守、意志品质和应急能力。习近平总书记强调：“广大医务人员是最美的天使，是新时代最可爱的人！他们的名字和功绩，国家不会忘记，人民不会忘记，历史不会忘记，将永远铭刻在共和国的丰碑上！”①2020年9月23日，为深入贯彻习近平

① 习近平：《在全国抗击新冠肺炎疫情表彰大会上的讲话》，人民出版社2020年版，第9页。

总书记在全国抗击新冠肺炎疫情表彰大会上的重要讲话精神，大力弘扬伟大抗疫精神，中共中央宣传部向全社会发布了国家援鄂抗疫医疗队等10个抗疫一线医务人员英雄群体的先进事迹，授予他们“时代楷模”称号。此次被授予“时代楷模”称号的10个英雄群体包括：国家援鄂抗疫医疗队（北京医院、北京协和医院、中日友好医院、北京大学第一医院、北京大学人民医院、北京大学第三医院），军队支援湖北医疗队，华中科技大学同济医学院附属同济医院“尖刀连”，中部战区总医院战“疫”党员突击队，辽宁、上海、广东支援雷神山医院医疗队，江苏省人民医院援武汉重症医疗队，四川大学华西医院援鄂重症救治医疗队，中国中医科学院国家援鄂抗疫中医医疗队，天津市对口支援恩施州疾控工作队，军事科学院军事医学专家组。国家援鄂抗疫医疗队等10个抗疫一线医务人员英雄群体用以生命赴使命的行动，诠释了伟大抗疫精神。

（二）敢打硬仗、奋勇当先的中国人民解放军

习近平总书记在颁发“中国人民抗日战争胜利70周年”纪念章仪式上指出：“一个有希望的民族不能没有英雄，一个有前途的国家不能没有先锋。”① 危急时刻，又见遍地英雄。面对突如其来的疫情，中国人民解放军闻令而动，吹响紧急救援的“冲锋号”，在抗疫阻击战中再一次诠释了新时代军魂。2020年初，除夕之夜，疫情就是命令，一群最美“逆行者”登上援鄂的飞机，踏上了抗击疫情阻击战的征程，中国人民解放军给全国、湖北、武汉人民带去了希望，施以医务人员重要的援手。

疫情危急时刻，中国人民解放军派出由陆军、海军、空军军医大学组成的三支医疗队共450人分别从重庆、上海、西安三地出发援助武汉，当天便正式投入到指定接诊新型冠状病毒感染的肺炎病例较多的地方医院

---

①《习近平在纪念中国人民抗日战争暨世界反法西斯战争胜利70周年系列活动上的讲话》，人民出版社2015年版，第19页。

开展救治工作。三所军医大学接到任务后，迅速展开部署动员，仅花 6 个小时就完成了抽组任务，全体医护人员放弃假期主动请缨，要求参加赴汉救援行动。人民有难，军人当先，为了人民群众的根本利益，为了人民群众的生命安全，中国人民解放军有能力、有信心和全国人民一同战胜疫情，打赢这场没有硝烟的人民战争。这些军人当中不乏年逾七旬的专家和科学家，也有“95 后”的年轻护士。已经退休了的张雁灵和邓传福是原小汤山医院的院长和副院长，他们在接到中央军委的紧急命令后也义不容辞地赶赴武汉，参与指导火神山、雷神山医院的建设。邓传福在安慰儿子的电话中更是直接说道：“不管多大年纪，我还是医生吧？还是党员、是军人吧？我才 71 岁，你担心什么？放心吧，你老爸身经百战，没问题的。”① 中国人民解放军中部战区总医院的护士舒纯和王欢，本应在各自老家休假过年，享受与家人团圆的日子，但得知同事们都在持续高强度地工作时，她们心急如焚，最后历经千辛万苦回到武汉，迅速投入到紧张的抗疫斗争中。援汉医疗队中的彭瑜接到救援任务时正在单位值班，她反复思索之后决定先不告诉家里人，免得家里老人、丈夫担心自己的安危而不让自己去。但同样作为军人的丈夫怎么会不知道？丈夫在朋友圈得知了彭瑜即将出征的消息之后，并未阻止，只是给她发了一条简短的讯息，“太了解你的脾气，又是一次艰巨任务。望规范操作，把握流程细节，切勿粗心莽撞……盼早日凯旋”②。中国人民解放军在此次抗疫过程中，充分践行了听党指挥、能打胜仗、作风优良的新时代强军目标，充分证明了他们是能够担当起党和人民赋予的新时代使命任务的最可爱的人。中国人民解放军胸怀国家和人民，胸怀生命与大义，枪炮击不垮他们高昂的斗志，病毒挡不住他们驰援前线的坚定步伐，他们是战胜疫情的坚定力量。

① 弓艳：《决战江城：军队支援湖北医疗队抗疫纪实》，解放军出版社 2021 年版，第 260 页。

② 弓艳：《决战江城：军队支援湖北医疗队抗疫纪实》，解放军出版社 2021 年版，第 260 页。

（三）全心全意为人民服务的人民警察

人民警察作为疫情防控中一支极为重要的力量，真正做到了召之即来、来之即战，秉承了人民警察的宗旨：全心全意为人民服务。与广大的医务工作者一样，全国公安机关广大公安民警忠诚履职、主动作为、奋勇前行，全身心投入到疫情防控一线的各项工作当中，切实担负起了党和人民赋予的重大职责使命。正是他们的默默坚守，为抗疫的胜利打下坚实的基础。2020 年 8 月 26 日，在中国人民警察警旗授旗仪式上，习近平总书记指出："实践证明，我国人民警察是一支党和人民完全可以信赖的有坚强战斗力的队伍。"① 在疫情防控的关键时期，人民警察放弃休假，不畏防疫艰辛，不惧患病危险，在疫情一线维持城市治安，守在城市各个关口排查疑似患病人员，不断实施消毒防护以及保障众多抗疫人员的后勤工作。他们坚信疫情就是命令、防控就是责任，他们深怀爱民之心、恪守为民之责，用大无畏的精神守护众多的医护工作者、病患家属以及广大人民群众的安全。仅在疫情暴发初期至 2020 年 4 月 2 日，就有 60 名公安民警和 35 名辅警牺牲在抗击疫情和维护安全稳定的第一线，而千千万万的人民警察则继续默默守护着人民群众，彰显人民公安为人民的精神。

武汉市公安局江汉区分局指挥中心民警涂可蔼，在 2020 年初的执勤中不幸感染新冠肺炎。他在病愈后不仅推迟了与妻子的婚期，更是再三申请重新返回防疫的一线岗位。涂可蔼深情地说道："今后的工作中，我将继续发扬伟大抗疫精神，当先锋，打头阵，捍卫英雄城市的安宁。"时任江岸区大智街派出所民警的邵玉春在疫情防控期间负责安排转运新冠肺炎的疑似患者。在一次出任务时，一名患者传来呼救声，他直接蹲在老先生身前对同事说道："把他扶到我背上来！"他将这名新冠肺炎疑似患

①《习近平向中国人民警察队伍授旗并致训词强调　对党忠诚服务人民执法公正纪律严明　坚决完成党和人民赋予的使命任务》，《人民日报》2020 年 8 月 27 日。

者迅速背到楼下的转运警车里，并火速送入医院。抗击疫情期间，他共转送病患 87 人次，救助群众 53 人次，办理涉疫案件 5 起。在全国抗击新冠肺炎疫情表彰大会上，他被授予“全国优秀共产党员”和“全国抗击新冠肺炎疫情先进个人”荣誉称号。面对重大安全事件，中国人民警察用实际行动证明，他们坚决拥护习近平总书记领航掌舵，做到“两个维护”；坚持以习近平新时代中国特色社会主义思想为指导，保证全警意志和行动高度统一；坚持党的领导和中国特色社会主义制度，保持公安工作坚定正确的政治方向；坚持以人民为中心的发展思想，忠实践行人民公安为人民的初心使命；坚持锻造“四个铁一般”的公安铁军，充分展现新时代人民公安新形象。曾经的宁静生活被疫情按下了“暂停键”，但那一抹无处不在的“警察蓝”，一道道向“疫”而行的身影都给予了我们无限希望与感动。中国人民警察是抗疫的“先锋队”，是他们一次次吹响了抗疫的“出征号”，真正做到了“哪里有危险，哪里就有警徽闪耀”。在疫情防控斗争中，中国人民警察经受住历史的大考，牢记自身的宗旨使命，忠诚履行职责，勇于担当作为，甘于牺牲奉献，为维护国家安全、社会稳定、人民利益作出了重大贡献。

（四）上演人间大爱的广大志愿者

在抗击疫情的人民战争中，广大志愿者凸显人间温情、大道真爱，拉响抗疫防控的“先锋号”，哪里需要就出现在哪里，成为抗击疫情的“螺丝钉”。不论是社区防控、物资运输还是心理辅导，都可以看到佩戴红袖章或头顶小红帽的身影出没，广大志愿者用实际行动践行“真诚奉献、不辞辛劳”的传统美德，正是他们的挺身而出，为基层的疫情防控建立起又一道“防疫堤坝”。在疫情防控的人民战争中，460 多万个基层党组织冲锋陷阵，400 多万名社区工作者在全国 65 万个城乡社区日夜值守，千千万万的志愿者和普通人无畏艰险、默默奉献，守卫在凛冽的寒风中，忙碌于寂静的深夜，只为能够早日战胜疫情。广大志愿者坚持贯彻党中央提出的“早发现、早报告、早隔离、早治疗”的科学防控要求，奔走在大街小巷，深入到每家每户进行摸底排查，最大程度遏制疫情进一步蔓延。广大志愿者冒着巨大危险在社区、街道设置岗亭，严格管控进出人员，尽最大努力限制新冠肺炎病毒的传播进程；帮助居家隔离人员排队买药、登门送菜，给予他们强有力的后勤保障，最大限度保护了人民群众的生命安全和身体健康。从离汉通道关闭的前夜开始，张帆和他所在的志愿服务团队成员几乎每天穿梭在武汉的大街小巷，将各界捐赠的防护物资送到医院和集中隔离点，将粮米油盐等生活物资送进街道社区，担当起抗疫一线运输物资的任务。①

武汉市武昌区百瑞景社区是一个超大型社区，现有居民 8424 户、2.13 万人，社区工作者 23 人。在抗疫最关键的时期，每天都有人求助于社区，住院、买菜、买药、打针等各种问题扑面而来，但人手有限，工作实在施展不开。就在这时，社区青年跑团队长喻俊主动请缨，志愿为社区服务。随着喻俊等人的带头，足有 400 多人的志愿者加入到社区工作中，他们协助排查、团购物资、送菜上门。广大的志愿者团队真正做到了向险而行、勇敢无畏，也正是他们的辛勤付出助力疫情防控开始好转。之后，我国的总体防控策略调整为“外防输入、内防反弹”，推动防控工作由应急性超常规防控向常态化防控转变，并健全“及时发现、快速处置、精准管控、有效救治”的常态化防控机制。广大志愿者仍然默默无闻坚守在自己的岗位，统计来自中高风险地区人员的信息，做好当下网格式疫情防控，用最平凡的工作温暖每一个社区居民的心窝，保护每一位人民群众的生命安全，用每天的点点滴滴诠释了伟大抗疫精神。

广大志愿者团队立足于新时代，持续积极响应党和人民的号召，弘扬和践行社会主义核心价值观，深入基层送温暖、作贡献，以实际行动书写

① 参见程远州：《致敬在抗疫一线的志愿者》，《人民日报》2020 年 3 月 6 日。

新时代的雷锋故事，充分彰显了新时代广大志愿工作者的理想信念、爱心善意、责任担当，践行了“奉献、友爱、互助、进步”的志愿精神，成为人民有信仰、国家有力量、民族有希望的生动体现。

（五）坚守岗位、任劳任怨的环卫工人

尽管病毒的传染性巨大，环卫工人面对疫情时依然像往常一样披星戴月、日晒雨淋，守护着每座城市的整洁。疫情防控期间，广大人民群众都在居家隔离，但有那么一群橙色身影仍旧穿梭在城市的街头巷尾，他们针对新冠病毒传播途径的特点每天要进行各式各样的分类、消杀工作，美化清洁城市道路，处理生活垃圾和医疗废物。他们最大程度确保污染源得到及时清理，阻断新冠肺炎疫情的传播途径，为广大人民群众筑起一道橙色的“防卫墙”。

习近平总书记在全国抗击新冠肺炎疫情表彰大会上强调：“中华民族能够经历无数灾厄仍不断发展壮大，从来都不是因为有救世主，而是因为在大灾大难前有千千万万个普通人挺身而出、慷慨前行！”① 在抗击疫情期间，环卫工人们每天起早贪黑、逆向而行、勇挑重担，用自己的努力守护着广大人民群众的清洁卫生，为防疫切断传染源贡献了自己的力量。环卫工人们不计报酬，主动请战，进驻抗疫的各个定点医院、方舱医院和集中隔离点，展开全方位的保洁打扫、消毒杀菌、垃圾分类。他们不仅要做好自己的安全防护工作，还要对医疗废物进行特殊处理以防止病毒的传播，形成抗疫防控过程中一道井然有序的“橙色防线”。张春香已经是一名十几年工龄的环卫“老兵”了，在疫情最吃紧的时候，她和其他 13 名环卫工人，自愿请战进入协和医院的西院区负责院内清洁和消毒杀菌工作。张春香起初报名，她的老伴并不同意，但她的女儿作为党员非常支

① 习近平：《在全国抗击新冠肺炎疫情表彰大会上的讲话》，人民出版社 2020 年版，第 15 页。

持母亲。疫情防控期间，武汉经济开发区全区 1500 多名环卫工人始终坚守在抗疫的工作岗位，其中还有 200 多名环卫工人进驻抗疫的定点医院、方舱医院和隔离点。① 在新冠病毒肆虐时，广大环卫工人在自己平凡的岗位上做着不平凡的事，继承环卫工人时传祥“宁愿一人脏，换来万家净”的环卫精神，为取得疫情防控重大决定性胜利贡献了重要力量，谱写了新时代环卫精神的壮丽篇章。

（六）尽职尽责的广大城市管理执法人员

现代生活的正常运转离不开城市管理执法者，而战胜疫情更是需要城市管理者的智慧和力量。在抗疫过程中，广大城市管理执法工作人员科学严谨、履职尽责，为疫情防控工作提供了充足的保障。新冠肺炎疫情暴发以后，全国 60 多万名城市管理执法人员每天都高强度地投身于抗疫工作，积极参与方舱医院的建设，强化城市环境的消杀，切实维护城市秩序，积极做好居民生活保障工作，积极助力复工复产。

在疫情防控的关键时期，广大城市管理执法工作人员就是“一块砖”，哪里需要就往哪里搬。他们争分夺秒、甘冒风险、逆向而行、履职尽责，只为能够让广大医务工作者无后顾之忧，保障广大人民群众的生命安全，为全国的防疫工作积极贡献自己的微薄之力。如武汉市东西湖区城市管理执法局吴家山城管所的内勤人员黄微，申请参加城管执法局的抗疫“突击队”，到抗疫的一线战场战斗，主动承担下武汉客厅方舱医院的移动公厕的消杀、抽排、保洁等工作。仅截至 2020 年 3 月 28 日，武汉市城管就执法检查定点医院、方舱、隔离点 6470 处（次），执法监管居民小区设置口罩专用垃圾桶 9245 处（次），执法督办定点医院、方舱、隔离点规范处置医废问题 100 余件次，执法督办居民小区设置口罩专用垃圾桶 200 余

① 参见张羽中、肖莉：《在这个特殊的节日，武汉这群城市美容师走进了抗疫展》，《工人日报》2020 年 10 月 27 日。

处（次）。在全国城市管理执法系统中，先后有安徽省淮南市陈在华、江苏省张家港市姚建华、黑龙江省哈尔滨市李剑英等5位同志因公殉职，316位同志因公致伤。①

习近平总书记在中央全面依法治国委员会第三次会议上强调，要坚持依法防控，在法治轨道上统筹推进各项防控工作，保障疫情防控工作顺利开展。②我国的疫情防控进入常态化阶段之后，全国的城管执法部门继续秉持着依法行政的方针，通过建设法治政府和服务型政府，形成刚柔并济的城管执法模式，坚持群众路线和行政民主原则，实现了全民参与、政民合作的法治面貌，推动了国家治理、政府治理和社会治理一体发展。

（七）不惧风险、团结奋战的广大社区工作者

习近平总书记强调抗击疫情有两个阵地，一个是医院救死扶伤阵地，一个是社区防控阵地。③社区作为防控的最前线，肩负的抗疫任务十分繁重。坚持不懈地做好疫情防控工作，关键靠社区。在疫情防控中，我国城市和农村中的社区防控发挥了群防群控、联防联控的巨大作用。《抗击新冠肺炎疫情的中国行动》白皮书指出，400万名社区工作者奋战在全国65万个城乡社区中，监测疫情、测量体温、排查人员、站岗值守、宣传政策、防疫消杀，他们认真细致，尽职尽责，守好疫情防控“第一关口”。在抗击疫情过程中，全国广大社区工作者坚守岗位。作为全民抗疫中的一员，他们听党指挥、沉着冷静、积极应对，绘就了“滴水成河、聚沙成塔”

① 参见《全国城市管理执法系统全力以赴做好新冠肺炎疫情防控工作》，《中国建设报》2020年4月1日。

②《习近平主持召开中央全面依法治国委员会第三次会议强调 全面提高依法防控依法治理能力 为疫情防控提供有力法治保障》，《人民日报》2020年2月6日。

③ 参见中华人民共和国国务院新闻办公室：《抗击新冠肺炎疫情的中国行动》，人民出版社2020年版，第28页。

的抗疫群像，用最有力的行动诠释了伟大抗疫精神，形成了抵御病毒的基础防线和强大力量。

2020 年 4 月 8 日，习近平总书记在给武汉东湖新城社区全体社区工作者的回信中写道，在这场前所未有的疫情防控斗争中，城乡广大社区工作者同参与社区防控的各方面人员一道，不惧风险、团结奋战，特别是社区广大党员、干部以身作则、冲锋在前，形成了联防联控、群防群控的强大力量，充分彰显了打赢疫情防控人民战争的伟力。① 社区作为防控的最前线，肩负的任务十分繁重，到处可见社区工作者繁忙的身影，居民生活用品和食品有社区工作者帮忙采购，疑似患者就诊、确诊患者转运有社区（下沉）干部陪同，收集居民健康信息、保障居民日常生活一样有社区干部来承担。可以说，武汉的疑似、确诊病例数量迅速减少，离不开各个社区紧紧依靠人民群众，充分发动人民群众，提高群众自我服务、自我防护能力。社区保障可谓疫情防控的关键一环，功不可没。

第三节
抗疫斗争充分激发人民伟力

面对新冠肺炎疫情，到底应该如何进行防控？如何有效控制疫情的扩散传播？如何确保人民生命安全和身体健康？靠谁的力量才能赢得这场抗疫斗争的伟大胜利？显然，仅仅依靠一个行业、一座城市、一个地区或一个省份，或者几个行业、几座城市、几个地区或几个省份的力量是远远不够的。危急关头、大考面前，中国共产党发动人民群众，依靠人民群众，激发人民群众中的伟大力量，打响了一场抗击疫情的人民战争。

①《习近平回信勉励武汉东湖新城社区全体社区工作者》，《人民日报》2020年4月9日。

一、人民至上理念激发了人民伟力

人民性是马克思主义最鲜明的理论品格，人民立场是马克思主义政党最根本的政治立场。以人民为中心的根本政治立场，是夺取抗疫斗争伟大胜利的价值引领。习近平总书记指出："我们党没有自己特殊的利益，党在任何时候都把群众利益放在第一位。"① 在社会主义革命、建设、改革以及新时代的各个历史时期，中国共产党始终坚持从人民利益出发，紧紧依靠人民群众不断取得胜利。抗击新冠肺炎疫情的人民战争，尤其需要坚持人民主体性的价值遵循，人民战争人民参与，人民战争依靠人民。以习近平同志为核心的党中央，将以人民为中心这一根本政治立场贯穿于抗疫斗争全过程各方面，再次充分彰显了中国共产党"人民至上"的执政理念，生动展现了中国共产党人实现好、维护好、发展好最广大人民群众根本利益的决心意志。突如其来的新冠肺炎疫情，严重威胁着广大人民群众的生命安全和身体健康。疫情发生后，习近平总书记反复强调"必须牢记人民利益高于一切""要把人民群众生命安全和身体健康放在第一位"，明确提出了"坚定信心、同舟共济、科学防治、精准施策"的总要求，为做好疫情防控工作和确保大局稳定指明了方向、提供了遵循。一切为了人民，就是要始终坚持人民至上、生命至上，不惜一切代价抢救生命、诊治患者；就是要不遗余力地做好各项疫情防控工作，采取切实有效措施，坚决遏制疫情蔓延势头。从人民军队和各省、自治区、直辖市组织援鄂医疗队紧急驰援湖北，到数天时间建成火神山、雷神山医院；从改建 16 所方舱医院到征用宾馆、培训中心、党校、高校宿舍作为集中收治隔离场所；从果断决策关闭离汉离鄂通道，到各地纷纷启动重大突发公共卫生事

① 中共中央党史和文献研究院编：《习近平关于防范风险挑战、应对突发事件论述摘编》，中央文献出版社 2020 年版，第 165 页。

件一级响应机制；从迅速构建联防联控、群防群控防控体系，到加强防护物资和生活必需品应急保供，真正体现了以习近平同志为核心的党中央对人民利益高度负责、把人民放在心中最高位置、坚决保护人民群众生命安全和身体健康的决心信心。①

历史和现实都告诉我们，只要紧紧依靠人民、一切为了人民，充分激发广大人民顽强不屈的意志和坚韧不拔的毅力，我们就一定能够使最广大人民紧密团结在一起，不断创造中华民族新的历史辉煌。重大危机面前，对待生命的态度映射出一个国家的道德良知和价值取向，检验着各方对人权的重视程度和保护能力。中国共产党始终把为中国人民谋幸福、为中华民族谋复兴作为初心和使命，把全心全意为人民服务作为根本宗旨。一切为了人民是中国共产党矢志不渝的奋斗目标，也是制定路线方针政策的根本出发点和落脚点，这归根结底是由马克思主义人民立场决定的。人民是胜利之本，赢得民心就有了战胜一切敌人和困难的铜墙铁壁。抗日战争中，面对穷凶极恶的日本侵略者，中国共产党坚信“兵民是胜利之本”，毅然决然举起抗日救国、全民抗战的旗帜。中国共产党的根基在人民、血脉在人民、力量在人民，人民的衷心拥护和全力支持，是党敢于斗争、敢于胜利的最大底气。江山就是人民，人民就是江山，打江山、守江山，守的是人民的心。面对新冠肺炎疫情，人民是中国共产党风雨无阻、高歌行进的根本力量。中国人民英勇对抗空前巨灾，以人民伟力诠释了伟大抗疫精神。习近平总书记在参加十三届全国人大三次会议内蒙古代表团审议时强调，人民是我们党执政的最大底气。

广大人民群众识大体、顾大局，自觉配合疫情防控斗争大局，形成了疫情防控的基础性力量。在湖北武汉，由于缺少救治患病人民群众的医院和床位，7000 多名工程建设者不分昼夜，以创纪录的 10 天时间建成火

① 参见古琳辉、汪玉明、侯嘉斌：《在抗击疫情中彰显人民立场》，《解放军报》2020 年 4 月 20 日。

神山医院，展现了中国人民抗击疫情的人民伟力，全世界为之惊叹；当湖北医务人员极度紧缺时，党中央及时、果断号召从全国调派医务人员驰援武汉、驰援湖北，全国广大医务工作者闻令而动，纷纷请愿支援湖北，义无反顾奔赴疫区，他们秉持着特别能吃苦、特别能战斗的大无畏精神，不怕流血不怕牺牲，以实际行动奋战在新冠肺炎疫情防控第一线；当为了阻断疫情传播而关闭离汉通道时，全国人民不离不弃，一方有难，八方支援，从东北黑土地到青藏高原，从滨海城市到内陆腹地——黑龙江运往汉川的大米，山东运往黄冈的水果和蔬菜，西藏运往武汉的肉制品，全国各地人民千里迢迢、源源不断地将充满爱的物资运送到湖北，助力抗疫一线，大家共同形成抗疫伟力。

二、中华民族精神激发了人民伟力

民族精神是一个民族生存和发展的重要支撑，也是一个民族凝聚力和生命力的集中体现。中华民族在几千年的历史流变中遇到了无数艰难困苦，但都挺了过来、走了过来，其中一个很重要的原因就是，世世代代的中华儿女培育和发展了坚强的民族精神，为中华民族克服困难、生生不息提供了强大精神支撑。新冠肺炎疫情，不仅是对我国治理体系和治理能力的一次重大检验，也是对中华民族意志智慧和民族精神的一次严峻考验。中国人民在这场大考中交出的胜利答卷，再次证明了中华民族精神的伟大力量。在全国抗击新冠肺炎疫情表彰大会上，习近平总书记指出："抗疫斗争伟大实践再次证明，社会主义核心价值观、中华优秀传统文化所具有的强大精神动力，是凝聚人心、汇聚民力的强大力量。"① 中华民族在发展过程中，形成了以爱国主义为核心的团结统一、爱好和平、勤

① 习近平：《在全国抗击新冠肺炎疫情表彰大会上的讲话》，人民出版社2020年版，第20页。

劳勇敢、自强不息的伟大民族精神。这是中华民族永续发展的不竭动力之源，也是我们应对危机、困境的力量所在。疫情发生后，广大人民群众投入到共克时艰的行动中，有效控制住了疫情发展势头，向世人展示了中华民族的精神力量。

人民伟力是社会发展的强大动力，推动中国特色社会主义发展的主力军是人民群众；防范重大风险、化解重大挑战的依靠者是人民群众；打赢疫情防控人民战争的力量依然是人民群众。面对新冠肺炎疫情，党中央统筹全局、果断决策，全国人民风雨同舟、众志成城，构筑起疫情防控的坚固防线。全国各族人民全力以赴，作出巨大牺牲，仅用 1 个多月时间就初步遏制了疫情蔓延势头，用 2 个月左右时间将本土每日新增病例控制在个位数以内，用 3 个月左右时间取得了武汉保卫战、湖北保卫战的决定性成果。习近平总书记强调："苦难考验了中国人民，也锻炼了中国人民。正是因为中国人民经千难而前仆后继，历万险而锲而不舍，我们才能在列强侵略时顽强抗争，在山河破碎时浴血奋战，在一穷二白时发愤图强，在时代发展时与时俱进，中华民族才能始终屹立于世界民族之林。千百年来，中国人民就以生命力的顽强、凝聚力的深厚、忍耐力的坚韧、创造力的巨大而闻名于世，我们都为自己是中国人感到骄傲和自豪！历史和现实都告诉我们，只要紧紧依靠人民、一切为了人民，充分激发广大人民顽强不屈的意志和坚忍不拔的毅力，我们就一定能够使最广大人民紧密团结在一起，不断创造中华民族新的历史辉煌。"① 中华民族是历经磨难、不屈不挠的伟大民族，中国人民是勤劳勇敢、自强不息的伟大人民。在以习近平同志为核心的党中央坚强领导下，聚合 14 亿中国人民的磅礴之力、非凡之智，我们的伟大事业必定无往不胜。习近平同志在福建工作时就曾指出："在几千年的文明发展史中，我们已经树立了强烈的民族自信心，

① 习近平：《在全国抗击新冠肺炎疫情表彰大会上的讲话》，人民出版社 2020 年版，第 19 页。

无论是在民族危亡，还是在民族昌盛时期，这种自信心都是我们民族精神中最稳定的成分。正是这种自信心，使中华民族度过了近代史上许多内忧外患的危机，使中华民族在世界上有了令人敬佩的今天。”①

三、“全国一盘棋”激发了人民伟力

2020年5月6日，新加坡“黑匣子”研究公司和英国托卢纳公司联合发布“全球危机感知”指数称，中国公民给予本国政府抗疫最高分。在这项满分100分的调查中，中国拿到85分。美国与调查涉及的4个西欧国家都成绩糟糕：美国41分，德国41分，英国37分，意大利36分，法国26分。习近平总书记强调：“我们最大的优势是我国社会主义制度能够集中力量办大事。这是我们成就事业的重要法宝。”②中国特色社会主义制度具有坚持“全国一盘棋”，调动各方面积极性，集中力量办大事的显著优势。构筑这个大棋局的，有中国共产党的领导制度，有民主集中制的组织原则，有公有制为主体的经济基础，等等。历史和实践反复证明，集中力量办大事是中国的独特优势，是我们成就事业、破解难题的重要法宝。习近平总书记反复强调，“疫情防控要坚持全国一盘棋”。在疫情防控的人民战争中，中国的抗疫斗争凸显了“全国一盘棋”的优势。首先，我国的疫情防控实行的是“总体战”。全国形成了全面动员、全面部署、全面加强疫情防控工作的局面。各地各部门坚决服从党中央统一指挥、统一协调、统一调度。各地区各部门采取举措既要考虑本地区本领域防控需要，也要考虑对重点地区、对全国防控的影响。其次，疫情防控实行的是人民战争。人民群众是防控疫情的主体，也是打赢这场战役的胜利

① 习近平：《摆脱贫困》，福建人民出版社1992年版，第17页。

② 习近平：《为建设世界科技强国而奋斗——在全国科技创新大会、两院院士大会、中国科协第九次全国代表大会上的讲话》，人民出版社2016年版，第14页。

之本。在疫情严峻之时，有奋战在一线的共产党员，他们挺身而出坚定站在疫情防控第一线。哪里任务险重，哪里就有党组织坚强有力的工作，哪里就有党员当先锋作表率。人民群众的力量是无穷的，在广泛动员同心协力中织出了一张横向到边、纵向到底的防控疫情的天罗地网。[①]再次，中国特色社会主义制度决定了广大人民群众在根本利益上的高度一致。面对国内外新形势新变化，只有中国共产党才能始终做到总揽全局、协调各方。在党的集中统一领导下，全党全国各族人民围绕共同的奋斗目标，集中各个方面的力量，“全国一盘棋”、上下一条心，高效执行、有力推进，从而办成一件件大事。新冠肺炎疫情的特殊性决定了中国必须动员各方面的力量，必须广泛地调动各方面的积极性，必须形成举国同心、共同抗击疫情的整体力量。只有举国同心，才能有效地遏制和防控疫情，才能有效地去集中配置优势资源。

事实充分证明，中国特色社会主义制度“全国一盘棋”的优势，能够进行广泛的社会动员和资源整合，形成社会合力，抗击疫情。正是这一优势，不断强化着全社会的集体意识、国家观念、家国情怀，激励人们同心同德、无私奉献，汇聚起共克时艰、共渡难关的磅礴力量。衡量一个国家的制度是否优越、是否成功，一个重要的观察视角就是看其如何应对重大危机。中国能够在困境中用最短时间控制住疫情，尽快恢复经济社会秩序，原因就在于我国是社会主义国家，具有“集中力量办大事”的显著优越性。因此，中国可以快速统一思想、统一策略、统一指挥、统一行动。这使得中国可以集中力量，有条不紊，步步为营地对付疫情。反观一些国家连在该不该戴口罩的问题上，都难以凝聚共识。抗疫战争迅速让中国拧成了一股绳，并形成了高效的执行力。每个单位、每个个人都能迅速进入角色，投入战斗。正是这样的优势，才使得中国可以在一夜之间，集结大量的抗疫队伍，奔赴全国各地。

① 参见陶文昭：《“疫情大考”淬炼“中国之制”》，《北京日报》2020年2月10日。

四、党的坚强领导激发了人民伟力

习近平总书记在党的十九大报告中鲜明指出，“中国特色社会主义最本质的特征是中国共产党领导，中国特色社会主义制度的最大优势是中国共产党领导，党是最高政治领导力量”。党政军民学、东西南北中，党是领导一切的。从中国共产党成立以来的百年历史中可以发现，党的领导这个显著优势，是为革命、建设和改革所一再证明的，是为历次抗击重大灾害所一再证明的。坚决打好一场疫情防控的人民战争，也是对党践行为人民服务宗旨的一次有力证明。从疫情一开始，党中央就高度重视疫情发展态势，发出重要指示，各党政军群机关和企事业单位等紧急行动、全力奋战，广大医务人员无私奉献、英勇奋战，广大人民群众众志成城、团结奋战，打响了疫情防控的人民战争，打响了疫情防控的总体战。中国共产党人在疫情面前，以舍我其谁的勇气和坚定如山的定力，激励和召唤亿万人民生死与共、相依相随。在疫情防控的部署中，坚持战疫前线和战疫后方协同发力，坚持群防群控、全民参与，全体人民共同筑起防疫的牢固屏障，搭建起坚不可摧的命运共同体。

中国共产党具有无比坚强的领导力、组织力、执行力，是团结带领人民攻坚克难、开拓前进最可靠的领导力量。在中国，千千万万共产党员在疫情面前挺身而出、冲锋在前、勇于奉献，自觉接受政治考验和党性考验，用实际行动践行了初心使命、体现了担当作为。首先，汲取群众智慧，才能确保疫情防控决策科学有力。面对新冠肺炎疫情，要找到有效应对的科学办法，必须自觉拜人民为师，充分发挥群众的智慧力量。党中央始终坚持向人民群众问计；广大科研工作者以专业视角，积极向党和政府建言献策，从优化调整隔离政策到不断更新诊疗救治方案，从倡导普及疫情防控知识到建议开展多条技术线路研发疫苗，疫情防控的每一个科学决策都饱含着群众的集体智慧。正是由于始终依靠群众，善于从群众中汲取智慧，中国共产党作出的疫情防控各项决策才能周密科学，也才能在实践中发挥出强大效能。其次，在疫情防控斗争中，广大人民群众在各级党委和政府领导下，全员发动、全员参与，无论是奋战在抗疫一线的广大医务工作者、解放军指战员、社区工作者、公安干警、基层干部、下沉干部、志愿者，还是自觉响应国家号召“不出门”“不添乱”的亿万人民群众；无论是想方设法打通疫情防控工作“最后一公里”的末端落实者，还是主动耐心配合各种防控检查的普通群众，无不在以各自的方式为疫情防控贡献力量。正是有着人民群众这个“硬核力量”的坚实支撑，党和政府制定的疫情防控措施才能不留死角、不折不扣地得到全面落实，这既是疫情防控成效显著的关键所在，更是我们必然能打赢疫情防控人民战争的信心所在。① 再次，为了打赢疫情防控的人民战争，党领导人民制定了一系列行之有效的战略策略和具体举措。这些战略策略和具体举措始终把人民的生命安全和身体健康放在第一位、把医疗救治工作摆在第一位，十分注重在疫情防控工作中加强心理疏导、保护人民的心理健康，充分发挥人民的主体性积极性创造性，紧紧依靠人民打赢疫情防控阻击战，坚持依法科学有序防控，把科技作为战胜疫情的根本支撑，高度重视党组织和党员领导干部的作用，所有这些形成了中国人民抗击疫情的中国方案。实践证明，中国抗击疫情的方案是高效的、优质的，为人类抗击疫情提供了重要的经验参照。同时，在抗击疫情的过程中，党和政府始终密切关注事态变化，深入了解民情民意，及时回应社会关切，积极解决群众最急最忧最盼的问题。疫情来势凶猛，暴露出我们在城市公共环境治理方面还存在短板死角，给抗击疫情和人民生活造成一些影响。针对疫情防控中一些地方存在的形式主义及官僚主义现象，针对一些群众因长时间隔离出现的情绪宣泄情况，针对有的干部在疫情防控工作中担当作为不力等问

① 参见古琳辉、汪玉明、侯嘉斌：《在抗击疫情中彰显人民立场》，《解放军报》2020 年 4 月 20 日。

题，党中央第一时间予以回应并及时加以解决。正是因为中国共产党始终坚持人民立场，坚持一切由人民评判，才得到了人民群众的大力支持和积极响应。

突如其来的新冠肺炎疫情，对各国来说都是一场无法独善其身、必须应对必须接受的重大考验。这场重大考验，考的是政党执政理念、人民力量、国家制度优劣、国家治理能力、国家综合实力、民族精神底蕴等。毫无疑问，中国在这场大考中交出了合格答卷。在疫情防控斗争中，中国人民也经受了磨难，提高了认识，洗礼了精神，激荡了思想，对党和国家、对中国特色社会主义的认知升华了，凝聚了更加磅礴的人民伟力。中国人民在抗击疫情的斗争中积累的宝贵经验，在疫情防控工作中体现出的新气象新品格，是我们继续奋斗、战胜疫情的宝贵财富。抗疫斗争伟大实践再次证明，中国人民所具有的不屈不挠的意志力，是我们战胜前进道路上一切艰难险阻的力量源泉。中国共产党最深厚的伟力存在于人民之中。只要我们始终坚持人民至上、紧紧依靠人民、不断造福人民、牢牢植根人民，就没有克服不了的困难，就没有越不过的坎，就没有完成不了的任务。人民伟力在抗疫实践中铸就的伟大抗疫精神，不仅是对中华民族在战胜大灾大疫过程中形成的一系列精神的承接和延续，也是中国人民万众一心、同甘共苦的集中体现。纵观整个抗击疫情的艰难历程，人民群众始终是战胜疫情和困难的基础。因此，只要我们始终坚持为了人民、依靠人民，就能无往而不胜。伟大抗疫精神正是从人民群众团结斗争的伟大力量中生长起来的。

第五章

制度优势与伟大抗疫精神

抗疫大考的制度考问 / 中国制度优势在抗疫中的有力彰显 / 伟大抗疫精神形成的制度依托

我们党之所以能够在抗击新冠肺炎疫情中有效实现集中统一领导，除了执政党自身的先进性、领导力和感召力之外，还与执政党坚实可靠的组织和制度基础密不可分。党的集中统一领导，是通过特定的组织和制度体系及其运行机制完成的。医护人员、人民解放军、科研攻关者、社区工作人员、志愿者和社会大众之所以能够迅速集结成紧密协作的战疫堡垒，也有赖于我国国家制度和治理体系的广泛动员能力和强大组织能力。习近平总书记指出："这次抗击新冠肺炎疫情斗争的实践再次证明，中国共产党是风雨袭来时中国人民最可靠的主心骨，我国社会主义制度是抵御风险挑战的最有力制度保证。"① 中国抗疫斗争取得重大决定性胜利，有力彰显了我国国家制度和治理体系的显著优势，再次表明我国国家制度和治理体系能够经得起重大突发风险的冲击和挑战。中国国家制度和治理体系，也为伟大抗疫精神的形成提供了强有力的制度依托和制度保障。

第一节
抗疫大考的制度考问

新冠肺炎疫情不仅深刻影响了全球的经济发展、就业机会、社会秩序和国际关系，还给世界各国的国家制度和治理体系带来了强力冲击和严

①《习近平在中央党校（国家行政学院）中青年干部培训班开班式上发表重要讲话强调　年轻干部要提高解决实际问题能力　想干事能干事干成事》，《人民日报》2020 年 10 月 11 日。

峻挑战。抗疫大考实际上是对国家制度和治理体系的一次全面检阅，也是对国家治理能力特别是重大突发风险应对能力的一次重大考验。从理论上讲，国家治理效能是国家制度和治理体系与外部环境互动的结果，“既表现为国家制度和国家治理体系内部诸要素协同运行的合理性，也表现为国家制度和国家治理体系与外部环境的适应性，特别是面对各种风险挑战所具有的弹性和适应性”①。同样地，抗疫效能也是国家制度和治理体系与突发疫情挑战互动的结果。抗疫效能的高低，取决于一个国家的制度和治理体系能否及时将新冠肺炎疫情控制在适度的范围内并逐步将其化解。

新冠肺炎疫情作为一种突发外生挑战，对它的应对主要取决于国家制度和治理体系内部诸要素是否能合理组合和有效运行。抗疫大考的制度考问，就是对国家制度和治理体系的价值定位、要素构成、治理能力和制度稳定性的全方位挑战。其中，价值定位是国家制度体系的伦理层面，具体包括国家制度的价值属性和社会凝聚力，代表着国家制度的精神力量；要素构成是国家制度体系的结构层面，是制度体系内部诸要素的构成状况，外化为国家制度和治理体系的优势与短板，代表着国家制度的结构有序性；治理能力是国家制度体系的行动层面，代表着国家制度的执行能力；制度稳定性是国家制度体系应对重大突发风险的结果层面，代表着国家制度体系的治理弹性和稳定性。

① 吕普生：《我国制度优势转化为国家治理效能的理论逻辑与有效路径分析》，《新疆师范大学学报（哲学社会科学版）》2020 年第 3 期。

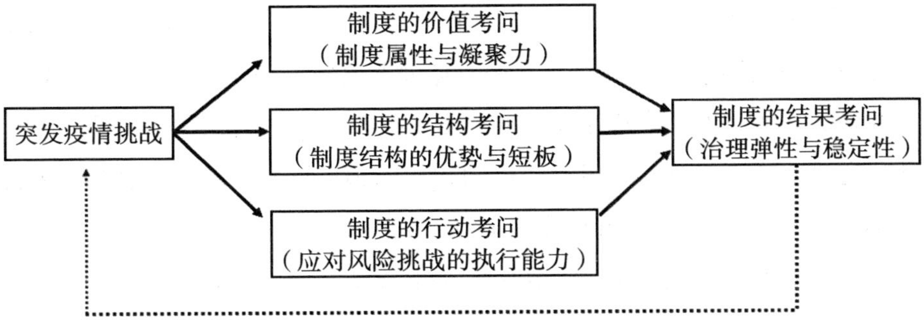

图 5-1　抗疫大考的制度考问

一、考问国家制度的根本属性和价值指向

面对全球共同的疫情挑战，世界各国采取了差异化的抗疫行动和举措，这种差异化行动源自不同的抗疫策略，而抗疫策略的制定和部署取决于各国执政党的执政理念和国家制度的价值指向。可以说，抗疫大考从根本上是在考验不同的执政理念和制度伦理。大部分国家面对疫情形势的变化都会调整自己的战略和策略，其中应对疫情的首选方案最能反映出各自的抗疫理念和制度伦理。从全球范围看，疫情暴发初期最具代表性的“首选”抗疫方案主要有以下三种。

第一种是以中国为代表的“应治尽治”（或“人民至上”）方针。2020 年 1 月 20 日，在新冠肺炎疫情暴发之初，习近平总书记专门就疫情防控工作作出重要指示，要求各级党委和政府及有关部门把人民群众生命安全和身体健康放在第一位，采取切实有效措施，坚决遏制疫情蔓延势头。为落实该指示，中国共产党在抗疫初期就制定了“应收尽收、应治尽治”方针，“提出了早发现、早报告、早隔离、早治疗的防控要求和集中患者、集中专家、集中资源、集中救治的救治要求，把提高收治率和治愈率、降低感染率和病亡率作为突出任务来抓”①。习近平总书记在统筹推进新冠肺炎疫情防控和经济社会发展工作部署会议上强调，“对确诊患者应收尽收，对疑似患者应检尽检，对密切接触者应隔尽隔，落实‘四早’要求，找到管好每一个风险环节，决不能留下任何死角和空白”；“要继续加大救治力度……要加大重症患者救治力度，加快推广行之有效的诊疗方案”。② 从出生不久的婴儿到100多岁的老人，中国的抗疫举措要求不遗漏一个感染者，不放弃每一位患者，全面实现“应查尽查、应检尽检、应隔尽隔、应收尽收、应治尽治”，不计一切代价挽救每一个生命。

第二种是以意大利、法国等为代表的“选择性治疗”方案。意大利疫情暴发之初，由于病毒传播速度快，感染新冠肺炎的患者急剧增加，意大利北部伦巴第大区的医护人员、医疗物资、床位与重症患者的医疗需求之间存在严重的失衡问题，导致医疗资源遭到严重挤兑，医疗系统不堪重负、几近崩溃。在此严峻形势下，意大利被迫临时采取了“选择性治疗”方案，根据年龄和健康状况选择治疗对象，使得治愈概率低的部分重症患者和老年患者被放弃治疗。对此，意大利的一位急救医生表示，“如同‘战时状态’，我们会根据年龄和健康状况选择救治谁”；“他举例说，如果一个80岁以上的人呼吸衰竭，医生会放弃治疗，以避免占用过多医疗资源”③。相似的情况同样发生在法国。根据《巴黎人报》报道，从2020年3月下旬开始，法国大部分医院的收治能力已经趋于饱和，部分疫情重灾区已经开始“选择性”治疗确诊患者。④

---

① 习近平：《在统筹推进新冠肺炎疫情防控和经济社会发展工作部署会议上的讲话》，《人民日报》2020年2月24日。

② 习近平：《在统筹推进新冠肺炎疫情防控和经济社会发展工作部署会议上的讲话》，《人民日报》2020年2月24日。

③ 来米编译：《疫情压力下医院面临崩溃》，《欧洲时报》2020年3月11日。

④ 转引自《身在新冠病毒攻击下的法国：见证傲慢与偏见的偃旗息鼓》，《世界博览》2020年第13期。

第三种是以瑞典、英国等为代表的“群体免疫”策略。在缺乏疫苗的情况下，群体免疫就是通过大多数人（60% ～ 70% 的群体）感染痊愈后自然获得新冠病毒抗体，使得其他没有免疫力的健康个体因此受到保护而不被感染。这种策略主张让大部分社会群体回归常态，同时采取一些措施保护重症风险最大的人群。易言之，群体免疫就是任由新冠病毒自然发展。由于新冠病毒传播速度快，感染范围广，以自然感染获得群体免疫的策略并没有有效切断病毒传播途径，其重大风险在于短期内导致患者急剧增加，给医疗系统造成沉重负担，一旦发生医疗挤兑，许多患者将因得不到及时治疗而受到生命威胁。

英国是最先明确提出“群体免疫”策略的国家。2020 年 3 月 11 日，世界卫生组织宣布新型冠状病毒进入全球大流行，此后欧洲出现疫情暴发态势。在此之前，英国政府曾经发布了包含四个阶段的疫情应对规划，分别是遏制、延缓、研究以及缓解。3 月 12 日，英国首相鲍里斯 · 约翰逊在新闻发布会上正式宣布英国抗疫从“遏制”阶段进入“延缓”阶段。① 在这一阶段，英国的防疫策略是期待大部分人在隐匿性感染后无症状或仅有轻微症状，从而在人群中获得普遍免疫，其本质是通过群体免疫力来防控新型冠状病毒。不过，尽管英国政府率先提出了群体免疫策略，但由于其疫情发展速度远超预期，迫于大规模生命损失的潜在威胁和社会舆论压力，仅仅数日之后（3 月 16 日）就有所回退，采取了抗疫新政，包括呼吁民众减少不必要的人际接触、出现症状居家隔离、不支持大型聚会、建议关闭剧院和酒吧等场所。

相较于英国抗疫策略的迅速转向，位于北欧的瑞典则公开宣布并坚持了群体免疫策略。在瑞典政府看来，封锁措施对经济带来的严重负面影响将远超其好处，因此瑞典政府并未采取大规模防疫举措，而是寄希

① 《新闻分析：英国的“群体免疫”，是科学还是无奈？》，新华网，2020年3月16日，http://www.xinhuanet.com/world/2020-03/16/c_1125720713.htm 。

望于通过群体免疫来度过疫情危机。然而，群体免疫策略并未取得预期效果，瑞典成为新冠感染患者死亡病例规模相对较大的国家，尤其是养老院深受重创。欧盟统计局官方网站显示，2019 年底，瑞典总人口约为 1033 万人①，相当于中国一个大城市的人口数量。据世界卫生组织官方网站，截至 2020 年 11 月 1 日，瑞典因感染新冠病毒而死亡的病例累计达到 5938 例，每 100 万人口死亡病例为 588 例，远远高出欧洲每 100 万人口死亡 306 例的平均水平，特别是远超同为北欧国家的丹麦、挪威、冰岛和芬兰（图 5-2、图 5-3）。另外，美国政府虽然并未明确宣布群体免疫策略，但其自由放任的防疫模式实际上是群体免疫策略的一种实践变体。截至 2020 年 11 月 1 日，美国和英国每 100 万人口死亡病例分别高达 689 例和 686 例，远远高于全球 153 例的平均水平，而中国仅为 3 例。②

上述三种极不相同的防疫方案，充分展现了不同国家执政党的差异化执政理念和人民观念，也深刻折射出不同国家制度体系的根本属性和价值指向。

第一，应治尽治方针奉行的是人民至上、生命至上的价值准则。中国的应治尽治方针是中国共产党对“以人民为中心的人权理念”③ 的坚持、贯彻与落实。突如其来的新冠肺炎疫情，使人民群众的生命权和健康权受到重大威胁。生命权和健康权是生存权的基本构成，而生存权是举世公认的首要人权、根本人权和最大人权，也是保障和实现其他人权的前提和基础。人民至上、生命至上的价值准则和抗疫实践，从根本上讲是竭尽一切所能保护所有人的生命安全、保障每一个人的生命权和健康权，既体现出生命权的优先性，也坚持了生命权的平等性。

---

① https://ec.europa.eu/eurostat/databrowser/view/tps00001/default/table?lang=en.

② 世界卫生组织官方网站，https://www.who.int/publications/m/item/weekly-epidemiolo-gical-update---3-november-2020，数据截止时间：2020 年 11 月 1 日。

③ 郭研评：《奉行以人民为中心的人权理念——谈中国新冠肺炎疫情防控中的人权保障》，《人民日报（海外版）》2020 年 3 月 17 日。

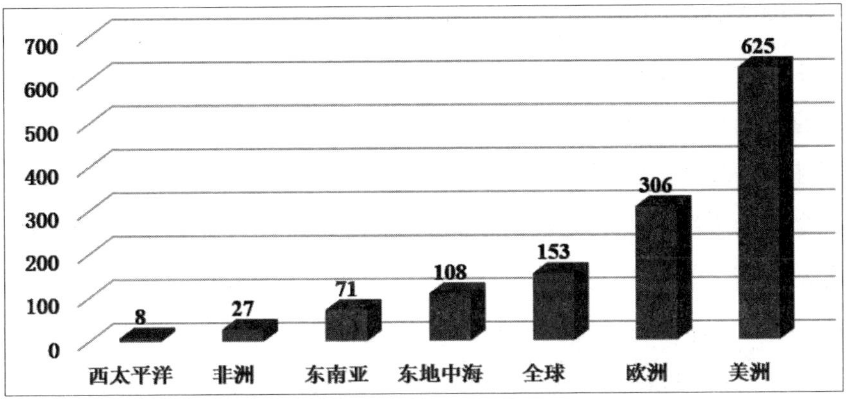

图 5-2　全球各地区每 100 万人口中感染新冠病毒累计死亡病例①（单位：人）

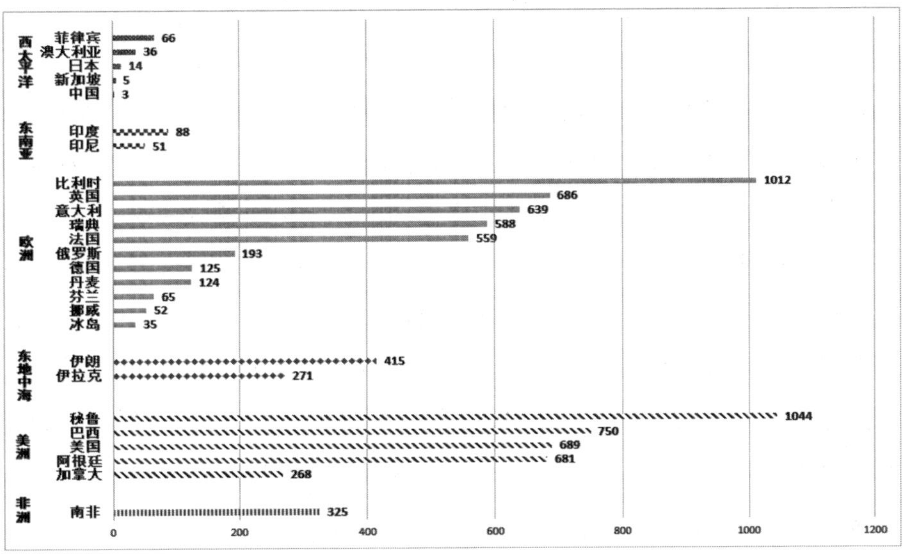

图 5-3　世界主要国家每 100 万人口中感染新冠病毒累计死亡病例②（单位：人）

① 世界卫生组织官方网站，https://www.who.int/publications/m/item/weekly-epidemiological-update---3-november-2020，数据截止时间：2020 年 11 月 1 日。

② 世界卫生组织官方网站，https://www.who.int/publications/m/item/weekly-epidemiological-update---3-november-2020，数据截止时间：2020 年 11 月 1 日。

从国家制度的价值属性看，中国的应治尽治方针将每一个人的生命权置于同等地位，体现了社会主义制度内涵的人人平等和生命平等的基本价值原则；“生命至上”的抗疫理念将人民群众的生命保护优先于医疗效率和经济发展，体现了社会主义制度内涵的以人为本的根本原则和以每一个人的生存和发展为最高目的的终极价值追求；“人民至上”的抗疫理念始终将人民的切身利益置于首位，同时通过动员人民群众实现共同抗疫，体现了社会主义制度内涵的人民主权和人民中心原则。

第二，选择性治疗方案隐含的是资本至上、生命分等的价值准则。一方面，资本的力量和功利主义逻辑支配着生命选择。是否有利于节省医疗资源和提高救治效率，成为是否开展医疗救治的考量依据。另一方面，选择性治疗意味着对生命价值高低的排序与取舍，渗透着“生命分类”观念。根据一些西方国家的选择性治疗方案，在穷尽一切医疗资源之前，疾病预后和生命预期成为救治取舍的判断标准，这实际上是对愈后较差感染者的生命歧视，这种歧视将患有基础疾病的群体和老年群体置于更为危险的境地。

从国家制度的价值属性看，选择性治疗折射的是一种基于功利主义原则和优胜劣汰法则的制度设计。这种价值原则将效用和效率置于首位，看似追求最大多数人的最大效用，但却允许突破人权底线，难以为生命脆弱者提供及时有效的人权保障，违背了西方启蒙思想家声称的人人平等、生命平等原则，也悖逆了生命优先、生命至上的道德律令。

第三，群体免疫策略遵循的是经济至上、物竞天择的价值准则。这些国家选择群体免疫策略的一个关键理由是，它们认为，以经济停摆方式来抗击新冠肺炎疫情，它所造成的产业停工、人员失业、经济衰退、社会失序等经济社会代价远远大于任由新冠肺炎疫情扩散所造成的损失（包括生命损失）。这种抗疫策略坚持经济至上的根本指导思想，将经济增长优先于疫情防控和人权保障，企图以最低的经济发展代价来度过疫情危机。在生命观念方面，群体免疫策略将社会大众暴露于威胁生命安全的严峻自然风险当中，要求人们以个体的微薄力量去面对自然法则的“优胜劣汰”，实际上是将物竞天择的生存竞争法则应用于人类中，大大减少了国家和政府提供安全防护、保障公民生存权利的基本义务。

从国家制度的价值属性看，群体免疫策略折射的是一种基于消极自由原则的制度设计。消极自由原则倡导最小政府理念，但在群体免疫策略下，所谓最小功能的政府并未履行基本的安全保障职能，实际上转变为消极无为的政府。当人们面对一种具有很强传染性和一定死亡率的重大突发传染病时，采用群体免疫策略看似比选择性治疗策略更为公平，但却存在放任病毒肆虐、有意将人民生命置于险境当中的伦理风险。更进一步讲，群体免疫策略本质上也并非公平的防疫方案，因为不同群体的抗疫能力并不平等，包括感染风险的不同和感染病毒之后获得救治的机会差异。体质较差者面临更大的感染风险，经济脆弱者面临更少的救治机会，而体质较差的经济脆弱者在群体免疫策略下不得不面临致命性威胁。

面对突如其来的威胁人民生命安全的新冠肺炎疫情，是否竭尽所能保障每一个人的生命权和健康权，是衡量一个执政党和一个国家是否真正维护基本人权的试金石，也是测试一个国家的制度体系是否真正以人民为中心、捍卫人民主权和保障人民安全的基本标准。

二、检视国家制度的社会凝聚力和向心力

与国家制度的价值属性密切相关的，是国家制度所孕育和展现出的精神力量。习近平总书记在纪念红军长征胜利80周年大会上曾指出：“人无精神则不立，国无精神则不强。精神是一个民族赖以长久生存的灵魂，唯有精神上达到一定的高度，这个民族才能在历史的洪流中屹立不倒、奋

勇向前。”① 在发生重大风险挑战的情况下，国家制度所涵养的人民、国家和民族的精神力量就转化为社会凝聚力和向心力。所以，新冠肺炎疫情不仅考问国家制度的价值定位，还检视国家制度是否具有强大的社会凝聚力和向心力。具体而言，社会凝聚力和向心力表现在精神共识、力量汇聚、行动一致等方面。

第一，是否具备抗疫共识的凝聚机制。重大突发疫情检验一个国家能否达成抗疫共识，凝聚万众一心的抗疫精神，同时也检验一个国家的制度体系是否具备有效的共识形成机制。抗疫共识的形成是多方认知与意志交互叠加的结果，既要求执政党与其他政党、中央政府与地方政府达成共识，也要求执政党和政府与社会民众之间精诚合作，还要求不同的社会群体对于共同的挑战有着相近的认知与判断。在疫情暴发之后，中国执政党和政府通过民主集中机制，充分吸纳专家和社会意见，很快与社会各界形成了抗疫共识，把疫情防控和保护人民生命安全视作国家头等大事，史无前例地关闭了离汉通道，全国各地也迅速采取了严格的管控措施。社会民众基于保护个人安全的自觉和维护公共安全的集体意识，普遍接受和认同了全民抗疫号召，自觉服从切断病毒传播途径的公共利益需要。

与中国形成鲜明反差的是，在美国、英国等西方国家，执政党与在野党、中央政府与地方政府在如何抗击疫情、是否实行严格的社会管控等问题上争论不休，以政治偏见排斥公共卫生专家的权威意见，错失控制疫情的最佳时期。美国联邦政府与州政府甚至相互竞争，争夺抗疫物资。一些社会民众以个人主义自由观为指导，将个人自由置于社会秩序和公共利益之上，不愿遵从居家隔离、减少出行、佩戴口罩的抗疫准则，难以形成万众一心的抗疫共识。

第二，是否具备汇聚各方力量的制度基础。重大突发疫情检验一个

① 习近平:《在纪念红军长征胜利 80 周年大会上的讲话》,《人民日报》2016 年 10 月 22 日。

国家能否集中抗疫力量，汇聚四面八方的抗疫物资，同时也检验一个国家是否具备集中力量应对重大突发风险的制度基础。尽管在疫情暴发之初人类对于新型冠状病毒的认知极其有限，但以人类医学现有的发展程度，如果采取科学的防治方案，依然有能力延缓疫情的扩散和减少疫情带来的生命损失。在疫情严重之地，科学防治方案的一个重要方面，是要在短期内汇聚足够多的医护人员、床位和医疗资源，为抗疫提供必要的生活物资保障。实际上，作为世界发展中国家，中国无论是在经济社会发展水平还是医疗救护资源储备方面，不及美、英、意等西方发达国家。以人均国民收入为例，根据世界银行的数据，2018 年中国人均国民收入为 7709.67 美元，远低于西方主要发达国家的水平——美国、英国、意大利同年人均国民收入分别为 53497.29 美元、35825.11 美元和 28832.14 美元（图 5-4）。

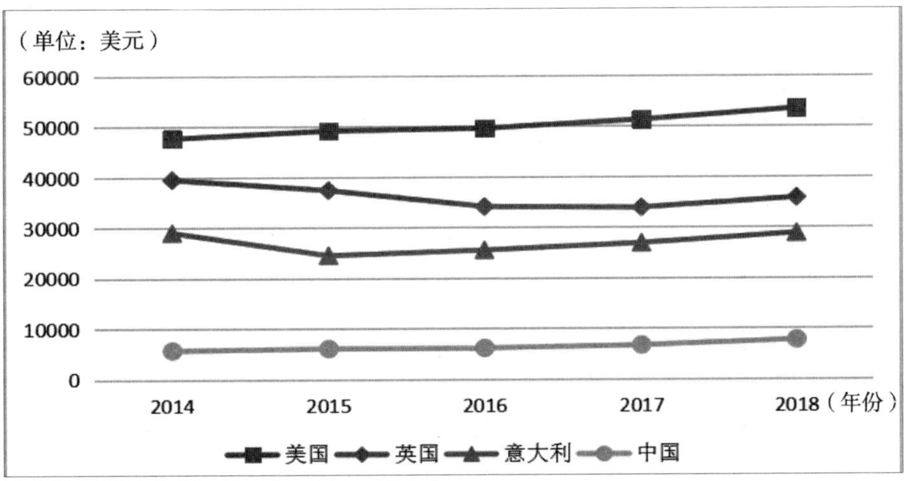

图 5-4　中国与西方主要发达国家 2014—2018 年人均国民收入对比①

① https://data.worldbank.org.cn/indicator/NY.ADJ.NNTY.PC.CD?end=1971&most_recent_value_desc=false&start=1971&view=bar.

另外，在医疗救护资源方面，中国相较于西方主要发达国家而言也面临着资源紧缺问题。2018 年，权威医学期刊《柳叶刀》（*The Lancet*）发布的关于全球 195 个国家和地区的医疗水平报告显示，中国排名位于第 48 位，而前 10 名主要是西欧国家。① 从世界银行公布的全球每 1000 人口拥有医师密度的统计数据来看，2017 年中国在医护人员配比上也落后于西方发达国家，每 1000 人口仅拥有 1.98 名医师，美国、英国和意大利分别为 2.61 名、2.79 名和 3.98 名。北欧国家的医师密度则更高，例如挪威（2017 年）为 2.83 名，丹麦和瑞典（均为 2016 年）分别为 4.01 名和 3.98 名（表 5-1）。

表 5–1　部分国家每 1000 人口的医师密度 ②

国家	医师密度	数据年份
瑞士	4.30	2017
德国	4.25	2017
丹麦	4.01	2016
意大利	3.98	2017
瑞典	3.98	2016
芬兰	3.81	2016
挪威	2.83	2017
英国	2.79	2017
美国	2.61	2017
波兰	2.38	2017
中国	1.98	2017
南非	0.91	2017
印度	0.78	2017

① Fullman Nancy, Yearwood Jamal, Abay Solomon M, et al. "Measuring performance on the Healthcare Access and Quality Index for 195 countries and territories and selected subnational locations: a systematic analysis from the Global Burden of Disease Study 2016". *The Lancet*, 2018, 391(10136): 2236-2271.

② https://data.worldbank.org.cn/indicator/SH.MED.PHYS.ZS?end=2016&most_recent_value_desc=false&start=1960&view=chart.

尽管如此，中国并没有因为医护人员和抗疫物资短缺而缴械投降，而是组织、动员和汇聚全国各地和社会各界的医护人员、抗疫物资和生活物资，举全国之力投入到疫情防控当中。与之相对照，意大利、法国的一些地区因为病床紧张、医护人员不足而采取选择性治疗策略，瑞典采取的则是任由疫情扩散的消极防疫方式，英国、美国也未充分调动社会医疗储备。这些西方国家真正匮乏的不是抗击疫情所需要的医疗资源，而是有效调配这些资源的制度安排。

第三，是否具备采取合作行动的组织基础。重大疫情挑战检验一个国家能否采取一致行动，形成共同抗疫的社会合力，同时也检验一个国家的执政党是否具备动员和协调社会民众的组织基础。社会各界的抗疫共识和凝聚的精神力量要转化为协同一致的抗疫行动，还需要动员、组织和协调多边力量的强有力组织以及相应的行动支持体系。中国之所以能够在比较短的时间内取得抗击疫情的决定性成果，一个关键因素在于中国共产党的强有力组织和正确领导，而中国共产党对于社会力量的有力组织和领导，对于人民至上、生命至上抗疫理念的有效贯彻和落实，离不开党长期以来在群众中打下的坚实执政基础。习近平总书记在全国抗击新冠肺炎疫情表彰大会上指出，“抗疫斗争伟大实践再次证明，中国共产党所具有的无比坚强的领导力，是风雨来袭时中国人民最可靠的主心骨。中国共产党来自人民、植根人民，始终坚持一切为了人民、一切依靠人民，得到了最广大人民衷心拥护和坚定支持，这是中国共产党领导力和执政力的广大而深厚的基础”①。中国人民在面对突发疫情挑战时采取的一致行动以及由此展现出的社会凝聚力和向心力，正是得益于中国共产党的组织保障以及执政党背后坚实的群众基础。

① 习近平：《在全国抗击新冠肺炎疫情表彰大会上的讲话》，人民出版社2020年版，第17页。

三、评判国家制度的显著优势和突出短板

国家制度的价值属性及其展现出的社会凝聚力，都属于国家制度的伦理层面。重大疫情挑战不仅从价值取向和精神力量上考问国家制度伦理，还从制度体系的组成结构上考验国家制度各个组成要素的优劣及其内在结构是否合理有序。可以说，通过不同国家的抗疫实践，一定程度上可以评判其国家制度和治理体系的显著优势和突出短板。

从理论上讲，国家制度体系是各项具体制度要素纵横衔接的整体。政治、经济、社会等不同领域制度要素的横向组合和中央、地方不同层级制度要素的纵向衔接，共同构成了国家制度体系。然而，国家制度体系仅仅是一种静态的制度框架，它需要特定的行动主体和运行机制才能够真正运转起来。当国家制度体系因为运转的需要而把政党、政府、市场主体、社会组织、民众等行动者纳入其中，并建立起执行各项制度的具体行动机制的时候，它就获得了治理动能进而转化为国家治理体系。① 新冠肺炎疫情对国家制度和治理体系的考问，既是对国家制度和治理体系横向组合、纵向衔接和运行机制的全面考问，也是对国家制度和治理体系中的单项要素特别是公共卫生应急管理体系的深刻考问。

在横向组合方面，重大疫情挑战涉及国家治理的众多领域和部门。就疫情防控本身而言，疾病预防、应急响应、疫情流调溯源、隔离控制、医疗救治、易感群体保护、防疫物资生产、生活物资保障、科学研究与疫苗研发等，都是应对疫情不可或缺的环节。有效的疫情防控需要管控与上述环节相关的制度或政策之间的冲突，促进相关部门之间的横向合作与协同作战。对此，中国疫情防控的有效经验，是通过党的全面领导制度

① 参见吕普生:《我国制度优势转化为国家治理效能的理论逻辑与有效路径分析》,《新疆师范大学学报（哲学社会科学版）》2020 年第 3 期。

建立联防联控机制，实现跨部门横向协同，解决传统科层制组织存在的部门壁垒问题；通过集中力量办大事的社会主义治理优势建立对口支援机制，实现跨区域协作，解决武汉和湖北其他各地市州防疫力量不足的问题。在美国等国家，疫情严重地区由于医疗资源短期内遭到挤兑，同时得不到其他州和地区的对口支援，不仅疫情难以控制，而且给当地民众生命安全带来极大威胁。除了疫情防控之外，如何统筹疫情防控与经济社会发展，也考验国家制度和治理体系中的横向组合关系与跨领域协同机制。

在纵向衔接方面，重大疫情挑战涉及不同层级制度的关系及央地关系。我国主要通过由中央向地方派出指导组和专家工作组的方式，全面指导和支持地方疫情防控工作，确保中央、省（区、市）、县、乡街、社区形成严密有序的疫情防控纵向网络。与中国的央地一体共同抗疫不同，美国中央政府与州政府之间在疫情防控上各自为政，甚至相互竞争，缺乏共识性的防疫方案和央地协同机制，暴露出联邦制在应对全国性疫情方面的明显缺陷。

四、考验国家治理主体应对风险挑战的治理能力

国家治理能力是执政党、政府等治理主体在常态和非常态情境下通过创新和执行国家制度和治理体系来处理国家发展面临的突出问题和防治风险挑战的能力。在常态治理情况下，国家治理能力表现为治理主体促进经济发展、维护社会稳定和改善社会民生的能力；在应急治理情境中，国家治理能力表现为治理主体预防和化解重大风险挑战、保护人民群众生命财产安全、减少风险带来的损失、实现风险之后的经济社会重振的能力。新冠肺炎疫情作为重大突发公共卫生事件，既考验国家治理主体在“平时”的应急储备情况，也考验国家治理主体在“战时”应对风险挑战的能力。

平时的应急储备反映国家治理主体的风险意识和应对风险挑战的势

能。具体而言，平时的应急储备包括持续强化的风险意识、应急制度储备、应急物资储备、应急人员储备和应急实战能力储备等方面。应急储备越充足，势能越高，在应急状态下就越能转化为强大的应急能力。从全球范围来看，新冠肺炎疫情反映出世界大多数国家在平时的应急储备方面都存在明显不足，尤其是在风险意识、应急物资和人员方面，平时的应急储备距离战时的应急需求还有很大差距。以风险意识为例，大多数国家都忽视了公众疫情防控知识和自我防护能力的宣传教育，以至于疫情发生以后，美、意、英、韩等许多国家仍然发生了大规模民众聚集事件，而且民众出行也不注重个人防护，甚至把佩戴口罩等防护装置与个人自由对立起来，给新冠病毒的大面积快速传播提供了机会。

战时的应急处置直接反映出国家治理主体应对风险挑战的实战能力。具体而言，战时的应急处置涉及疫情应对的各个环节：一是及时发现疫情隐患，立刻开展必要的检测，加大检测范围和力度，搜寻一切可能的感染源；二是控制感染源，对感染者严加隔离和及时救治、对发生感染的场所及时封闭管理、全面消杀；三是切断传播途径，对密切接触者进行隔离观察；四是保护易感人群，着重加强个人防护，指导不同群体在不同场合佩戴口罩或采取其他必要防护措施；五是为疫情防控提供系统性保障，尤其是在医护人员、医疗物资、生活物资等方面提供有力保障；六是疫情防控进入平稳阶段之后，有效统筹疫情防控与经济社会发展，既要重视疫情防控的长期性，也要处理好疫情防控与经济社会发展相互影响、相互支撑的辩证关系。

中国抗疫斗争实践表明，妥善处置上述6个应急环节，是我国疫情防控取得决定性成果的重要经验，也证明中国共产党具有领导全国人民应对重大突发风险的强大治理能力。反观西方国家的抗疫过程，有些国家检测范围和力度满足不了防控需要，对感染源和传播途径都疏于管控，在加强个人防护方面缺乏基本的社会共识。在意大利北部、美国纽约州等疫情严重地区，医护人员、医疗物资等缺乏持续性保障，美国纽约州为购买防疫物资甚至不得不与其他州相互竞争。

五、检验国家制度和治理体系的稳定性与治理弹性

无论是对国家制度体系的伦理和结构层面的考验，还是对其行动层面的挑战，最终都会反映在结果层面，即检验国家制度和治理体系的稳定性与治理弹性。能否在应对重大突发风险过程中保持适度的稳定性和治理弹性，是衡量一个国家制度优势和治理效能的重要标准。国家制度体系的稳定性体现在政治发展平稳、社会安定有序、经济复苏有力和国际地位提升等方面。其中，政治发展是否平稳可以通过常规政治活动的开展、政府更替是否有序以及民众政治信任的升降来衡量，社会是否安定可以通过社会秩序是否稳定和政府的社会回应性程度来衡量，经济复苏是否有力可以通过当前经济状况和未来经济预期来衡量。如果一个国家在应对重大突发风险过程中能够保持国家制度和治理体系的稳定性，也就表明其治理体系具备防治风险的治理弹性。

第一，在政治秩序方面，中西政治稳定性和政治信任度呈现出显著差异。比如，尽管因为疫情原因，中国 2020 年两会有所延缓，但仍然在 2020 年 5 月顺利召开。同年 10 月底，中国共产党如期召开十九届五中全会。新冠肺炎疫情并未从根本上影响中国的常规政治进程，也未影响中国政府和执政党政权的稳定性。中国抗疫斗争再次表明，中国共产党和中国政府具备领导全国人民应对重大风险挑战的强大能力，中国特色社会主义制度和国家治理体系也具备应对重大风险挑战的显著优势。

与中国形成鲜明对照的是，西方代表性国家不同程度地出现了政治失序现象。疫情暴发后，美国两极分化的政党政治愈发严重，民主党与共和党在抗疫问题上相互指责，把原本的党派分歧带入危机应对当中，难以形成政策共识，这种极化政治使疫情政治化，反过来成为疫情进一步恶化的助推器。在疫情与极化政治的交互影响下，美国 2020 年总统大选一度

陷入僵局，两大政党在计票和选举结果方面产生较大争议，由此引发了政治动荡。2021 年 1 月 6 日，美国首都华盛顿发生暴力示威，数百名特朗普支持者冲入国会大厦，与国会警察产生武装对峙和流血冲突，一些示威者甚至占领了参议院会议厅，导致正在举行的认证总统大选结果的国会参众两院联席会议被迫中断。同样是在 2021 年 1 月，意大利前总理伦齐领导的意大利活力党（Italia Viva）因不满政府对新冠危机和经济衰退的应对方式而退出执政联盟，使得意大利总理孔特失去在参议院的绝对多数优势。若无参议院多数席位，孔特政府将难以通过有效立法应对新冠肺炎疫情及推动经济复苏。执政联盟的部分解体，使得遭受疫情重创的意大利面临政治危机。1 月 26 日，意大利总理孔特正式递交辞呈，导致意大利陷入政府危机。

中西抗疫模式的差异及其产生的不同效果，还影响到社会民众对于执政党和政府的满意度和信任度。就满意度而言，美国学术刊物《科学公共图书馆·综合》发布的一项跨国问卷调查结果显示，在受调查的 19 个国家中，中国民众对政府抗疫举措的满意度最高。① 就信任度而言，根据美国知名公关公司爱德曼于 2020 年 7 月发布的信任度调查报告，“中国民众对本国政府信任度达 95%，较今年 1 月新冠疫情暴发初期上升 5 个百分点，在受访国家中排名第一”；美国民众虽然对本国政府的信任度较 1 月时上升 9 个百分点，但仍只有 48%，处于“不信任”区间，在受访国中列倒数第二。美国民众对政府的信任度之所以上升，是因为“民众在面临空前的健康和经济危机时，期待政府彰显领导力并给予他们希望”。② 但是，相较而言，美国民众对本国政府的信任度远远低于中国民众对本国政府的信任度。

---

① 参见张梦旭：《中国民众对政府应对疫情举措满意度最高》，《人民日报》2020 年 10 月 12 日。

② 参见《美国知名公关公司爱德曼发布信任调查显示——中国民众对本国政府信任度在受访国中排第一》，《人民日报（海外版）》2020 年 7 月 27 日。

第二，在社会秩序方面，中国的安定有序与西方社会动荡形成鲜明对比。疫情暴发之后，中国政府第一时间将新冠肺炎纳入乙类传染病范围并采取甲类管理措施，及时确立了依法防控的基本导向；各省（区、市）也依法及时制定防控政策，确保疫情防控依法有序进行。同时，中国各级政府及时发布和更新疫情信息，传播疫情防控知识，纠正和遏制谣言传播，消除民众的恐慌情绪。针对恶意哄抬物价、扰乱市场的行为，中国政府依法及时予以惩处，很快稳定了市场秩序，恢复了医疗和生活物资的有序供给。中国民众也积极参与抗疫斗争，医护人员冲在救治一线，人民解放军指战员、武警部队官兵、下沉干部、社区工作人员和志愿者等坚守防控阵地，普通民众“宅家”抗疫，全力配合疫情防控。即便是在武汉关闭离汉通道和社区封闭管理过程中，中国社会也始终保持稳定有序。

与中国形成鲜明反差的是，西方一些国家因为疫情防控爆发了不同规模的社会动荡。比如美国一些种族主义者借助疫情煽动种族主义情绪，包括亚裔在内的部分少数族裔人口面临公开的歧视、威胁或骚扰。美国社会长期存在的对于亚裔等少数族裔群体的刻板印象和种族偏见，在新冠肺炎疫情时期又有所加重。2020 年 9 月，意大利政府宣布全国封城举措之后，由于家属无法探监，意大利一些监狱发生暴动，部分监狱甚至引发火灾和人员伤亡事件。同年 11 月初，为了对抗意大利各级政府和大区对医护人员“漠不关心”的做法、呼吁政府为医护人员提供必要的健康安全和充分的权益保障，意大利全国护士联合会发起并组织持续 24 小时的全国大罢工，约 150 万个护理工作岗位受到影响。根据意大利国家高级卫生研究所统计，截至 2020 年 11 月初，由于在抗疫过程中缺少必要的防护装备，意大利已有超过 4.2 万名医护人员和医疗工作者确诊感染新冠。在第二波疫情的冲击下，医护人员的防护装备依然没有得到根本改善。①

① 参见《意大利新冠疫情持续恶化　国会批准新防疫法案》，中国新闻网，2020 年 11 月 3 日，http://www.chinanews.com/gj/2020/11-03/9329169.shtml 。

同样是在 2020 年 10 月，西班牙在宣布封城时也出现了抗议游行，随后引发暴乱，一些示威者围攻警队甚至纵火。这些社会动荡折射出西方代表性国家治理体系的漏洞以及执政当局治理能力的缺失。

第三，在经济表现方面，中西不同的抗疫方案带来迥异的经济影响。这里的关键在于如何处理疫情防控与经济发展的关系。中国方案是先按下经济“暂停键”，全力打赢疫情防控的总体战和阻击战，再统筹疫情防控与经济发展。中国共产党基于唯物辩证法基本原理，认识到“经济社会是一个动态循环系统，不能长时间停摆。在确保疫情防控到位的前提下，推动非疫情防控重点地区企事业单位复工复产，恢复生产生活秩序，关系到为疫情防控提供有力物质保障，关系到民生保障和社会稳定”。基于这种认识，在遏制疫情蔓延势头之后，中央于 2020 年 2 月 23 日召开了统筹推进新冠肺炎疫情防控和经济社会发展工作部署会，要求“既不能对不同地区采取‘一刀切’的做法、阻碍经济社会秩序恢复，又不能不当放松防控、导致前功尽弃”;而是要“分区分级精准复工复产”[①]。2020 年 4 月底之后，中国疫情防控进入常态化阶段，有力保障经济社会秩序全面恢复成为国家治理的重点任务。与中国方案不同，西方代表性国家起初将经济发展优先于疫情防控，延误了疫情防控最佳时期，随后疫情形势愈发严峻。

根据 2021 年 1 月 5 日世界银行发布的《全球经济展望》，2020 年全球经济总体衰退，GDP 增长率为 −4.3%。其中，欧元区、拉美加勒比地区和南亚地区衰退最为严重，GDP 增长率分别为 −7.4%、−6.9% 和 −6.7%；美国和日本经济也遭受重创，GDP 增长率分别为 −3.6% 和 −5.3%。东亚太平洋地区经济增速放缓至 0.9%，不过疫情对各国经济冲击的严重程度

① 习近平:《在统筹推进新冠肺炎疫情防控和经济社会发展工作部署会议上的讲话》,《人民日报》2020 年 2 月 24 日。

不太均衡。[①] 中国由于在短时间内取得抗疫重大决定性胜利，虽然2020年GDP增长率约为2.3%，但在世界主要经济体中，是少有的保持经济增长的国家。相较于美国、意大利、法国等西方代表性国家，中国经济复苏的步伐更快，意味着中国在应对重大突发风险过程中表现出更强的国家治理能力，中国国家治理体系在统筹疫情防控与经济社会发展方面也展现出更强的治理韧性。

第二节
中国制度优势在抗疫中的有力彰显

对于任何一个国家，突如其来的抗疫大考从根本上讲都是对国家制度和治理体系的深刻考问，它从制度价值、制度构成、制度执行和制度稳定性等层面对国家制度和治理体系形成了强有力挑战。在中国共产党坚强有力的领导下，中国抗疫斗争取得了决定性胜利，这也表明中国国家制度和治理体系经受住了新冠肺炎疫情的系统性考验，有力彰显了中国国家制度和治理体系的显著优势。中国成功抗击疫情的关键原因和重要经验，就在于把国家制度和治理体系优势充分转化为应对重大风险挑战的治理效能。

中国抗疫斗争从哪些方面彰显了我国国家制度和治理体系的显著优势呢？这是系统总结中国抗疫经验必须回答的问题。从抗疫斗争的实践逻辑看，推进一场抗疫斗争，首先要确立一个指导抗疫斗争方向的核心战略，然后围绕核心战略谋划总体的抗疫布局，据此制定具体的抗疫实施方案，并为抗疫方案的落实提供必要的人员、物资、技术等全方位保障。中

---

① https://openknowledge.worldbank.org/entities/publication/bb1f5ffa-044f-509a-9a61-2cd8b15c055d.

国的抗疫实践，首先确立了人民至上、生命至上的核心抗疫战略，在实践中体现为应检尽检、应治尽治，不惜一切代价保护人民生命安全和身体健康。围绕人民至上的核心战略，在党的集中统一领导下，我国构建了联防联控、群防群治的立体化防控布局。为有效落实联防联控的总体布局，党和政府根据全面依法治国的要求坚持依法有序防控，从实际出发采取了科学精准的防治方案，还通过对口支援和全民动员，为打赢疫情防控的人民战争提供了坚实的人员和物资保障。中国抗疫斗争的每一个环节，都奠基于特定的制度基础；中国抗疫斗争的每一个胜利，都有力彰显了社会主义制度优势。

一、人民至上的抗疫战略彰显以人民为中心的制度优势

中国特色社会主义制度是我国的根本制度，是坚持以人民为中心的国家制度。始终坚持以人民为中心，既是社会主义制度的根本要求和马克思主义的本质要求，也是无产阶级政党对待人民群众的根本立场。坚持以人民为中心，就是坚持人民至上原则，坚持人民主体地位，坚持人民满意标准。这种制度属性规定了党和政府在应对任何风险挑战的过程中，都必须秉持以人民为中心的根本立场和人民至上的根本原则。正因为长期奉行以人民为中心的危机治理理念和人民至上的根本原则，面对突如其来且人类对其知之甚少的新冠肺炎疫情，中国共产党才能够及时认识到病毒对人民群众生命安全构成的严重威胁，迅速确立了人民至上、生命至上的核心抗疫战略。

第一，人民至上抗疫战略坚持生命至上，把保护人民群众生命权、健康权视作首要人权、根本人权和最大人权，有力彰显了人民中心制度的价值优势。保障、维护和促进人民群众的切身利益，是我们党和国家一切工作的出发点。疫情发生后，习近平总书记多次强调，各级党委和政府及有关部门要把人民生命安全和身体健康放在第一位，坚决遏制疫情蔓延势

头。在全国抗击新冠肺炎疫情表彰大会上，习近平总书记再次指出，“在保护人民生命安全面前，我们必须不惜一切代价，我们也能够做到不惜一切代价，因为中国共产党的根本宗旨是全心全意为人民服务，我们的国家是人民当家作主的社会主义国家”①。

在疫情暴发初期，面对确诊患者、疑似患者、密切接触者的快速增长，即便是在医护人员、医院床位、医疗物资极度短缺的情况下，党和政府仍然及时果断做出了不惜一切代价挽救患者生命、保障人民身体健康的抗疫部署。早在 2020 年 1 月 25 日，习近平总书记主持召开中共中央政治局常务委员会会议时就强调，“要按照集中患者、集中专家、集中资源、集中救治‘四集中’原则，将重症病例集中到综合力量强的定点医疗机构进行救治，及时收治所有确诊病人”②。从 2 月 2 日开始，在中央指导组指导下，武汉市对确诊患者、疑似患者、发热患者、确诊患者的密切接触者“四类人员”进行分类集中管理，按照应收尽收、应治尽治、应检尽检、应隔尽隔“四应”要求开展拉网排查、集中收治和清底排查。次日，中共中央政治局常务委员会会议强调，一方面要严格落实早发现、早报告、早隔离、早治疗“四早”措施，做到防治关口前移；另一方面要全力以赴救治患者，努力“提高收治率和治愈率”“降低感染率和病亡率”③。这种“不惜一切代价”抗击新冠肺炎疫情的坚定态度和坚决行动，源自人民至上的最高抗疫宗旨，其制度基础是以人民为中心的社会主义制度，其组织基础是坚守人民立场的执政党。

第二，人民至上抗疫战略坚持人民主体性，充分动员、组织和发挥人

---

① 习近平：《在全国抗击新冠肺炎疫情表彰大会上的讲话》，人民出版社 2020 年版，第 13 页。

② 中华人民共和国国务院新闻办公室：《抗击新冠肺炎疫情的中国行动》，人民出版社 2020 年版，第 14 页。

③ 中华人民共和国国务院新闻办公室：《抗击新冠肺炎疫情的中国行动》，人民出版社 2020 年版，第 17 页。

民群众的抗疫积极性，有力彰显了人民中心制度的主体优势。人民性是马克思主义最鲜明的品格，“人民立场是中国共产党的根本政治立场，是马克思主义政党区别于其他政党的显著标志”①。马克思主义人民观不仅把人民视作价值主体，把人的解放和自由发展作为最高目的，还把人民视作历史主体、认识主体和实践主体。人民是历史的创造者、社会进步的推动者，也是社会危机的应对者。在新冠肺炎疫情防控中坚持以人民为中心，就是要充分激活蕴藏在人民群众中的创造伟力。疫情暴发以后，党中央坚持人民立场，充分发挥以人民为中心制度的主体优势，组织调动人民群众投入抗疫斗争当中。全国人民上下齐心，各尽其力，构建起全民参与、联防联控、群防群控的严密防控体系。

第三，人民至上抗疫战略坚持人民满意标准，积极发挥人民群众对抗疫行动的全面监督，有力彰显了以人民为中心的制度激励优势。疫情暴发以后，在全力做好疫情防控工作的同时，我们党和政府秉着对生命负责、对人民负责、对历史负责、对国际社会负责的态度，建立了严格、专业、高效的信息发布机制，把信息公开透明、接受人民监督作为抗击疫情的一项重要工作，在第一时间依法及时透明地发布疫情信息。一方面，我们建立了严格的疫情发布机制。武汉市从 2019 年 12 月 31 日起依法发布疫情信息，并逐步增加信息发布频次。从 2020 年 1 月 21 日起，国家卫生健康委每日在官方网站、政务新媒体平台发布前一天全国疫情信息，各省级卫生健康部门每日定时发布前一天本省疫情信息。另一方面，我们还建立了中央与地方、现场发布与网上发布相结合的分层分级新闻发布制度，多层次、多渠道、多平台持续发布疫情信息，及时回应国内外关注的疫情形势、疫情防控、医疗救治、科研攻关等热点问题。“截至 5 月 31 日，国务院联防联控机制、国务院新闻办公室共举行新闻发布会 161 场，邀请 50 多个部门的 490 余人次出席发布会，回答中外媒体 1400 多个提问；湖北

① 《习近平谈治国理政》第二卷，外文出版社 2017 年版，第 40 页。

省举行 103 场新闻发布会,其他省份共举行 1050 场新闻发布会。”① 及时准确全面发布信息，既可以回应社会关切，缓和民众的不安情绪，也可以接受人民监督，确保疫情防控始终有利于维护和促进人民的根本利益。

二、联防联控的立体防控布局彰显党的集中统一领导的制度优势

疫情防治涉及信息发布、舆论引导、公众动员、病毒检测、患者隔离、患者转运、医疗救治、病毒溯源和流调、疫苗研发、资源保障和社会稳定方方面面，单靠一个部门或一级政府无力解决，不同部门和不同层级政府各自为战也难以有效应对。为了及时遏制疫情蔓延势头，党中央很快部署了联防联控的立体防控布局，通过上下级政府联动、党政跨部门协同、多元主体的合作，形成了严密的生命安全保障网络。可以说，中国抗疫斗争的一条重要经验，就是在全国范围内迅速形成了统一指挥、全面部署、联防联控、群防群治的立体化防控布局。这种立体化防控体系的形成，得益于同时也植根于党的集中统一领导制度。具体来讲，我们党主要通过以下方面来贯彻党的集中统一领导，构建立体化防控体系。

其一，成立中央应对疫情工作领导小组，明确党对疫情防控的集中统一领导。“领导小组”是中国共产党处理经济社会等领域重要或紧急工作事项的一种临时性工作机制，其目的是强化党对重要或紧急工作事项的统一领导和统一指挥，实现对重要或紧急工作事项的权威决策部署，在此基础上统筹和整合相关部门力量，通过党的集中统一领导最终实现预期目标。2020 年 1 月 25 日，在武汉关闭离汉通道之后两天，中共中央政治局常务委员会会议决定，“中共中央成立应对疫情工作领导小组，在中央

① 中华人民共和国国务院新闻办公室:《抗击新冠肺炎疫情的中国行动》,人民出版社 2020 年版,第 55 页。

政治局常务委员会领导下开展工作”①。中央领导小组的成立，意味着疫情防控工作被纳入中央核心决策机构，从单个部门为主的工作事项转变为中央领导集体的优先决策事项，也标志着党中央开始全面领导和部署疫情防控工作。通过“领导小组”，一方面可以把党中央的意志和决策贯彻到疫情防控全过程，另一方面也可以通过党的集中统一领导调动、整合疫情防控所需的一切国家资源和力量。

其二，建立国务院联防联控机制，以跨部门协同重塑政府防控力量。国务院联防联控机制的全称为国务院应对新型冠状病毒感染的肺炎疫情联防联控工作机制，它是中国政府为应对新冠肺炎疫情而启动的中央人民政府层面的多部委协调工作平台。2020 年 1 月 20 日，根据习近平总书记指示和李克强总理要求，国务院副总理孙春兰以电视电话会议形式主持召开国务院联防联控机制首次会议，对新冠肺炎疫情防控工作进行全面部署。这次会议标志着国务院联防联控机制的正式启动。

在机构设置和职责方面，国务院联防联控机制由国家卫健委牵头，纳入的成员单位 32 个，下设疫情防控、医疗救治、科研攻关、宣传、外事、后勤保障、前方工作等工作组，分别由相关部委负责人担任组长，明确职责，分工协作，形成防控疫情的有效合力。联防联控机制的一个重要功能是打破传统的部门职能划分，根据疫情防控的实际需要和各个部门的业务专长，重新整合部门资源和力量，构建防控导向、目标明确、职责清晰、协同合作的整体性政府。

其三，向地方派出“中央指导组”，彰显党政治理结构的制度优势。为了贯彻中央对地方疫情防控的全面领导，2020 年 1 月 25 日，中共中央政治局常务委员会会议决定，党中央向湖北等疫情严重地区派出指导组（简称“中央指导组”），推动有关地方全面加强疫情一线防控工作。中央

① 中华人民共和国国务院新闻办公室：《抗击新冠肺炎疫情的中国行动》，人民出版社 2020 年版，第 14—15 页。

赴武汉指导组的工作职责包括：督导湖北把党中央决策部署贯彻落实好，指导湖北、武汉抗击疫情，为当地协调解决一些他们协调不了的重大事务，督查不作为、乱作为、不担当的问题，依法依纪要求有关方面做出整改。在疫情防控紧要关头实现中央对地方的全面领导。这有力彰显了我国在党政关系上党政治理结构的独特优势和在央地关系上的显著优势。

其四，各地成立疫情防控指挥部，形成统一领导和指挥、纵向到底、横向到边的严密防控体系。2020 年 1 月 20 日，武汉市成立疫情防控指挥部，1 月 22 日，湖北省委办公厅、省政府办公厅发出通知，成立由省委书记、省长任双指挥长的省新冠肺炎疫情防控指挥部，同时要求湖北各地参照省级指挥部成立疫情防控工作领导机构。湖北省疫情防控指挥部下设办公室和综合组、医疗救治与疾控组、物资与市场保障组、宣传组、社会稳定组、社会捐赠组等工作组。此后，湖北各地市州、区县也都相继成立了疫情防控指挥部。

从纵向上看，全国各地省、市、县三级都成立了疫情防控指挥部，其中省级指挥部接受中央指导组的领导和指导，市、县指挥部分别接受上一级指挥部的垂直领导，县级指挥部负责县域范围内所有疫情防控工作，有些乡镇也成立了疫情防控指挥部。通过各个层级的防控指挥部，集中统一领导从中央一直贯彻到基层，形成了纵向到底的组织领导体系。从横向上看，各级疫情防控指挥部从同级党办、政府办、纪委、组织部、宣传部、卫健委、疾控中心、交通运输局等党政机关和事业单位抽调精干力量，根据疫情防控的功能模块组成工作组，其运行机制类似于国务院联防联控机制。通过统一领导指挥和跨部门协同，指挥部有效整合了党政机关、企事业单位甚至社会工作力量，实现了力量重组、紧密配合、协同合作。纵向的组织领导体系和横向的协同运行机制，共同构成了纵向到底、横向到边的严密防控体系。

其五，推动党政干部下沉社区，在充实社区防控力量的同时实现群防群控。城乡社区是控制病毒传染源、切断病毒传播途径的第一道防线，是

“外防输入、内防扩散”的关键防线。因此，夯实疫情防控的社区基础，是切断病毒传播途径、保护社区居民的关键举措，也是实现疫情防控纵向到底的关键一招。

2020年2月5日，湖北省新型冠状病毒感染肺炎疫情防控指挥部发出通知，“要求各级党政机关、事业单位党员干部要下沉入驻村（社区），与村（社区）现有力量联合组成疫情防控工作队”；省委直属机关工委也发出通知，“要求省直各部门机关党委迅速与本单位社区联系点取得联系，了解社区需求，受领工作任务，安排本单位党员干部协助做好防控工作，充分发挥省直机关基层党组织战斗堡垒和党员先锋模范作用”。①全国各地也迅速推动党政机关、企事业单位党员、干部下沉社区，充分发挥党密切联系群众的制度优势，激活基层主体作用，加强群防群控，实施社区封闭式、网格化管理。据统计，全国共有3900多万名党员、干部战斗在抗疫一线，1300多万名党员参加志愿服务；中国共产党460多万个基层组织，广泛动员群众、组织群众、凝聚群众、服务群众，构筑起一座座抗击疫情的坚强堡垒。②这展现出中国共产党高效的组织动员能力和强大的危机应对能力，也彰显出党密切联系群众制度的显著优越性。

三、依法防控的有序防治思维彰显全面依法治国的制度优势

联防联控的立体化防控布局是在党的集中统一领导下，通过依法防控和精准施策等方式共同实现的。依法防控旨在实现疫情防控的规范化和有序性，进而在重大突发风险状态下维护社会稳定；精准施策旨在实现疫情防控的针对性和有效性，成功化解重大突发风险。

① 参见黄璐等：《守住社区防控第一道防线——直击党员干部下沉社区》，《湖北日报》2020年2月7日。

② 参见中华人民共和国国务院新闻办公室：《抗击新冠肺炎疫情的中国行动》，人民出版社2020年版，第75页。

面对前所未有的重大突发公共卫生事件，如果防治失当，很可能造成社会失序的重大次生风险。如何在应急状态下依法采取有效防治对策，确保社会安定有序，是执政党和政府面临的棘手挑战。为此，我们党和政府从一开始就明确，必须按照全面依法治国的要求实现依法防控、有序推进。在实践中，依法防控主要体现在以下方面。

首先是将新冠肺炎纳入国家法律法规范畴，使疫情防控有法可依。2020 年 1 月 19 日深夜，高级别专家组经认真研判，明确新冠病毒出现人传人现象。紧接着，在 1 月 20 日，国务院总理李克强主持召开国务院常务会议，根据《中华人民共和国传染病防治法》将新冠肺炎纳入乙类传染病，采取甲类传染病管理措施。这意味着我国在第一时间确立了依法防控的思维和路径。当日，国家卫生健康委员会立即发布公告，将新冠肺炎纳入传染病防治法规定的乙类传染病并采取甲类传染病的防控措施；同时将新冠肺炎纳入《中华人民共和国国境卫生检疫法》规定的检疫传染病管理。①

2020 年 2 月 5 日，习近平总书记主持召开中央全面依法治国委员会第三次会议。他强调，“疫情防控越是到最吃劲的时候，越要坚持依法防控，在法治轨道上统筹推进各项防控工作，保障疫情防控工作顺利开展”；要“从立法、执法、司法、守法各环节发力，全面提高依法防控、依法治理能力，为疫情防控工作提供有力法治保障”②。这次会议还审议通过了《中央全面依法治国委员会关于依法防控新型冠状病毒感染肺炎疫情、切实保障人民群众生命健康安全的意见》。此后，国家有关部委、地方相继出台落实意见，一些地方人大常委会也紧急立法，在国家法律和法规框架下授权地方政府在医疗卫生、防疫管理等方面采取临时性应急行政管理

---

① 参见中华人民共和国国务院新闻办公室：《抗击新冠肺炎疫情的中国行动》，人民出版社 2020 年版，第 12—13 页。

②《全面提高依法防控依法治理能力　为疫情防控提供有力法治保障》，《人民日报》2020 年 2 月 6 日。

措施。这些举措旨在将新冠肺炎纳入国家法律法规范畴，使疫情防控有法可依并依法推进。

其次是依法及时全面发布疫情防控信息，回应民众关切。2020年1月20日，在国家高级别专家组明确判断新冠病毒的人传人特征之后，习近平总书记对疫情防控作出重要指示，要求及时发布疫情信息。为此，我国严格制定疫情发布规定，建立了严格的疫情发布机制，依法、及时、公开、透明发布疫情信息，坚决防止瞒报、迟报、漏报。1月22日，国务院新闻办公室就疫情举行第一场新闻发布会，介绍疫情有关情况。全国各地发生疫情的省（区、市），也采取了新闻发布会的信息公开方式，同时每天通过官方网站和微信公众号等官方渠道发布疫情信息。在本土疫情得到控制后，武汉市还依法订正病例数据并向社会公开发布。新闻发布会和每日疫情公布成为我国疫情防控期间实现信息公开、回应民众关切、消除恐慌情绪的一种基本治理机制。此外，我国国家生物信息中心还开发了2019新型冠状病毒信息库，并于1月22日正式上线，依法发布全球新冠病毒基因组和变异分析信息，① 助力推动全球信息共享，深化国际合作，以最大程度的信息公开取得其他国家对中国抗疫的理解和支持。

再次是依法制定并适时更新防控方案，为疫情防控提供规范化和专业化指导。早在2020年1月2日，不明原因肺炎病例上报仅一周时间，国家卫生健康委就依法制定了《不明原因的病毒性肺炎防控“三早”方案》，要求疫情防控要做到“早发现、早隔离、早治疗”。在明确病原体为新型冠状病毒之后，1月15日，国家卫生健康委制定和发布了新型冠状病毒感染的肺炎第一版防控方案；1月20日，国家卫生健康委又发布了第二版防控方案；1月28日，进一步修订印发了第三版防控方案。

根据疫情形势的变化和防控重心的调整，国家卫生健康委陆续对防

① 参见中华人民共和国国务院新闻办公室：《抗击新冠肺炎疫情的中国行动》，人民出版社2020年版，第13页。

控方案进行了修订和增补。比如，3月7日，第六版防控方案及时修订补充了有关检测标准，同时增补了防范境外输入病例的相关措施。9月15日，国务院应对新型冠状病毒肺炎疫情联防联控机制综合组组织修订了第七版防控方案，其目标是指导各地做好新冠肺炎疫情的常态化防控工作，全面落实“外防输入、内防反弹”的防控策略。截至2023年1月7日，先后修订了10版防控方案。除了依法制定和更新防控以外，我国还制定了《新型冠状病毒感染的肺炎病例监测方案》《新型冠状病毒感染的肺炎病例流行病学调查方案》《新型冠状病毒感染的肺炎病例密切接触者管理方案》《新型冠状病毒感染的肺炎实验室检测技术指南》等一系列专业化操作规范，使病例监测、流行病学调查、密切接触者管理和实验室检测都有规可依，符合专业化要求。

最后依法惩治妨害疫情防控的违法犯罪行为和扰乱市场的行为，确保社会安定有序。为贯彻2020年2月5日中央全面依法治国委员会第三次会议关于依法防控疫情的意见，最高人民法院、最高人民检察院、公安部、司法部根据有关法律、司法解释的规定，于2月6日联合制定和印发了《关于依法惩治妨害新型冠状病毒感染肺炎疫情防控违法犯罪的意见》，要求用足用好法律规定，依法及时、从严惩治妨害疫情防控的各类违法犯罪行为。该意见对抗拒疫情防控措施、暴力伤医、制假售假、哄抬物价、诈骗和聚众哄抢、造谣传谣、疫情防控失职渎职和贪污挪用等数十种犯罪行为所适用的法律条款作了明确说明，为确保疫情防控期间社会安定有序提供了有力的法治保障。

四、科学防控的精准施策方案彰显实事求是尊重科学的治理优势

对于落实联防联控的立体化防控布局而言，依法防控旨在实现稳定有序，彰显了党和政府依法防控的法治理念和全面依法治国的制度优势；

而科学防控则旨在实现精准有效，得益于我们实事求是、改革创新、与时俱进、统筹全局的治理优势。尽管在疫情暴发初期科学界对于新型冠状病毒的认知非常有限，但任何病毒的出现、感染方式、传播途径和演化模式都有其特定的规律，因而对于新冠肺炎疫情的防治必须崇尚科学精神，遵循基本科学规律。随着临床医学和科学界对于病毒认知和研究的加深，防治疫情的具体方案也要随之调整变化。另外，疫情防控与经济社会发展是密切相关的，经济社会主体的活动状态会影响到疫情防控，反过来疫情防控成效也会影响到经济社会发展进程，如何统筹二者的关系也考验执政党和政府的危机应对能力。

1 月 25 日，习近平总书记主持召开中共中央政治局常务委员会会议，在尊重科学、开门问策基础上果断决策，明确提出了“坚定信心、同舟共济、科学防治、精准施策”的总要求，强调要坚决打赢疫情防控阻击战。此后，这一总要求贯穿到疫情防控的实施方案当中，体现在但不局限于以下几个方面。

第一，采用现代科学技术手段，严密开展流行病学调查和病毒研究。2019 年 12 月 27 日，湖北省中西医结合医院向武汉市江汉区疾控中心报告不明原因肺炎病例，武汉市立即组织专家，从病情、治疗转归、流行病学调查、实验室初步检测等方面情况分析，认为上述病例系病毒性肺炎。同年 12 月 31 日凌晨，国家卫生健康委员会派出工作组、专家组赶赴武汉市，开展现场调查。2020 年 1 月 3 日，国家卫生健康委员会组织中国疾控中心等 4 家科研单位对病例样本进行实验室平行检测，进一步开展病原鉴定。1 月 7 日，中国疾控中心成功分离出新型冠状病毒毒株，次日，国家卫生健康委专家评估组初步确认新型冠状病毒为疫情病原。1 月 9 日，国家卫生健康委专家评估组对外发布了不明原因的病毒性肺炎的病原信息。同时，中国向世界卫生组织通报疫情信息，将病原学鉴定取得的初步进展分享给世界卫生组织。世界卫生组织发布声明，表示在短时间内初步鉴定出新型冠状病毒是一项显著成就。1 月 10 日，中国疾控中心、中国科学院武汉病毒研究所等专业机构初步研发出检测试剂盒，武汉市立即组织对在院收治的所有相关病例进行排查。[①] 从首次报告病例，到流行病学调查、实验室检测、分离出病毒毒株、判断病原体、研发出检测试剂盒，前后不到半个月时间，既展现出中国争分夺秒应对疫情的态度和速度，也有力彰显了中国应对疫情的严谨科学精神。

基于病原体研究成果，2020 年 1 月 12 日，武汉市卫生健康委在情况通报中首次将“不明原因的病毒性肺炎”更名为“新型冠状病毒感染的肺炎”。国家卫生健康委指定的研究机构——中国疾控中心、中国医学科学院、中国科学院武汉病毒研究所——向世界卫生组织提交新型冠状病毒基因组序列信息，在全球流感共享数据库（GISAID）发布，及时做到全球信息共享。可见，中国在第一时间为全球研究病毒和抗击疫情提供了关键的病毒基因组序列信息。在后续的疫情防控中，中国还充分运用现代信息技术，通过健康码提供的人口流动信息快速识别每一个人的感染风险，借助大数据分析直接锁定并找到可能被感染的人群，大大提高了疫情防控的科学化和精准化水平。

第二，基于对病毒的认知进展和临床经验，及时发布和更新诊疗方案。在科学调查和临床分析基础上，2020 年 1 月 15 日，国家卫生健康委及时发布了新型冠状病毒感染的肺炎第一版诊疗方案，随后又根据临床经验的不断积累持续更新。1 月 18 日，国家卫生健康委发布了第二版诊疗方案，1 月 22 日发布试行第三版诊疗方案，1 月 27 日发布试行第四版，2 月 4 日至 3 月 3 日分别发布试行第五至第七版，8 月 18 日发布试行第八版，2022 年 3 月 14 日发布试行第九版。2023 年 1 月 5 日，国家卫生健康委、国家中医药局印发《新型冠状病毒感染诊疗方案（试行第十版）》。这种及时持续的更新，有力贯彻了党中央提出的科学精准防控理念，使得我国

① 参见中华人民共和国国务院新闻办公室：《抗击新冠肺炎疫情的中国行动》，人民出版社 2020 年版，第 6—9 页。

的诊疗方案更加科学、严谨，富有针对性和指导性。

第三，根据疫情防控形势的变化，不断调整疫情防控的策略和重心。比如国务院新闻办公室曾于2020年6月根据我国疫情形势变化，将当时的抗疫斗争划分为五个阶段，分别是迅即应对突发疫情、初步遏制疫情蔓延势头、本土新增病例数逐步下降至个位数、取得武汉保卫战和湖北保卫战决定性成果，以及2020年4月29日以来全国疫情防控进入常态化。①

在这五个阶段中，为了实事求是、科学精准地防控疫情，我国疫情防控的策略和重心也在不断调整。第一阶段的重心是迅速采取行动，主要防控任务是查明疫情病原和病毒基因组序列信息，研发出检测试剂盒，对病毒的传播特征作出科学判断。第二阶段的重心是做出全面部署以遏制疫情蔓延势头，提出了“坚定信心、同舟共济、科学防治、精准施策”的总要求，把疫情防控视作与病毒的战争，核心策略是科学精准打赢疫情防控阻击战。到第三阶段的时候，疫情防控工作取得阶段性重要成效，但全国疫情发展拐点尚未到来，湖北和武汉防控形势依然严峻复杂，同时经济社会发展的暂停导致经济下行压力加大。在此背景下，我国适时采取了“差异化防控”和“统筹防控”策略。从2020年2月21日起，除湖北以外的省（区、市）因地制宜陆续调低省级重大突发公共卫生事件级别，逐步取消通行限制，总体上恢复交通运输秩序，为推动复工复产做好准备。随后，2月23日，中央召开统筹推进疫情防控和经济社会发展工作部署会议，要求既要继续毫不放松抓紧抓实抓细各项防控工作，变压力为动力、善于化危为机，有序恢复生产生活秩序。在这三个阶段，中国始终保持“内防扩散、外防输出”的防控策略。

到了第四阶段，中国取得武汉保卫战、湖北保卫战决定性成果，全国疫情防控取得重大决定性胜利，但境外疫情快速扩散蔓延。面对新的疫

---

① 参见中华人民共和国国务院新闻办公室：《抗击新冠肺炎疫情的中国行动》，人民出版社2020年版，第3—35页。

情发展形势，为了应对输入性风险，我国及时调整防控重心，确定了“外防输入、内防反弹”的防控策略。自此以后，“严防境外疫情输入”成为较长一段时间内我国疫情防控的重中之重。第五阶段以来，我国境内疫情总体呈零星散发状态，局部地区出现散发病例引起的聚集性疫情，境外输入病例也基本得到控制，全国疫情防控进入常态化。2020 年 5 月 7 日，国务院联防联控机制印发《关于做好新冠肺炎疫情常态化防控工作的指导意见》，“常态化防控”成为我国疫情防控新的指导原则。在常态化防控时期，总体防控策略和重心仍然是“外防输入、内防反弹”：对外有针对性地加强输入性风险防控的重点领域和薄弱环节，严防境外疫情输入；对内加强重点地区、重点场所的防控工作。在第四、第五阶段，“外防输入、内防反弹”一直都是我国的总体防控策略，其中外防输入是重中之重。

以上事实表明，为了实现科学精准有效的疫情防控，我国防控方案、策略和重心并不是一成不变的，而是根据疫情形势变化及时加以调整。这实际上贯彻了中国共产党长期以来奉行的实事求是、因地制宜的治理原则，也反映出中国共产党坚持实事求是思想路线和认识路线的重要性和优越性。

第四，根据各地疫情的实际情况，采取分区分级差异化防控策略。2020 年 2 月中旬，全国除湖北以外疫情防控形势出现积极变化。在此背景下，国务院联防联控机制于 2 月 17 日印发了《关于科学防治精准施策分区分级做好新冠肺炎疫情防控工作的指导意见》，部署各地区各部门做好分区分级精准防控，目的是根据疫情形势逐步有序恢复生产生活秩序。该意见要求“各地要制定差异化的县域防控和恢复经济社会秩序的措施。要以县（市、区、旗）为单位，依据人口、发病情况综合研判，科学划分疫情风险等级，明确分级分类的防控策略”。该意见进一步明确了不同风险程度地区的具体防控策略。其中，低风险地区要实施“外防输入”策略，全面恢复正常生产生活秩序；中风险地区要实施“外防输入、内防扩散”策略，尽快有序恢复正常生产生活秩序；高风险地区要实施“内防扩散、外防输出、严格管控”策略。湖北省和武汉市要继续采取最严格的防控措施，坚决防止疫情扩散。①

在上述指导意见基础上，2月21日至23日，中共中央作出统筹疫情防控和经济发展、有序复工复产的重大决策。国务院联防联控机制于2月21日印发了《企事业单位复工复产疫情防控措施指南》。随着疫情形势持续向好，2月28日，国务院联防联控机制发布了《关于进一步落实分区分级差异化防控策略的通知》，总体要求是突出重点、统筹兼顾、分类指导、分区施策……不断提高疫情防控的科学性、精准性、针对性。通知区分了四类地区，要求湖北省和武汉市要全面加强疫情防控，继续实施“严格管控、外防输出、内防扩散”策略；北京市要按照“外防输入、内防扩散”策略，全力做好疫情防控工作；湖北省周边省份及浙江省、广东省、黑龙江省等重点省份要按照“外防输入、内防扩散和局部暴发、分类指导”策略，坚决遏制疫情上升势头，阻断疫情蔓延；全国其他地区要以县域为单位，实施“预防为主、外防输入、内防局部扩散”策略，结合疫情防控分区分级有序推进复工复产。②

第五，把握重点场所、重点环节和重点人群，实现精准有效防控。分区分级差异化防控是以区县为防控单元划分高中低风险区域并采取相应防控策略。为落实分区分级差异化防控策略，实现精准有效防控，我国还区分了重点防控场所、环节和人群。2020年4月6日，国务院联防联控机制印发《关于进一步做好重点场所重点单位重点人群新冠肺炎疫情防控相关工作的通知》，要求在重点场所、单位、环节和人群细化防控要求。具体而言，一是根据动态调整的应急响应级别，对不同地区、不同类型的办公场所和公共场所，因地制宜采取差异化防控措施；二是加强养老机构、

① 参见《国务院联防联控机制印发〈关于科学防治精准施策分区分级做好新冠肺炎疫情防控工作的指导意见〉》，中国政府网，2020年2月18日，https://www.gov.cn/zhengce/2020-02/18/content_5480514.htm?ivk_sa=1024320u。

② 参见《进一步落实分区分级差异化防控策略》，《人民日报》2020年3月1日。

儿童福利院、监狱、精神卫生医疗机构等特殊单位风险防范和人员防护；三是筑牢织密“外防输入、内防反弹”防线，盯紧航空运输、口岸检疫等各个环节，严格实施闭环管理措施。另外，要着重指导老年人、儿童、孕产妇、学生、医务人员等重点人群做好个人防护。①

五、众志成城的坚固抗疫防线彰显集中力量办大事的制度优势

中国抗疫斗争之所以能够快速取得重大战略成果，并取得重大决定性胜利，一个重要原因就是坚持“全国一盘棋”，充分动员和凝聚全社会力量，构筑起万众一心、众志成城的坚固抗疫防线。武汉和湖北是疫情防控阻击战的主战场，这场阻击战的成效事关全国疫情防控大局。一方有难，八方支援。面对医护人员、医疗设备、防疫物资、生活物资极度短缺的战疫困境，中国人民举全国之力实施规模空前的生命大救援，有力彰显了集中力量办大事的社会主义制度优势。

第一，全国“以省包市”驰援湖北，充分展现了我国对口支援机制的有效性。对口支援是社会主义中国在应对紧急救援、推动脱贫攻坚、促进欠发达地区经济发展等重要治理事务中形成的一种治理机制。它包括纵向上的定点支援和横向上的省际（或地市、区县）对口支援、企业对口支援。在脱贫攻坚和抗震救灾领域，对口支援已经被证明是一种有效的治理机制。

为了缓解湖北各地市州燃眉之急，党中央迅速启动省际对口支援机制。2020 年 2 月 10 日，国家卫生健康委建立省际对口支援湖北省除武汉

① 参见《国务院应对新型冠状病毒感染肺炎疫情联防联控机制关于进一步做好重点场所重点单位重点人群新冠肺炎疫情防控相关工作的通知》（国办发明电〔2020〕16 号），中华人民共和国中央人民政府官方网站，2020 年 4 月 8 日，http://www.gov.cn/zhengce/content/2020-04/08/content_5500241.htm。

以外地市新型冠状病毒肺炎医疗救治工作机制，通过“以省包市”方式，统筹安排19个省份对口支援湖北武汉以外的16个市州及县级市。具体对口支援关系如下：重庆市、黑龙江省支援孝感市，山东省、湖南省支援黄冈市，江西省支援随州市，广东省、海南省支援荆州市，辽宁省、宁夏回族自治区支援襄阳市，江苏省支援黄石市，福建省支援宜昌市，内蒙古自治区、浙江省支援荆门市，山西省支援仙桃、天门、潜江3个县级市，贵州省支援鄂州市，云南省支援咸宁市，广西壮族自治区支援十堰市，天津市支援恩施土家族苗族自治州，河北省支援神农架林区。①

在全国各省疫情防控任务繁重的情况下，19个省份除做好本省疫情防控工作之外，还集中精锐医护力量、携带医疗物资和生产生活物资驰援湖北。全国数万名医务工作者分批赶赴湖北各地市州，从改建ICU病房到专家组远程会诊危重症病人等方面，投入临床救治和疫情防控工作。国务院联防联控机制也加强资源协调，把全国各地医护资源和生活物资调度到湖北各地市州。2月11日，湖北省医用防护服首次实现供大于求。据统计，自1月24日除夕至3月8日，全国共调集346支国家医疗队、4.26万名医务人员、900多名公共卫生人员驰援湖北……人民解放军派出4000多名医务人员支援湖北，承担火神山医院等3家医疗机构的医疗救治任务，空军出动运输机紧急运送医疗物资。各医疗队从接受指令到组建2小时内完成，24小时内抵达，并自带7天防护物资，抵达后迅速开展救治。②

第二，集中力量快速建成“两山”医院，创造了中国战疫速度和战疫奇迹。为了解决传染病救治医疗床位严重不足的问题，2020年1月23日，

---

① 参见《国家卫生健康委建立省际对口支援湖北省除武汉以外地市新型冠状病毒肺炎防治工作机制》，中华人民共和国国家卫生健康委员会官方网站，2020年2月10日，http://www.nhc.gov.cn/xcs/fkdt/202002/212cadc8932249fa9961d6c312cd2026.shtml。

② 参见中华人民共和国国务院新闻办公室：《抗击新冠肺炎疫情的中国行动》，人民出版社2020年版，第64页。

武汉市决定仿照非典期间北京小汤山医院模式，按现代化标准建设一座能够容纳1000张床位的全功能呼吸系统传染病专科医院火神山医院，建成交工时间仅有10天。1月25日下午，武汉市又决定在半个月之内再建一所总体规模超过火神山医院的雷神山医院。在武汉市已经关闭离汉通道的情况下，要在10天左右时间建造两座原本需要两年以上工期的现代化传染病专科医院，无论在工程设计、人员组建、技术保障，还是在交通运输、建材供给、具体施工、医疗物资配备等方面都存在巨大挑战。

作为项目牵头负责单位，中建三局集团有限公司接到任务之后，立刻组织动员施工工人、分包队伍、供应商等各方面力量参战。他们都意识到，一张床位就能挽救一个生命；"两山"医院不仅是新冠患者的救命工程，还是武汉关闭离汉通道之后抗疫斗争的信心工程，因而是必须按期完成的任务。为了尽早完工和投入使用，我国充分发挥集中力量办大事的制度优势，从全国调集4万多名建设者和几千台机械设备，创造了"两山"医院的建设奇迹。

2020年2月2日、6日，火神山、雷神山医院先后交付使用，成为收治新冠肺炎重症患者、危重症患者的重要力量，极大地缓解了重症患者床位不足的问题。4月15日，"两山"医院平稳运行两个多月后正式关闭，完成了抗击新冠肺炎疫情的特殊使命。据统计，"火神山医院稳定运行73个日夜，累计收治病人3059人，治愈出院2961人，收治和治愈数量均为武汉市第一。雷神山医院运转2个多月来，累计收治患者2011人，其中重症和危重症千余人，康复出院1900余人"①。"两山"医院在疫情最严重的时候火速建成，不仅创造了中国战疫速度，还创造了医护人员"零感染"、医院运行"零事故"、医疗废弃物"零污染"、重症患者低死亡率的战疫奇迹。

第三，依法征用场馆建设方舱医院和隔离场所，汇聚众力托起生命方

① 《火神山医院和雷神山医院正式休舱闭院》，《人民日报》2020年4月15日。

舟。由于新冠病毒传播速度快、传播方式隐蔽，除了重症患者和危重症患者之外，还有大量轻症患者和疑似患者，而且在疫情严重时期新增患者数量陡增。如果不解决轻症患者救治和疑似患者隔离问题，就无法有效控制传染源，疫情也无法得到有效遏制。在疫情防控形势极为严峻的情况下，为了严格落实“应收尽收、应治尽治”和“早发现、早报告、早隔离、早治疗”要求，实现“宁可让床等人，也不要让人等床”，武汉市决定从2020年2月3日起征用会展中心、体育馆等公共场馆建设方舱医院，用于集中收治轻症患者。据统计，武汉市前后共建设16座方舱医院，共收治患者1.2万余人。①这大大解决了医疗床位紧张难题和轻症患者救治问题。方舱医院通过最简单的场所改动，实现了最快速度扩大收治容量的目的，在遏制新冠肺炎疫情蔓延势头方面起到了关键性作用，可谓名副其实的“生命之舱”。

与此同时，我国各省（区、市）还依法征用社区医院、酒店、职校等场所，用于隔离安置疑似患者和筛查发热患者，一方面及时隔离了潜在的传染源，另一方面有效切断了病毒传播途径。

六、坚实可靠的抗疫物资保障彰显公有制为主体的制度优势

集中力量抗击疫情，一方面需要坚强有力的组织领导和统筹协调，另一方面也需要坚实可靠的物质基础和储备丰富的医疗资源保障，至少具备应急状态下紧急生产和调配的能力。习近平总书记在抗疫表彰大会上指出，“新中国成立以来所积累的坚实国力，是从容应对惊涛骇浪的深厚底气”②。这种坚实国力之所以能够快速转化为抗疫斗争所需要的物资保

① 参见《武汉方舱医院全部休舱（来自疫情防控一线的报道）》，《人民日报》2020年3月11日。

② 习近平：《在全国抗击新冠肺炎疫情表彰大会上的讲话》，人民出版社2020年版，第19页。

障，源自我国以公有制为主体、多种所有制形式共同发展的制度优势。这种制度优势体现在抗疫斗争的诸多方面。

第一，全力以赴救治所有患者，充分彰显了我国公共医疗卫生制度的显著优势。疫情暴发以后，我们以公立医院为核心医疗力量，全力以赴救治患者，集中优势资源加强重症救治。针对疫情初期患者数量激增与床位资源不足的突出矛盾，一方面充分发挥公立综合医院的优势，集中资源和力量建设扩充重症定点医院和救治床位，将现有传染病定点医院容纳不了的重症和危重症患者转移到综合实力最强、具备呼吸道传染病收治条件的综合医院集中开展治疗；另一方面，迅速建成火神山、雷神山两座各可容纳 1000 多张床位的传染病专科医院，改扩建一批定点医院，改造一批综合医院……解决了重症患者大规模收治难题。① 除了全力以赴救治患者，湖北还在各级各类医院、基层医疗卫生机构设置发热门诊，筛查发热病人。在其他省（区、市），公立医院也是实施集中救治和设置发热门诊的核心医疗力量。我国之所以能够在相当短的时间内集中优势医疗资源，把一大批现有医院改建成收治新冠病毒感染患者的定点医院，与我国建立的立医为民的公共医疗卫生体系密不可分。

经过改革开放 40 多年的建设发展，在疫情暴发前夕，我国已经建立起从城市到农村、从综合医院到村卫生室、从医疗救治机构到卫生防疫机构的医疗卫生服务体系。具体而言，我国的医疗卫生机构包括各级各类医院、基层医疗卫生机构、专业公共卫生机构、其他医疗卫生机构。② 其中，国有和集体医院是我国各级各类医院的主体部分，即便是民营医院，也可以为公民提供公共医疗服务；基层医疗卫生机构和专业公共卫生机构都是公共医疗卫生体系的重要组成部分。根据国家卫生健康委统计信

---

① 参见中华人民共和国国务院新闻办公室：《抗击新冠肺炎疫情的中国行动》，人民出版社 2020 年版，第 49 页。

② 参见国家卫生健康委员会：《中国卫生健康统计年鉴（2020）》，中国协和医科大学出版社 2020 年版，第 1 页。

息中心的数据（表 5-2），截至 2020 年 2 月底，我国医疗卫生机构数量达到约 100.7 万个；各级各类医院约 3.4 万个，其中公立医院约 1.2 万个，约占医院总数的 35.3%；基层医疗卫生机构约 95.4 万个，其中一半左右的社区卫生服务中心（站）由政府举办，98.7% 的乡镇卫生院是公立卫生院；另外，专业公共卫生机构约 1.6 万个，这类机构都具有显著的公共属性。

表 5–2　全国医疗卫生机构数（个）①

	2019 年 2 月底	2020 年 2 月底	增减数
医疗卫生机构合计	999119	1006931	7812
一、医院	33125	34104	979
1. 公立医院	11960	11915	–45
2. 民营医院	21165	22189	1024
二、基层医疗卫生机构	945171	953896	8725
1. 社区卫生服务中心（站）	35041	34818	–223
（政府办）	17708	17366	–342
2. 乡镇卫生院	36440	36084	–356
（政府办）	35959	35609	-350
3. 诊所（医务室）	229554	241884	12330
4. 村卫生室	621700	616065	–5635
三、专业公共卫生机构	18089	16050	–2039
其中，疾病预防控制中心	3451	3398	–53
四、其他机构	2734	2881	147

从医疗卫生机构提供的医疗服务来看，我国绝大部分医疗服务都是由公立性质的医疗卫生机构提供的，充分彰显出公共医疗卫生机构在我国医疗卫生服务体系中的核心地位和支柱作用。以 2019 年 1—11 月期间全国医疗服务情况为例（表 5-3），公立医院提供诊疗服务约 28.9 亿人次，占全国医院提供诊疗服务总人次的 84.9%；公立性质的社区卫生服务中

① 参见国家卫生健康委员会统计信息中心：《2020年2月底全国医疗卫生机构数》，国家卫健委官方网站，2020 年 4 月 17 日，http://www.nhc.gov.cn/mohwsbwstjxxzx/s7967/202004/dbb989c911084e88a801aed974f5baf8.shtml。

心（站）提供诊疗服务约 5.2 亿人次，占社区卫生服务中心（站）提供诊疗服务总人次的 70.8%；公立性质的乡镇卫生院提供诊疗服务约 9.9 亿人次，占乡镇卫生院提供诊疗服务总人次的 99.1%。这组数据充分表明，公立性质的医疗卫生机构提供了绝大部分医疗服务，在我国医疗卫生服务领域至关重要，也为我国抗击新冠肺炎疫情提供了坚实的医疗基础和可靠的制度根基，有力彰显了社会主义公共医疗卫生制度的显著优越性。

表 5–3　全国医疗卫生机构医疗服务量①

	2018 年 1—11 月诊疗人次数（万人次）	2019 年 1—11 月诊疗人次数（万人次）	诊疗人次增长（%）
医疗卫生机构合计	753666.1	774544.7	2.8
一、医院	322928.5	340478.4	5.4
1. 公立医院	275645.2	288948.5	4.8
2. 民营医院	47283.4	51529.8	9.0
二、基层医疗卫生机构	402452.9	404327.8	0.5
1. 社区卫生服务中心（站）	69449.3	72788.6	4.8
（政府办）	49226.2	51559.8	4.7
2. 乡镇卫生院	94367.4	99750.9	5.7
（政府办）	93653.3	98818.5	5.5
3. 诊所（医务室）	59910.0	63140.0	5.4
4. 村卫生室	164170.0	152660.0	-7.0
三、其他机构	28284.7	29738.5	5.1

第二，确诊和疑似患者诊治费用由公共财政承担，有力彰显了为民所有、为民所享的社会主义公共财政制度的显著优越性。疫情暴发以后，为避免因医疗费用问题影响规范救治和疫情防控，党中央作出重大决策，要求不计一切代价救治所有患者，免除疫情防控期间新冠肺炎确诊患者、疑

① 参见国家卫生健康委员会统计信息中心：《2019年1—11月全国医疗服务情况》，国家卫健委官方网站，2020 年 1 月 17 日，http://www.nhc.gov.cn/mohwsbwstjxxzx/s7967/202001/55e9bcc9829e41278ea29d15e2ad10c1.shtml。

似患者的检查和治疗费用。为此，中国政府从政策和资金两方面为患者诊治和疫情防控提供了坚强后盾。

在政策支持方面，财政部、人社部、国家医保局、国家卫生健康委等部门围绕患者救治、医务人员补助和防疫物资保障出台相关政策。其中，有关患者救治费用，相关政策规定，对新冠肺炎患者（包括确诊和疑似患者）发生的医疗费用，在基本医保、大病保险、医疗救助等按规定支付后，个人负担部分由财政给予补助。还出台了“两个确保”政策：确保患者不因费用问题影响就医，确保各地不因资金问题影响医疗救治和疫情防控；对确诊和疑似患者实行“先救治、后结算”。① 为落实相关政策，我国还采取了有针对性的“三免”措施，即免除支付目录、支付限额、用药量的限制。②

2020 年 3 月 17 日，武汉市疫情防控指挥部发布文件，对“新冠肺炎疫情防控期间”涉疫人员筛查、诊治费用的承担方式做出了更为明确规定：（1）凡在武汉地区定点医院发热门诊留观的患者，留观期间的门诊费及前期的检查、诊查费用由政府负担；（2）凡在武汉地区隔离点收治人员、进住康复驿站观察人员（含出院后复查），相关医疗费用由政府负担；（3）凡在武汉地区住院的新冠肺炎确诊病例、疑似病例、核酸检测双阴患者，其住院期间所产生的个人负担医疗费用（含肺炎及其他合并的基础疾病治疗，但不包括器官移植、整形等其他特殊诊疗费用），对参加基本医疗保险的费用扣除基本医保、大病保险、医疗救助等按规定支付后，个人负担部分由政府负担；对未参加基本医疗保险但有固定单位，享有其他保障方式的患者，相关医疗费用从原医疗报销渠道解决；其他未参加基本

---

① 参见中华人民共和国国务院新闻办公室：《抗击新冠肺炎疫情的中国行动》，人民出版社 2020 年版，第 53 页。

② 参见《中共中央　国务院关于深化医疗保障制度改革的意见》，新华社 2020 年 3 月 5 日。

医疗保险的患者，相关医疗费用由政府负担。① 这些规定明确了政府将为境内确诊和疑似患者的诊治费用兜底，彻底打消了患者和医疗卫生机构的顾虑。

在资金保障方面，为确保全国疫情防控有序推进，国家财政及时预拨疫情防控资金。2020 年 2 月 3 日，国家用于疫情防控的财政拨款已达 665.3 亿元。② 截至 2020 年 5 月 31 日，全国各级财政共安排疫情防控资金 1624 亿元③，为疫情防控提供了强有力的资金保障。就医保资金拨付而言，截至 2020 年 7 月 19 日，全国新冠肺炎确诊和疑似患者发生医保结算 13.55 万人次，涉及医疗费用 18.47 亿元，医保支付 12.32 亿元，支付比例达到 67%④。据统计，我国新冠肺炎确诊患者人均医疗费用约 2.3 万元。其中，重症患者人均治疗费用超过 15 万元，一些危重症患者治疗费用几十万元甚至上百万元，全部由国家承担。⑤

中国之所以能够从政策和资金两方面全力保障疫情防控和患者救治，除了执政党秉持人民至上、生命至上的防控理念外，还与社会主义公共财政制度的人民属性密切相关。社会主义公共财政取之于民、用之于民，同时也为民所有、为民所享。正因为如此，面对突如其来的风险挑战，我们才能不惜一切代价抗击疫情、救治所有患者，由国家财政承担所有患者的

① 参见《确诊、疑似、隔离、留观人员的各类费用谁出？武汉发文明确！》，湖北日报融媒体中心，2020 年 3 月 17 日，https://mp.weixin.qq.com/s/stLWs7v6wuuWMh7lE05aKw 。

② 参见金慧慧：《国家卫健委：国家已拨款 665.3 亿元用于疫情防控》，中国网，2020 年 2 月 3 日，http://news.china.com.cn/txt/2020-02/03/content_75668213.htm 。

③ 参见中华人民共和国国务院新闻办公室：《抗击新冠肺炎疫情的中国行动》，人民出版社 2020 年版，第 53 页。

④《全国新冠肺炎确诊和疑似患者医疗费用医保支付 12.32 亿元》，中国政府网，2020 年 7 月 28 日，http://www.gov.cn/xinwen/2020-07/28/content_5530699.htm 。

⑤ 参见中华人民共和国国务院新闻办公室：《抗击新冠肺炎疫情的中国行动》，人民出版社 2020 年版，第 53 页。

诊治费用。这充分彰显了社会主义公共财政制度的人民属性，展现出我国公共财政制度的显著优越性。

第三，全面激活各类公有制力量，切实发挥我国公有制为主体的制度优势。在“两山”医院建设方面，我们以公有制企业为骨干力量，不计成本开足全力。负责“两山”医院施工总承包管理的单位是作为央企的中国建筑第三工程局有限公司，在建设过程中，中国建筑集团有限公司下属9家单位紧急驰援，100多家分包单位奋力拼搏；国家电网、中国电信、中国石化等全力支援施工用电、通信、供气，保障了建设工程顺利推进。“两山”医院的建设施工主体大都为公有制企业或国家有关部委控股的股份制企业，同时公有制企业还带动了大量民营企业参与建设施工，不仅体现了社会主义集中力量办大事的巨大制度优势，也体现了公有制为主体的所有制优势。

在方舱医院建设方面，武汉市主要征用公共体育场馆、科技博览中心、国际会展中心、高职院校等相对空旷的公共场所临时改建成方舱医院，同时调集公立医院医护队伍充实方舱医院的医护人员需求。武汉市之所以能够短期内迅速建成方舱医院，一个重要的原因在于征用的场馆具有公共属性或公有性质，这大大降低了沟通、协商时间和建设成本。

此外，在交通运输保障方面，能否将全国各地的医护人员和抗疫物资及时安全转运到湖北和武汉，事关抗疫斗争的成败。为解决中转运输问题，我国以铁路、公路、水运、民航、邮政等公共交通运输网络为中枢，快速打通物资转运通道，确保抗疫物资顺利抵达湖北、送至武汉，做到应急优先、使命必达。在疫情严重的武汉市，作为国有独资公司，武汉公交集团立足交通为民，及时转变自身角色，承担起抗疫物资、医护人员、患者的转运工作，全力疏通疫情防控的“生命线”。在科研攻关方面，我国以公立科研院所和人民军队科研机构为科技骨干，注重科研攻关和临床救治、防疫实践相协同，第一时间研发出核酸检测试剂盒，加快有效药物筛选和疫苗研发，为疫情防控提供强有力的科技支撑。公共交通运输部门和科学攻关机构都具有很强的公共属性，也都是抗疫斗争的重要保障力量。他们不计成本保障抗疫，展现出社会主义公有制为民所有、为民所用的显著优越性。

第四，有效运用多元社会力量，充分彰显了多种所有制并存的制度优势。多种所有制形式共同发展的制度安排并不局限于公有制力量，各类民营企业、民办医院、慈善机构、社会组织和志愿者积极贡献力量，为抗疫斗争提供了大量人力资源、防疫设备和生活物资。

改革开放以来，以公有制为主体、多种所有制经济共同发展的基本经济制度，为我国积累了雄厚的物质基础，建立了完整的产业体系，形成了强大的科技实力和丰富的医疗资源储备，从而为抗击新冠肺炎疫情奠定了坚实的国力基础。中国的伟大抗疫实践表明，以公有制为主体、多种所有制经济共同发展的所有制形式，具有把社会主义制度和市场经济相结合、不断解放和发展生产力的制度优势，能够为国家应对重大突发风险提供坚实的物质保障。

中国抗疫实践在充分彰显社会主义制度优越性的同时，也反映出治理体系存在一些短板和弱项，特别是在公共卫生应急管理体系方面还存在一些体制机制漏洞，在应对生物安全风险方面还需要着力提升防御能力，在基层社区治理方面还存在工作力量不足等突出问题。推进国家治理体系和治理能力现代化建设，必须汲取抗疫斗争当中的经验和教训，加快补齐治理体系当中的短板弱项，完善各方面体制机制建设，着力构建“平战结合、转换有序”的应急管理体系，提高应对重大突发公共卫生事件等外部风险挑战的能力和水平。

第三节
伟大抗疫精神形成的制度依托

中国伟大抗疫斗争取得重大决定性胜利，充分表明我国国家制度和治理体系经受住了新冠肺炎疫情的系统性考问，从多个层面有力彰显出中国特色社会主义制度的显著优势。中国特色社会主义制度和治理体系，为伟大抗疫精神的凝聚与形成提供了强有力的制度依托和制度保障。

一、以人民为中心的制度属性孕育生命至上的抗疫宗旨

中国之所以能够形成人民至上、生命至上的抗疫宗旨，一个关键的原因是党和政府始终坚持以人民为中心的根本立场，而这种根本立场的制度基础，是以人民为中心的社会主义制度；其组织基础，则是全心全意为人民服务的中国共产党。以人民为中心的国家制度，要求国家治理的一切活动必须始终把人民利益放在首位。面对突如其来的疫情威胁，人民群众的生命安全和身体健康就是其根本利益；保障和维护人民利益，就是不惜一切代价保障人民群众的生命安全和身体健康。保护人民的生命安全包括两个层面：一是不惜一切代价救治所有患者；二是不惜一切代价同时以科学精准的方式降低人民群众感染病毒的风险。这也决定了我国抗疫斗争是在医疗救治和疫情防控两个战场上的斗争。

习近平总书记在全国抗击新冠肺炎疫情表彰大会上强调："在保护人民生命安全面前，我们必须不惜一切代价，我们也能够做到不惜一切代价，因为中国共产党的根本宗旨是全心全意为人民服务，我们的国家是人民

当家作主的社会主义国家。”[①]这阐明了坚持生命至上抗疫宗旨、铸就生命至上抗疫精神的两个层面，即我们为什么“必须”不惜一切代价坚持生命至上，以及我们为什么“能够”做到不惜一切代价坚持生命至上。

一方面，坚持生命至上的抗疫宗旨是一种内在的必然要求，这种必然要求源于中国共产党全心全意为人民服务的政党属性和社会主义国家以人民为中心、一切为了人民的制度属性。这两种属性决定了必须把人民的根本利益置于首位，因而要求我们面对疫情威胁时“必须不惜一切代价”保护人民生命安全。

另一方面，坚持生命至上的抗疫宗旨有其特定的实践保障，包括组织保障、国力保障和制度保障。其中，组织保障是指中国共产党作为国家执政党具有坚强的领导力、广泛的群众动员力、强大的组织协调和危机治理能力；国力保障是指我国改革开放40多年积累的雄厚物质基础、建立的完整产业体系、形成的强大科技实力、储备的丰富医疗资源为疫情防控提供了坚强支撑；制度保障是指人民当家作主的社会主义制度既是一切为了人民的制度，也是始终能够依靠人民伟力战胜危机挑战的制度。正因为上述三重保障，所以我们“能够做到不惜一切代价”保护人民生命安全。

二、集体主义的文化和制度基因凝聚举国同心的抗疫力量

举国同心是一种强大的精神力量，支撑这种精神力量的，是一种强有力的集体主义信念。我们的集体主义信念把个人权利与集体利益视作相互支撑的两个方面，既尊重和珍视个体的自由与权利，也强调国家、民族和集体的共同利益，特别是事关每一个人生存与发展的整体性利益。这种集体主义信念既存在于中华民族的文化传统当中，也存在于中国共产

---

① 习近平：《在全国抗击新冠肺炎疫情表彰大会上的讲话》，人民出版社2020年版，第13页。

党的组织原则和社会主义国家的制度基因当中。

第一，集体主义是中华民族的文化基因。举国同心伟大抗疫精神的形成，有着深厚的集体主义文化基础。这种文化基础中最为重要的要素是中华民族共同体意识和患难与共的依存观念。每一位中国公民、中国的每一个民族及其成员，都是中华民族共同体相互依存、不可或缺的组成部分。中华民族共同体是在中国各族人民交往交流交融过程中形成的，因而是中国人民和中国各民族成员的共有精神家园，是中国人民和中国各民族成员理解自身和看待他者的意义世界，是最深层次的精神归属。这种精神归属塑造了全体成员患难与共的依存观念，也决定了其中的任何一个人都不会将中华民族面临的危机和挑战置身事外。当中华民族遭遇百年来最严重的传染病大流行时，每一个中国人都把个人冷暖、集体荣辱、国家安危、民族存亡融为一体。在集体主义的文化涵养中，每一个共同体成员都清楚地知道，保卫国家和民族，就是保卫我们自己，个人、集体、民族、国家唇齿相依。

第二，集体主义是中国共产党的组织基因。举国同心伟大抗疫精神的形成，有着坚固的集体主义组织基础。崇尚集体是中国共产党的基本组织信念。中国共产党是中国工人阶级、中国人民和中华民族的先锋队，是中国特色社会主义事业的领导核心。这意味着中国共产党从来把自己看作来自人民、服务人民的先锋队组织，而且坚信应该通过先锋队组织的力量实现社会主义事业目标，因而有着一种强烈的集体主义信念。

集体主义体现在中国共产党的组织原则中。《中国共产党章程》在第二章“党的组织制度”第十条规定：“党是根据自己的纲领和章程，按照民主集中制组织起来的统一整体。”民主集中制是党的根本组织原则，既充分发挥各级党组织和广大党员的积极性创造性，也保证党的决定得到迅速有效的贯彻执行。易言之，民主集中制旨在确保中国共产党成为一个始终保持先进性和统一性的先锋队组织。在中国特色社会主义事业建设过程中，难免会遇到各种风险和挑战，兼具先进性和统一性的中国共产党，正是领导和团结全国各族人民战胜困难、化解风险挑战的主心骨。

集体主义还体现在中国共产党的领导方法和行动方案中。无论是建设社会主义事业还是应对各种风险挑战，领导和团结各方面力量，都是中国共产党的基本行动方案。正如党章所要求的，中国共产党必须同全国各民族工人、农民、知识分子团结在一起，同各民主党派、无党派人士、各民族的爱国力量团结在一起。党章还强调："我们党的最大政治优势是密切联系群众，党执政后的最大危险是脱离群众。"因此，中国共产党必须始终坚持群众路线，一切为了群众，一切依靠群众。在应对新冠肺炎疫情过程中，我国抗疫斗争取得决定性成果的一条重要经验，就是党领导和团结全国各族人民共同抗疫，特别是在紧紧依靠人民群众方面，中国共产党发挥密切联系群众的组织和制度优势，广泛动员群众、组织群众和凝聚群众，汇聚起抗击疫情的人民伟力。

第三，集体主义是社会主义制度的制度基因。举国同心伟大抗疫精神的形成，依托于以集体力量实现全体成员共同发展的社会主义制度。马克思和恩格斯在《共产党宣言》中深刻指出了未来社会的本质："代替那存在着阶级和阶级对立的资产阶级旧社会的，将是这样一个联合体，在那里，每个人的自由发展是一切人的自由发展的条件。"① 这种社会是消灭了依附和剥削关系、消灭了少数人统治的社会，是全体成员平等、互动、互补、互助与合作的人类联合体，因而是真正的共同体。有学者指出，《共产党宣言》关于未来社会的命题，总体上构成了一个彻底的集体主义命题。② 在《共产党宣言》中，马克思和恩格斯还进一步指出，实现这种未来社会的基本途径是"全世界无产者，联合起来"。也就是说，无产阶级必须团结起来共同抗争，才能实现自身的彻底解放。

由此可见，集体主义不仅是社会主义社会的发展目标，还是一种实现

① 马克思、恩格斯：《共产党宣言》，人民出版社 2018 年版，第 51 页。

② 参见叶汝贤：《每个人的自由发展是一切人自由发展的条件——〈共产党宣言〉关于未来社会的核心命题》，《中国社会科学》2006 年第 3 期。

社会主义目标的有效途径。集体主义就蕴含在社会主义制度当中，是其不可剥离的制度基因。基于集体主义制度基因，我国形成了集中力量办大事的治理模式，这也是我国国家治理体系的显著优势。在抗击新冠肺炎疫情过程中，我们正是充分发挥集中力量办大事的治理优势，才得以迅速集结全社会力量，构筑起众志成城的坚固抗疫防线，并在抗疫斗争中铸就举国同心的伟大抗疫精神。

三、褒扬奉献牺牲的制度导向呵护舍生忘死的抗疫决心

2020 年 1 月 7 日，中国疾控中心成功分离出新型冠状病毒毒株。次日，国家卫生健康委专家评估组初步确认新型冠状病毒为疫情病原。这是人类历史上首次发现新型冠状病毒。作为一种全新的病毒，人类起初对它的认识非常有限，而从传染特征和感染后果看，新型冠状病毒的传播速度特别快，所有人都存在感染风险。对于这种新发现的病毒，一开始人类既没有特效药，也没有疫苗，这意味着病毒将会危及全体人民的生命安全。无论是医护人员还是其他一线防控人员、志愿者，都可能暴露于病毒环境当中，因而都会有更大的感染风险和生命风险。与这种具有高风险的病毒作斗争，必须具有强大的精神力量，必须要有舍生忘死的抗疫决心。

这种不惧生死、舍生忘死的抗疫精神所折射的，是中国人民和中华民族舍生取义的生死观、义利观和使命观。舍生取义是中国传统文化、革命文化和社会主义先进文化中一脉相承的精神力量。在中国传统文化中，正如《孟子・告子上》所言："生，亦我所欲也；义，亦我所欲也。二者不可得兼，舍生而取义者也。"在中国革命文化中，一批批革命先烈抛头颅、洒热血，无不是为了将人们从受剥削、受压迫的桎梏中解放出来，建设全新的平等的社会。正如中国共产党党员、无产阶级革命家夏明翰英勇就义前在《就义诗》中写道："砍头不要紧，只要主义真。"这种舍生取义的

生死义利观是社会主义文化的重要成分，被当代中国社会主义先进文化所传承，影响了一代又一代社会主义建设者。

从其内在逻辑看，"'舍生'是精神外化行为，'取义'和'求法'是精神内在本质。舍生取义和舍身求法，是舍生忘死的信念基础及价值魂魄"①。舍生取义首先是珍视生命、敬畏生命，珍爱自由、追求自由，其次才是以生命换正义、以生命赴使命；只有珍爱生命，所换取的正义才是值得追求的大义，所完成的使命才是崇高的使命。可见，舍生取义观念有其特定的辩证逻辑，绝非盲目地轻视生命，而是通过实现大义护佑更多的生命，它跟生命至上的观念并无内在冲突。在中国抗疫斗争中，各条战线的抗疫勇士临危不惧、视死如归，在困难面前豁得出、关键时刻冲得上，以生命赴使命，这正是舍生取义观念在抗击新冠肺炎疫情中的行为外化。

抗疫勇士们之所以具备这样的生死观、义利观和使命观，将在危难时刻为众人不顾生死、挺身而出、践行大义、履行使命视作人生的光荣，一个重要原因在于我们的制度，包括法律规章、荣誉制度、表彰机制、宣教体系等，向来褒扬那些为人民、为大义、为使命而甘于奉献牺牲的英雄。比如，《中华人民共和国英雄烈士保护法》明确规定，国家和人民永远尊崇、铭记英雄烈士为国家、人民和民族作出的牺牲和贡献；国家保护英雄烈士，对英雄烈士予以褒扬、纪念，加强对英雄烈士事迹和精神的宣传、教育，维护英雄烈士尊严和合法权益；全社会都应当崇尚、学习、捍卫英雄烈士。《烈士褒扬条例》明确规定，国家褒扬、纪念和保护烈士，维护烈士尊严荣誉，保障烈士遗属合法权益，宣传烈士事迹和精神，弘扬社会主义核心价值观，在全社会营造崇尚烈士、缅怀烈士、学习烈士、捍卫烈士、关爱烈士遗属的氛围。《中国共产党章程》《中国人民解放军纪律条令》《中华人民共和国人民警察法》等，也都倡导党员、军人、警察全心

① 参见徐奉臻：《"舍生忘死"抗疫精神的文化意蕴》，《光明日报》2020年10月22日。

全意为人民服务，为了保护国家和人民的利益，在一切困难和危险的时刻挺身而出，英勇斗争，不怕牺牲。“七一勋章”“共和国勋章”“人民英雄”等至高荣誉，常授予为党、国家和人民作出重大牺牲或贡献的个人。此外，在抗震、抗洪、抗疫等突发事件中，国家会对牺牲或表现突出的消防员、医护人员等救援人员进行表彰；《中华人民共和国突发事件应对法》等也鼓励社会力量参与救援，从制度上保障志愿者和公职人员的奉献行为。在国家宣传教育体系中，主流媒体长期宣传英雄人物故事，中小学教材会收录英雄人物事迹，歌颂奉献牺牲精神。这些具有鲜明导向的保障、激励、引导制度机制，将无私奉献、不怕牺牲的人生观、价值观融入国家治理和社会动员中，坚定了抗疫斗争中各条战线舍生忘死的抗疫决心。

四、求真务实的制度原则决定尊重科学的抗疫策略

举国同心的人民伟力展现出中国人民团结一心的精神力量，舍生忘死的抗疫决心展现出中国人民顽强不屈的意志和坚忍不拔的毅力。同这种精神力量和顽强意志一道抗击疫情的，还有求真务实、尊重科学的抗疫策略。作为一种流行病，新冠肺炎疫情有着流行病的一般特征；作为一种新发现的病毒引发的疫情，新冠肺炎疫情又有新的特点和规律。抗击新冠肺炎疫情，必须实事求是，尊重基本的科学规律。无论是新型冠状病毒毒株的分离、溯源、致病机理的探测、抗病毒药物和疫苗的研发，还是防控决策的制定（比如武汉关闭离汉通道、建设“两山”医院和方舱医院）、资源的配置、防控措施的调适（比如分区分级差异化防控），都需要秉持实事求是、因地制宜、尊重科学的精神、态度和方法。中国之所以能够仅用一个多月的时间就初步遏制疫情蔓延势头，用两个月左右的时间将本土每日新增病例控制在个位数以内，用 3 个月左右的时间取得武汉保卫

战、湖北保卫战的决定性成果[①]，正是得益于切实将尊重科学这一要求与精神贯穿到决策指挥、病患救治、技术攻关、社会治理等疫情防控的各方面和全过程。

面对突如其来、迅速蔓延和充满不确定性的新冠肺炎疫情，虽然几乎所有的国家都明白需要借助科学的力量去抗击疫情，但不同国家在科学认识疫情和采取科学防控策略方面却表现出较大的差异。中国之所以能够做到将尊重科学贯穿到防疫抗疫的各方面和全过程，关键在于以中国共产党为核心的执政施政集体牢固确立了实事求是的思想路线，在于中国国家制度和治理体系提供了因地制宜、改革创新的制度保障，在于中国人民所具备的求真务实的实践品格。

首先，实事求是的思想路线是科学抗疫的指导原则。实事求是的思想路线是中国共产党认识问题、分析问题、处理问题所遵循的最根本的指导原则和思想基础，是贯穿党的全部理论和实践的根本法则。习近平总书记曾指出："实事求是，是马克思主义的根本观点，是中国共产党人认识世界、改造世界的根本要求，是我们党的基本思想方法、工作方法、领导方法。"[②] 众多历史经验与教训反复证明，坚持实事求是，就能兴党兴国；违背实事求是，就会误党误国。面对这场来势汹汹的新冠肺炎疫情，中国的抗疫斗争始终坚持实事求是的思想路线，这就决定了我们把尊重科学作为基本的思想方法、工作方法、领导方法，把科学抗疫作为患者救治和疫情防控的基本策略。可以说，实事求是的思想路线为我国科学抗疫提供了思想基础和方法论原则。

其次，因地制宜改革创新的制度优势是科学抗疫的制度依托。为了尽可能降低疫情扩散风险，中国及时对武汉作出了关闭离汉通道的决定，

---

① 参见中华人民共和国国务院新闻办公室：《抗击新冠肺炎疫情的中国行动》，人民出版社 2020 年版，第 3 页。

② 习近平：《在纪念毛泽东同志诞辰120周年座谈会上的讲话》，《人民日报》2013 年 12 月 27 日。

随后全国各地都制定了严格的严控政策，并通过一系列分工、监督、问责等制度设计压实疫情防控任务。为了科学救治患者，在没有特效药的情况下，中国实行中西医结合，先后推出了10版全国性新冠肺炎诊疗方案。为了解决医疗床位不足问题，我们用10天左右时间新建火神山、雷神山医院。为了把轻症患者与重症患者分开救治，同时为了切断病毒传播途径，根据专家建议，决定征用公共体育馆、科技博览中心、会展中心等场所，迅速改建为方舱医院，成为遏制疫情蔓延势头的创新之举和关键之举。经过一段时间的防控努力，中国部分地区疫情形势出现明显好转，党和政府又因地制宜适时调整防控政策，制定了分区分级差异化防控策略。这既是尊重科学的内在要求，也是尊重科学的典型表现。随着疫情持续好转，又逐步推动风险较低地区有序复工复产复学。中国之所以能够根据疫情发展形势和各地的不同情况及时制定科学精准的防控政策，正是得益于中国国家制度和治理体系坚持改革创新、与时俱进的制度优势。这种制度优势使我国治理体系在坚持基本原则的前提下保持适度的治理弹性，使社会始终充满生机活力，为我国应对各种风险挑战提供了有力的制度保障。

再次，中国人民求真务实的实践品格是科学抗疫的行动保障。中国人民是具有集体主义精神和社会责任感的人民，中华民族是具有是非观念和大局观念的民族。求真务实、大局为重，是中国人民在历史长河中形成的实践品格。面对突如其来的疫情，党和政府作出了“社区封控”“场馆征用”“党政干部下沉社区”等一系列需要人们执行和配合的科学决策，发出了需要每一个人自觉遵守的“宅家”抗疫号召。这些决策和号召的目的是以科学的方法有效防控疫情，确保全体人民的生命安全和身体健康。面对这些需要一些人作出奉献的决策和号召，中国人民全力配合，万众一心，为科学抗疫提供了可靠的行动保障。

五、同舟共济的制度传统催生命运与共的抗疫理念

一方面，命运与共的抗疫精神体现为危急危难时刻中华儿女之间的守望相助。在中国疫情相对于海外疫情更为严峻的时候，众多海外同胞侨胞纷纷捐资捐物，大力支持国内的抗疫斗争。在武汉关闭离汉通道之后，中国其他省（区、市）纷纷派出医疗队伍驰援武汉以及湖北省其他地市州，众多企业、社会组织与团体乃至个人，更是合力为湖北抗疫和武汉抗疫捐赠了大量的医疗物资、仪器设备和生活物资。

另一方面，命运与共的抗疫精神体现为中国在疫情防控方面对其他国家的慷慨援助。当中国通过艰苦努力取得了抗疫斗争的决定性成果之后，西方一些国家以及许多发展中国家的疫情仍呈现出恶化趋势。此时，中国并没有袖手旁观，而是积极派出医疗援助队伍，向世界各国贡献疫情防控经验，力所能及地提供技术与物资援助。中国主张和采取的合作抗疫模式，源自命运与共的抗疫理念。如果世界疫情没有好转，中国的抗疫斗争就很难停止，中国与世界其他国家是同呼吸、共命运的人类命运共同体。2020 年 5 月 18 日，习近平主席在第 73 届世界卫生大会视频会议上指出，“人类文明史也是一部同疾病和灾难的斗争史。病毒没有国界，病毒不分种族”；“团结合作是人类战胜疫情最有力的武器”。①

中国在抗疫斗争中所铸就的命运与共的伟大抗疫精神，源自中国深厚的同舟共济、休戚与共的共同体意识和仁爱观念，以及由此演化而来的制度传统。一方面，仁义是中华民族文化的底色，中华民族儿女历来强调“老吾老以及人之老，幼吾幼以及人之幼”，讲究“扶危济困”，信奉休戚与共，践行“一方有难，八方支援”。基于这种精神传统，任何一个地方

① 习近平:《团结合作战胜疫情　共同构建人类卫生健康共同体》,《人民日报》2020 年 5 月 19 日。

遭遇危急危难，其他地方都会竭尽所能给予支援。特别是新中国成立以来，得益于中国共产党强大的向心力、凝聚力、组织力，中国在应对风险挑战和解决经济社会发展重大难题时，更是涌现出了不少风雨同舟共患难的经典事例，逐渐形成了稳定的命运与共的实践传统，构建起了集中力量度危机、化风险的制度体系。另一方面，中国历来注重友睦邻邦以及与其他国家合作共赢、互利互惠。改革开放特别是21世纪以来，中国经济发展机遇期的获得、中国当前国际地位以及在处理全球事务中的话语权的获得，离不开众多国家的支持。正因为如此，中国近年来先后提出了“一带一路”倡议和人类命运共同体理念，并逐渐使之制度化和体系化，为命运与共的伟大抗疫精神的形成提供了坚实的精神文化基础和制度依托。

中国抗疫实践再次表明，中国之“治”关键在于中国之“制”。在建设社会主义现代化强国的新征程中，我们必须深刻认识中国特色社会主义制度和国家治理体系的显著优势，一方面要补齐国家治理体系的短板弱项，提升国家治理制度化水平，扩充国家制度的优势要素；另一方面要充分激活国家制度和治理体系的内在优势，把我国制度优势更好转化为国家治理效能，为建设社会主义现代化强国夯实制度基础。

第六章

决胜之地与伟大抗疫精神

壮举与创举：武汉战场上的“中国之路”／武汉关闭离汉通道：人类抗疫史上最勇敢的一次选择／“两山”医院：震惊世界的中国速度和中国奇迹／创造方舱：武汉战疫的宝贵经验／社区防控与治理：武汉战疫的重要探索

武汉和湖北是中国抗疫的主战场、决胜之地，武汉胜则湖北胜，湖北胜则全国胜。在党的坚强领导下，以伟大抗疫精神为内核和动力，以强大治理能力为保障，以人民至上为指引，形成了武汉能够有效组织开展疫情防控人民战争、总体战、阻击战的制胜密码，使我们仅用三个月左右就取得了武汉保卫战、湖北保卫战的决定性成果。同时,作为全国曾经“封控”时间最长、“重启”时间最晚、受疫情影响最大的城市，武汉的疫后重振也取得了积极成效。2020 年武汉经济总量达到 15616.1 亿元，从一季度地区生产总值断崖式下降 40.5% 恢复到全年下降 4.7%，进出口逆势增长 10.8%，坚持稳中求进，稳住了经济基本盘。武汉 2020 年 GDP 总量全国排名位列第九，2021 年 GDP 实际增速达 12.2%。2021 年阻击新冠病毒变异毒株“德尔塔”的战斗中，从发现病例到转为全域低风险，武汉在不到一个月的时间里速战速决速胜。事实证明，抗疫决胜之地充分彰显了抗疫精神的伟大力量，为抗疫斗争取得重大决定性胜利作出了重大贡献。

第一节
壮举与创举：武汉战场上的“中国之路”

习近平总书记在总结中国抗疫斗争积累的重要经验和深刻启示时，曾多次提及武汉和湖北，对武汉和湖北人民在抗疫中的识大体、顾大局，不畏艰险、顽强不屈表达了充分的肯定。在这场艰苦卓绝的抗疫斗争中，武汉战疫成为一个历史的标杆。

深入了解英雄城市从疫情防控重中之重到抗疫“风向标”的重要转

变，从一度“暂停”到“涅槃重生”的英雄历程，并从中窥见中国为世界作出的贡献，为历史和人类作出的贡献，从而找到蕴含其中的根本动力和伟大精神，有利于发掘“武汉样本”治理逻辑的标志意义。

一、“武汉战疫”的内在逻辑：制度设计与制度自信

武汉抗疫乃至整个中国抗疫的成功，从动力与路径上而言，是制度设计与制度实践的伟大成果。回溯人类历史的发展，制度建设从来都是根本性的重大问题。一个国家的兴衰成败，制度建设是关键。当国家和社会发展处于重大变化，以及重建和发展期时，制度也会随之变迁发展。本次武汉战疫实践以及中国抗疫的全胜，鲜明彰显出国家的制度设计、制度建设、制度实施之伟大，体现出高度的制度自信，充分显示出国家的制度设计与执行力具有极大的适应性，因此能应对突发变化、解决重大问题、确保国家和社会的科学发展与长治久安、确保国家和社会发展充满活力、确保人民福祉。

武汉抗疫一开始就遭遇巨大的难度。比如疫情蔓延之初，重大难点至少有两个：病源与传播路径的不确定性、春运期间人员的流动性。前者需要医学研究的深入，短期难以突破；后者需要最短时间切断病毒传染链条，防止病毒扩散、变异。

党和国家果断采取举措：关闭离汉离鄂通道。这是在对病毒认知有限情况下，实现的物理隔离，从而把疫情封控在局部地区。然而，一个城市的正常运行离不开内外部人力、资源、能源、信息等的交换与交流，关闭离汉通道意味着整个城市几近“停摆”。关闭离汉通道之后，在有限而关键的时间里，如何控制疫情的进一步扩散？如何保证已感染者得到及时救治？如何保障未感染民众的基本生活需求？如何平稳度过封控管理期？

协同治理机制便是解决问题的关键。在整个武汉抗疫过程中，全政

府、全社会抗疫与治理的制度设计发挥了重要作用。疫情协同治理机制的核心特点是政府主导、全民参与。全政府、全社会抗疫成为此次中国抗疫的典型特点。面对疫情，党和国家以保护人民生命为原则，采取非常态治理措施，各级政府建立统一高效的应急平台，实现事件预警、社会动员、快速反应、应急处置的整体联动。

特殊时期的制度执行还体现出政府执政能力强的优势。新冠病毒的突然而至，是对我国突发事件应急管理机制的重大考验。整个抗疫过程中，国家由上而下，通过国家体系、区域体系、基层体系，分阶段建设和完善集预防与应急准备、系统监测与预警、应急处置与救援等于一体的应急体系和工作机制，最终武汉战场提交了一份英雄的答卷。

二、武汉抗疫图景：独特的抗疫历程，珍贵的抗疫成果

发生在武汉战场上的抗疫图景，是一次独特的抗疫历程，也形成了珍贵的抗疫成果。

2020 年，新冠肺炎疫情在全球大流行，不同国家在应对疫情时，采取了各不相同的抗疫措施。欧美国家在此次抗疫过程中，呈现出资本主义社会自由至上的价值取向，政府举措有限，且执行力差，在美国甚至呈现出杂乱无章、不知所措的状态。疫情暴发初期，西方国家大多持“隔岸观火”的态度，严重低估了疫情可能对本国带来的影响，因此错过了通过物理隔离方式阻止疫情在本国传播扩散的最佳时机。意大利、西班牙、德国等欧洲国家意识到疫情的严重性，实行“封城令”，但相关措施难以落实，街道人头攒动，聚会屡禁不止。美国在抗击疫情这项关乎民众生存健康问题的大事件上，尽显资产阶级政客的丑恶嘴脸；抗疫政策朝令夕改，执行防疫措施时差别对待；推诿防控不当的责任，甚至栽赃嫁祸中国，联合反华势力要求中国对“引发疫情”进行赔偿……大多数欧美国家在整个抗疫过程中，始终没能找到科学、统一和行之有效的举措，中央政府与地

方政府之间、政府与医疗卫生系统之间经常意见相左，难以协调，向民众公布形式各异的防控办法，有些甚至彼此矛盾、难以执行。

面对突发的来势凶猛的疫情，中国第一时间把握关键时间节点，迅速采取行动，制定一系列行之有效的防控措施与办法，决定了抗疫必将胜利。不论付出怎样的代价，中国政府始终秉承人民至上的理念。当专家组深入一线，确认疫情存在人传人现象后，武汉于 2020 年 1 月 23 日正式关闭离汉通道，31 个省（区、市）陆续启动了公共卫生突发事件一级响应。习近平总书记在农历新年当天召开中共中央政治局常委会，亲自指挥、亲自部署。中国抗击疫情，始终将三个理念摆在首位：一是疫情防控是当前工作的重中之重，应摆在全局工作首位，予以高度重视；二是人命关天，生命至上，必须尽一切努力保护人民生命安全和身体健康；三是人人平等，在救治上不分男女老少、贫穷富裕，在执行防控制度上一视同仁，没有例外。①

三、武汉抗疫呈现中国之治：制度之治、人民之治、文明之治

对比国外疫情防控的状况，中国尤其是局势最为复杂的武汉战场，所展示出来的中国速度、中国规模、中国效率令世界为之震撼、为之惊讶、为之赞叹，充分彰显了中国之治的优势。党的集中统一领导，确保了全国上下一盘棋，为打赢疫情阻击战奠定了基础，提供了最根本的保障。放眼世界，只有中国特色社会主义制度才能做到在最短时间内，最大程度地调配资源，去落实抗击疫情所面临的物质、人员、技术等各种需求。

习近平总书记指出："疫情防控要坚持全国一盘棋。各级党委和政府必须坚决服从党中央统一指挥、统一协调、统一调度，做到令行禁止。各

① 参见邓纯东：《防疫抗疫：中国与欧美国家的应对理念、制度、举措与精神比较》，《中共杭州市委党校学报》2020 年第 6 期。

地区各部门必须增强大局意识和全局观念，坚决服从中央应对疫情工作领导小组及国务院联防联控机制的指挥。”①2020 年新年伊始，习近平总书记亲自指挥、亲自部署，对全国防疫抗疫工作作出整体部署，号令一经下达，全国各地、各个方面，坚决贯彻落实中央关于阻止病毒传播、全力救治病人等决策，没有拖延、没有怠工，更没有消极对待。决策科学，实施有效，抗疫就能获得全胜。

一切为了人民，一切依靠人民，是中国抗击疫情取得胜利的实质内核。政策和措施制定得再好，如果得不到人民的支持和认可，都是一纸空文。千万武汉人民以居家隔离为主要防疫方式，投身抗疫战场。千万武汉人民，亿万中国人民齐心同德，众志成城，用最直接的物理隔离法，减缓和阻断病毒的传播。特效药、疫苗和物理隔离是抵抗传染类疾病的三种方式。当时能有效抵御新冠病毒的药物和能起到预防作用的疫苗都尚未出现，所以最有效的办法就是拉开物理距离、阻断病毒在人与人之间的传播。

这条抗疫的重要经验，看似最简单实则最难落实。但人民的力量是无穷的和伟大的。从 1 月 23 日武汉关闭离汉通道到 4 月 8 日“重启”，76 天的时间里，武汉人民的居家生活得到有效保障，社会秩序井然有序，武汉人民用实际行动支持着中国战疫的全局。

武汉人民不是孤独立无援的，在感染人数激增、医疗救治设备和医护资源严重不足的情况下，中央不仅紧急调动全国各地医护人员驰援湖北抗疫，而且紧急确定建造方舱医院，并在短短 10 天左右的时间建成了火神山、雷神山两座大型专门医院。有了来自各方的帮助，武汉才能在短时间内做到“应收尽收，应治尽治”，有效控制疫情，为抗疫决胜提供有利条件。

---

①《中共中央政治局常务委员会召开会议　研究加强新型冠状病毒感染的肺炎疫情防控工作　中共中央总书记习近平主持会议》，《人民日报》2020 年 2 月 4 日。

同时，中国还积极开展国际交流与合作。随着经济全球化的不断深化，各国交往日益频繁，公共卫生的治理不再是一国之事，传染病发展为全球性公共卫生危机的几率增大。在此次疫情中，新冠肺炎病毒是人类的公敌，面对新冠肺炎病毒传播速度快、传染性强、人群普遍易感等特点和国际交往日益频繁的现实情况，抗疫必须加强国际合作。疫情一开始，中国就鲜明地体现出自己的国际责任——主动地自觉地暂停国内飞往海外的航班，避免国际输出。在多数西方国家成为疫情重灾区而我国国内防控任务依然繁重的情况下，我国依然向意大利、西班牙等国伸出援手，派出了多支医疗队前往救助病人，并提供大量的口罩、医用防护服、呼吸机等医疗援助物资。中国抗疫取得一定成效，对病毒的研究也更加深入后，中国也将抗疫过程中的经验倾囊相授，帮助其他国家，尤其是医疗水平较落后的国家尽快控制住疫情的进一步发展。中国对外无私援助的行为不仅展现了负责任的大国形象，也是对全球公共卫生安全的巨大贡献。

四、武汉一定赢：英雄城市的文化性格，英雄人民的精神特质

疫情防控期间，习近平总书记在北京市调研指导新型冠状病毒肺炎疫情防控工作时强调："武汉是英雄的城市，湖北人民、武汉人民是英雄的人民，历史上从来没有被艰难险阻压垮过，只要同志们同心协力、英勇奋斗、共克时艰，我们一定能取得疫情防控斗争的全面胜利。"①武汉的安危，牵动着每一个中国人的心。76 天的居家抗疫，近千万人因防疫需要

① 庞兴雷、鞠鹏：《习近平在北京市调研指导新型冠状病毒肺炎疫情防控工作时强调：以更坚定的信心更顽强的意志更果断的措施　坚决打赢疫情防控的人民战争总体战阻击战》，《人民日报》2020 年 2 月 11 日。

留在了武汉，武汉人用“识大体、顾大局”的自觉性隔离在家，为疫情防控大局贡献力量。英雄的武汉人用乐观积极、不畏险阻、顽强不屈，主动投身疫情防控斗争，用自己的方式为抗击疫情作贡献。武汉人民的英雄精神源于何处？武汉这座城市的英雄气质何在？

湖北、武汉、楚地，自古以来就有着特有的文化气质和精神。一方水土养一方人，文化类型、文明类型的起源很大程度上取决于地理环境。长江几千里，楚国八百年，从古到今，湖北、武汉就表现出了鲜明的地域文化和民风民情：农田水利，所以勤劳坚韧；九省通衢，所以务实达观；大江大湖，所以豪迈开阔；鱼米之乡，所以和谐蓬勃。

从地理方位上看，贯通衔接东西南北往来之地，处于长江流域的脊梁之处，天然的地理特性孕育了武汉融合南北的特殊文化气质。千年的融合，将中国北方的豪迈雄浑，融入荆楚细腻灵秀的南方文化之中，赋予了武汉兼具“北雄”“南秀”的独特气质。联通长江汉水，依托富饶的江汉平原，又为武汉培育了近代中国民族工业发祥地的沃土，使得武汉人具备了包容豁达、融会贯通、开放宽厚的性格特征。不屈不挠、不胜不休的荆楚文化精神内核，深深地烙印在武汉人的血液里。数千年的南北争夺，淬炼出武汉人“不胜不休”的铮铮傲骨。19 世纪中叶，西方列强用炮火炸开中国的国门，使近代中国饱受屈辱。1911 年，武汉人又用辛亥第一枪，奋起抗争，打开中国历史的新篇章。新民主主义革命时期，农讲所、“八七会议”、“二七英烈”、武汉会战……武汉见证着中国革命战争历史的诸多重要时刻。荆楚儿女们继承了英雄前辈们不朽的革命精神，凭着精神传承，武汉人民夺得了抗击 1998 年特大洪灾的最终胜利。无数的历史瞬间，武汉人用自身坚强不屈的意志，果敢决绝的决心，彰显出武汉人民的英雄品格。大江大湖，靠江而生，融汇南北的地理位置，为武汉塑造了贯通南北文化的机缘，使武汉有机会成为汇集中西文化交融的场域，培育出武汉人勇于创新，敢为人先的精神。①

从历史上看，中原儒学与荆楚士风的融合，形塑了武汉人浪漫又务实的精神品格。汉口自明朝起便因内河运输的重要地位，成为名冠国内的四大名镇之一，后逐步发展为与上海齐名的中国商品重要集散地和对外贸易的枢纽。近代武汉，是中国民族工业和现代商业的主要发祥城市。1861年汉口开埠，客观上打开了长江文化与世界文化的交流通道。由此，武汉开启了向近现代商贸城市的转型；近代工业文明的积淀，让武汉进一步确立起中国内陆中心城市的地位；改革开放之初，汉正街开街拉开了我国城市商品流通体制的改革序幕。积极承担、敢于开拓的武汉，以开放创新的城市性格，成就了武汉长江中游现代化引领者的特殊角色。②

76天的抗击疫情阻击战中，武汉人民再次以顾全大局的胸襟，坚韧不拔、顽强不屈的精神，向全国全世界展示了武汉人民的英雄和伟大。在这场前所未有、规模空前的疫情防控斗争中，在最艰难的战场，武汉人民表现出的伟大的品格，催生了一大批伟大的平民英雄，最终形成社区基层群防群治的社会行动图景。

五、抗疫精神的武汉书写：保卫生命，保卫社会，保卫家国

面对这场突如其来的疫情，武汉人民、中国人民共同铸就了伟大而独特的抗疫精神，在这种精神的支撑下，中国人民打赢了这场艰苦卓绝的抗击新冠肺炎病毒的人民战争、总体战、阻击战，抗疫精神是中华民族伟大意志的再现，是中华优秀传统美德的时代彰显。

---

① 参见傅才武、严星柔：《论武汉“英雄城市”的文化性格及未来表达》，《江汉论坛》2020年第8期。

② 参见傅才武、严星柔：《论武汉“英雄城市”的文化性格及未来表达》，《江汉论坛》2020年第8期。

挺身而出的逆行者，用抗疫精神保卫生命，守护生命。习近平总书记指出："纵观人类发展史，人类同疾病较量最有力的武器就是科学技术，人类战胜大灾大疫离不开科学发展和技术创新。"① 在疫情初发阶段就挺身而出、逆行而战的专家院士，用他们的专业、权威和舍我其谁的精神，成为守护中国人民健康的科学保障。10 日左右建成火神山、雷神山医院的中国工匠们，用拼搏创新的精神书写了最朴实、最本源的中华民族的伟大创造之歌。昼夜不息的直播赶工画面，记录了火神山、雷神山两座医院奇迹般地从无到有并实现收治的"中国速度"。又 10 个昼夜，16 座方舱医院在武汉三镇建成并迅速投入使用。中国速度、中国效率，令世界为之震撼。

其间，拼搏奋斗，舍身忘我，平凡的武汉人用不平凡的抗疫精神保卫生命，保卫家园。白衣天使、部队将士、党员干部、社区工作者、环卫工人、外卖骑手、公交司机等面对危机，不曾退缩，勇敢逆流而上，奔赴抗疫第一线最需要他们的地方。战斗在抗疫最前线的医护人员争分夺秒，废寝忘食与死神进行着无声的搏斗，为节约时间和宝贵的防护资源，缩减吃饭、喝水、上洗手间的频次，连轴工作后就在手术室外席地而眠；他们的脸被口罩勒下道道深沟，甚至红肿溃烂；他们的身体在防护服中被汗水一次又一次浸透，但他们从未因困难而退缩。他们在防护服上写下互相勉励的话语，对病人给予最积极的治疗和抚慰。他们不惜牺牲生命，总是置身险地，冲在最前面，"捐躯赴国难，视死忽如归"。英雄不问出处，平凡之中见真情。

武汉是一座英雄的城市，因为每一位武汉人都是抗击疫情的战士。这是一场全民战疫，一场依靠人民获得的胜利。环卫工人满彩美"我们不做谁来做"，社区工作人员王涯玲"希望每个居民都健康"，外卖骑手侯鲜梅"不能让医生吃不上热饭"，快递员汪勇"我随时都在"，公交司机聂

① 习近平：《为打赢疫情防控阻击战提供强大的科技支撑》，《求是》2020年第6期。

三华“保护我的家乡”,民警邵玉春“来不及想有没有危险”……以及“封闭一座城，守护一国人”静坐在家中自我隔离的每一位武汉人，用自身的“隔离屏障”，守护祖国山河无恙。武汉人民用自我牺牲的奉献精神，用小我的牺牲换抗击疫情的全局主动权。平凡的武汉人以“壮士断腕，勠力同心”的历史担当赋予抗疫精神平凡而又伟大的内涵。

武汉人面对疫情是乐观积极的，是心怀美好愿景的，是坚信党和国家必将带领中国战胜疫情走向光明的。在武汉方舱医院，有的患者和医护人员一起跳起广场舞、练起太极；方舱里的图书馆坐满了复习功课、读书看报的学生；病情较轻的患者主动结成志愿者服务队，帮助医护人员维护方舱内的秩序。隔离在家的武汉人隔着窗户唱响国歌，互相勉励；无法见面的朋友们，在朋友圈里掀起厨艺比拼。“摧伤虽多意愈厉，直与天地争春回。”中华民族精神力量的浩然之气，历风云而蓬勃，经多难而弥坚。抗疫精神是国人精神的写照与凝练，更是民族精神的船头灯火，这道灯火闪耀在被病毒侵袭的武汉城，这道灯火荡气回肠地照耀着每一个无畏的中国人。

第二节
武汉关闭离汉通道：人类抗疫史上最勇敢的一次选择

武汉关闭离汉通道，1000 多万武汉人付出了巨大代价，作出了巨大牺牲，但这也是武汉对 14 亿中国人的誓言。武汉关闭离汉通道，向世界展示了中华民族大无畏的英雄气概和不屈不挠的民族精神。

一、武汉关闭离汉通道：体现国家现代化治理体系的强大能力

武汉关闭离汉通道，是中国抗疫取得胜利的关键之举，也是事关世界命运的关键之举。谭德塞认为，武汉关闭离汉通道是中国政府采取的强力防控措施，民众作出巨大个人牺牲，有效阻遏疫情向其他国家蔓延。世卫组织称赞中国“设立了应对疫情暴发的新标杆”；这对于减少新冠肺炎病毒在全国和全世界的传播，起了决定性作用。中国采取的一些防控举措其实超出了《国际卫生条例》的要求和世界卫生组织的建议，但为了最大程度保护全世界人民，武汉人民和全国人民承担了巨大的损失。

武汉关闭离汉通道，体现了国家“依法治理”的科学精神。作为特殊时期的应急治理策略，武汉关闭离汉通道有法可依、有据可依，体现的是法治的基本要求、基本原则、基本精神。2003 年抗击非典、2008 年汶川大地震救灾重建以来，我国已逐步建立健全了比较完整的应对突发事件的法律规范体系，从龙头性的《突发事件应对法》，到《传染病防治法》《食品安全法》，再到《突发公共卫生事件应急条例》《政府信息公开条例》，包括各位阶、各领域、各地方的专门法律规范和应急预案以及工作机制，使得我国应急法制建设水平大幅提升。① 此次关闭离汉通道，背后支撑的是早已明确的法律。疫情暴发后，及时管控是应尽的法律职责。

关闭离汉通道，证明了国家治理体系和治理能力的强大。这场突如其来的疫情，既是对国家治理体系和治理能力的一次大考，也是对国家治理体系和治理能力现代化的推进。抗疫的胜利充分显示出我们党推进国家治理、城市治理、基层（社区）治理的治理体系和治理能力现代化的成果。

① 参见金灿：《法学家解读疫情防控中的法律问题》，《经济参考报》2020 年 2 月 4 日。

作为壮举，关闭离汉通道的提出和实施需要巨大的决心和勇气。国家治理体现在抗击疫情的全过程中：首先，国家将资源集中在武汉，在病毒研究取得阶段性成果，公众对事件了解和重视达到一定程度后，下达关闭离汉通道的指令，武汉市的生活秩序被打破，须在最短时间解决市内人员和物资的运转问题，也要解决因为突发情况而深受影响的生活信心和市场信心，为此国家开始直接管制，统一协调资源分配，并有步骤、分阶段地实现统筹与重点治理；面对持续的疫情，国家迅速筹措调配医疗资源，推动相关医学研究深入展开，健全防范疫情传播、救治患者的医疗保障体系；通过建立中央、市域、基层（社区）三级治理体系，构建全政府、全社会的治理体系，充分发挥我国社会治理体系的特色优势，将“社区”的基层治理功能和作用充分发挥出来，促成对社会公共卫生危机的有效治理，最终实现联防联控、群防群控的治理体系。

中国特有的国家治理、市域治理、基层（社区）治理体系，在重大公共卫生事件面前，显示出无与伦比的强大优势。武汉，一城不屈不挠、大义大爱的英雄人民，则在武汉保卫战中显示出中华民族、中国社会独有的抗疫精神。

二、关键时刻的关键选择：事关中国命运和世界命运的大国担当

2020 年 1 月 20 日下午，钟南山院士以国家卫健委高级别专家组组长的身份，在回答“新型冠状病毒感染的肺炎疫情”有关防控情况记者提问时，通报了新冠病毒存在人传人现象。疫情传播之快、发展之速完全出乎世人的预料，全国疫情防控的整体形势骤然紧张。2020 年春节在即，春运正处在峰值期，疫情潜藏着随春运急速扩散的巨大风险，此时要求我们党迅疾采取措施。

以习近平同志为核心的党中央时刻关注疫情的变化，运筹帷幄、决胜

千里。为了最快、最大限度遏制疫情的蔓延，2020 年 1 月 23 日武汉关闭离汉通道。在重大疫情面前，我们一开始就明确地提出把人民生命安全和身体健康放在第一位。“人民至上、生命至上，保护人民生命安全和身体健康可以不惜一切代价”①，这是中国共产党与生俱来的价值取向所在，是党的政治领导力的灵魂所在。党中央带着强烈的历史主体意识，心怀舍我其谁的责任意识和情怀担当，不惜付出巨大的代价，当机作出决断，严防死守，迅速遏制疫情的蔓延和传播。

九省通衢的大武汉，是中国的超大省会城市，拥有千万人口，党中央作出对湖北省、武汉市人员流动和对外通道实行严格的交通管控的决策，其艰难程度不言而喻。但作出这一决定，绝不是放弃一城的百姓，而是始终坚持人民至上、生命至上。在患者救治上，采取“应收尽收、应检尽检、应隔尽隔”的措施，调集全国优势医疗资源增援武汉、支持湖北，展开最大规模的救治，做到全力以赴救治患者，不遗漏一个感染者，不放弃每一位病患者。

果断关闭离汉离鄂通道，实施史无前例的严格管控，党中央在决策时的艰难可想而知。而党在作出这一决定时，也充分彰显了坚强的政治领导力、强大的政治执行力和广泛的社会号召力。面对新冠肺炎疫情这场突如其来的大考，我们党始终秉持“以人民为中心”的政治使命感，坚定地将抗击疫情的历史使命担在肩上、扛在身上，阐释了中国共产党人的初心和使命，为战胜疫情提供了坚实的政治保证。

自疫情发生以来，中国在制定疫情防控整体策略和政策举措时，秉承的不仅是对中国人民生命安全和身体健康负责的态度，还有维护世界人民生命安全和身体健康的理念。科学防控的一个重要目的是在有效治理本土疫情的前提下，遏制疫情的外溢。世界卫生组织对中国抗疫工作做

①《习近平在参加内蒙古代表团审议时强调　坚持人民至上　不断造福人民　把以人民为中心的发展思想落实到各项决策部署和实际工作之中》，《人民日报》2020 年 5 月 23 日。

出了高度评价，认为中国政府为抗击和挽救生命做了能做的一切。

中国在全球疫情防控中走在了最前沿，获得了国际社会的高度关注，谭德塞到访中国时谈道："中方公开透明发布信息，用创纪录短的时间甄别出病原体，及时主动同世界卫生组织和其他国家分享有关病毒基因序列。中方采取的措施不仅是在保护中国人民，也是在保护世界人民，我们对此表示诚挚感谢。"① 中国用实实在在的抗疫行动，体现了负责任的大国担当，用实际行动向世界各国证明，中国为构建人类命运共同体付出了不懈的努力。

三、史无前例的挑战：社会制度和民族精神的大考

抗击新冠肺炎疫情是中国面对的一场史无前例的挑战，病毒扩散的速度远超预期。从 2019 年 12 月 30 日到 2020 年 1 月 22 日 24 时，湖北省的确诊病例已由 20 余例增至 571 例。阻止病毒从武汉进一步向外扩散是把握抗击新冠肺炎疫情的关键节点。中国必须抢在疫情进一步扩散前，拿出强有效的措施，扭转被动局面。关闭离汉通道，是中国在世界抗疫中举世瞩目的一大步，充分展现了中国特色社会主义制度的优越性。党的十九届四中全会《决定》指出："中国特色社会主义制度是党和人民在长期实践探索中形成的科学制度体系，我国国家治理一切工作和活动都依照中国特色社会主义制度展开，我国国家治理体系和治理能力是中国特色社会主义制度及其执行能力的集中体现。" ② 中国特色社会主义制度是中国制度文化的重要内容，新时代的中国之治是制度自信的重要表征。习近平总书记强调，"我们最大的优势是我国社会主义制度能够集中力量

① 《习近平会见世界卫生组织总干事谭德塞》，《人民日报》2020 年 1 月 29 日。

② 《中共中央关于坚持和完善中国特色社会主义制度推进国家治理体系和治理能力现代化若干重大问题的决定》，人民出版社 2019 年版，第 2—3 页。

办大事"[①]。实践证明,始终坚持党的集中统一领导是打赢疫情防控阻击战的坚强政治保证,是党和国家利益的根本所在,也是战胜疫情的根本保证。

疫情暴发后,以习近平同志为核心的党中央高度重视人民群众的生命健康安全,迅速组建应对疫情工作领导小组,奔赴武汉抗疫一线。为加强对疫情严重地区的组织和领导,党中央及时印发《关于加强党的领导、为打赢疫情防控阻击战提供坚强政治保证的通知》,同时派出指导组全面加强防控一线工作。党的十九届四中全会从十三个方面系统地总结了我国国家制度和国家治理体系的显著优势,其中一个重要方面就是"坚持全国一盘棋,调动各方面积极性,集中力量办大事的显著优势"。

习近平总书记指出:"精神是一个民族赖以长久生存的灵魂,唯有精神上达到一定的高度,这个民族才能在历史的洪流中屹立不倒、奋勇向前。"[②]中华民族经历了5000年的历史,锤炼出悠久的文化传统和强大的精神力量,抗疫斗争凝练而成的伟大抗疫精神,展现出了中华民族最绚丽多彩的精神底色和最夺目耀眼的时代宝藏。抗疫期间,武汉人用奉献、乐观、团结的精神,抵御着新冠病毒给武汉、给中国带来的巨大挑战,在无声的战场上贡献着自己的力量。人民群众是历史的创造者,决定了历史的发展进程,是决定党和国家前途命运的根本力量,也是建设中国特色社会主义的主体力量。

四、定局之策和制胜之举:及时有效地控制疫情扩散

2020年末,世界多地仍然深陷疫情。就当时国内的情况而言,全国整体疫情防控成效显著,疫情未再出现大面积的传播,这得益于党中央的

---

① 习近平:《论把握新发展阶段、贯彻新发展理念、构建新发展格局》,中央文献出版社2021年版,第119页。

② 习近平:《在纪念红军长征胜利80周年大会上的讲话》,《人民日报》2016年10月22日。

坚强领导。也更说明我们党在疫情防控前期所采取的措施是行之有效的，所实施的工作部署是及时果断的，所确立的指挥是坚强有力的。而决定战局的制胜一招，正是 2020 年 1 月 23 日，关闭离汉离鄂通道。

如何把握住疫情传播的关键节点，控制住疫情防止进一步扩散？从习近平总书记所作重要指示中，可以窥见掌握时机的关键所在："目前正值春节期间，人员大范围密集流动，做好疫情防控工作十分紧要。"①1 月 22 日下午，习近平总书记审时度势，作出重要指示，要求立即对湖北省、武汉市人员流动和对外通道实行严格封闭的交通管控。"作出这一决策，需要巨大政治勇气，但该出手时必须出手，否则当断不断、反受其乱。"②

后期 15 家全球顶级研究机构建模分析显示，这次行动是人类历史上最大规模的隔离举措，加之各地纷纷紧急响应，让中国感染者减少了 70 多万人。③

这只是第一步，抗击疫情的战役一直在加速推进。在抗击新冠肺炎疫情的关键时刻，习近平总书记亲临一线考察，对疫情防控把关定向、有力指导、亲自指挥、亲自部署，根据疫情防控和经济社会形势的阶段性变化，因时因势部署"外防输入、内防反弹"，统筹推进疫情防控和经济社会发展，中国抗疫一步步走向胜利。世界卫生组织赴中国考察的专家代表团一致认为，中国采取的措施非常及时、非常有效，不仅阻止了疫情在中国的传播，也为全世界争取了时间。

---

①《习近平对新型冠状病毒感染的肺炎疫情作出重要指示强调　要把人民群众生命安全和身体健康放在第一位　坚决遏制疫情蔓延势头　李克强作出批示》，《人民日报》2020 年 1 月 21 日。

② 习近平：《在统筹推进新冠肺炎疫情防控和经济社会发展工作部署会议上的讲话》，《人民日报》2020 年 2 月 24 日。

③ 参见《关键时刻的关键抉择——习近平总书记作出关闭离汉通道重大决策综述》，《人民日报》2020 年 9 月 8 日。

五、76 天中的武汉人民：守护这座城，守护这个国

面对新中国成立以来发生的传播速度最快、感染范围最广、防控难度最大的突发性公共健康卫生事件，英雄的中华儿女敢于斗争、敢于胜利，以生命赴使命、用大爱护众生，深刻诠释了英雄本色，充分展现了中国人民的平凡与伟大。2020 年 1 月 23 日关闭离汉通道后至 4 月 8 日“重启”，76 天中的武汉，书写的正是一个个战斗在不同抗疫岗位上的普通人，守卫着武汉，守护着中国的事迹。人民是历史的创造者，人民是真正的英雄。

习近平总书记指出：“打疫情防控阻击战，实际上也是打后勤保障战。”① 要在打赢疫情防控阻击战中把握先机，做好打快速战、打持久战的准备，需要投入大量的人力、物力和财力。中国作为社会主义国家，具有快速调配优势资源，集中力量办大事、办实事的优势。同时，自改革开放以来，我国经济实力取得了前所未有的飞速增长，日益增长的综合国力为打赢疫情防控阻击战，提供了强有力的经济基础。国有企事业单位的人力、物力和财力在此次抗疫战争中发挥了顶梁柱般的作用。全国各地的公立医院迅速选派最顶尖的医疗团队，奔赴武汉和湖北抗疫一线，投身于最激烈的战斗现场。在民生方面，涉及能源、通信、运输等基础保障的多家企业积极承担社会责任，促生产、保供给、稳民心，确保疫情防控期间人民的基本生活需求得到保障。

人民群众在党的号召下，积极自觉地投身于疫情防控的人民战争、总体战、阻击战之中。武汉 4 万多名下沉干部投身基层社区防疫工作之中；无数医务工作者逆行而上，与病毒正面开战，与死神搏斗，争分夺秒地抢救病患；社区工作者不畏严寒和困难，迎难而上，事无巨细地排查每一户

① 中共中央党史和文献研究院编：《习近平关于统筹疫情防控和经济社会发展重要论述选编》，中央文献出版社 2020 年版，第 75 页。

人家；新闻工作者勇敢地奔赴一线，采集一手信息，及时报道，弘扬正能量，传播疫情真实情况；社会各界的志愿者，发动国内外力量，无私地筹集善款、募集物资，支援抗疫前线。

武汉人民也用自己不屈的意志和必胜的信念，书写了人类抗疫史上最勇敢的一页，为中国人民筑起一道牢固的生命防线，为全世界做出了伟大的牺牲。

2020 年 1 月 27 日，很多人都不会忘记这一天、这一幕——武汉万人打开窗户集体唱国歌的场景。世界听到了武汉人灵魂深处的呼喊，武汉也向世界展示了战胜疫情的必胜信念。24 日，中国—世界卫生组织新冠肺炎联合专家考察组在北京举行新闻发布会。经过两个星期的实地考察调研，考察组外方组长、世界卫生组织总干事高级顾问、来自加拿大的流行病专家和应急专家布鲁斯·艾尔沃德面对中国战疫给出以下评价："我们要认识到武汉人民所做的贡献。"①

2020 年 3 月 10 日下午，随着最后一批 49 名患者从武昌方舱医院走出，武汉 16 家方舱医院实现全部休舱！ 3 月 18 日当天，武汉市新增新冠肺炎确诊病例为零。这是武汉首次报告无新增确诊病例。武汉从"生病"到"康复"再到"安全"，向世人展现了武汉人民顽强的姿态。

第三节
"两山"医院：震惊世界的中国速度和中国奇迹

新冠肺炎疫情暴发后，武汉确诊人数激增，为了尽最大可能救治每一个患者，中央决定复制非典时期小汤山医院模式，在武汉临时搭建两所医

① 唐立辛：《从武汉归来后，世卫组织专家的一句话感动中外网友》，《参考消息》2020 年 2 月 25 日。

院——火神山医院和雷神山医院。“两山”医院以近乎神话的建设速度震撼了世界，让世界看到中国速度、中国精神、中国力量。

一、中国奇迹：党的领导下，中国特色社会主义制度优越性的体现

放眼世界，只有中国共产党领导，只有中国特色社会主义制度，才能进行如此恢宏的社会动员和资源整合，形成集中力量办大事、办难事的社会合力。正是这一政治优势，不断强化全社会的集体意识、国家观念、家国情怀，激励人们同心同德、无私奉献，汇聚起共克时艰、共渡难关的磅礴力量。①

火神山医院、雷神山医院都是应急工程。火神山医院、雷神山医院建设期间，疫情仍在蔓延，每一位建设者都冒着被感染的风险，但4万名建设者不惧风险，勇往直前。国有企业发挥战斗堡垒作用，正如习近平总书记指出，“国有企业是中国特色社会主义的重要物质基础和政治基础，是党执政兴国的重要支柱和依靠力量”②。这一批国有企业攻坚克难，危难之际显本色。在此期间，中国特色社会主义制度的优越性也充分体现出来。

首先是强大的动员能力。疫情暴发正值新春佳节，大部分企业已经放假停工，但面对防疫需要，早一分钟建成医院，就能早一分钟挽救生命。中国的建设者放弃春节团聚时光，从四面八方前来支援，整个社会的生产系统也被调动起来。

其次是强大的协调能力。在党中央的领导和全社会的协同作用下，

---

① 参见周乃翔：《践行初心使命，奋力建成火神山、雷神山医院》，《全国新书目》2021年第2期。

② 习近平：《论把握新发展阶段、贯彻新发展理念、构建新发展格局》，中央文献出版社2021年版，第345页。

前后经历半个月的时间，调配全国资源支援湖北，支援武汉，同时全国各地有能力、有资质的企业纷纷转产，生产防疫物资。湖北省物资告急的问题得到了极大缓解，全国范围内的物资供应也逐步从“紧平衡”趋向“稳定平衡”。①

再次是强大的组织能力。按照常规流程，建设火神山、雷神山两座大约3万平方米建筑体量的医院，至少要两年时间，但此次建设者们在极短时间内召集人马、完成建设图纸和施工方案，两座医院从初始设计到完工，仅历时10天左右。能够迅速完成这样的建设，靠的是集中力量办大事的强大组织能力。

鲜明的制度特点，强大的制度优势，不是轻而易举形成的。集中力量办大事要有核心，中国共产党就是这个核心。中国特色社会主义制度最大的优势就是中国共产党领导。在党的领导下，社会主义制度的优越性，成就了一个又一个中国奇迹。

二、“两山”医院:“早一分钟建成，就能早一分钟救人”

根据2003年抗击非典的经验，新建集中治疗患者的医院能迅速扭转床位短缺的被动局面。2020年1月23日，武汉决定仿照北京小汤山医院，建设专门治疗新冠肺炎病毒感染者的火神山医院。两天后，武汉决定再建立雷神山医院。一声令下，78分钟整理完小汤山医院的设计图纸和施工照片;24小时给定设计方案，60小时内与施工单位商讨确定雷神山施工图纸;4万余名建筑工人火力全开，24小时不间断施工;260多名电力工人加班加点，24小时连续动工;36小时完成5G信号覆盖;3天完成室内外地胶铺设、卫生间及缓冲间地砖铺设、200余个病房的室内装修工作……与时间竞跑，与死神搏斗，克服所有困难，完成一切任务，用最快

① 参见辛鸣:《用制度优势的光辉扫除疫情阴霾》,《学习时报》2020年2月10日。

的速度，高标准、高质量地建成医院。2020 年 2 月 2 日，火神山医院正式竣工投入使用;2 月 8 日，雷神山医院全部交付。火神山、雷神山医院由开始设计到竣工落成，仅用 10 多天，这成为武汉扭转局面的重要时间节点。

“两山”医院的建设是与疫情的生死竞速，也是中国速度的真实写照。这样的中国速度令世界震惊:“这是了不起的壮举！”“世界上只有中国能在如此短的时间内完成这么大工程。”“只有中国可以！”……创造奇迹的背后是中国人民不惜代价，使命必达的信念:“我是党员，我带头！”“我在湖北，我请战！”“我在武汉，马上到！”“只要祖国需要，随时可以出发！”这是逆行者们立下的请战书。“今晚要是干不完，就把我埋在这！”“倒，也要倒在路上！这一仗，哪怕把我们打残了、打废了，也绝不后退！”这是建设者们的决心。国是千万家,有国才有家。“两山”医院建设过程中，全国各地集中资源，从物资到技术，从硬件到软件，齐心协力，创造了中国奇迹。

在这次战疫中，仅用 10 天左右建成的两所医院已成为“中国速度”的代表，是“中国实力”的证明，更是“中国精神”的象征。4 月 15 日，火神山与雷神山医院正式闭院，这宣示着两所医院光荣完成历史使命。火神山医院建筑面积 3.4 万平方米，床位 1000 张；运行 73 天，累计接收 3059 位病患，治愈出院 2961 人，收治和治愈数量居全市第一。雷神山医院建筑面积 7.99 万平方米，床位 1600 张；运行 68 天，累计收治 2011 名病人，其中千余名重症病患，治愈出院 1900 多名……这些奇迹背后，彰显了党中央和国务院对人民的负责、对生命的负责，体现党和国家战胜疫情的坚定决心，寄托着全国人民对挽救生命的期望，也展现了以团结、奋斗和创造精神等为内涵的中国人民的民族精神。

三、4万余名建设者和5000万“云监工”：因为有善良、勤劳、勇敢的人民

各级党委、政府调度一切医疗物资和生活物资来保护人民生命安全，这是集体主义，是集体意识，更是集体行动，让世界人民再一次看到了中国特色社会主义制度的优越性。

在火神山、雷神山医院建设中，有一群可爱、善良、勇敢的人冲在前线——4万余名建设者们“逆行”而来，不分白昼黑夜、无私奉献，抓进度、保质量地筑牢项目建设的“钢铁长城”，为疫情防控大局提供了有力支撑，生动诠释了同舟共济、众志成城的真正含义。火神山、雷神山医院的成功建设在全球新冠肺炎疫情防控中格外引人注目，海外媒体纷纷称赞中国人民在抗疫中表现出了崇高的集体意识。在疫情面前，中国人民紧紧团结在一起、同舟共济的集体意识是此次抗击疫情最难能可贵的“抗疫精神”，更使“抗疫力量”贯穿始终。中国的集体意识在危难面前，在抗击疫情中真正做到了“不抛弃一人”“不放弃一人”“一个都不能少”。

疫情面前，人人都变成了抗疫战士：有争分夺秒地奋斗在建设火神山、雷神山抗疫前线的4万余名建设者和5000万“云监工”，有不舍昼夜地奋战在口罩生产线上的工人，有默默无闻的志愿者、公安民警、社区网格员、快递员，每个普通人都以自己的方式发光发热。

火神山医院、雷神山医院见证了中国不放弃每一个生命、全力以赴救治每一名患者的努力，鼓舞着中国人民战胜疫情。也正是因为这样一群善良、勤劳、勇敢的人在党的坚强和正确领导下，同心同德、无私奉献，一次次将人们眼中的“不可能”变成“可能”。

第四节
创造方舱：武汉战疫的宝贵经验

方舱医院是以医疗方舱为载体，一种成套的移动医疗平台，具有机动性、部署迅速、环境适应性强等诸多优点。方舱医院的部署，在此次抗疫中发挥了巨大作用。2020 年 2 月 5 日，位于武汉会展中心、洪山体育馆、武汉客厅的 3 家方舱医院正式启用，此后两周内共建成 16 家方舱医院。3 月 10 日，武汉方舱医院全部休舱。方舱从动议到休舱，充分体现了在面对突发重大事件时党领导下的制度优势和中国智慧，以及人民至上、生命至上的根本价值观。

一、方舱的构想和建设：应对紧急疫情的新理念和创新举措

方舱医院是我国疫情防控工作中的一个创举。方舱医院科学、有效地发挥疫情防控价值，对于实现“应收尽收、应治尽治”起到重要作用。从最初的策略、建议到接收、治疗，再到最终病患治愈出院，方舱医院作为因地制宜而采取的创新举措，在防治两方面起到不可替代的作用。

建设方舱医院的构想，起于彼时严峻的疫情形势。2020 年 2 月初，武汉新冠肺炎确诊病例急剧增加，定点医院的容量趋向饱和，成千上万名轻型和普通型新冠肺炎病患只能在家中隔离观察，武汉急需能够迅速、快捷地提高其隔离与收治能力的解决方案。

2020 年 2 月 3 日，专家提议改建现有的大型公共场馆，如会展中心、体育场馆等，建立方舱医院，专门收治轻症病患。中央指导小组当即采纳并启动建舱。2 月 5 日，首批 3 所方舱医院正式启用，随后新增 13 所；3

月 1 日，第一所方舱医院开始休舱；3 月 10 日，16 所方舱医院全部休舱。运行的 35 天里，方舱医院共开放床位 1.4 万张，收治患者 1.2 万人，平均每 4 名轻症病患中有 1 名入住方舱医院。

传统的方舱医院是人民解放军野战机动医疗系统的一部分，具有急救、临床检查、外科治疗等功能，最初用于战场伤员救治，后来也用于大型自然灾害，如海啸、地震等造成的伤亡救治。与战争或抗震救灾期间启用的野战移动类医院不同，此次方舱医院应用范围实现扩展，首次应用于大规模传染病的救治。武汉方舱医院施工快、规模大、成本低，由“国家 + 武汉”医疗队主导，提供隔离、分诊、医疗服务、监测转诊、生活和社交功能。但与医院相比，最初方舱医院设施和医护数量存在不足，但在全国医疗资源极其吃紧的情况下，政府不遗余力调度有限的资源，来自全国的 94 支医疗团队，8000 多名医护人员前往支援。举国上下团结一心，社会各界主动参与医疗援助、物资捐赠等，医疗资源紧张的情况得到极大缓解。党中央强有力的决断、人民的万众一心、社群的互相扶持与守望相助，给予方舱医院医护人员和患者充分的勇气、信心和能力战胜疫情。其背后展现的是无可比拟的中国速度、中国效率和中国智慧。

二、生命之舟：武汉战疫的节点举措，也是重要的中国贡献

方舱医院，为我国乃至世界应对疫情提供了宝贵经验，产生重大而深远的影响。

2020 年 2 月 3 日，方舱医院启动施工。在武汉战疫中，方舱医院被称为“生命之舟”，也给武汉打入一剂强心针。作为解决“一床难求”困境的应急办法，建立方舱医院对新冠肺炎的防控具有决定性意义，是中国医疗援救历史上一项代表性的创新举措，也是今后应对重大灾情、疫情或突发公共卫生事件的“中国经验”。一系列科学有效的防护措施，使这艘“生命之舟”成为战疫决胜的关键之举，为中国抗击疫情提供了宝贵的支

撑，也为我国乃至世界各国应对类似疫情提供了宝贵的经验。

方舱医院的创造，包含了鲜明的中国特色和中国智慧，其运作机制表现出的制度优势、治理优势，也是方舱医院有效运转的根本保障。全国一盘棋、四面八方驰援，从场馆施工改建、病患迅速入院，到一系列文书、制度和岗位的建立，再到诊疗流程的完善，一座座方舱医院从无到有、从设想变成现实，是名副其实的生命之舱。方舱医院圆满完成救治病患的任务，实现了病患零回头、零病亡的目标。在疫情暴发、累计病患数量不断增加的情况下，方舱医院最大限度地发挥了医疗资源的规模效应。

武汉客厅方舱医院共计病床 1461 张，累计收治病患约 2000 名，有来自全国范围内的 18 支医护队伍，包括 3 支国家级医疗队伍，约 130 名医师、800 名护士，平均每名医师管理病患近 100 名。此外，方舱通过网络视频会诊、检测报告和 CT 影像共享机制，极大地促进了医学界不同领域专家的联合攻关，形成了系列有效的治疗方案，短期内取得的研究成果，推动了世界新型冠状病毒相关研究的进展。

人类是一个命运共同体，团结协作是战胜疫情最有效的武器。随着国际疫情扩散，中国在防控目标、医疗模式、医院与社会力量协同合作、公共秩序和社会管理、经济活动与疫情防控的平衡等方面的举措，引致各国效仿。中国支持意大利、伊朗和塞尔维亚等国家制定面向新冠肺炎疫情防控的政策，并协助其依据自己的国情设计、建立方舱医院。具体包括将方舱医院的管理手册、临床指南和相关政策进行多语种翻译，并派出具有方舱医院援建和运营经验的专家，为多个国家和地区政府提供咨询服务。美国、西班牙和奥地利等国也曾采取类似措施。作为推进新冠肺炎疫情防控的一种崭新医疗模式，方舱医院在拓展医疗管理领域和疾病治理机制方面可称典范。

三、方舱良好运行的背后：多种支持策略和解决方案提供保障

方舱医院模式是在武汉抗击新冠肺炎疫情前线创造的全新治理模式，其治疗效果可大致归纳为：有效地解决矛盾、抚慰大众心理、不断创新治理模式。

不同于传统医院，方舱医院不是信息完整的诊治中心，需要与疫情防控指挥部、社区和定点医院等多个对象协作。从建立到有条不紊地运行和精细化管理，需要多方的人力物力协调支持。人力资源调配、沟通和公众参与、媒体的解释和宣传等，无一不体现出较高的社会治理、基层治理水平和能力。

面对重大突发公共卫生事件，时间就是生命，最大限度地争取时间是决策的关键。来自各地的第一批国家紧急医疗救援队在 24 小时内就集结并抵达武汉方舱医院。根据原场馆特点，划分不同区块，每个区块由成建制的医疗团队管理，最大限度地发挥了最紧缺的医疗人力资源的作用。武汉 16 家方舱医院依靠全国 22 支紧急医学救援队、3 支移动 P3 实验室、2 批次 30 支医疗队伍、15 支护理队伍和一支放射技师队伍，共计 7000 余名医务人员和检测人员，快速投入工作。① 方舱运行初期，床护比为 1∶0.6。为了维持医务工作者的体能，避免医护人员的感染，基于专业合作互补的原则，将其划分为 3 类：一是负责舱内病患的护理；二是负责消杀、监督所有人员防护物的脱卸和消毒；三是负责联络协调，领取、递送病患的餐物及舱内所需的物品。此外，安排消杀团队，承担出院病患的

---

① 参见邹薇：《[战“疫”说理]武汉方舱医院的经济社会效益对提升城市治理体系的启示》，人民论坛网，2020 年 3 月 20 日，http://www.rmlt.com.cn/2020/0320/573435.shtml。

消毒工作。强有力的交流和公众参与机制是确保人民了解方舱医院，并支持其使用的关键。政府相关部门多次发布公告、举行新闻发布会，并请医护专家进行专业解读，让人民充分了解方舱医院的作用、目的、运行机制和收治工作情况。病患亦从早期对环境、条件的质疑和拒绝入舱等态度，转变至逐渐接受方舱医院，甚至组建与医生、护士共同成立的临时党小组、党支部和医患沟通小组，这些均是有效沟通和准确传达的结果。

坚持“全国一盘棋”“集中力量办大事”是我国治理制度的显著特点，在方舱医院模式中也起着根本的作用。收治的轻症患者，转重后快速转诊，转阴后随时出舱。方舱医院在病区管理、病患接收治疗、人员管理等方面的难度高于传统意义上的医院，而且护理团队成员来源广，因此，护理部成员构成多元化。此外，借鉴社区“网格化”管理模式①，实行分区治理，设置清洁区、缓冲区和污染地带等，通过门将各区分隔开来，并安排专人负责，避免交叉感染，从而实现医院的有效治理。其核心理念是“三化”与“五个一”。所谓的“三化”指分区化、网格化和社区化，把一个大空间分成不同的区块，从而形成一个大的集体；“五个一”即让病患做操锻炼身体、学习增长知识、参加健康讲座、欢送治愈者出院，与其进行交流互动。总的来说，方舱医院良好的运行，离不开多种支持策略和解决方案的保驾护航。

将方舱医院用于集中隔离收治为数众多的感染病患，是我国公共卫生管理的首次尝试，具有鲜明的创新性。它最大限度地避免了社会紧张、焦虑、慌乱情绪的发酵，促成了医患和谐共处、医医关系优化、患者携手克难、社会志愿者尽力帮助、社会和谐共生的效果。

---

① 参见王荣等:《新型冠状病毒肺炎流行下方舱医院护理团队的构建与管理策略》,《医学新知》2020 年第 5 期。

第五节
社区防控与治理：武汉战疫的重要探索

抗疫精神同样呈现于城市基层治理和治理现代化的武汉抗疫图景中。具体而言，就是以党组织为内核嵌入社会、充分组织动员群众的区域治理现代化联防联控共治机制的设计。一是制度设计，二是社会动员组织，三是社会力量参与。抗疫的成功，关键之一就在于将三者有机结合。

一、市域和社区的防控与治理：武汉战疫中的典型治理与实践探索

整个武汉抗疫进程中，国家主导的全政府、全社会治理体系与模式发挥了关键作用。在这个体系中，武汉的市域治理与社区（基层）治理的模式、道路和经验是在实战中艰难探索、孕育形成的。

在整套治理体系中，市域既是国家治理政策的执行者，也是基层治理的连接者。市域社会治理现代化极其重要，市域治理不当，不仅实现不了治理绩效，还有可能将潜在的问题激化为风险，进而影响全局性。

新冠肺炎疫情的危害性主要在于其传染性。城市人员流动性大，群体聚集性特征明显。这意味着传染性可能更大、更强；城市是一个复杂的有机体，对系统性运转的要求更高，平时正常运转的各系统一旦遇到重大危机，单个系统的失灵就可能引发连锁反应，导致整个城市的瘫痪。作为最基层组织，社区处于整个公共治理体系的最终端，其治理具有特殊性和复杂性，具体体现在如下方面。

一是基层治理的压力性。基层一方面承担着治理体系中每一层级传

导来的政策执行压力；另一方面，基层治理直接面对人民群众，是整个治理体系直面群众诉求压力的第一线。① 二是基层治理的综合性。基层单位规模虽小，但其职责涵盖的范围极其广泛。三是基层治理的突发性。由于基层直面社会的各个方面，往往要应对种种突发事件。因此，基层干部必须具有过硬的突发事件应变能力，一方面能够解决好突发问题，另一方面也能对风险和挑战做出准确的研判。

此次武汉抗疫是对武汉市域和社区基层的一次“闭卷大考”。治理出了问题，疫情就防不住；防控疫情，锻炼的是各级组织的治理能力。有效的防控模式离不开全政府主导、全社会参与。全政府意味着自上而下的组织动员，全社会意味着所有社会力量和人员的参与。但政府和社会如何连接？政府又如何动员社会？其中最核心的就是基层组织，它既可以连接政府组织，也容易作为整个社会的连接点。在浴火中锻炼出来的武汉基层组织，以勇敢的探索，站在了赛道的最前端，成为率先行动者和治理的标杆。

二、武汉社区疫情防控模式：基层堡垒、人民防线、群防群控

习近平总书记强调：“抗击疫情有两个阵地，一个是医院救死扶伤阵地，一个是社区防控阵地。坚持不懈做好疫情防控工作关键靠社区。”② “防”是打赢疫情防控阻击战的重点。

在疫情防控过程中，武汉坚守社区防控阵地，积极摸索疫情防控模式，毫不放松地抓紧抓实抓细社区的防控工作，加固基层堡垒、筑牢人民防线、加强群防群控，为打赢武汉保卫战奠定坚实的基础，社区也成为武汉

① 参见何哲：《基层治理的特殊性和复杂性》，《北京日报》2020 年 11 月 23 日。

② 中共中央党史和文献研究院编：《习近平关于统筹疫情防控和经济社会发展重要论述选编》，中央文献出版社 2020 年版，第 109 页。

防疫的最靠前和最坚实的堡垒。疫情防控初期，武汉在全市建立专门负责防控工作的机构；疫情防控吃紧阶段，武汉对全城社区实施严格的管理；疫情决战决胜阶段，武汉开展无疫情小区（村、社区、街道、城区）的建设工作；疫情防控形势不断转好阶段，武汉又及时调整管控政策，分时段有序地开放居民生活物资供应点；疫情防控常态化阶段，武汉统筹安排充实社区防控值守力量，不断巩固和完善疫情防控取得的珍贵成效。① 习近平总书记指出："打赢疫情防控人民战争要紧紧依靠人民。要做好深入细致的群众工作，把群众发动起来，构筑起群防群控的人民防线。"②

社区是疫情群防群控的第一线，发挥着基层党组织战斗堡垒的作用，在疫情防控斗争前线开展着坚强有力的工作。广大党员弘扬无畏艰险、公而忘私的精神，坚定地站在疫情防控前线，践行共产党人的初心和使命。社区做好疫情监控、排查、预警和防控等工作，安排专业人员管理小区出入通道，筑牢群防群控的第一道防线。基层党员大力发扬先锋楷模作用，轮流排班值守，配合社区工作者宣传防疫知识，派发出入通行证，协助门卫检查出入人员，积极做好居民的心理辅导、宣传劝导、情绪抚慰等工作。大家按照"一确保两争取"的要求及武汉市委常委会的工作部署，根据"一社区一堡垒"的思路，加大摸排管理控制力度，不留死角、不留盲区，实施最严格的人员排查控制，引导人们不信谣不传谣，进一步营造全社会众志成城、共克时艰的浓厚氛围，切实将群防群治工作贯彻到底，落到实处。

---

① 参见夏静等：《筑牢防护屏障，守护共同家园》，《光明日报》2020 年 5 月 8 日。

② 中共中央党史和文献研究院编：《习近平关于统筹疫情防控和经济社会发展重要论述选编》，中央文献出版社 2020 年版，第 109 页。

三、社区防控的创新探索：是大考，也是探索

快速展开疫情防控阻击战，展现了我国面对风险挑战冲击的坚实力量。武汉社区的许多创新实践，是基层社会治理的新探索，也是在维持国家安全和社会稳定的大框架下，坚持党的领导，在大考中推进基层社会治理的创新。①

第一，在疫情防控中落实社区工作部署，进一步促进了基层社会治理的创新。武汉即刻设置新冠肺炎疫情防控指挥部，并成立社区疫情防控小组，还成立了社区防控管理小组，负责全市住宅小区的管理，并指导创建无疫情小区等。社区防控管理小组的工作机制较为完善。一是建立标准的工作制度。二是要求小区迅速建立防控管理班子，构筑市、区、街（乡镇）、社区（村）四级防控联动体系。三是坚持和完善防控管理、完善疫情"日研判、日调度"机制。同时，不断扩大和巩固社区防控力量，持续投入大批社区工作人员，带动群众开展群防群控、群防群治，筑牢疫情防控的坚强堡垒。

武汉把社区严格防控作为切断传染源的重要举措，建立疫情封控管理的长效机制，采取了最全面、最严格和最彻底的措施，不断加强小区防控管理，"史上最严的社区防控"对疫情蔓延起到最大程度的遏制作用，为"人民生命安全"保驾护航。合理安排志愿者和下沉干部24小时不间断轮岗，进行登记测温、扫码检测，加强审核出入社区的人员和车辆，实施"24小时值守巡查制度"。加紧封控管理薄弱地区，尤其是中心城区、老旧街区、农村偏远地区和城中村，安排24小时防疫值班人员，坚决遏制小区和村庄防守漏洞，筑牢防护屏障，确保人民的生命安全。对督导进行严格监督，对管控不严、隐报瞒报、失职失责问题进行通报批评、严肃

① 参见黄样兴:《在大考中推进基层社会治理创新》,《学习时报》2020年3月2日。

处理。同时，发动广大群众和媒体共同参与，加强监管合作，堵塞管理漏洞，保证督查检查的真正作用。

第二，全力保证城市正常运行。在极其艰难的背景下，武汉做到了小区封控管理后，物资仍旧不缺乏、困难群众及时帮扶和社会秩序稳定。此外，武汉及时启动价格调整机制，连续发放临时价格补贴，增发一次春节临时价格补贴，设立集中安置点，为滞留在汉的外地人员提供食宿、为若干生活困难人员发放救助金等，保证全市人民的基本生活。

同时，推动“无疫情小区”的建设。为真正重振社区和社会面貌，武汉所有社区以创建“无疫情小区”为目标，加快深入推进“无疫情社区（村）”“无疫情街道”和“无疫情城区”的规划建设，最终基本实现“无疫情城市”的建设目标。通过对已经统一确定的全市100个无感染疫情的社区、村（队）及时有序地调整管控管理措施，逐步扩大居民活动范围，优化其生活保障措施，让居民在社区创建过程中增强抗疫信心。

第三，采取防放结合，常态化社区管控。下沉干部、社区志愿者，分别奋斗在3349个社区（村）一线，汇成严密的防御线，保障全市人民的生活。武汉在保证符合防控管理标准和要求的前提下，对小区在封闭管理时采用的物理隔离场所进行适当的调整，以方便居民的生产和通行；在制定小区常态防控管理规范方面，严格执行进出人员的身份确认、信息记录、体温检测、口罩佩戴等；统筹防控力量，分批、有序地撤离机关、事业单位的社区下沉人员；补充社区防控力量，有物业管理的小区，则以物业人员为主，社区组织居民配合，没有物业管理的小区，则以社区管理为主，同时在小区内招募志愿者，加强常态化防控力量。另外，武汉集中卫生防疫、医疗机构、民政和社区治理等领域的子系统，搭建疫情防控大数据指挥平台，形成市民健康监控管理系统：以“武汉健康码”作为小区出入凭证，“红码”和“黄码”表明禁止通行，需进行集中隔离；“绿码”表明可以正常通行。由此，使社区防控变得更加科学、精准、高效。①

四、基层治理的武汉经验：工作做到第一线，干部下到最前沿

“疫情就是命令，防控就是责任。”武汉第一时间要求各机关单位党员干部下沉社区，到社区战疫一线去，以实践践行自己的初心使命、书写责任担当。大家以强烈的政治责任感，严格贯彻“下得去、沉得住、干得好、评价高”的要求，努力做实、做牢疫情防控工作。各市机关都以党支部为单位，化整成零，下至“网格”，全力支持对口社区，机关干部与社区干部紧密合作，并肩战斗。常态化下沉社区，原则上由机关党组织对社区进行总体安排，指定人员负责单位的联络工作，联系社区报到。同时按照社区党组织安排，主动认领居民构成复杂、治理难度大的区域，并配合社区党组织，通过恰当的方式解决相关问题，真正为人民解决疑难。同时确保“沉”在基层，保证服务效果。成立临时党支部，组建群众工作小分队，合理安排片区楼栋。下沉干部担任临时楼栋长，组织社区网格人员、志愿者等，最大程度凝聚群防群控力量，筑牢联防联控防线。高效的组织措施有效地维持了防控机制效能的发挥。在突发事件、大型活动、重大节点等紧急情况下，下沉干部突击队的成员必须24小时不间断值守社区，其他党员干部作为后备力量，全天候做好应急准备。广大党员干部将疫情防控第一线作为守初心、担使命的主战场，主动亮明党员身份，显示党员底色，坚定站在防疫前线。

社区作为防疫的第一线，在阻断病毒传播、为群众服务、维持社会稳定等方面起着决定性作用，守住了疫情防控的重要阵地。基层治理必须把重心落在城乡社区，只有不断的充实、强化社区，才能把工作做实做细。

① 参见武汉社区疫情防控工作课题调研组：《筑牢防护屏障，守护共同家园》，《光明日报》2020年5月8日。

五、全市核酸检测：巩固城市公共管理

核酸检测是检测新冠病毒的主要方法，能够最大程度地摸清无症状感染者的底数，掌握疫情发展规律；全力阻断可能的传染源，有利于巩固疫情保卫战的成果，有利于进行常态精准防控，为全市居民营造一个安全、健康生活的环境。集中核酸检测得到全市人民的积极配合，在社区工作人员、物业人员和志愿者的帮助下，各楼栋居民分时间、分批次地进行采样检查。现场安置凉棚，专人维持秩序。通过有条不紊的检测，短短10天内，武汉完成了1000万居民的核酸采样和检测，以此确保了人民生命安全，创造了英雄城市的奇迹。这一奇迹源于党和国家"人民至上、生命至上"的承诺，体现了中国抗疫最显著的价值取向，即执政党对人民的深情与担当。这项创举为武汉经济和社会的快速恢复和运转，为人们尽快地回归正常生活提供了保障。

六、武汉基层实践：治理持续发力

面对前所未有的疫情防控和疫后重振大考，武汉市坚持问题导向、系统观念，着力补齐治理体系的短板和弱项，在大战中践行初心使命，在大考中交出合格答卷。

街道"小马拉大车"短板有效补齐，赋予街道审批、服务、执法权限；组建街道党群服务中心、网格化管理综合服务中心、综合执法中心；增加街道行政和事业编制5371个。社区工作者职业化体系已然形成，率先建立4岗18级岗位序列，社区支部书记实行事业岗位管理，社区工作者人均年应发报酬增幅达79.4%。党员干部常态化下沉有声有色，全市1793个单位党组织、14.9万名党员干部到联系地和居住地社区报到，带头服

务群众，带头参与小区治理。小区治理格局发生转变，成立4629个小区党组织，建立2319个小区党群服务驿站，深化落实小区“三方联动”服务机制，2020年受理群众诉求9068件，满意率90%以上。①

2021年，在2020年的抗疫实践经验上，武汉市进一步凝聚合力、落地落细，推动党建引领基层社会治理向纵深发展，持续深化街道管理体制改革、推动社区治理创新、提升小区治理效能、探索乡村治理和发展新路。

一是强街道，持续深化街道管理体制改革。坚持精准赋权、完善体制、健全机制，分类编制街道“两清单一目录”，理顺街道综合执法体制，补齐街道承载能力短板，推动街道管理体制从“物理整合”转为“化学反应”。

二是强社区，持续推动社区治理创新。出台党建引领社区治理十项机制，系统集成百步亭、青和居、江欣苑、东湖新城等先进社区实践经验，将其转化为可复制可推广的治理机制。建设高水平社区干部学院，开展社区干部大轮训，常态化抓好党员干部下沉社区工作。

三是强小区，持续提升小区治理效能。实施群众家门口的治理工程，出台加强党建引领小区治理的指导意见，开展小区治理“攻坚提升行动”，明确提升小区党组织规范化水平、提升小区业委会组建率、提升小区物业服务质量和提升小区党群驿站服务功能“四项提升”任务，着力增强群众获得感、幸福感、安全感。

四是强乡村，持续探索乡村治理和发展新路子。推行村党组织领办合作社，通过党的组织和工作，将农民有机有效组织起来。创新设置农村联合党委，组建股份制经济联合社，实现抱团发展。实施“国企联村”和“村社共建”两大行动，推动城乡资源要素融通互补、互利共赢。创新“一约两队三会”治理载体，健全村党组织领导下的自治、法治、德治相结合

① 参见廖君、王自宸：《武汉深耕基层“微治理”》，《瞭望》2021年第4期。

的乡村治理体系。

七、疫后重振：谱写湖北高质量发展新篇章

湖北疫情防控取得的决定性成就，离不开习近平总书记的亲自指挥、掌舵领航，离不开党中央坚强的领导和科学的防治，离不开中国特色社会主义制度的治理体系，离不开广大人民群众的大力支持。

湖北和武汉，用自己的实际行动展现了中华民族顽强拼搏的精神。在常态化疫情防控条件下，湖北和武汉加速生产秩序全面恢复，加快主要经济指标全面提升，加快复工复产复市的速度。2020 年 4 月，大型商店、重点购物中心和超市，农副产品批发重点市场基本恢复营业，商贸运输等城市功能基本恢复正常。同时加快以重点产业链为主体的工程精准措施，大力协助疏通各种堵点，帮助企业解决各种困难，特别是小微企业所面临的实际困难。在基本民生的底线上，实现稳中求进，全面实施“六保”“六稳”，全力稳住经济基础，全力保持就业状态，彻底兜住民生的基本底线。

2020 年 5 月，习近平总书记在参加全国两会湖北代表团审议时殷殷寄语，要求湖北“统筹推进疫情防控和经济社会发展工作”“奋力谱写湖北高质量发展新篇章”。党中央、国务院研究制定了一揽子政策，支持湖北经济社会发展。湖北重视重大工程的对接，积极谋划 5G、数字经济、人工智能等重点产业，争取建设一批标志性的重大项目，形成具有带动性的示范效应。深刻领会谱写高质量发展的新篇章目标，交出后疫情时代湖北高质量发展的答卷，是全省人民奋斗的目标，是全省人民发扬伟大抗疫精神的生动写照。历经“停摆”，历经“重启”，在书写不屈不挠与病毒抗争的历史后，武汉人民，每一天都在赶路，用更多的汗水、更多的努力、更多的激情，以抗疫精神，继续在强国建设、民族复兴的伟大征程上奋斗。

两千多年前，江汉大地的先民，把凤凰当作图腾，凭着骨子里的倔强，筚路蓝缕，以启山林，终得鱼米之乡。两千多年后，一场大考，这块土地上的英雄人民，犹如凤凰浴火，涅槃而生。江城“重启”，踏浪前行。

第七章

民族禀赋与伟大抗疫精神

中华民族的特质禀赋 / 中华民族的文化基因 / 中华民族特质禀赋和文化基因在抗疫斗争中的新发扬

伟大抗疫精神不是凭空产生的，也不是突然迸发的，它根植于中华民族深厚的文化传统，与中华民族的特质禀赋和文化基因密切相关。习近平总书记指出："伟大抗疫精神，同中华民族长期形成的特质禀赋和文化基因一脉相承，是爱国主义、集体主义、社会主义精神的传承和发展，是中国精神的生动诠释，丰富了民族精神和时代精神的内涵。"① 中华民族的特质禀赋和文化基因，是中国各民族优秀传统文化的深厚积淀和历史汇聚，深刻体现于伟大民族精神之中，体现于中国人民的文化品格之中，它们在抗击新冠肺炎疫情的斗争中迸发闪耀，并得到创造性发扬。中华民族的特质禀赋和文化基因的内涵和特征是什么？伟大抗疫精神与中华民族的特质禀赋和文化基因有怎样的渊源？前者如何受到后者的影响并在实践中发扬光大？

第一节
中华民族的特质禀赋

中华民族有着悠久的历史与灿烂的文化。与世界其他三大古老文明——古埃及文明、古巴比伦文明、古印度文明——相比，中华文明的起源不能算是最早的，但中华文明是唯一的从未中断过的文明。"世界上没有哪一个像中国如此之大的国家有始自百万年前至今不衰不断的文化发

① 习近平：《在全国抗击新冠肺炎疫情表彰大会上的讲话》，人民出版社2020年版，第16页。

展大系。”①“为什么中华民族能够在几千年的历史长河中顽强生存和不断发展呢？很重要的一个原因，是我们民族有一脉相承的精神追求、精神特质、精神脉络。”②中华民族在源远流长的历史进程中，形成了独具民族个性的特质禀赋，产生了广泛而深刻的历史影响和现实意义。“中国人民的特质、禀赋不仅铸就了绵延几千年发展至今的中华文明，而且深刻影响着当代中国发展进步，深刻影响着当代中国人的精神世界。中国人民在长期奋斗中培育、继承、发展起来的伟大民族精神，为中国发展和人类文明进步提供了强大精神动力。”③中华民族的特质禀赋与民族精神密切相关，既形成于悠久的文明进程，又反映于当今中国，其间经历了无数大风大浪的磨砺和考验。

一、源远流长的文明史铸就了中华民族的特质与禀赋

中华民族5000余年的发展历史缔造了源远流长、博大精深的中华文明，绵延悠久的历史发展脉络和代代相承的劳动人民共同铸就了中华民族独有的精神特质与禀赋。

（一）中华民族经历了融合发展的悠久历史进程

民族，泛指依靠历史、语言或种族联系组成的人群共同体。④《说文

---

① 苏秉琦：《中国文明起源新探》，生活·读书·新知三联书店1999年版，第176页。

② 中共中央党史和文献研究院编：《习近平关于社会主义精神文明建设论述摘编》，中央文献出版社2022年版，第216页。

③ 习近平：《在第十三届全国人民代表大会第一次会议上的讲话》，《求是》2020年第10期。

④ 参见冯天瑜：《中国文化生成史》上册，武汉大学出版社2013年版，第58页。

解字》释“民”:“众萌也。从古文之象。凡民之属皆从民。”这表明“民”的群体属性,它不是单一的个体。“族”原义为“矢锋”,《说文解字》曰:“族,矢锋也。束之族族也。从㫃从矢。众矢之所集。”此处强调“族”的集中之义,侧重表达集中的群体之共同属性。“民族”这一复合词则表示有共同属性或者价值追求的民众之集合,该词本身包含着民众的聚集之义。“中华”为“中国”与“华夏”复合词之简称。①“中国”初义主要指空间概念上的“中央之城”,与先民“天圆地方”思想有密切关联,与“四夷”相对;后指华夏族活动的地理区域,并将政治、文化之义囊括在内。“华”本义为“花”,有文化灿烂之义。《说文》曰:“华,荣也。”《尔雅·释草》曰:“木谓之华,草谓之荣。”华夏先民最初于黄河中游区域繁衍生息,居于广阔的平原地带,草木滋长,农耕文明繁荣发展,呈现欣欣向荣的景象,“中华”之义由此而来。

“中华民族”有着悠远深邃的历史渊源。费孝通指出:“中华民族作为一个自觉的民族实体,是近百年来中国和西方列强对抗中出现的,但作为一个自在的民族实体则是在几千年的历史过程中形成的。”②“由‘民族’与‘中华’组成的复合词‘中华民族’,出于晚清,曾与‘中国民族’同位并用。”③通过梁启超作品中出现的“中国民族”与“四万万同胞”等语汇,也可得“中华民族”概念为晚清统治疆域内各民族的集合,并不特指汉族这一族群。“中华民族”自古至今所囊括的就是中国境内的各个民族。虽然中国在不同的历史阶段所包含的疆域范围有所差异,但是在经济发展、政治体制、文化生成、地理空间等方面具有相似性,整体上呈现出较统一的民族秉性和精神特质,由此形成了世界范围内特有的中华民族精神。

① 参见冯天瑜:《中国文化生成史》上册,武汉大学出版社2013年版,第61页。

② 费孝通:《中华民族多元一体格局》,中央民族大学出版社2018年版,第260页。

③ 冯天瑜:《中国文化生成史》上册,武汉大学出版社2013年版,第62页。

（二）中华民族在历史长河中培育形成了共同的民族精神

民族精神是一个民族赖以生存和发展的精神支撑，是一个民族生命力和凝聚力的重要体现。民族精神不仅是一种精神力量，也是整个民族的价值追求。源远流长、博大精深的中华文化孕育了独特而伟大的中华民族精神，它是绵延数千年的中华文明历史文化的凝练和升华。“中华民族是有着早醒的文化自觉的民族。无论文明开化之早、声名文物之盛，还是文脉承传之久、文德惠泽之远，中华文化都卓然于史，创造性地推动人类文明进程。”①马克思、恩格斯还论述了中华民族和平忍耐、勤劳节俭、恪守规矩、英勇顽强的善良性格。②习近平总书记指出：“自古以来，中华文明在继承创新中不断发展，在应时处变中不断升华，积淀着中华民族最深沉的精神追求，是中华民族生生不息、发展壮大的丰厚滋养。”③中华民族精神在中华民族的成员中代代相承，具有深厚的历史渊源和文化内涵，在不同的时代背景下呈现出不同的时代特点。

中华大地上的各民族共同培育镕铸了中华民族的特质禀赋。中国幅员辽阔，人口众多，生活在不同地域的人民具有各自鲜明的性格特征，共同为中华民族特质禀赋的形成作出贡献。习近平总书记指出：“我们伟大的精神是各民族共同培育的。在历史长河中，农耕文明的勤劳质朴、崇礼亲仁，草原文明的热烈奔放、勇猛刚健，海洋文明的海纳百川、敢拼会赢，源源不断注入中华民族的特质和禀赋，共同熔铸了以爱国主义为核心的

---

① 沈壮海：《充分发挥中华文化创造力源泉的作用》，《求是》2016 年第 3 期。

② 参见张楠、贠智凯：《马克思恩格斯视域下的中华民族善良性格》，《西北工业大学学报（社会科学版）》2015 年第 4 期。

③ 习近平：《深化文明交流互鉴　共建亚洲命运共同体——在亚洲文明对话大会开幕式上的主旨演讲》，新华社 2019 年 5 月 15 日。

伟大民族精神。”① 从某种意义上讲，特质禀赋是一个民族在漫长历史进程中形成的共性特征，是民族精神的集中体现。

（三）特质禀赋与民族精神密切相关，爱国主义是中华民族精神的核心

中国古代社会是从氏族逐渐向国家转变发展的，以血缘为纽带的宗法制长期影响古代人民的认知，家国一体的情感认同深深烙印在中华民族的基因中，“国”与“家”在人们的认知中具有同源性。从中华民族的历史发展来看，“爱国”是一个贯通古今的母题。段玉裁《说文解字注》：“炁，惠也。”《玉篇》曰：“炁，今作爱。”段玉裁注：“惠部曰，惠、仁也，仁者、亲也。”“仁”与“爱”是可以相互替换的，这正是儒学所推崇的最高道德标准。《说文解字注》：“国，邦也。邑部曰：邦，国也。按邦国互训。浑言之也。周礼注曰：‘大曰邦，小曰国。邦之所居亦曰国，析言之也。’”“爱国”则可以理解为以“仁爱”之心对待邦国。“爱国”二字，最早出现于《战国策·西周策》：“周君岂能无爱国哉？恐一日之亡国，而忧大王。”《汉纪》中也提到“亲民如子，爱国如家”。爱国是人们最深层、最持久的情感，爱国主义很早就根植于中华民族的血脉之中，扎根在中国人民的内心深处。

中华民族的爱国主义精神源远流长，因为时代背景的差异，爱国主义在不同的历史时期呈现出不同的特征。秦汉时期形成了大一统的政治格局，中华民族的爱国主义思想向更加统一的方向发展。该时期所表现的爱国主义比宗法制、分封制统治下的爱国更加集中具体，国家的统一使得人们的民族意识不断加强。如霍去病驰骋疆场保卫祖国，班超投笔从戎征战西域，苏武持节牧羊 19 个春秋。秦汉时期的爱国主义主要表现在爱国者前仆后继、赴汤蹈火的大无畏精神和铁骨铮铮、正气浩然的气节。隋

① 习近平：《在全国民族团结进步表彰大会上的讲话》，新华社 2019 年 9 月 27 日。

唐时期是统一多民族国家的发展时期，形成大融合的局面。这一时期的爱国主义不同于秦汉时期的刚烈，更多表现在和平发展时代背景下的包容与关怀。玄奘和鉴真的西行东渡表现出民族的共同价值取向，文成公主远嫁吐蕃，呈现了友好往来的局面。王侯贵族与知识分子所表现的爱国主义因其所处的环境有所差异，但都离不开一心为国的夙愿。众多知识分子哪怕是在怀才不遇、仕途不顺、颠沛流离之时，仍心系天下、胸怀众生。他们的诗歌表现出强烈的忧国忧民、爱国爱民的情感，饱含对国家命运的忧虑、对腐败权贵的痛恨和对处于水深火热之中的黎民百姓的同情。杜甫对国家危亡有“白头搔更短，浑欲不胜簪”的忧愁，王昌龄对外敌有“但使龙城飞将在，不教胡马度阴山”的气魄，李白则有“愿为腰下剑、直为斩楼兰”的报国决心。国家危难之时，他们热血沸腾、心潮澎湃，用诗歌表现出强烈的爱国爱民、忧国忧民情怀。两宋时期，国家动荡不安，出现多政权并存的局面。这一时期的爱国主义表现出强烈的英雄气概，岳飞精忠报国、矢志不渝；陆游心系中原、情系江山；文天祥浩然正气、奋力报国。他们身上表现出“金戈铁马，气吞万里如虎”的英雄气概，以及坚贞不屈、至死不渝的民族情感和民族气节。士大夫知识分子有着“兼济天下、心系苍生”的胸怀，表现出“先天下之忧而忧，后天下之乐而乐”的责任感和使命感，他们以天下为己任，自觉担负起救国救民的使命。这种爱国的情感使中华民族在经历了种种磨难之后，仍保持着强劲的发展动力，是国家长治久安的力量之源。元朝至清朝是中华民族第三次大融合、大统一时期，中国统一疆域在此时期大致形成。该时期的爱国者为中华民族的发展和国家的统一作出了卓越贡献，如保家卫国的戚继光、收复台湾的郑成功；他们为祖国统一和抵御外侮全力以赴，他们心怀梦想，坚持不懈。民族危机日益严重之时，有不惧列强、虎门销烟的林则徐；也有“血战黄海，壮烈殉国”的邓世昌等。他们为爱国主义的践行提供了典范，中华民族的爱国主义在此时期得到了进一步深化。

因为社会生产方式、政治形势的差异，不同历史时期爱国主义的表现形式不同，但都是中华民族精神核心的外在呈现。中华民族独特的民族精神是在长期的历史发展过程中积淀而成的，是中华民族区别于其他民族的显著标志。

二、中华民族特质禀赋积淀了丰富厚重的文化内涵

中华民族特质禀赋集中体现于民族精神。中华民族精神是中华民族的共同文化品格，有着非常丰富的文化内涵。“在几千年的历史演进中，中华民族创造了灿烂的古代文明，形成了关于国家制度和国家治理的丰富思想，包括大道之行、天下为公的大同理想，六合同风、四海一家的大一统传统，德主刑辅、以德化人的德治主张，民贵君轻、政在养民的民本思想，等贵贱均贫富、损有余补不足的平等观念，法不阿贵、绳不挠曲的正义追求，孝悌忠信、礼义廉耻的道德操守，任人唯贤、选贤与能的用人标准，周虽旧邦、其命维新的改革精神，亲仁善邻、协和万邦的外交之道，以和为贵、好战必亡的和平理念，等等。这些思想中的精华是中华优秀传统文化的重要组成部分，也是中华民族精神的重要内容。”① 在谈到中华民族精神时，习近平总书记指出，中国人民是具有伟大创造精神、伟大奋斗精神、伟大团结精神、伟大梦想精神的人民。② 这些精神共同构成中华民族特质禀赋的文化内涵。

（一）伟大创造精神

伟大创造精神是中华民族传统文化的内在表现形态之一，贯穿于中

① 习近平：《坚持和完善中国特色社会主义制度　推进国家治理体系和治理能力现代化》，《求是》2020 年第 1 期。

② 习近平：《在第十三届全国人民代表大会第一次会议上的讲话》，《求是》2020 年第 10 期。

华民族的历史发展进程之中。习近平总书记指出："中国人民是具有伟大创造精神的人民。"① 伟大创造精神是中华民族最鲜明、最突出的特质。中华文明得以延续的根本在于经久不衰的创造精神。中华民族的伟大创造精神，贯穿从古至今的历史发展长河之中，使中华文明在世界文明中熠熠生辉。

中国历史发展进程可视作渐进的求索与变革创新之路。远古时期的神话故事，表现出先民丰富的想象力和创造力。以人类起源为例，有创世女神女娲造人、侗族龟婆孵蛋、纳西族《多巴经》中记载的人祖利恩、哈萨克族白天鹅族源说等神话故事。创造精神并非中华民族内某个单一民族的特质，而是中华民族的整体特性。在政治制度探索的过程中，中华民族也表现出极大的创造力。先秦时期形成了以分封制、宗法制为基础的政治制度，秦统一全国后创立了中央集权制和郡县制，在经济、文化、社会生活等方面开创了大一统的治理局面；历朝历代多在此基础上有所变革，实现了权力集中与地方分治的治理体系。

文化记载的形式变化也体现了中华民族的伟大创造精神。商周时期，祖先以兽骨龟甲为载体记录文字，后将文字刻于青铜器皿上，到后世以草绳编制竹简或至草木制纸，中华文明得以留存与传播。以仓颉造字为源，被赋予特殊意义的符号传递信息的方式就此形成，从商周时期出现的甲骨文、金文到秦朝统一六国所使用的小篆、汉代的隶书等字形的发展演变，无不反映出中华民族的伟大创造精神。

中华民族的伟大创造精神，还表现在思想的不断变革与改进之中。从先秦诸子百家思想阐发的历史，到诗词曲赋的发展变化，都为世界留下了宝贵的精神文化财富。马克思主义哲学所阐明的事物运动变化发展规律，在中国古代就有明确提出。公元前 5 世纪成书的《礼记 · 大学》阐

① 习近平：《在第十三届全国人民代表大会第一次会议上的讲话》，《求是》2020 年第 10 期。

述事物运动变化发展规律“苟日新，日日新，又日新”，表明每天都应当追求事物的更新和实践的创新。《周易·系辞下》中的“穷则变，变则通，通则久”包含了事物的变通、发展与创新之义。任何力量也无法阻挡事物的发展变化，创造是具有主观能动性的实践活动，包含着人类自身的特质和自然的发展状态。中华民族自古就有“革故鼎新”的精神根基，韩非子有言，“不期修古，不法常可，论世之事，因为之备”，表明不要泥古不化，应在实践中不断创造，将眼光投向未来，为变更而准备。

除了文化制度、思想流变方面，中华民族在工程技术、自然科学等领域也表现出极大的创造力。影响人类文明进程的“四大发明”、祖冲之的“圆周率”、《周髀算经》中说明几何规律的“勾股定理”、东汉张衡发明的“水运浑象天文仪”和“候风地动仪”等，都是中国人民富有创造力的体现，凝结着中国劳动人民独特的创新能力与智慧，表现出中华民族的开拓创新精神。这种伟大的创造精神成为中华民族不断前进和发展的动力与力量之源，书写了中华民族光辉灿烂的文明历史，改变了人类文明的历史进程。

（二）伟大奋斗精神

中华民族的伟大奋斗精神始终贯穿于几千年的历史长河中，“中国人民始终革故鼎新、自强不息”①。伟大奋斗精神体现在“天行健，君子以自强不息”的追求之中，表现在中国人民对美好生活的向往，凝聚于中国人民的勤劳智慧，表现在中国人民的辛勤耕耘中，包含着中国人民的巨大牺牲。《论语·泰伯》云“士不可以不弘毅，任重而道远。仁以为己任，不亦重乎；死而后已，不亦远乎”，体现了仁人志士坚持不懈、锐意进取、以天下为己任的责任感和使命感，表现出奋斗的决心和持久的恒心。

---

① 习近平：《在第十三届全国人民代表大会第一次会议上的讲话》，《求是》2020年第10期。

奋斗精神是中华民族精神的重要表现，也是伟大创造精神的实践前提。没有奋斗精神，就没有创造的动力，任何创造活动都需要在实践的艰难险阻中反复尝试和不懈努力，在奋斗与拼搏中才有生发新事物的可能。如马克思所说："在科学上没有平坦的大道，只有不畏劳苦沿着陡峭山路攀登的人，才有希望达到光辉的顶点。"① 中华民族在追求科学的道路上迎难而上，经过反复尝试和不断拼搏，取得了享誉世界的文明成就，成为世界东方璀璨的明珠。

远古神话故事中的伟大奋斗精神，激励着我们的祖先开天辟地，与自然搏斗，与敌人抗争。我们耳熟能详的精卫填海、后羿射日、夸父逐日等神话传说，体现了中国人民改造自然、与自然抗争的勇气与决心。先民对抗洪水的记载中，充分表现了祖先抵御自然灾害的决心与勇气。《孟子·滕文公上》对洪水发生状况有如下记载："当尧之时，天下犹未平。洪水横流，泛滥于天下；兽蹄鸟迹之道，交于中国。"《山海经·海内篇》记载了鲧氏治水的经历："洪水滔天，鲧窃帝之息壤以湮洪水。"后有鲧氏之子大禹治水，效法天地，顺应天时地利，采取疏堵结合的方案成功治理水患，为百姓带来生的希望。自然灾害自古就有，并非人为所能阻止，正是先祖坚持不懈的奋斗精神与战胜困难的决心，百姓才能安居乐业。

从原始的图腾崇拜到后来的改造自然，在自然环境中生活、生产，表现出先民一步步认识自然、发挥主观能动性、适应自然的历史进程。正是由于伟大奋斗精神的存在，我们的祖先才能不断繁衍生息，在经济社会中从物物交换到以货币为媒介进行商品交换，形成了农业、手工业、资本主义工商业的经济形态，寻找出适合社会发展的经济模式。

除了生产生活领域，中华民族的伟大奋斗精神在人追求自身发展、实现人生价值方面也发挥着重要作用。孟子提出的"爱生而不苟生"，表现出积极的人生观和正义感。古人在追求仁义之路上也表现出极强的奋斗

① 《马克思恩格斯文集》第五卷，人民出版社 2009 年版，第 24 页。

精神，《论语·卫灵公》有言“志士仁人，无求生以害仁，有杀身以成仁”，为了维护正义事业，不惜牺牲自己的生命。对于征战沙场的战士而言，伟大奋斗精神激励他们取得一次又一次战争的胜利，谱写历史进步的新篇章。既有“黄沙百战穿金甲，不破楼兰终不还”的决心，也有“粉身碎骨浑不怕，要留清白在人间”的勇气。中华民族的伟大奋斗精神，带领全体民众取得辉煌的历史成就，成就中华民族的独立与强大。

伟大奋斗精神是伟大创造精神的必要前提，创造活动并非一朝一夕所能完成，需要锲而不舍的奋斗和迎难而上的勇气。伟大奋斗精神是中华民族宝贵的精神财富和精神力量，中华民族历史上取得的伟大成就都是不断奋斗的结果，成就的伟大事业都是在继往开来中推进的。

（三）伟大团结精神

中华民族的历史，是生活在中华大地上的各民族共同缔造的。5000年辉煌历史熔铸了中华民族伟大团结精神，同时也是其内涵不断丰富、外延不断扩展、内核不断强化的历史依据。伟大团结精神是在中华民族的伟大实践中形成的。在几千年的历史长河中，中国各民族在地理上形成了“大杂居、小聚居”的分布格局，各民族在文化上互相包容、兼收并蓄，在经济上相互依存、共同发展，在情感上交流往来、相互亲近，形成了团结互助、友好和睦的多民族共同体。

中华民族自古就有“同源共流”的意识，班固《答宾戏》：“六合之内，莫不同源共流，沐浴玄德，禀仰太和。”“六合”指“天下”，班固认为天下皆为“同源共流”。春秋大一统局面的形成与“同源共流”的历史渊源密不可分，《汉书·王吉传》：“春秋所以大一统者，六合同风，九州共贯也。”上述文献记载说明汉代所统疆域均有“同源”之说法。

各地有关“同根同源”的神话传说、史诗作品等口耳相传的民间文学作品，呈现了各民族人民对先民的记忆。考古学、新人类学、语言学等学科共同佐证了汉族与以藏、彝、羌、白等民族为代表的藏缅语族中各民族的语言亲缘关系，以此推断出汉族与藏族具有一定的历史同源关系。同时，语言同源的发现，对于促进民族友好和睦发展有较强的促进意义。“同源”意识是中华民族相互认同的思想根基，是中华民族共同的精神记忆和中华文明特有的文化基因。中华民族的团结统一精神，根植于中华大地，深深地铭刻于中国人民的心中，成为维护祖国统一和民族团结的牢固纽带。

伟大团结精神构成了中华民族的精神纽带。维护祖国统一、实现民族团结，是全体中华儿女的共同愿望，是建设社会主义现代化强国的必然要求。只要我国各民族精诚团结、共同奋斗，就一定能形成勇往直前、无坚不摧的强大力量，也就没有任何力量能够阻挡中国人民实现梦想的步伐。

（四）伟大梦想精神

伟大梦想精神，始终延续于中华民族的历史发展进程之中。在几千年的历史长河中，中国人民始终心怀梦想、敢于追求，中华民族不仅有实现小康生活的理想，还秉持天下为公的关怀。流传至今的神话故事表现出浓郁的浪漫主义色彩，如女娲补天、盘古开天、夸父逐日、后羿射日、伏羲画卦等神话传说，反映出中国人民对自然的敬畏，同时也表现了中国人民坚持不懈的逐梦理想。

在古代，中国人民的梦想精神表现为报效祖国、兼济天下，实现个人价值。对于统治者的暴政，陈胜的“鸿鹄之志”道出了人生之追求；面对西域侵扰，班超弃笔从戎予以平定；面对国家破落，范仲淹“忧国忧民”抒发人生理想……中华民族的梦想从来不局限于个人得志，还有兴邦富民的美好愿望。正是有了先辈的无私奉献作为典范，才使中华民族精神绽放出特有的光芒。近代以来，中华民族历经深重苦难，社会各阶级为争取民族解放和国家独立前赴后继、锲而不舍。农民阶级领导了太平天国运动以对抗列强侵略；地主阶级洋务派积极学习西方先进的技术，以发展工业争取民族富强；资产阶级改良派发起戊戌变法运动，从制度上对落后的封建制度进行变革；资产阶级革命派领导辛亥革命，学习西方政治体制，建立民主共和国。各方志士仁人的实践均表现出中华民族迫切实现国家独立与强大的梦想，脚踏实地的拼搏精神是对中华民族梦想的肯定。社会各阶层、各民族为实现国家独立、民族振兴的梦想不断奋斗，表现出时代特征和民族共同愿望。

伟大梦想精神是激励中华民族奔向新时代征程的指明灯。伟大梦想精神是中华民族重要的特质，也是激励中华民族不断前行的精神力量。中华民族自古对月亮就有美好的憧憬，这种情感延续至今，成为今人与古人的情感维系。古老的梦想在后代的努力下一步步得到实现，“嫦娥”系列卫星的发射使先民的情感有安置之处，“嫦娥奔月”这一母题不再局限于古老的神话传说，还包含了中华民族在科学技术上所取得的伟大成就，更将贯穿古今的情感纽带紧紧联结在一起。

中华民族古老的梦想在一代代中华儿女勤劳的双手与智慧中不断实现。行百里者半九十，中华民族正朝着更伟大的梦想迈进。伟大创造精神与伟大梦想精神使得中华民族屹立于世界民族之林，成为世界瞩目的焦点。中华民族勇于追求和实现梦想的执着精神，凝聚起同心共筑中国梦的磅礴伟力。

“人民是历史的创造者，人民是真正的英雄。”① 中国人民共同创造了中华民族的历史，形成了独特的民族精神。伟大的民族精神是中华民族的骄傲，悠久的发展历史凝聚了无数民族英雄的爱国热情，是我们坚持社会主义道路自信、理论自信、制度自信、文化自信的重要来源。新时代发

① 习近平：《在第十三届全国人民代表大会第一次会议上的讲话》，《求是》2020年第10期。

展背景下，伟大创造精神产生中国奇迹，伟大奋斗精神造就美好生活，伟大团结精神凝聚磅礴力量，伟大梦想精神引领光明未来。新时代进一步培育和弘扬中华民族伟大精神，需要全国各族人民拥有共同奋斗目标，共创中华民族美好未来。

三、中华民族特质禀赋经历了大风大浪的磨砺考验

中华民族鲜明的特质禀赋，从神话时代就形成了一以贯之的主线。女娲补天、大禹治水、愚公移山、精卫填海、后羿射日……这些神话中主人公不屈不挠敢于斗争的无畏精神广为传颂。这些神话有一条主线贯穿始终，那就是中华儿女不屈服不信邪、敢于抗争拼搏、自强自立扼住命运咽喉的民族性格和民族精神。[①] 几千年来，中华民族集中力量办成了许多大事难事，经受了大风大浪的严峻考验，形成了有效的灾难救助机制，积累了防治疫病的丰富经验，在长期的实践中磨砺出自己的民族精神和特质禀赋。

（一）中华民族集中力量办了许多大事难事

中国先民创造了许多奇迹，完成了很多让世界惊叹的大型工程，主要有三类。一是水利工程。中国绝大部分地区为农耕区，水患是常见的大规模灾害，所以治水成为中华民族长期坚持、群策群力的大事。早在上古时代，鲧和禹父子两代接力治水，带领民众经过长时间艰苦卓绝的努力，集中群众智慧和力量，疏导了弱水、黑水、黄河、汉水、岷江、沅水、淮水、渭水、洛河等 9 条大河，并划定天下九州；春秋战国时期，各诸侯国纷纷修筑堤防，修建灌溉渠系工程，魏国西门豹在漳水主持修建了漳水十二渠，

① 参见范荣：《从民族性格中探寻中国成功的根源》，《北京日报》2017 年 6 月 14 日。

晋国智伯于晋水主持修建了智伯渠，秦国李冰在岷江主持修建了都江堰、郑国在泾水主持修建了郑国渠、白起在鄢水主持修建了白起渠，楚国孙叔敖在肥水主持修建芍陂……先民们还开掘人工运河，如邗沟、鸿沟、济淄运河，后来还完成了规模更大的灵渠、大运河等。① 这些水利工程是智慧与劳力的结晶，不仅改善了农业耕作条件，还提高了航运和交通效率，促进了地区的稳定繁荣。二是军事防御工程，最著名的长城，是一项绵延万里的巨大工程，对农耕区防范游牧区的侵扰发挥了重要作用；还有若干城池，通过高大坚固的城墙和宽阔的护城河实施有效防御。三是宫殿庙宇等工程，历代此类建筑多为规模宏大、结构复杂、耗费大量人力物力财力的工程，如明清故宫、武当山古建筑群等，至今可见其壮观。上述诸多工程，既是当时集体智慧与辛苦劳动的结晶，也是中华文明的重要见证，其中数十项已列入世界文化遗产。

（二）中华民族形成了有效的灾难救助机制

中国历史上经历了各种灾难，诸如水灾、旱灾、蝗灾、雹灾、风灾、火灾、霜雪、地震、山崩、瘟疫、兵乱等。自公元前 1766 年（商汤十八年）到公元 1937 年，3700 余年间，我国遭受各种自然灾害 5258 次，平均约每 6 个月便有灾荒一次。② 先民们直面灾难，提出了先进的救灾学说和思想，设立了专门的救灾机构，采取了多元的救灾措施，形成了有效的灾难救助机制。周公确立了敬天、尚德、保民的政策，春秋时期出现了轻天重民的社会思潮，认为吉凶在人不在天，主张为政以德、使民以时，诸侯国之间建立联合减灾避害的约定。诸多政治家不约而同地采取赈灾济民、平籴备荒、矜恤民困、均多恤寡等政策，并设置专门机构、专门人员负责

① 参见孟昭华、王涵：《中国民政通史》，中国社会出版社 2006 年版，第 26—27、123—128 页。

② 参见邓云特：《中国救荒史》，商务印书馆 2017 年版，第 47 页。

救灾，如西周设立舞师、遗人、司救、稻人、廪人、仓人、司稼等职官，分别对各类荒政事务进行管理；封建王朝除了工部、户部有专门救灾的职掌之外，还设常平仓、义仓、仓济坊等专门机构设施以救济灾民，并形成了《救荒治民类要》等专著。① 清代救荒备荒措施集历代之大成，包括 12 种：备祲、除孽、救灾、发赈、减粜、出贷、蠲赋、缓征、通商、劝输、兴工筑、集流亡，涉及荒政的各个方面，较为全面完备。② 历代救荒的政策，除了巫术之外，分消极救济和积极预防两大类。消极救济政策分两种情况：一是遇灾治标，包括赈济、调粟、养恤、除害 4 种主要方法；二是灾后补救，包括安辑、蠲缓、放贷、节约 4 种主要方法。积极预防政策也分两种情况：一是改良社会条件，如重农、仓储之法；二是改良自然条件，如水利（灌溉、浚治）、林垦（造林、垦荒）之法。③ 在政府组织救灾的同时，民间互助救灾也是常见的救灾方法，宗族、宗教发挥了重要作用。基于民间文化而形成的非正式救灾制度几乎贯穿于整个中国传统社会农业生产过程的始终。④ 多难兴邦，中华民族正是在频繁的灾难之中经受磨炼，探索了多种救灾方法，形成了较为成熟有效的灾难救助机制。

（三）中华民族积累了防治瘟疫的丰富经验

中国古代把传染病称为疫、疠疫、温疫、温病、伤寒等。从《史记》所载公元前 369 年起到明朝末年（1647 年），仅正史记载就有 95 次疫病

---

① 参见孟昭华、王涵：《中国民政通史》，中国社会出版社 2006 年版，第 40、80、121、130、179、516、604、640、722 页。

② 参见李向军：《清代救荒措施述要》，《社会科学辑刊》1992 年第 4 期。

③ 参见邓云特：《中国救荒史》，商务印书馆 2017 年版，第 223—397 页。

④ 参见李军：《中国传统社会的救灾：供给、阻滞与演进》，中国农业出版社 2011 年版，第 109—113 页。

大流行，238 年有疫病流行或大流行。[①] 清代以来瘟疫暴发更加频繁。另一种统计表明，中国可追溯的瘟疫历史约 3500 年，从公元前 770 年到公元 1911 年的 2681 年中，信史记录的灾疫之年有 669 年，平均每 4 年一次。[②] 中国人自古就在不断地与瘟疫作斗争。

与西方中世纪主要依靠隔离、医治和祈祷来应对瘟疫 [③] 相比，中国古代防治瘟疫积累了 3 个方面的宝贵经验。一是形成了比较成熟的瘟疫应对之法。从汉代起，政府对疫病流行采取了综合性的对策，包括：隔离治疗，阻断传染；颁布医方，群防群治；开仓放粮，减免租税；巡医散药，赐棺埋瘗；政府重视，全国动员；禁止人员聚集。既有医疗救治措施，又有善后救济方案。二是探索建立公共卫生制度。晚清郑观应和杨焕周介绍了西方卫生制度。1911 年伍连德主持东北鼠疫防治，采取了一系列严格的隔离、检疫措施，推广使用口罩，有效控制了疫情；当年 4 月他在沈阳主持召开国际鼠疫大会，设立"北满防疫处"，建立隔离医院和卫生中心。清政府于 1905 年在巡警部警保司下设卫生科；1906 年在民政部（原巡警部）设卫生司，下设三科，检疫科为其中一科。此后防疫检疫机构相继设立。三是留下了大量有关瘟疫防治的医书。对传染病的预防，2000 多年前的《内经》就有记载，并认识到未病先防的重要性；中国古代论伤寒的书籍多达 250 余种，如《瘟疫论》《瘟疫辨论》《瘟疫发源》《广瘟疫论》《治疫全书》《伤寒瘟疫条辨》等，积累了丰富的防疫救治知识和方法。[④] 中国古代宝贵的医学探索和瘟疫防治政策，对防治现代新发突发传染病具

---

① 参见梁峻、郑蓉、张磊主编：《疫病史鉴》，中医古籍出版社 2020 年版，第 42 页。

② 参见刘畅、朱基超、陈将锋等：《中国与瘟疫的千年战争》，《健康报》2020 年 4 月 10 日。

③ 肖波、陈泥：《从抗疫故事、情感主题到场景再现：瘟疫遗产地构建的欧洲经验和模式》，《深圳大学学报（人文社会科学版）》2021 年第 1 期。

④ 参见梁峻、郑蓉、张磊主编：《疫病史鉴》，中医古籍出版社 2020 年版，第 42、113、141、143—144、155—165 页。

有重要的指导意义。

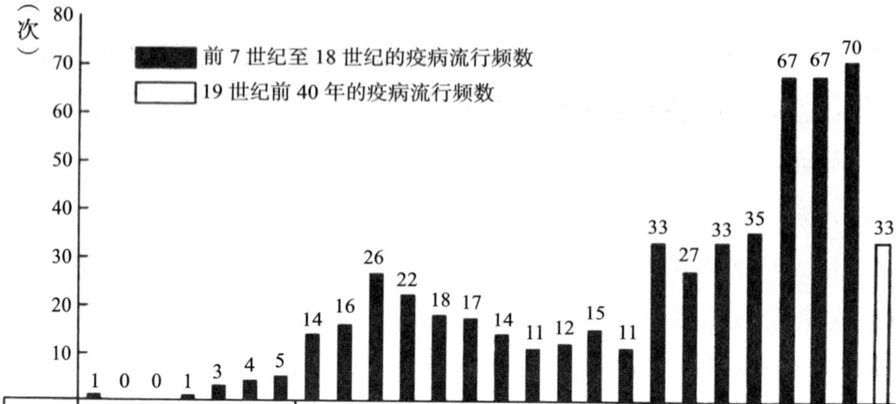

	公元前							公元后																		
世纪	7	6	5	4	3	2	1	1	2	3	4	5	6	7	8	9	10	11	12	13	14	15	16	17	18	19
疫病次数	1	0	0	1	3	4	5	14	16	26	22	18	17	14	11	12	15	11	33	27	33	35	67	67	70	33

图 7-1　中国各世纪疫病流行频数图（前 7 世纪至 19 世纪 40 年代）①

第二节
中华民族的文化基因

文化基因与生物基因密切相关，文化与生物的双重进化是文化基因的理论基础。基因是一个生物遗传学概念，又称遗传因子，是控制生物性状的基本遗传单位。基因储存着生命的种族、血型、孕育、生长、凋亡等过程的全部信息，生物体的生、长、衰、病、老、死等一切生命现象都与基因有关。基因与进化论结合起来，成为解释生物遗传与进化的有力工具，即生物基因。文化基因是个模糊的概念，它是在文化与生物进化过程中长期相互作用的产物。文化基因与生物基因都会传承，都会有变化，文化

① 参见梁峻、郑蓉、张磊主编：《疫病史鉴》，中医古籍出版社 2020 年版，第 113 页。

进化很大程度上超越了生物进化的范围，它的遗传主要通过交流实现，方法多样，并不限于垂直的生物模式。文化基因能够更好地解释人类文化的基本属性，解释人类文化的传承与变化机制；也有益于更好地探索中国文化传统的形成和发展，帮助我们更好地认识中国文化精神。[①]几千年的文明，赋予了中华民族鲜明的文化性格，积淀了丰富的文化要素。“回顾历史，支撑我们这个古老民族走到今天的，支撑5000多年中华文明延绵至今的，是植根于中华民族血脉深处的文化基因。”[②]习近平总书记指出：“富强、民主、文明、和谐，自由、平等、公正、法治，爱国、敬业、诚信、友善，传承着中国优秀传统文化的基因，寄托着近代以来中国人民上下求索、历经千辛万苦确立的理想和信念，也承载着我们每个人的美好愿景。”[③]中华民族的文化基因主要体现在哪些方面？是如何形成并传承的？

一、中华民族文化基因的内涵探讨

学界关于中华民族文化基因内涵的探讨，已持续20余年，许多专家学者从不同角度提出了不同的观点，总体上有三个主要的观察角度：一是从历史角度考察中华民族文化基因的形成；二是从中西比较角度考察中华民族文化基因的特征；三是从民众个体角度剖析中华民族文化基因的体现。每一个角度都能得出有启发的结论。

① 参见陈胜前：《史前中国的文化基因》，《读书》2020年第7期。

② 习近平：《习近平外交演讲集第二卷》，中央文献出版社2022年版，第86页。

③ 中共中央党史和文献研究院编：《习近平关于社会主义精神文明建设论述摘编》，中央文献出版社2022年版，第105页。

（一）中华民族文化基因在历史长河中形成并传承至今

北京大学哲学系王东教授认为，从世界文明史的视野来看，中华古典文明至少有5个高峰期或辉煌期：公元前10000年前后最早开始农业文明起源进程；公元前3000年前后的中华文明与两河流域古代文明、古埃及文明同为世界三大古代文明发源地；公元前1000年前后殷周之际的中华文明雏形期，欧、亚、非大陆的其他4个原创母文明都发生低落中断，唯独中国青铜时代文明独树一帜；公元前500年至公元元年前后的中华文明定型期，与古希腊文明呈双峰竞秀之势，再加上古代印度文明，则呈三足鼎立之势；公元1000年前后两宋时代的中华文明转型期，以三大发明为代表的中国古代文明达到鼎盛期，在世界文明史上独步一时，至少是与东西方之间的阿拉伯文明比翼齐飞。文化基因是人类文化系统的遗传密码，核心内容是思维方式和价值观念，特别是如何处理人与自然、人与人、国与国、心与物这四大主体关系的核心理念。对于创造21世纪新型文明来说，最重要的是五大核心理念：天人合一的宇宙观，仁者爱人的主体观，阴阳交合的发展观，兼容并包的文化观，义利统一、以和为贵的价值观。① 北京大学中文系袁行霈教授认为，一种绵延不断的古老文明，必有其丰富而又深刻的思想内涵贯穿其中，并成为支撑其生命的坚强支柱；中华文明的思想内涵可以概括为5个方面：阴阳观念、人文精神、崇德尚群、中和之境、整体思维。② 中国人民大学考古文博系陈胜前教授提出，中华民族的文化基因主要有：勤俭、吃苦耐劳、包容、平和、整体性思维、合群等。③ 上述著名学者的思考都非常深入，既有很多共性的认识，也有

① 参见王东：《中华文明的五次辉煌与文化基因中的五大核心理念》，《河北学刊》2003年第5期。

② 参见袁行霈等主编：《中华文明史》第一卷，北京大学出版社2006年版，第6页。

③ 参见陈胜前：《史前中国的文化基因》，《读书》2020年第7期。

不少独到的见解，把中华民族文化基因的学术研究引入历史性考察和整体性考察的良性轨道。

（二）中华民族文化基因在与西方文化的比较之中彰显

与世界其他文明相比较，与西方国家的文化基因相比较，中华民族文化基因的特征会更加鲜明。加拿大女王大学梁鹤年教授通过对西方英语世界数十年的观察，总结基督教文化圈的西方文化基因，提炼出西方社会的两组文化基因：传统西方的“真”与“唯一”、现代西方的“人”与“个人”；“唯一真”的文化基因造成西方人的排他性、扩张性与不接受模棱两可及矛盾并存；“人”与“个人”两种不同基因衍生出多种不同的意识形态，但都自视是唯一真，它们之间的纠缠使西方人踉跄了几百年。通过多年的体验和反思，他认为西方人是一只眼睛看世界，就像射击瞄准，看得比较“清”，是“追求目标”的文化；中国人是两只眼睛看世界，就像引线穿针，看得比较“全”，是“处理关系”的文化。①也有学者从不同领域和角度提出：西方科学在当今世界一枝独秀，在于其独特的文化基因，主要表现在10个方面，如求知、理性思维、怀疑、批判精神、实证、“主客二分”等②；同重利轻义、个人至上的西方文化相比，中华文明秉承的是“以民为本”、推崇的是“天下为公”、追求的是“大同社会”。③研究西方世界的文化基因，在比较的框架之下，中华民族的文化基因会更清晰、更有说服力。

---

① 参见［加］梁鹤年：《西方文明的文化基因》，生活·读书·新知三联书店2014年版，第7、73、220、469页。

② 参见钱兆华：《西方科学的文化基因初探》，《自然辩证法研究》2003年第8期。

③ 参见夏兴有主编：《中国道路的文化基因》，广西人民出版社2017年版，第4页。

（三）中华民族文化基因在群体中的每个成员身上体现

文化基因是一个微观概念，既集中体现族群特征，更彰显个体特征。中华民族的文化基因，体现在每一位成员的身上，表现出诸多显性和隐性的特征。一方面，中华民族文化基因以物质存在形式而流传至今，如唐诗、宋词、汉字、汉语等；另一方面，中华民族文化基因以抽象存在形式而世代传承，如思想理念、价值观念、人文精神等。① 从文化源头上看，先秦时期的元典产生了深远恒久的影响，堪称中华民族文化基因的“源头活水”。② 从文明产生和发展的地域看，与世界其他古老文明相比，我国的长江与黄河形成“双联体”，构成中华文化基因的双股结构，从而生生不息不可战胜。③ 中华民族的文化基因，还体现在图腾、祭祀文化、风俗习惯、语言文字等生活化的内容中。生活在中华大地上的先民，创造了辉煌灿烂的中华文明和多元深刻的思想文化，每一位成员又都深受其影响。中国思想文化是多向多元发展的，习近平总书记指出，“这些思想文化体现着中华民族世世代代在生产生活中形成和传承的世界观、人生观、价值观、审美观等，其中最核心的内容已经成为中华民族最基本的文化基因。这些最基本的文化基因，是中华民族和中国人民在修齐治平、尊时守位、知常达变、开物成务、建功立业过程中逐渐形成的有别于其他民族的独特标识”④。解读中华民族的文化基因，可以从这一群体的成员身上去观察和

① 参见沈壮海、史君：《传承发展中华优秀传统文化是文化自觉的时代体现》，《中国高等教育》2018 年第 7 期。

② 参见张自慧：《先秦元典是中华民族文化基因之渊薮》，《船山学刊》2017 年第 2 期。

③ 参见李后强、李海龙：《从长江黄河“双联体”看中华民族文化基因》，《社会科学研究》2021 年第 1 期。

④ 习近平：《在纪念孔子诞辰2565周年国际学术研讨会暨国际儒学联合会第五届会员大会开幕会上的讲话》，《人民日报》2014 年 9 月 25 日。

发现，即普通中国人的特征和个性。中国人的生活主要包括两个层面：理想层面和实践层面。

二、中华民族文化基因的理想层面

中国人的理想突出表现在两个方面：一是个人融入集体、家国一体，二是建功立业、功成身退。“家国同构”是中国古代社会的重要特征，传统生活的共同体可以从家、国推广至天下。在此基础上形成的家国情怀，是指个体对家庭、家族以及邦国共同体的认同、维护，自觉承担共同体的责任。家国情怀以“天下一体”为逻辑基础，以“忠孝一体”为价值凝练，以“经邦济世”为社会实践方式，追求“天下太平”的价值理想。①“家国一体”思想是中国古代国家架构与治理的重要理论来源之一，使中国社会弥漫着浓浓的家国情怀。家国一体、集体利益与个人功业的辩证统一，是中国人的典型理想之一。

（一）中国人普遍具有“修齐治平”的家国情怀

“修齐治平”是儒家的政治伦理思想，即“修身”“齐家”“治国”“平天下”的简称。语出《礼记·大学》：“古之欲明明德于天下者，先治其国；欲治其国者，先齐其家；欲齐其家者，先修其身。”修身是个人道德修养，齐家将个人道德修养扩充到家庭和家族，治国是扩大到国家，平天下是扩大到世界，这是以个人道德修养为根本，将其作为和睦家庭、治理国家和世界的基础，即由内圣向外王的扩充。“修齐治平”是儒家观念中的自我价值实现与完整人格塑造的重要途径。

5000年中华文明史中，有着丰富而鲜活的“修齐治平”案例。孔孟学派、商鞅、诸葛亮、司马光、岳飞、王安石等无数历史长河中闪耀的先

① 参见张倩：《“家国情怀”的逻辑基础与价值内涵》，《人文杂志》2017年第6期。

贤，都以他们光辉的一生阐释着修齐治平的真谛与内涵。孔孟学派向来崇尚修身之道，君子以修身养性为基本，践行三省吾身、行为约之以礼、择善而从等行为标准。孔子说："苟正其身于从政乎何有？不能正其身，如正人何？"《论语·宪问》主张"修己以安百姓"。《孟子·尽心章句下》以为"君子之守，修其身而天下平"。《荀子·君道》进一步提出"闻修身，未尝闻为国也。君者，仪也；民者，景也；仪正而景正"。齐家治国的根本，在于修身，修身既是齐家治国的基础，也是家与国之间的重要连接。首先需有良好的个人品德，才能治理好家庭；只有家族兴旺、家庭和睦，才能进一步治理好国家。商鞅是战国时期法家学派代表人物之一。他辅佐秦孝公，积极变法，通过重农抑商、统一度量衡、加强中央集权、奖励军功、实行二十等爵制等多方面改革措施，使秦国成为战国后期最强大的国家之一。虽然商鞅后来被杀，但他的新法不但未被废除，还有力地推动了中国历史进入大一统时代。司马光究其一生践行了"修齐治平"：他为人温良谦恭、刚正不阿；以"日力不足，继之以夜"自诩，人品高雅，严谨治学，心系百姓。宋代社会发展迅速，儒学复兴，科举制度不断完善，涌现了一大批有思想、有抱负的文人与政治家，如杰出的政治家、文学家、改革者王安石，南宋年间儒学的集大成者朱熹。

儒家"修齐治平"的思想，对中华民族及中国人民的影响极为深远。在不同的朝代，"修齐治平"的思想虽有着不同的表现形式，但究其本质仍大同小异。强调修身之根本，家庭之孝悌，治国之和谐，平天下之弘毅，这些既反映着中国人民的思想准则、体现着中国人民的行为规范、表达着中国人民的道德标准，也成为刻在中华民族骨血里的文化基因。

（二）中国人普遍尊崇建功立业的入世理想

建功立业是指建立功勋，成就大业。宋代苏轼《应制举上两制书》："古之圣贤，建功立业，兴利捍患，至于百工小民之事，皆有可观。"晋朝常璩《华阳国志·巴志》:“桂阳太守李温等，皆建功立事，有补于世。”唐朝林蕴《上宰相元衡宏靖论兵书》:“见古人之有建功立事者，心则慕之。”拳拳爱国心、殷殷报国情，构成了一个人养浩然之气、立鸿鹄之志、成不朽之业的精神源泉。中华民族既是一个历经沧桑的民族，更是一个满身荣耀的民族，在漫漫历史长河中，无数的杰出人物以其英雄事迹书写着建功立业的华章。

霍去病是西汉著名的军事将领，用兵灵活，不拘古法，17 岁时率领八百骑兵深入大漠，两次功冠全军;19 岁时指挥两次河西之战，歼灭和招降河西匈奴近十万人，俘匈奴祭天金人，直取祁连山，打通河西走廊，从此丝绸之路得以开辟；漠北之战消灭匈奴左部主力七万余人，封狼居胥。司马迁评：骠骑将军为人少言不泄，有气敢任。天子为治第，对曰:“匈奴未灭,无以家为也。”李世民是唐朝第二位皇帝,一手缔造了“贞观之治”。他少年从军，曾往雁门关解救隋炀帝；首倡晋阳起兵，领兵攻破长安，相继平定薛仁杲、刘武周、窦建德、王世充、刘黑闼等割据势力，为唐朝的建立与统一立下赫赫战功；设立文学馆，笼络四方人才，听取群臣意见，虚心纳谏。对内文治天下,厉行节约,劝课农桑,实现休养生息、国泰民安；对外开疆拓土，攻灭东突厥与薛延陀，征服高昌、龟兹和吐谷浑，重创高句丽，设立安西四镇，与北方地区各民族融洽相处，获得尊号“天可汗”。明太祖朱元璋统治时期，社会生产逐渐恢复和发展，史称“洪武之治”。郑成功于明永历帝时被封为延平郡王，后起兵抗清，连年出击江、浙等地，败于南京城外，被迫撤退。旋即率将士数万，至厦门经澎湖至台湾登陆，攻克荷兰殖民总督所在地赤崁城，收复台湾。西汉名将霍去病、“贞观之治”李世民、“洪武之治”朱元璋、民族英雄郑成功等英雄的事迹，给了后人极其丰富的精神财富。

建功立业不仅是帝王将相、英雄豪杰的抱负，也是文人墨客等的追求。司马迁的志向是“究天人之际，通古今之变，成一家之言”，曹植志在“戮力上国,流惠下民。建永世之业,流金石之功”,李白“愿将腰下剑,直为斩楼兰”，杜甫“自谓颇挺出，立登要路津。致君尧舜上，再使风俗淳”。“立功”是古人追求的三不朽之一，“功成名遂身退”是张良、李白等诸多名士追求的最高境界。建功立业体现了中国人普遍的进取精神和宏大志向，激励着社会各阶层人士追求事业、突破自我、顾全大局、奋力拼搏。

三、中华民族文化基因的实践层面

在实践层面，中国人有 3 个突出的特征：一是尊时守位、敬天畏人，细致观察自然和社会的特征与规律，尊重适应其节奏和秩序；二是开物成务、求真务实，在生活生产中注重对科学的认知与探索、对技术的掌握与创新；三是知常达变、守正出新，将原则性与灵活性把握得恰到好处。

（一）中国人体现尊时守位、敬天畏人的秩序感

尊时守位是中华民族的重要文化基因。“尊时”指的是“待时而动”“与时偕行”，是“因时制宜，审势而行”。《论语》说“学而时习之”，《周易》讲“时止则止，时行则行，动静不失其时，其道光明”。尊时强调人与时间的关系，顺应时间规律，审时度势，因时而动，尽量合乎时宜。所谓守位，乃是根据自己的职位、身份、权限来生活和工作。《易传·系辞上》表明，在古人看来，“天尊地卑，乾坤定矣。卑高以陈，贵贱位矣”。万事万物都有一定的位，每个人都应该遵守自己的位来活动。《公孙龙子·名实论》曰“位其所位焉，正也”。在自己的位上，要履行应尽的责任和义务。《易传·系辞下》曰“圣人之大宝曰位。何以守位？曰仁”。还有《诗经·小雅·小明》所说，一般的臣民也应“靖共尔位，正直是与”。守位典型周公，他身为文王之子、武王之弟，积极辅助武王伐纣；武王病危，他藏《金縢》之书，避居东都；武王逝世后，因侄儿年幼，不得不出而摄政，制礼作乐，

消灭夺权的管叔、蔡叔，帮助成王治理天下；最后还政于周成王。①

尊时守位，既体现了中国人顺应自然规律、因时而动、珍惜光阴的唯物情怀，也彰显了中国人尊重人伦秩序、谦恭礼让、恪尽职守的实践理性。这一宝贵的文化基因，给中华民族注入了充沛不竭的发展动力和井然有序的社会张力。

（二）中国人具有开物成务、求真务实的实践观

开物成务即指开通万物之理，以成就天下大事。《易传 · 系辞上》："夫易，开物成务，冒天下之道，如斯而已者也。"唐孔颖达疏："《易》能开通万物之志，成就天下之务。"开物成务主要指对科学的认知与探索、对技术的掌握与创新。

开物成务，既包含不断探索自然与社会的创新创造，又强调解决实际问题的务实进取。开物的主体，早期常被尊为"圣人"。比如开创八卦的"包牺氏"，不仅观天察地设八卦，"以通神明之德，以类万物之情"，而且"作结绳而为网罟，以佃以渔"；其后，神农氏、黄帝、尧、舜分别做了开创性的工作，"神农氏作，斫木为耜，揉木为耒"，"神农氏没，黄帝、尧、舜氏作"，其作主要是"垂衣裳"，"刳木为舟、剡木为楫"，"服牛乘马"（车辆），"断木为杵、掘地为臼"（粮食加工之具），"弦木为弧、剡木为矢"（弓箭）。神农氏等圣人发明了农业社会中重要的劳动工具和生活用具，包括从衣服到交通工具的舟、车，加工粮食的工具杵臼，以及狩猎的弓箭等造物，这些工具和器物对百姓生活和社会发展产生了非常深远的影响。② 开物成务后来成为名臣硕儒的重要使命和奋斗目标。宋李焘《续资治通鉴长编 · 建隆二年》："宰相者以举贤为本质，以掩善为不忠，

① 参见王颖、陈瑛：《论"尊时守位"》，《光明日报》2015 年 6 月 3 日。

② 参见李砚祖：《"开物成务"：〈周易〉的设计思想初探》，《南京艺术学院学报（美术与设计板）》2008 年第 5 期。

所以上佐一人，开物成务。”清黄宗羲《宋元学案·艮斋学案》:“永嘉之学，教人就事上理会，步步着实，言之必使可行，足以开物成务。”中国人对物的关注不仅停留在书面上，更落实到行动中。“中国人的确做到的是对自然现象进行分类，为各自的时代发展出极为精致的科学仪器，以几乎无与伦比的恒心来观察和记录。即便他们（和包括欧洲人在内的所有中世纪人一样）没能运用现代假说，但他们世世代代都在做实验，以获得可以任意重复的结果。”① 由于对开物成务的执著追求和广泛实践，中国古代的科学技术在相当长的一段时期内都居于世界领先地位。

中国人在开物成务这一点上有着丰富且鲜活的典例。《论语·宪问》:“不怨天，不尤人，下学而上达。”朱熹《论语集注》认为“下学人事，便是上达天理”。下学上达是开物成务的重要思维方法，以开阔的视野，广泛关注历史与社会现实，上下求索，深刻认知。汉赋中亦有对分析事理解决问题的记载。如擘肌分理，常用来比喻精密的分析。汉张衡《西京赋》:“剖析毫厘，擘肌分理，所好生毛羽，所恶成疮痏。”南朝刘勰《文心雕龙·序志》:“同之与异，不屑古今；擘肌分理，唯务折衷。”擘肌分理是开物成务的重要实践方法，专注于研究对象，细致观察，深入剖析，以得出客观精到的结论。重视科学技术不仅体现于官方公文与有识之士的鸿论，还体现为民间共识和普通民俗对科学家的尊崇。科学技术各领域的发明创造者被奉为神明，民众为了纪念他们的丰功伟绩而建造庙宇。隋唐时期杰出的医生和炼丹家孙思邈就拥有这样一座祠堂。工程师宋笠使大运河化为现实，他故世后，人们在运河之滨修筑了一座庙宇纪念他。又如纺织技术专家黄道婆，棉区的城乡百姓非常敬重她，在她辞世后修筑了许多庙宇以资纪念。

开物成务，让中国人将形而上的道德文章与形而下的生产实践紧密

① ［英］李约瑟:《文明的滴定：东西方的科学与社会》，张卜天译，商务印书馆2016年版，第35页。

结合起来，不尚空谈而尚实务，善于观察宇宙自然、生产生活的规律，既格物致知，寻求科学的解决方法和技术进步，又知行合一，将科技与人文、认知与行动统一起来，融合创新，从而保持了整个社会的前进动力。

（三）中国人表现出知常达变、守正出新的圆融性

知常达变是指既掌握事物的基本规律，又懂得灵活应对具体情况或问题；既坚持原则，又能随机应变。“常”与“变”是中国古代哲学的一对范畴。事物的本质规定性、基本规律和一般原则等具有相对稳定性，故称“常”；具体事物及具体应对方法又有多样性，且随时而化，故称“变”。“常”与“变”相对相生，“常”是存在于“变”中的常道，“变”又是存在于常理之中的变通。即“常”是事物的普遍规律，“变”是事物的特殊性体现。因此，既要掌握事物的基本规律和一般原则，也要根据客观形势的变化灵活运用这些常道。“知常达变”体现了古人的辩证思想，深刻把握了普遍性与特殊性的关系。

中国古人善于发现规律，善于总结规律，更善于从中反思推陈出新。儒家崇尚举一反三的教育思想，《论语·述而》：“举一隅不以三隅反，则不复也。”孔子的学生子贡“闻一以知二”，另一学生颜回则能“闻一以知十”。中国古人具有敏锐的观察力，善于发现与总结规律。《孟子·梁惠王上》中孟子曰：“有复于王者曰：‘吾力足以举百钧，而不足以举一羽；明足以察秋毫之末，而不见舆薪。’则王许之乎？”明察秋毫，原谓仅见枝节，忽略事物的关键之处。后多用作肯定的意义，意指目光锐利，能细致入微地观察到事物的样貌。

智慧的中华儿女不仅善于洞察世事，观察并发觉存在于生活中的各种规律，更善于灵活变通，巧解生活中的种种难题。先秦时期就有记载灵活应变的故事，《韩非子·八说》：“此通权之言也。”《后汉书·贾逵传》：“《公羊》多任于权变。”“通权达变”这一词便表达了为适应客观情势，

不拘泥于常规，而采取适合实际需要的灵活办法这一观点。善于变通的经典案例也不绝于耳，如嫂溺叔援的典故。《孟子·离娄上》："男女授受不亲，礼也；嫂溺，援之以手者，权也。"后以"嫂溺叔援"比喻视实际情况而变通做法。封建礼教严苛，但真正面临问题，灵活的古人也会跳出封建思想的桎梏，变通地去解决问题。

知常达变，包含了中国人敏锐的观察力和通达的平常心，既体现出对事物一般规律的悉心认知与准确把握，又表现了对事物特殊规律的充分尊重和适度宽容，将原则性与灵活性拿捏得恰到好处。

中华民族的文化基因根植于优秀传统文化，也面向当下和未来。"要努力从中华民族世世代代形成和积累的优秀传统文化中汲取营养和智慧，延续文化基因，萃取思想精华，展现精神魅力。"① 习近平总书记指出："要加强对中华优秀传统文化的挖掘和阐发，使中华民族最基本的文化基因同当代中国文化相适应、同现代社会相协调，把跨越时空、超越国界、富有永恒魅力、具有当代价值的文化精神弘扬起来，激活其内在的强大生命力，让中华文化同各国人民创造的多彩文化一道，为人类提供正确精神指引。"② 中华民族的文化基因在当代进一步传承和发扬，在抗疫过程中发挥了重要作用，产生了深远影响。

① 中共中央党史和文献研究院编：《习近平关于社会主义精神文明建设论述摘编》，中央文献出版社 2022 年版，第 118 页。

② 习近平：《在中国文联十大、中国作协九大开幕式上的讲话》，《人民日报》2016年12月1日。

第三节
中华民族特质禀赋和文化基因在抗疫斗争中的新发扬

在抗疫斗争的重大历史现场，中华民族特质禀赋和文化基因得到了新发扬。抗疫精神是在抗疫斗争中形成的中国精神的新样态，丰富了中国精神的具体表现样态。[①] 习近平总书记2020年9月8日在全国抗击新冠肺炎疫情表彰大会上指出："中国人历来抱有家国情怀，崇尚天下为公、克己奉公，信奉天下兴亡、匹夫有责，强调和衷共济、风雨同舟，倡导守望相助、尊老爱幼，讲求自由和自律统一、权利和责任统一。在这次抗疫斗争中，14亿中国人民显示出高度的责任意识、自律观念、奉献精神、友爱情怀，铸就起团结一心、众志成城的强大精神防线。"[②] 在中国共产党的坚强领导下，中国人民在疫情期间筑起的强大精神防线，既是当代中国人民合奏的时代凯歌，也是中华民族特质禀赋和文化基因在新时代的新体现、新发扬。

一、中国共产党的红色基因是联结传统与当下的枢纽和关键

进入20世纪，马克思主义传入中国，中国共产党的诞生成为近代中

① 参见徐艳玲：《"抗疫精神"的生成逻辑、丰富内涵和价值意蕴》，《人民论坛》2020年4月下、5月上合并出版。

② 习近平：《在全国抗击新冠肺炎疫情表彰大会上的讲话》，人民出版社2020年版，第21页。

国开天辟地的大事。中国共产党在马克思主义中国化的进程中，将马克思主义先进文化因子和中华优秀传统文化因子相结合，形成了极具中国特色的红色基因。[①] 红色基因是在火热革命实践中锻造的，是中国共产党的灵魂。中国共产党的红色基因，既传承了中华民族特色禀赋与文化基因，又与时代特征结合而有了新发展；既基于马克思主义理论精华，又辩证吸收了中华民族的优秀传统，具有开放性、包容性与创新性。

（一）红色基因在百折不挠、浴血奋战的革命斗争中磨砺淬炼

1921 年夏，中国共产党正式成立。从诞生的那天起，中国共产党就以解放全人类、实现共产主义为己任，始终坚守为中国人民谋幸福、为中华民族谋复兴的初心使命。面对当时风雨如晦的黑暗中国，早期中国共产党党员不顾个人安危和得失，自觉肩负起救国救民的重任。[②]1927 年 8 月 1 日，南昌起义打响了武装反抗国民党反动统治的第一枪。在艰苦无比的井冈山革命时期，《中国的红色政权为什么能够存在》《星星之火，可以燎原》等文章，对“红旗到底能打多久”的疑问做出了有力回答。第五次反“围剿”失利后，中央红军不得不实行战略转移——长征。“伟大长征精神，是中国共产党人及其领导的人民军队革命风范的生动反映，是中华民族自强不息的民族品格的集中展示，是以爱国主义为核心的民族精神的最高体现。”[③] 在中国人民抗日战争的壮阔进程中，形成了伟大的抗战精神，中国人民向世界展示了天下兴亡、匹夫有责的爱国情怀，视死如归、宁死不屈的民族气节，不畏强暴、血战到底的英雄气概，百折不挠、

---

① 参见吴娜：《红色基因的文化学考察》，《人民论坛》2015 年第 35 期。

② 参见李洪喜：《红船精神的由来和表现》，《人民政协报》2017 年 11 月 23 日。

③ 习近平：《在纪念红军长征胜利 80 周年大会上的讲话》，《人民日报》2016 年 10 月 22 日。

坚忍不拔的必胜信念。①1946 年 6 月国民党挑起全面内战，毛泽东认为人民解放军的战争是爱国的战争，受到全国人民的拥护，必然会取得胜利。1948 年 5 月中共中央移驻西柏坡，毛泽东提出“两个务必”：“务必使同志们继续地保持谦虚、谨慎、不骄、不躁的作风，务必使同志们继续地保持艰苦奋斗的作风。”② 毛泽东指出，中国共产党必须认真地团结全体工人阶级、全体农民阶级和广大的革命知识分子，“同时也要求我们党去团结尽可能多的能够同我们合作的城市小资产阶级和民族资产阶级的代表人物”③。中国共产党的红色基因，在严酷的革命斗争中经受了磨砺和淬炼，始终保持以人民为中心的初心和本色。

（二）红色基因在迎难而上、艰苦奋斗的建设进程中绽放光彩

新中国成立后，为改变我国一穷二白的落后面貌，我们党迎难而上、艰苦奋斗，团结带领人民确立了社会主义基本制度，取得社会主义建设重大成就。1950 年美国侵略军把朝鲜战争的战火烧到鸭绿江，党中央毅然作出抗美援朝、保家卫国的历史性决策。经过艰苦卓绝的战斗，中国人民志愿军和朝鲜人民军沉重打击了帝国主义侵略者，粉碎了美帝国主义不可战胜的“神话”，“英雄的中国人民志愿军始终发扬祖国和人民利益高于一切、为了祖国和民族的尊严而奋不顾身的爱国主义精神，英勇顽强、舍生忘死的革命英雄主义精神，不畏艰难困苦、始终保持高昂士气的革命乐观主义精神，为完成祖国和人民赋予的使命、慷慨奉献自己一切的革命

---

① 习近平：《在纪念中国人民抗日战争暨世界反法西斯战争胜利69周年座谈会上的讲话》，《人民日报》2014 年 9 月 4 日。

②《毛泽东选集》第四卷，人民出版社 1991 年版，第 1438—1439 页。

③《毛泽东选集》第四卷，人民出版社 1991 年版，第 1437 页。

忠诚精神，为了人类和平与正义事业而奋斗的国际主义精神”①。1960年初，国家迫切需要石油，数万名石油大军挺进松嫩平原，展开了艰苦卓绝的大庆石油会战。以王进喜为代表的石油工人在极端艰苦的条件下，形成了“有条件要上，没有条件创造条件也要上”的大无畏精神。大庆石油职工提出“先国家后个人”“先生产后生活”，并以“宁肯少活20年，拼命也要拿下大油田”的英雄主义气概，苦战3年就拿下了大庆油田，一举摘掉了长期压在中国人民头上的贫油帽子，产生了影响深远的大庆精神。中国共产党的红色基因，不论是在战争年代，还是在建设年代，都深植于中国大地，绽放着理想的光芒。

（三）红色基因在实事求是、与时俱进的改革实践中发扬光大

改革开放新时期，中国共产党解放思想、实事求是、与时俱进，团结带领人民开辟了中国特色社会主义道路，中华民族以崭新姿态屹立于世界民族之林。1998年，长江流域发生历史上罕见的大洪水。在同洪水的搏斗中，我们的民族和人民展示出了一种十分崇高的精神。这就是万众一心、众志成城，不怕困难、顽强拼搏，坚韧不拔、敢于胜利的伟大抗洪精神。②2005年11月，神舟六号载人航天飞行圆满成功，在挑战世界尖端科技领域的艰难征程中，中国航天工作者铸就了“特别能吃苦、特别能战斗、特别能攻关、特别能奉献”③的载人航天精神。2008年5月12日，四川汶川发生特大地震，在同特大地震灾害的艰苦搏斗中，我们大力培育和弘扬了万众一心、众志成城、不畏艰险、百折不挠、以人为本、尊重科

---

① 习近平：《在纪念中国人民志愿军抗美援朝出国作战70周年大会上的讲话》，《人民日报》2020年10月24日。

② 江泽民：《在全国抗洪抢险总结表彰大会上的讲话》，《求是》1998年第19期。

③ 胡锦涛：《在庆祝神舟六号载人航天飞行圆满成功大会上的讲话》，《中国航天》2005年第12期。

学的伟大抗震救灾精神。[1] 中国共产党的红色基因，具有与时俱进的优秀品质，在新的时代表现出新的特征，展现出新的生命力。

（四）红色基因的底色是为人民谋幸福、为民族谋复兴

中国共产党从弱小逐步发展壮大，在腥风血雨中能够一次次绝境重生，在攻坚克难中不断从胜利走向胜利，根本原因就在于不管是处于顺境还是逆境，中国共产党始终坚守为中国人民谋幸福、为中华民族谋复兴这个初心和使命，义无反顾向着这个目标前进，从而赢得了人民衷心拥护和坚定支持。讲仁爱、重民本、守信义、贵承续、推修身、知变易、崇正义、尚和合、顺自然、求大同，作为中华传统文化精华之重要组成，被中国共产党在执政中所吸纳，已融入中国共产党的血液，成为其执政基因。[2] 以人民为中心，也就是以人民整体和长远利益为依归，从人民群众最关心的问题入手，覆盖人生命的全周期，增强人民扎扎实实的获得感[3]，这是中国共产党一贯追求的目标。红色基因是马克思主义理论、中国实践、中国传统文化精华深度融合的产物，它联结传统与当下，沟通本来与外来，并指向未来。

在抗击新冠肺炎疫情的中国行动中，党中央统揽全局、果断决策，以非常之举应对非常之事；各级党委和政府、各部门各单位各方面闻令而动，全国农村、社区、企业、医疗卫生机构、科研机构、学校、军营各就各位；460 多万个基层党组织冲锋陷阵，广大党员干部带头拼搏。中国共产党既从组织层面动员和引领了群体行动，激发了中华民族的民族精神；又

---

① 胡锦涛：《在全国抗震救灾总结表彰大会上的讲话》，《人民日报》2008 年 10 月 8 日。

② 参见杨英杰等编著：《初心之源：中国共产党的传统文化基因》，清华大学出版社 2019 年版，第 4 页。

③ 参见张维为：《中国战疫》，上海人民出版社 2020 年版，第 89 页。

从群众层面示范和带动了个体行动，激活了中华民族的文化基因。可以说，红色基因成为激发中华民族特质禀赋和文化基因的关键。

二、抗疫斗争中的群体性特征与中华民族特质禀赋的新发扬

每当经历一些重大事件、重大任务，或面临重要关头、关键时刻，常常会孕育并诞生一种崇高而伟大的精神；历史上的诸多宝贵精神，共同描绘出中华民族的精神长廊。① 抗疫斗争牵涉面广，参与者众，群体性特征突出显现，中国共产党的坚强领导、各单位各团体的坚决参与、各行业各职业的责任担当，恰使中华民族的民族精神和特质禀赋进一步发挥和发扬。创造精神和奋斗精神熔铸于责任意识，团结精神和梦想精神贯穿于友爱情怀，爱国主义更是不言而喻地投射到每个群体和每位个体的理念与行动之中，并在抗疫斗争中互相激励而升华。

（一）普遍的责任意识成为集体共识并在抗疫斗争中践行

责任意识是一种自觉意识，也是中华民族流传数千年的传统美德和特质禀赋。从上古大禹为治理滔天洪水“三过家门而不入”，到宋代范仲淹写下“先天下之忧而忧，后天下之乐而乐”，再到清代林则徐强调“苟利国家生死以，岂因祸福避趋之？”……这种敢负责、勇担当的精神品格为历代政治家、文人墨客、贤臣等传颂。在疫情防控期间，这种责任意识被中国共产党和各行各业的人们践行到抗疫斗争中，得以传承与发扬，成为推动抗疫取得明显成效的重要因素。

庚子年初，新冠肺炎疫情暴发，这是百年来全球发生的最严重的传染病大流行，是新中国成立以来我国遭遇的传播速度最快、感染范围最广、防控难度最大的重大突发公共卫生事件。面对突如其来的严重疫情，中

① 参见徐文秀：《“抗疫精神”弥足珍贵》，《学习时报》2020 年 3 月 4 日。

国共产党作为执政党，秉承着高度的责任感，从广大人民的根本利益出发，依法行使党的权利。在抗疫斗争中，党始终把人民生命安全和身体健康放在第一位，坚持“不遗漏一个感染者，不放弃每一位病患”的生命至上原则，坚持中西医结合，治疗费用由国家承担，并时刻关注海外中国公民的生命安危；第一时间实施集中领导，成立中央应对疫情工作领导小组，统揽全局，提出早发现、早治疗、早隔离的防控要求，果断决策，及时调整全国总体防控策略，领导中国人民攻克一个又一个难关。在党中央的领导下，中国人民用1个多月的时间初步遏制疫情蔓延势头，用2个月左右的时间将本土每日新增病例控制在个位数以内，用3个月左右的时间取得武汉保卫战、湖北保卫战的决定性成果，进而又接连打了几场局部地区聚集性疫情歼灭战，取得了全国抗疫斗争重大决定性胜利。其间，无数党员充分发挥先锋模范作用，身怀“当此之时，舍我其谁”的强烈责任感和使命感，积极投身到抗疫斗争第一线，体现了中国共产党全心全意为人民服务的宗旨。在全球抗击新冠肺炎疫情的过程中，中国始终本着公开、透明、负责任的态度，积极履行国际义务，与世界各国共克时艰。中国在第一时间向世界卫生组织、有关国家和地区组织主动通报疫情信息，第一时间发布新冠病毒基因组序列等信息，第一时间公布诊疗方案和防控方案，向100多个国家和国际组织提供力所能及的物资和技术援助，为全球抗疫斗争贡献了中国智慧和中国力量，体现了中国与世界各国共克时艰的决心，彰显了大国担当，得到了国际社会高度赞誉。

古语云：“天下兴亡，匹夫有责。”在这场艰苦卓绝的抗疫战斗中，各行各业的人们怀着强烈的责任感，恪尽职守，在没有硝烟的战场上冲锋陷阵。一大批医护人员勇挑抗疫重担，奋战在抗疫一线，年逾八旬的钟南山院士义无反顾奔赴武汉前线；金银潭医院院长张定宇不顾自身病痛，始终心系患者，他说：“我必须跑得更快，才能从病毒手里抢回更多病人。”“90后”护士甘如意为奔赴武汉抗疫一线，在没有公共交通的情况下，骑行4天3夜，一路风雨兼程，最终返岗参战。来自全国各地的4万余名基建工人，在早一分钟建成医院，就能早一分钟挽救生命的信念鼓舞下，24小时不停施工，用10天建成1000张病床的火神山医院；用12天建成1600张病床的雷神山医院；用10多天建成16座方舱医院，以中国速度推进了疫区医疗基础设施的建设，为挽救生命提供了有效保障。环卫保洁工人在危难时刻毫不退缩，坚守抗疫一线，及时做好城市公共区域的卫生清扫、杀毒和医疗垃圾回收工作。在抗疫大后方，广大科技人员日夜奋战，他们以小时、分钟为进度单位，争分夺秒进行技术攻关，及时破译了新冠病毒遗传密码，成功研制核酸检测试剂和新冠疫苗，并从专业角度提供防控优化策略，为战胜疫情提供了强大科技支撑。在教育一线，广大教育工作者积极响应“停课不停学”号召，坚守岗位，学习线上教学技能，“隔空”授课，用实际行动履行人民教师的神圣职责。如西安翻译学院王媛老师，因突发疫情滞留于网络闭塞的湖北大山中，她“深山寻网”，在荒坡上顶着寒风授课。此外，还有许许多多来自各行各业的人们，如公安民警、快递员、新闻工作者，他们或深入一线，或坚守后方化作坚强后盾，用自己的实际行动承担职责，体现了中国人民高度的责任意识，为抗疫斗争奉献了强大力量。

（二）广泛的友爱情怀受到一致推崇并在不同行动中彰显

友爱是中华民族千年秉承的情怀。《尚书》有言：“同寅协恭和衷哉！”《国语》曰：“夫苦匏不材于人，共济而已。”《孟子·离娄下》道：“君子以仁存心，以礼存心。仁者爱人，有礼者敬人。爱人者，人恒爱之；敬人者，人恒敬之。”这种“和衷共济”“仁者爱人”的团结友爱情怀是支撑中华民族走向繁荣兴盛的强大精神动力，在古代推动了团结统一的中华民族大家庭的形成，在近代鼓舞中国人民打败了侵略者，捍卫了民族独立和自由，在抗击疫情的战斗中又得到了新的传承与发扬。

在疫情暴发的危急时刻，全国各地迅速点燃了守望相助的希望之火。

大疫之下，中华大地上没有一个“局外人”，更没有一个“旁观者”。中国举全国之力驰援疫区主战场，来自各地的优秀医护人员、急需的资源、先进的设备纷纷汇聚湖北，汇聚武汉。据统计，自 2020 年 1 月 24 日除夕至 3 月 8 日，全国共调集 346 支国家医疗队、4.26 万名医务人员、900 多名公共卫生人员驰援湖北。全国约四分之一的医疗重器 ECMO 都集中在湖北，社会各界捐款达 151 亿元，捐物达 2.32 亿件，从被纸箱填满的“口罩航班”到满载蔬菜粮食的“生命货车”，都体现了中华儿女满腔的友爱情怀。除了物质与人力方面的援助外，全国各地的人更为身处疫区的人们提供了精神上的强大支持，人们自动发起为武汉“热干面”加油的热潮，对不幸感染新冠的同胞深情说道：“全中国等你痊愈，我们相约春天赏樱花。”患者也毫不气馁，说“谢谢你们，没有放弃我们，病好了我要去献血”，“武汉必胜、湖北必胜”的加油之声响彻中华大地。2020 年 9 月，习近平总书记在全国抗击新冠肺炎疫情表彰大会上的讲话中指出：“面对突如其来的严重疫情，中国人民风雨同舟、众志成城，构筑起疫情防控的坚固防线。”①

在中国抗疫期间，许多国家和地区以多种方式向中国人民伸出援手，提供宝贵的物质和精神支持。如来自日本的捐赠物资上写着鼓舞人心的温暖话语，在日本汉语水平考试 HSK 事务局支援湖北高校的物资纸箱上就印有“山川异域，风月同天”的古语。俄罗斯用军机向中国输送防疫物资，派出防疫专家，与中国专家一同研制疫苗，帮助中国抗击疫情。巴基斯坦从全国调集了 30 万只医用口罩、800 套医用防护服和 6800 副手套运到中国。欧盟成员国调集 12 吨防护物资支援中国，阿联酋迪拜的哈利法塔披上中国国旗……世界各地的种种温暖之举，给中国人民传递了团结、友爱和希望。

① 习近平：《在全国抗击新冠肺炎疫情表彰大会上的讲话》，人民出版社 2020 年版，第 6 页。

在疫情席卷全球之时，中国亦秉承“天下一家”的理念，在国内疫情形势好转的情况下，便向疫情紧迫的国家和地区提供援助，加强疫苗研发合作，支援多个国家。中国政府还向巴基斯坦、伊朗、韩国、日本等国和非盟交付了医疗防护援助物资，向世界卫生组织提供捐款，对意大利、法国、西班牙、希腊等国家提供了力所能及的抗疫物资援助，并支持友好国家在中国市场采购医疗物资，通过向伊朗、伊拉克、意大利等国派遣医疗专家组、同有关国家和国际组织举行视频会议等方式，向世界分享中国抗疫经验，用中国智慧助力各国攻克难关。在全球疫情肆虐之时，中国与世界各国一道谱写了一曲和谐友爱之歌，彰显了中国的大国担当和大爱情怀。

三、抗疫斗争中的个体性特征与中华民族文化基因的新发扬

中华民族的文化基因流淌在每一个中国人的血液之中。在疫情袭来的危急时刻，修齐治平的家国情怀、建功立业的入世理想，很可能以无私奉献的精神显现出来，诸多平凡英雄挺身而出；尊时守位、开物成务、知常达变，很可能表现为自觉自律而又竭尽全力想办法的实干行动，亿万普通百姓齐心协力。千千万万的中国人，展现出高显示度的文化共性，体现出一代代传承下来的中华民族文化基因。

（一）崇高的奉献精神让众人认同并在危急时刻挺身而出

在中华 5000 年的历史长河中，奉献之声不绝于耳。古时有投身汨罗之屈原、抗金名将岳飞、以身殉国的文天祥等爱国志士，在革命战争时期有无数为解放事业奋勇牺牲的先辈烈士，在现当代有雷锋、孔繁森、焦裕禄等无私奉献的道德榜样。这种代代相传的奉献精神在抗击疫情的战斗中得到了新的发扬。

《孟子·告子上》曰:“生,亦我所欲也;义,亦我所欲也。二者不可得兼,舍生而取义者也。”在疫情暴发时,中华大地上涌现出一大批舍生忘死、无私奉献的英雄。他们在危急时刻挺身而出,或奔走于抗疫前线,或忙碌于后方岗位,心怀满腔热情与大义,诠释了中华民族千年传承的无私奉献精神。在抗疫的号角吹响后,数百万医务人员逆行出征,以白衣为甲,与病毒面对面较量,争分夺秒挽救生命。他们把患者的生命置于首位,不顾自身安危甚至以身殉职,用血肉之躯为人们筑起一面抵御新冠病毒的铜墙铁壁。如武汉市洪山区王兵西医内科诊所主治医生王兵,在医疗资源紧张的情况下,仍然坚持开门接诊救治患者,最后在工作中不幸感染新冠肺炎而牺牲。武汉市中心医院眼科主治医师李文亮将个人安危置之度外,坚守一线岗位,不幸感染新冠肺炎逝世。山东第一批援鄂医疗队成员张静静,第一时间奔赴疫情一线,在返程隔离期间因突发心脏骤停不幸殉职。援鄂期间,她曾写道:“杏林门下,救死扶伤,责无旁贷。愿吾辈之青春,守护这盛世繁华。”① 曾成功抗击非典,做到“零感染”的“小汤山医疗队”在疫情袭来时又一次请战,并在印满红手印的请战书中写下“若有战,召必回,战必胜!”的宣言。正是这些心系他人、无私奉献的英雄们一次次无畏的挺身而出,犹如一道道光,驱散了疫情阴霾。

在此次战疫中,中国人民为中国抗疫工作、世界防疫工作做出了巨大的付出和牺牲,尤其是坚强的武汉人民,用实际行动践行了勇于奉献的优秀精神品质。在武汉,无数的社区志愿者无私地充当“摆渡人”“快递员”“药袋人”,为居民提供便利服务,传递着城市温度,为保护人民群众的生命健康奉献自己的力量。如武汉青山区碧苑花园社区居民王和平,作为一名检修职工圆满完成火神山医院建设工程后,又主动投入志愿活动中,为社区居民提供上门送菜服务,还协助开展消杀,帮忙代购物资等。

---

①《山东援助湖北医疗队员张静静因突发心脏骤停抢救无效去世》,中国新闻网,2020 年 4 月 7 日,https://www.chinanews.com.cn/m/sh/2020/04-07/9149343.shtml。

又如武汉市民李博，他作为一名餐厅老板，在疫情暴发后，连续47天免费为6家医疗机构、2个志愿者车队和援汉医疗队送餐，从2020年1月25日至3月31日，共送出1万余份盒饭，价值超过20万元。再如武汉市洪山区下沉干部王虎在疫情期间，为社区居民无偿买药，常常来不及吃饭，就马上投入志愿服务工作之中……2020年3月10日，习近平总书记在武汉考察新冠肺炎疫情防控工作时称赞道："在这次抗击疫情斗争中，武汉人民展现出了不怕牺牲的精神、勇于担当的精神，顾全大局的精神，还有甘于奉献的精神。这些精神都是中华民族的精神的重要体现，我们一定要好好总结、好好发扬。"①

（二）内在的自律观念得到高度认可并在个体实践中强化

"自律"是中华民族自古推崇的精神品质，《左传・哀公十六年》载孔丘死后，哀公悲叹失去了自律的榜样："呜呼哀哉！尼父，无自律。"自律亦是一种不可或缺的人格力量，唐代张九龄《贬韩朝宗洪州刺史制》："不能自律，何以正人？"在今天，中国之所以取得抗疫斗争的重要成果，也与中国人民对自律品质的传承与发扬有紧密联系。

在新冠肺炎疫情暴发后，中国政府果断采取措施，全国各地陆续启动紧急措施应对重大突发公共卫生事件一级响应。在疫情防控的关键时刻，中国以非常之举应对非常之势，体现了政府和人民强烈的自律观念。2020年春节前夕，作为"九省通衢"和新冠肺炎疫情防控重中之重的武汉，面临着严峻的疫情防控形势，各社区"织密织牢社区防控网，实行严格的网格化管理"②，这种状态一共持续了76天。这一举措需要极大的决心和勇气，更需要极强的自律意识。及时关闭离汉通道之举措，为中国

---

①《习近平：武汉必将再一次被载入英雄史册！》，《人民日报》2020年3月11日。

② 习近平：《在统筹推进新冠肺炎疫情防控和经济社会发展工作部署会议上的讲话》，《人民日报》2020年2月24日。

和世界争取了宝贵的时间窗口：根据中国、美国和英国的22位科学家合作完成的“中国COVID-19疫情暴发的最初50天内传播控制措施的调查”研究显示，武汉关闭离汉通道让中国新冠肺炎感染者的总病例数减少96%，将其他城市的暴发时间平均推迟了2.91天，超过130个城市受益于这一推迟。同时，这一举措也对国际疫情防控工作作出了巨大贡献，它减少了近80%的国际传播，对遏制新冠肺炎疫情起到了至关重要的作用，得到了世界卫生组织和多位国际专家学者的肯定，称中国的这一举措“非常恰当且非常重要”。

中华民族的自律基因还体现在每一位中国人自觉的抗疫实践中。抗击疫情是一场群防群控的全民行动，在疫情面前，人人都是一道防线，打赢这场战争离不开每个人的自律自觉。湖北武汉是抗疫的主战场，千万江城儿女自觉响应党和政府号召，积极学习疫情防控知识，主动配合防疫大局，采取防护措施，进行居家隔离，为中国防疫工作筑起了一道坚固防线，有效地遏制了疫情扩散蔓延，换取了更多人的自由与安全。正如习近平总书记所指出的：“武汉人民、湖北人民识大体、顾大局，不畏艰险、顽强不屈，自觉服从疫情防控大局需要，主动投身疫情防控斗争，为阻断疫情蔓延、为全国抗疫争取了战略主动，作出了巨大牺牲和重大贡献！”① 除了武汉人民、湖北人民表现出高度自律外，全国各地的人们也自觉响应防疫号召，从城镇到乡村，人人化身抗疫战士，自觉遵守防疫要求，为这一场全民战役贡献自己的一份力量。如新冠肺炎疫情暴发后，河南省各乡镇因地制宜采取“硬核”防疫措施；北京新发地疫情发生后，“西城大爷”唐先生发现症状并骑车就医，主动详细而准确地提供自己的行动轨迹等，都体现了中国人民强烈的自律意识，千百年传承的自律基因在这一场战役中得以传承和发扬。

① 习近平：《在全国抗击新冠肺炎疫情表彰大会上的讲话》，人民出版社2020年版，第7页。

伟大的斗争孕育伟大的精神，伟大的精神必将成全伟大斗争的胜利。在疫情防控的艰难斗争中铸成的“伟大抗疫精神”，是中国精神的“新丰碑”。新冠肺炎疫情是一场大考，既考验医疗卫生、科学技术、物质经济、后勤保障等方面的物资储备与硬实力，又考验社会管理、组织动员、公民素养等方面的文化储备与软实力。中华民族的特质禀赋和文化基因，作为中华优秀传统文化的思想精华和智慧结晶，流淌在中国人的血液里，体现于中华儿女的言行举止之中。伟大抗疫精神是弘扬中华民族精神、传承革命精神的结果，丰富和拓展了时代精神的内涵。① 在这场同严重疫情的殊死较量中，中华民族的特质禀赋和文化基因、中国共产党的红色传承，都发挥了重要作用，在抗疫的具体行动中得到了彰显与发扬。中国人民和中华民族以敢于斗争、敢于胜利的大无畏气概，铸就了“生命至上、举国同心、舍生忘死、尊重科学、命运与共”的伟大抗疫精神，留下了深深的文化印记，谱写了新的英雄篇章。

① 参见陈金龙：《以伟大抗疫精神凝聚中国力量》，《红旗文稿》2020 年第 20 期。

第八章

国际抗疫的中国担当

新冠肺炎疫情的世界影响 / 国际抗疫的中国行动与贡献 / 共同构建人类卫生健康共同体

新冠肺炎疫情给全球人民的生活带来巨大冲击，疫情的大规模蔓延不仅令各国经济增长严重受挫，还对世界经济与政治格局产生深刻影响。在此期间，中国以最快的速度控制住国内疫情，以“构建人类命运共同体”的理念积极协助其他国家的抗疫工作，中国的行动与贡献展现了负责任大国的担当与气度。全球抗疫的伟大斗争再次证明了建设人类命运共同体是应对人类共同挑战、建设更加繁荣美好世界的人间正道。只有各国摒弃成见，形成抗击疫情的强大合力，才能构建起人类生命健康安全的保护屏障。

第一节
新冠肺炎疫情的世界影响

新冠肺炎疫情是21世纪以来波及范围最广的全球大流行疾病，这场公共卫生安全事件已经严重威胁了人类生命健康与福祉，全球发展也因此面临严峻挑战，新冠肺炎疫情将对世界经济与政治格局的演变产生深刻的影响。

一、新冠肺炎疫情在全球蔓延

2020年，新冠肺炎疫情在全球多点暴发并快速蔓延，令世界公共卫生安全面临极大挑战。从2020年1月31日世界卫生组织宣布新冠肺炎疫情构成“国际关注的突发公共卫生事件”，到2023年5月5日世界卫生组织宣布新冠疫情不再构成“国际关注的突发公共卫生事件”的三年多时间里，疫情波及了200多个国家和地区，影响了70多亿人口。全球每日新增确诊人数和累计确诊人数一度呈爆发式增长，并曾有超过60个国家和地区宣布进入紧急状态，其中部分宣布进入“战时状态”或“战争状态”。疫情迅速扩散的主要原因是经济全球化时代人员跨境流动和病毒具有较长潜伏期、存在大量无症状感染者。[①]各国紧密联系、相互依存，没有哪个国家能够置身于疫情之外，也没有哪个国家能够独自应对疫情。

新冠肺炎疫情蔓延对世界的影响超出了公共卫生健康领域，对世界经济和政治格局造成重大影响。世界经济如何走出疫情影响并实现复苏，是摆在世界各国面前的重要议题。新冠肺炎疫情使全球供给与需求陷入突发性中断状态，这也暴露出经济全球化的脆弱性。疫情严重冲击了全球产业链和各国经济的稳定性，全球贸易市场的需求疲软也进一步加剧。人类首次主动为传染病防控按下全球经济“暂停键”的行动，给此次疫情打上了鲜明的“全球化”烙印。[②]随着全球经济陷入衰退和系统性风险上升，国际政治风险也逐渐显现，疫情污名化和政治化的荒谬言论甚嚣尘上，贸易保护主义、单边主义、地缘政治冲突进一步加剧，一些国家甚至走向自我封闭之路。由疫情引发的一系列全球性风险渐露苗头，世界格局加速演变，传统安全和非传统安全领域的威胁层出不穷，国际形势的不稳定性和不确定性明显上升。习近平总书记强调，“我们既要有防范风险的先手，也要有应对和化解风险挑战的高招；既要打好防范和抵御风险的有准备之战，也要打好化险为夷、转危为机的战略主动战”[③]。

① 参见袁勇：《疫情深刻影响全球经济发展前景》，《经济日报》2020年6月5日。

② 参见袁勇：《疫情深刻影响全球经济发展前景》，《经济日报》2020年6月5日。

③ 中共中央党史和文献研究院编：《习近平关于总体国家安全观论述摘编》，中央文献出版社2018年版，第15页。

二、新冠肺炎疫情对世界经济格局的影响

纵观世界历史，疫情的大规模暴发都会深刻影响世界经济的发展。从 1347 年开始，一场突如其来的疫情席卷了欧洲。在之后短短 6 年时间里，可怕的瘟疫夺走了约 2500 万欧洲人的生命，占当时欧洲总人口的三分之一。由于感染瘟疫后死去的患者尸体呈现黑色，因此当时欧洲人称这场瘟疫为黑死病。1918 年，随着第一次世界大战的全面爆发，“西班牙大流感”迅速从美国军营蔓延到欧洲大陆，造成的死亡人数甚至超过了第一次世界大战的死亡人数①。1957—1958 年“亚洲流感”导致世界范围内约 200 万人死亡，流感高峰期造成美国国内生产总值减少了约 1%。

新冠肺炎疫情也对全球经济增长造成了巨大的负面冲击。2021 年 1 月，国际货币基金组织（IMF）发布的《全球经济展望》报告显示，受疫情影响，2020 年全球经济萎缩 3.5%，这是自 20 世纪 30 年代“大萧条”以来最严重的经济衰退。此外，世界贸易组织（WTO）公布的 2020 年第二季度货物贸易晴雨指数也创下有记录以来的最低水平，尽管该指数在第三季度有所回升，但是仍难以保证其可持续性。联合国贸易和发展会议（UNCTAD）发布的研究报告表示，疫情将对外国直接投资造成负面影响。②同时，疫情带来的全球贸易和投资受阻、全球价值链阶段性收缩、价格波动等问题令全球资本市场避险情绪增加，全球有 11 个国家的股市在 2020 年第一季度暴跌并触发熔断机制，这一系列影响严重破坏了世界经济体系的完整性和稳定性。尽管新冠肺炎疫情的全球大流行不会从根

---

① 参见陈诗一主编：《经济战“疫”：新冠肺炎疫情对经济的影响与对策》，复旦大学出版社 2020 年版，第 233 页。

② UNCTAD：Global Foreign Direct Investment Projected to Fall 40% in 2020, Says UN Report, World Investment Report, https://unctad.org/press-material/global-foreign-direct-investment-projected-fall-40-2020-says-un-report.

本上改变世界经济格局[①],但将进一步对全球产业链重构、贸易保护主义、区域经济合作和经济发展不平衡等产生巨大影响。

第一,新冠肺炎疫情放大了全球产业链供应体系的脆弱性和风险,促使一些国家进行产业链本土化和分散化投资。先来看产业本土化的驱动因素:因防控疫情所直接带来的隔离、延迟复工、销售滞缓、进出口受阻、劳动力不足、供应链断裂等结果,令一些依赖全球生产网络体系的产业陷入困境,使原本相互依赖的经济全球化体系暴露出不确定性和风险。很多国家的政策可能会转向强调产业的内向发展、自主发展和有保障的发展等。[②]尤其是在出现口罩、防护服和呼吸机等防疫物资供应严重短缺的情况下,部分国家会将经济安全作为重要的考量因素[③],并反思外部经济依赖问题,从而引发全球范围内的产业转移。实际上,自 2008 年国际金融危机以来,一些国家就已经开始反思制造业转移所带来的空心化问题[④],例如,美国早在奥巴马任总统时就推出了"买美国货"、制造业促进法案等多项优惠措施,特朗普上台后进一步强化了"美国优先"政策,吸引制造业投资向国内回流,本次疫情将会加速类似举措的展开。此外,随着全球疫情的蔓延,不少国家都经历了生产中断、供应链停摆的问题,引发了各国对目前全球产业链布局模式安全性的担忧,使一些国家和跨国公司开始警惕"把鸡蛋放在同一个篮子"的供应链风险。已有的全球生产分工体系面临深刻调整。

---

① 参见胡志勇:《世界经济格局将因疫情影响加速转型》,《经济日报》2020 年 7 月 14 日。

② 参见《疫情冲击下的经济全球化:变局、挑战与应对》,环球网,2020年3月16日,https://3w.huanqiu.com/a/c36dc8/3xRXzeKIW46。

③ 参见王永中:《如何应对百年未有之大变局和疫情的叠加冲击》,《人民论坛》2020 年第 15 期。

④ 参见中共中央党校(国家行政学院)习近平新时代中国特色社会主义思想研究中心:《疫情全球传播的风险与对策》,《经济日报》2020 年 3 月 24 日。

第二，疫情促使全球范围内的贸易保护主义更加猖獗。面对疫情带来的经济“断崖式”下跌，许多国家政府将经济政策的重心放在对本国重要行业的支持上，优先考虑国内利益和就业，其表现手段之一就是贸易保护。在大幅萎缩的市场需求和有限的资源供给的条件下，一些国家可能将以更加激烈的方式争夺经济增长的动能，包括采取更加极端的贸易保护主义行为来保护本国市场。例如，全球共有 80 个国家和地区对口罩、防护服、食品等产品都采取了出口限制措施。① 美国前总统特朗普曾在不同场合多次强调，美国必须摆脱对中国生产的医疗设备和物资的依赖，并提出“制造业独立”的理念，以确保国家系统的安全。② 疫情的全球传播加大了国际贸易投资的不确定性，全球贸易投资可能将维持疲软态势，而外部疲软可能又会进一步加剧贸易保护主义行为。③ 当前，一些跨国企业已经开始实施全球战略调整，促使供应链本地化、区域化，各国政府的贸易保护主义、单边制裁、汇率操纵、限制移民等“逆全球化”举措趋于强化。④ 一些国家和地区以国家安全为借口，将许多产业和产品贴上战略性和涉及国家安全的标签，并以此为借口实施投资限制和贸易保护，加大市场准入难度和经济交易成本。⑤

第三，疫情推动世界经济发展呈现一定的区域化特征。由于疫情带来了停工停产、港口关闭和飞机停航等突发问题，商品物资跨境运输的成本和中断风险显著上升，迫使跨国企业牺牲一定的经济规模效应，在靠近销售市场的国家设立工厂，缩短国际供应链环节、缩小环节链距，以

---

① https://www.wto.org/english/tratop_e/covid19_e/ccsa_publication_vol2_e.pdf.

② 参见杨民青：《疫情之下国际政治格局新走向》，《党建》2020 年第 5 期。

③ 参见中共中央党校（国家行政学院）习近平新时代中国特色社会主义思想研究中心：《疫情全球传播的风险与对策》，《经济日报》2020 年 3 月 24 日。

④ 参见马小军：《深刻把握疫情对全球化进程的影响》，《学习时报》2020 年 9 月 11 日。

⑤ 参见项兵：《疫情后的世界发展格局观察》，《财经》2020 年第 21 期。

减少长途跨境运输引发的不确定性。从经济全球化的趋势来看，由于贸易单边主义、保护主义的升温，多边层面的全球贸易谈判受阻，而区域和双边合作的进展明显快于多边。根据区域贸易协定（Regional Trade Agreement，简称 RTA）数据库显示，2000 年全球共有 100 份现行累计 RTA，而到了 2022 年全球共有 596 份现行累计 RTA，12 年间 RTA 现行累计数量大幅上升。① 部分行业如汽车、电子产品、纺织服装等可能将会从全球价值链生产转变为区域价值链生产。例如，北美正在形成以墨西哥为制造业基地的供应链；欧洲正在形成以东欧国家为制造业基地的供应链，以法德为主的欧盟核心成员国走向更紧密的协调与分工合作；东亚正在形成以东南亚和中国为制造业基地的供应链②，中国与日韩等亚洲邻国的自贸区谈判有望取得更多进展，同时，《区域全面经济伙伴关系协定》（Reginal Comprehensive Economic Partnership，简称 RCEP）的成功签署进一步推动了后疫情时代亚太地区的区域经济合作。

第四，疫情加剧世界经济发展的失衡。因疫情致贫、返贫的人口急剧上升，进一步拉大全球贫富差距。在疫情席卷全球之际，发展中国家和地区的经济受到更为猛烈的冲击。这是因为，发达国家和地区相对而言拥有更加完善的公共卫生医疗服务体系和强大的基层医疗服务能力，其医疗体系的韧性和效率明显高于发展中国家和地区。在疫情导致的经济停滞中，真正可能出现重大问题的是那些医疗卫生条件相对落后的发展中国家和地区，这些经济体政府资源有限且制度薄弱（如图 8-1 所示），低收入国家所能承受的与疫情有关的财政支持明显少于发达经济体和新兴经济体。这些国家不仅遭受了全球产业链断裂带来的外部冲击，还因疫情传播和防控措施使本国加工出口制造业遭到重创，导致国内经济的严

① http://rtais.wto.org/UI/charts.aspx.

② 参见丁一凡：《新冠肺炎疫情下的世界经济形势与中国新发展格局》，《当代世界》2020 年第 11 期。

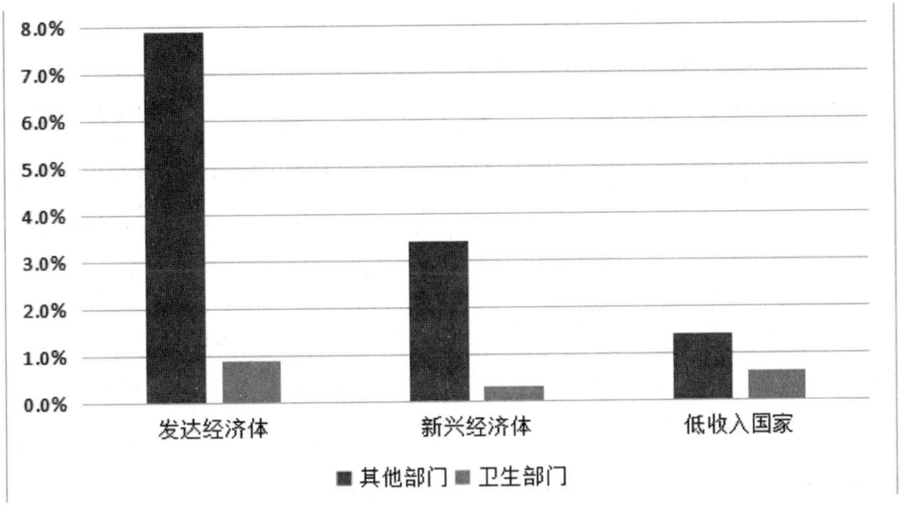

图 8-1 与新冠肺炎疫情相关的财政支出占 GDP 的比重

（资料来源：IMF 新冠肺炎疫情政策应对数据库）

重萎缩，甚至可能陷入长期衰退状态。① 因此，疫情引发各国之间综合经济实力对比的变动，那些经济损失较小、较快走出疫情的国家，能迅速重启经济，综合实力有所上升，而那些损失较大、未能有效控制疫情的国家，难以恢复正常的生产和生活节奏，综合国力有所下降。② 同时，疫情带来的永久性“创伤”可能损害其未来发展前景，进一步加剧全球发展的不

① Gabriela Cugat, Futoshi Narita: How COVID-19 Will Increase Inequality in Emerging Markets and Developing Economies, IMF Blog, https://www.imf.org/en/Blogs/Articles/2020/10/29/blog-how-covid-19-will-increase-inequality-in-emerging-markets-and-developing-economies.

② 参见王永中：《如何应对百年未有之大变局和疫情的叠加冲击》，《人民论坛》2020 年第 15 期。

平等，并且可能使过去十年的全球减贫成果毁于一旦。①

新冠肺炎疫情使全球非传统领域安全威胁的能量充分释放，给世界经济发展带来很大的负面影响，国际经贸体系、国际秩序、全球治理体系等都面临重大挑战。但是，疫情的来源是随机的、非政治性的，其影响也不会是结构性的，一般都是可以自动恢复的。②经济全球化的基本动力和要素构成依然存在，经济全球化的内在逻辑以及长期形成的发展环境并未发生根本性改变。尽管疫情在短期内会对原有的全球价值链造成冲击，但是难以彻底改变全球价值链的基本格局。近 20 年来，全球投资贸易格局已经从传统的市场分工、产业分工走向价值链分工，国际分工体系日趋细化且更加相互依赖。③值得注意的是，2020 年，中国实际使用外资金额达到 9999.8 亿元人民币，同比增长 6.2%。对华投资前 15 位国家和地区中，荷兰、英国分别增长 47.6%、30.7%，东盟对华投资增长 0.7%。高技术产业吸收外资增长 11.4%，高技术服务业增长 28.5%。④未来，经济全球化或将以新的形式和特征实现更加迅猛的发展，进而推动世界经济体系的深度变革。经济全球化始终是历史潮流，各国之间的分工合作与互利共赢是长期趋势。

---

① Daniel Gurara，Stefania Fabrizio，Johannes Wiegand：COVID-19: Without Help, Low-Income Developing Countries Risk a Lost Decade, IMF Blog, https://www.imf.org/en/Blogs/Articles/2020/08/27/blog-covid-19-without-help-low-income-developing-countries-risk-a-lost-decade.

② 参见张家栋：《疫情难以对世界格局构成重大影响》，《工人日报》2020 年 4 月 10 日。

③ 参见权衡：《理性看待疫情对中国和世界经济的影响》，《经济日报》2020 年 3 月 18 日。

④ 参见《2020 年我国利用外资增长 6.2%　规模创历史新高》，中华人民共和国商务部，2021 年 2 月 10 日，http://www.mofcom.gov.cn/article/ae/sjjd/202101/20210103032555.shtml。

三、新冠肺炎疫情对世界政治格局的影响

当前，世界正经历百年未有之大变局，新冠肺炎疫情全球大流行使这个大变局加速演变，单边主义、保护主义上升，国际格局深刻调整，不稳定不确定因素明显增多。越是面对挑战，我们越是要遵循历史前进逻辑、顺应时代发展潮流、呼应人民群众期待，在更加开放的条件下实现更高质量的发展。

第一，疫情加剧了国家本位主义和民粹主义的抬头，大国之间的合作意愿下降，竞争性表现更加突出，且竞争战略逐步拓展至舆论战领域。在疫情防治和经济恢复的过程中，不同大国表现出了完全不同的治理能力，其中，中国在全球抗疫中的表现得到了国际社会的高度认可，反观美国，其国内疫情遏制速度缓慢，经济结构性矛盾愈加突出。面对中国抗疫模式巨大成功的压力，美国的一些政客和媒体开始利用病毒溯源政治化和政治污名化的手段转移国内情绪，少数政客甚至还无礼地提出“中国责任论”“中国赔偿论”①这类带有偏见色彩的舆论，对中美两国的民意产生了负面的塑造作用，“美国民众对华情绪”的负面态度比例也达到2005年后的历史高点。②此外，欧洲某些地区也出现了支持美国说法的言论，损害了中欧之间的友好关系。实际上从全球范围来看，在此次抗疫过程中，各国政府并没有建立实质上的抗疫合作战线，大国竞争态势依然在欧洲、中东和亚太地区此消彼长，疫情进一步加剧部分地区的经济和社会问题，大国之间的竞争态势也会更加紧张，令多边主义与全球治理承压。

---

① 参见《国际法专家：美方所谓“中国赔偿论”于理不通、于法无据》，新华网，2020年5月16日，xinhuanet.com/world/2020-05/16/c_1125993484.htm。

② Laura Silver：American Views on China: Results from a Recent Pew Research Center Survey, National Committee On U.S.-China Relations, https://www.ncuscr.org/event/us-china-pew-research/.

第二，疫情加速了世界多极化的进程。疫情不但深度测试了全球各国的综合实力，包括政治制度、治理能效与国际道义等软实力，还推动“多极化”步入“多极”格局的更高层次。从直接影响来看，疫情对原有世界格局产生了巨大冲击。在这次疫情中，美国软硬实力受到冲击，硬实力中经济损失惨重，软实力则因其“美国优先”的单极思维与疫情恶化而锐减，美国的单极霸权梦将因此受到巨大打击。与之相伴的是，欧盟合力缺乏、受损严重，加之英国“脱欧”，使其国际地位进一步下滑。① 同时，欧洲国家和日本在抗疫中同美国的合作远不及同中国的合作密切，由美欧日构成的“大西方”进一步虚化。传统发达国家在抗击疫情中不尽如人意的表现无疑会大大激发发展中国家的自信，促使它们在国际舞台上更加独立自主，进而促使国际权力由大国向中小国家转移。② 如果说以往的世界政治格局基本上是大国强国的游戏，那么疫情之后则是所有国家以及非国家行为体都参与的全人类的多边游戏。实际上，从“二战”以来，新兴市场和发展中国家的国际影响力就已经不断增强，而这次疫情则加速了早已存在的多极化进程。

第三，疫情引发国际社会对制度优越性的重新思考。近现代以来，美欧等西方国家不断强调其“民主体制”的政治优越性，而这些国家却恰恰是本次疫情中受创最严重的地区之一。其中，自诩拥有全世界最优秀民主制度的美国在此次防疫抗疫中的表现乏善可陈，不但没有承担起大国应有的国际责任，反而不断发布疫情政治化和污名化的言论，令“西方民主优越论”及“西方文明优越论”遭到国际社会的质疑。与之形成鲜明对比的是，中国取得了举世公认的抗疫成就，综合实力得到进一步彰显。2020 年中国全年 GDP 增长 2.3%，充分发挥了制度优势，率先走出疫情

---

① 参见陈向阳：《新型冠状肺炎疫情将令世界多极格局提前到来》，中国网，2020 年 6 月 22 日，http://cn.chinagate.cn/news/2020-06/22/content_76188748.htm?f=pad&a=true。

② 参见刘建飞：《疫情将加速世界多极化进程》，《光明日报》2020 年 5 月 15 日。

阴霾，为世界其他地区经济复苏提供了动力。世界卫生组织总干事评价说："中国政府展现出坚定的政治决心，采取了及时有力的举措，令世人敬佩……这是中国制度的优势，有关经验值得其他国家借鉴。"① 这次疫情放大了西方民主体制中低效运作和个人主义的问题，凸显了以中国政治制度为代表的集体主义制度激发出的共克时艰精神，这有助于国际社会对各国制度形成更加理性和深层的认知，减轻对不同国家政治体制的极端偏见或盲目推崇。

后疫情时代的世界政治格局带有新特点、面临新形势，但是，未来世界的大趋势仍然会以和平与发展为主题，这是始终贯穿国际格局与世界秩序变化进程的一条主线。疫情再次证明，各国命运紧密相连、休戚与共，未来，更需要全球各国共同探索后疫情时代下新型全球化的共处之道与发展之道。对中国而言，机遇与挑战并存，唯有因势而谋，应势而动，顺势而为，展现负责任的大国责任与担当，妥善处理与其他国家的关系，在进取、守度与周旋之间寻求必要平衡，推进与世界更加积极的战略互动，携手推动构建人类命运共同体，才能在国际局势激荡变化的关键时刻掌握主动、赢得优势，于变局中开新局，在大国博弈中立于不败之地。②

第二节
国际抗疫的中国行动与贡献

在此次国际抗疫过程中，中国以巨大的政治勇气遏制了国内疫情的向外蔓延，以公开、透明、负责任的态度积极协助全球抗疫，以最快的速

①《习近平会见世界卫生组织总干事谭德塞》，《人民日报》2020 年 1 月 29 日。

② 参见程炜：《大变局大流疫叠加下的世界格局与中国担当》，人民网，2020 年 10 月 16 日，http://world.people.com.cn/n1/2020/1016/c1002-31895070.html。

度恢复国内经济并充分发挥世界经济稳定器的作用，彰显了大国风范和责任担当。

一、举国抗疫肩负大国担当

中国不仅对本国人民生命安全和身体健康高度负责，同时也竭力维护世界各国人民的健康安全，有效地遏制了国内疫情的跨境蔓延，为全球抗疫作出极为关键且有力的贡献。

第一，中国采取了最全面最严格最彻底的防控措施。疫情发生后，中国第一时间向世界卫生组织、有关国家和地区组织主动通报疫情信息，分享新冠病毒全基因组序列信息和新冠病毒核酸检测引物探针序列信息，定期向世界卫生组织和有关国家通报疫情信息。① 同时，本着对全国人民健康负责的精神，以及对全球卫生事业负责的态度，集中优势医疗资源和技术力量全力救治患者，在疫情严重的武汉和湖北其他地区采取严格的隔离措施。中国把控制传染源、切断传播途径作为关键着力点，提出了“四早”“四集中”的防控和救治要求，即早发现、早报告、早隔离、早治疗，集中患者、集中专家、集中资源、集中救治，及时组织各方力量调派 330 多支医疗队驰援湖北，用 10 多天时间便建成火神山、雷神山两所专门医院；紧急建设多所方舱医院，大幅提升收治能力。面对有些国家要求从武汉撤侨的做法，中国政府也提供了力所能及的帮助。中国政府的种种举措为其他国家防控疫情争取了极为宝贵的时间窗口。

第二，中国坚定地支持世界卫生组织发挥全球抗疫的领导作用。世界卫生组织积极履行职责，采取一系列专业、科学、有效措施，为领导和推进国际抗疫合作作出了重要贡献。中国一再主张，各国应在世界卫生

① 中华人民共和国国务院新闻办公室：《抗击新冠肺炎疫情的中国行动》，人民出版社 2020 年版，第 79 页。

组织的指导和协调下，采取科学合理、协同联动的防控措施，科学调配医疗力量和重要物资，在防护、隔离、检测、救治、追踪等重要领域采取有力举措。对此，中国政府安排了“中国—世界卫生组织”新冠肺炎联合专家考察组，赴国内各大城市对疫情形势、防控措施、科研攻关等进行深入调研，保持信息沟通并开放现场；中国呼吁国际社会加大对世界卫生组织政治支持和资金投入，调动全球资源打赢疫情阻击战，并带头向世界卫生组织捐款 2000 万美元；中国与世界卫生组织共同召开新冠肺炎防治的经验国际通报会，呼吁各国政府加强开展技术合作。习近平主席给世界卫生组织总干事的复信中指出：“新冠肺炎疫情再次表明，人类是一个休戚与共的命运共同体。国际社会应该守望相助、同舟共济。我们愿同世界卫生组织及各国一道，为维护全球公共卫生安全作出贡献。”①

第三，中国积极推动国际多边机制，加大机制内的对话交流与政策协调力度。疫情发生后，中国与欧盟、东盟、亚太经合组织、非盟、加共体、上海合作组织等国际和地区组织开展了多次疫情防控交流活动。在二十国集团领导人特别峰会上，习近平主席介绍了中国的抗疫经验，提出了“坚决打好新冠肺炎疫情防控全球阻击战、有效开展国际联防联控、积极支持国际组织发挥作用、加强国际宏观经济政策协调”等 4 点主张和系列合作倡议，呼吁二十国集团成员国直面挑战、迅速行动，切实落实二十国集团领导人特别峰会所达成的共识。事实上，在开展联防联控的国际合作中，大国的负责任和主动作为至关重要。中国政府一再表示愿同各国加强交流合作，“深入开展检测方法、临床救治、疫苗药物研发国际合作，继续支持各国科学家开展病毒源头和传播途径的全球科学研究”②。中国与联合国合作在华设立了全球人道主义应急仓库和枢纽，在推动国际

---

①《习近平复信世界卫生组织总干事谭德塞》，《人民日报》2020 年 3 月 27 日。

② 中华人民共和国国务院新闻办公室：《抗击新冠肺炎疫情的中国行动》，人民出版社 2020 年版，第 83—84 页。

多边机制的合作与交流中发挥了表率作用。

二、分享经验支持全球抗疫

在中国新冠肺炎疫情防控工作取得较大进展之际，面对全球疫情的迅速扩散，中国毫无保留地分享防控经验，将自己的疫情防控经验和治疗经验，通过视频、网络等各种形式与世界各国分享，为全球防疫提供了基础性支持。

第一，积极参与全球新冠肺炎疫情的防治交流活动。面对各国严峻的防控形势和医疗救治形势，中国一直保持与国际社会的经验交流与合作，并依托于各级机构同世界各国展开大联动、大合作与大协同。中国与欧盟、东盟、亚太经合组织、非盟、加共体、上海合作组织等国际和地区组织，以及韩国、日本、俄罗斯、美国、德国等国家开展疫情防控交流活动。国家卫生健康委员会根据不同国家需求，将诊疗和防控方案汇编并翻译成多种语言，分享给全球180多个国家、10多个国际和地区组织参考使用，并与世界卫生组织联合举办“新冠肺炎防治中国经验国际通报会”，吸引全球77个国家和7个国际组织代表参会。中国媒体还开设“全球疫情会诊室”“全球抗疫中国方案”等栏目，为各国交流活动的开展搭建平台。国务院新闻办公室曾在武汉举行两场英文专题发布会，邀请相关专家和一线医护人员介绍中国抗疫经验和做法。

第二，开展疫苗研制经验的国际交流合作。加强同世界卫生组织沟通交流，同有关国家在溯源、药物、疫苗、检测等方面开展科研交流与合作，共享科研数据信息，共同研究防控和救治策略。① 中国科技部、国家卫生健康委、中国科协、中华医学会联合搭建了“新型冠状病毒肺炎

① 中华人民共和国国务院新闻办公室：《抗击新冠肺炎疫情的中国行动》，人民出版社2020年版，第81页。

防控和诊治科研成果学术交流平台”，供全球科研人员发布成果、参与研讨。国家中医药管理局联合上合组织睦邻友好合作委员会召开“中国中西医结合专家组同上海合作组织国家医院新冠肺炎视频诊断会议”，指导世界中医药学会联合会和世界针灸学会联合会开展“中医药抗疫全球直播”“国际抗疫专家大讲堂”等活动。中国科学院搭建多类信息服务平台用于支撑对新冠病毒的研究，发布“2019新型冠状病毒资源库”，建成“新型冠状病毒国家科技资源服务系统”“新型冠状病毒肺炎科研文献共享平台”“新型冠状病毒（2019-nCoV）感染肺炎防控集成信息平台”等资源共享平台。

第三，建立防疫工作的国际合作专家库。自疫情暴发，中方一直对开展疫苗研发和药物治疗的全球合作持积极态度，同有关国家、世界卫生组织以及流行病防范创新联盟（CEPI）、全球疫苗免疫联盟（GAVI）等开展科研合作，加快推进疫苗研发和药物临床试验。中国医疗机构、疾控机构和科学家在《科学》（*Science*）、《自然》（*Nature*）、《新英格兰医学杂志》（*The New England Journal of Medicine*）、《柳叶刀》（*The Lancet*）等国际知名学术期刊上发表数十篇高水平论文，及时发布新冠肺炎首批患者的临床特征描述、人际传播风险、方舱医院经验、药物研发进展、疫苗动物实验结果等研究成果。充分发挥“一带一路”国际科学组织联盟作用，推动成员之间就新冠病毒研究和新冠肺炎治疗开展科技合作。[①]2020年9月21日，习近平主席在联合国成立75周年纪念峰会上发表重要讲话，指出：“中国已有多支疫苗进入Ⅲ期临床实验，研发完成并投入使用后将作为全球公共产品，优先向发展中国家提供。”[②]这是中国领导人就抗击疫情向全球发出的庄严承诺。中国言而有信，认真负责、积极有效地履行诺

① 中华人民共和国国务院新闻办公室：《抗击新冠肺炎疫情的中国行动》，人民出版社2020年版，第82页。

②《习近平在联合国成立75周年系列高级别会议上的讲话》，人民出版社2020年版，第8页。

言。10 月，中国与全球疫苗免疫联盟签署加入“新冠肺炎疫苗实施计划”。2021 年 2 月，多个拉美国家已批准紧急使用来自中国的新冠疫苗，其中一些国家已开始大规模接种中国疫苗。① 中国的一系列举措为全球抗疫努力提供了有力支持。

三、积极提供援助维护全球公共卫生安全

疫情暴发后，从呼吁全球卫生安全的国际合作，到医疗援助，再到稳定抗疫物资出口，中国深刻地展现了大国责任的担当，为维护全球公共卫生安全不断注入新动力。

第一，中国国家主席习近平亲自推动开展全球公共卫生安全的国际援助与合作。疫情发生后，他持续同外国领导人和国际组织负责人通话或见面，介绍中国抗疫努力和成效，阐明中国对其他国家遭受的疫情和困难感同身受，积极提供力所能及的帮助，呼吁各方树立人类命运共同体意识，加强双多边合作，支持国际组织发挥作用，携手应对疫情挑战。在第 73 届世界卫生大会的视频会议开幕式上，他发表致辞，呼吁各国团结合作战胜疫情，共同构建人类卫生健康共同体，提出全力搞好疫情防控、发挥世界卫生组织作用、加大对非洲国家支持、加强全球公共卫生治理、恢复经济社会发展、加强国际合作等 6 点建议，并宣布两年内提供 20 亿美元国际援助、与联合国合作在华设立全球人道主义应急仓库和枢纽、建立 30 个中非对口医院合作机制、中国新冠疫苗研发完成并投入使用后将作为全球公共产品、同二十国集团成员一道落实“暂缓最贫困国家债务偿付倡议”等中国支持全球抗疫的一系列重大举措。②

---

①《中国疫苗成为拉美抗疫“及时雨”》，新华网，2021 年 2 月 7 日，http://www.xinhuanet.com/world/2021-02/07/c_1127075854.htm。

② 参见中华人民共和国国务院新闻办公室：《抗击新冠肺炎疫情的中国行动》，人民出版社 2020 年版，第 78—79 页。

第二，主动向国际社会提供医疗援助。在自身疫情防控仍然面临巨大压力的情况下，中国政府迅速展开行动，力所能及地为国际社会提供援助。向世界卫生组织提供两批共 5000 万美元的现汇援助，积极协助世界卫生组织在华采购个人防护用品并建立物资储备库，积极协助世界卫生组织"团结应对基金"并在中国筹资，参与世界卫生组织发起的"全球合作加速开发、生产、公平获取新冠肺炎防控新工具"倡议。截至 2022 年 9 月，中国共计向 153 个国家和 15 个国际组织提供防疫物资，向 34 个国家派出 38 支医疗专家组；指导长期派驻在国外的援外医疗队协助驻在国开展疫情防控工作，向驻在国民众和华侨华人提供技术咨询和健康教育，举办线上线下培训数百场；地方政府、企业和民间机构、个人通过各种渠道，向国际社会捐赠抗疫物资。此外，中国政府始终关心在华外国人士的生命安全和身体健康，对感染新冠肺炎的外国人士一视同仁并及时对其进行救治。

第三，有序开展防疫物资出口。在满足国内疫情防控需要的基础上，中国想方设法为各国采购防疫物资提供力所能及的支持和便利，打通需求对接、货源组织、物流运输、出口通关等方面的堵点，畅通出口环节，有序开展防疫物资出口。采取有力措施严控质量、规范秩序，发布防疫用品国外市场准入信息指南，加强防疫物资市场和出口质量监管，保质保量地向国际社会提供抗击疫情急需的防疫物资，且出口规模呈明显增长态势，有力支持了相关国家疫情防控。作为共建"一带一路"的品牌工程，中欧班列 2020 年开行 12406 列，同比增长 50%，首次突破"万列"大关，是 2016 年开行量的 7.3 倍。① 中欧班列为维持国际供应链的畅通和保障抗疫物资运输发挥了重要作用。

①《中欧班列全年开行 12406 列》，《人民日报》2021 年 1 月 20 日。

四、担当世界经济的稳定器

全国疫情防控阻击战取得重大决定性胜利后，中国疫后经济复苏走在世界前列，并超出预期。从 2020 年 3 月初开始，中国各个省份陆续复工复产，交通运输及居民消费日渐回升，并于二季度实现 GDP 增速的由负转正，达到 3.2%，三季度增长 4.9%，四季度增长 6.5%，全年经济增长 2.3%。① 经过艰苦卓绝的努力，中国经济恢复活力的迹象为世界经济的恢复注入了宝贵的信心和动力。同时，在疫情对世界经济造成重大冲击之际，中国为稳定世界经济发展、推动疫后经济重建作出了极大的努力。

第一，维护全球产业链供应链的稳定、安全与畅通。作为全球重要的生产基地、消费市场、研发基地和产业枢纽，中国在抗击疫情期间，及时复工复产，企业陆续开工，采取“云办公”、“宅经济”、在线教育、直播卖货、智能配送、医疗健康等灵活的复工复产方式，激发出国内市场强大的生产效能和消费动能，有助于缓解疫情造成的全球经济困难，为维护全球产业链和供应链的稳定作出重要贡献，充分发挥了中国在全球产业链、供应链中的重要枢纽作用。盖茨基金会联席主席比尔·盖茨认为，在疫情蔓延时，药品原料的市场供应没有中断，“事实是，中国现在是最可靠的原料供应国”②。除此之外，从“一带一路”倡议开辟合作发展“新路径”，到中欧班列架起抗击疫情“生命线”，再到中国国际服务贸易交易会锻造全球互惠共享“云平台”，“计利当计天下利”的中国智慧与诚意得到了国际社会的广泛认同。③

---

① 参见《2020年国民经济稳定恢复　主要目标完成好于预期》，国家统计局官网，2021 年 1 月 8 日，http://www.stats.gov.cn/xxgk/sjfb/zxfb2020/202101/t20210118_1812458.html。

②《为世界经济注入宝贵信心和动力（和音）》，《人民日报》2020 年 5 月 2 日。

③ 参见《国际时评丨后疫情时代世界之问的中国答案》，新华社2020年9月25日。

第二，向落后国家和地区提供经济援助。亚洲、非洲和拉美地区的发展中国家，特别是非洲国家，公共卫生体系薄弱，难以独立应对疫情带来的严峻挑战。对此，中国积极参与并落实二十国集团缓债倡议，是二十国集团成员中落实缓债金额最多的国家。① 此外，中国还为落后国家在华采购抗疫物资提供便利，累计向非洲国家及非盟运送了数百吨的紧缺抗疫物资。在此基础上，中国还进一步加大援非抗疫力度，开展医疗技术合作，向多个非洲国家派遣医疗专家组，帮助非洲国家全面提升疫情防控能力和水平。此外，中国一再向联合国、世界卫生组织、国际货币基金组织、世界银行等多边机构呼吁，应当向非洲等落后国家提供必要的紧急援助。事实上，为落后国家和地区提供疫情防控的经济援助，不仅是全球抗疫的重中之重，也是推动全球减贫和平衡发展的关键举措。

第三，维护和推动经济全球化进程。新冠肺炎疫情改变了经济全球化形态，但经济全球化发展大势没有改变，搞“脱钩”“筑墙”“去经济全球化”，既割裂全球也难以自保。对此，中国一再主张，各国应继续推进经济全球化，维护以世界贸易组织为基石的多边贸易体制，减免关税、取消壁垒、畅通贸易，使全球产业链供应链安全顺畅运行，同时，中国政府也实施有力有效的财政和货币政策，加强金融监管协调，维护金融市场稳定，防止因疫情引发全球性金融危机，进而导致世界经济陷入大规模、长周期衰退。此外，中国还呼吁加强国际宏观经济政策协调，号召各国携手合作，维护贸易畅通，提振全球经济复苏。中国政府表示将继续向国际市场供应防疫物资、原料药、生活必需品等产品，坚定不移扩大改革开放，积极扩大进口，扩大对外投资，为各国抗击疫情、稳定世界经济做出更大

① 参见《财政部部长刘昆就二十国集团（G20）债务议程接受记者采访》，中华人民共和国财政部，2020 年 11 月 20 日，http://wjb.mof.gov.cn/gongzuodongtai/202011/t20201120_3626461.htm。

贡献。①

第三节
共同构建人类卫生健康共同体

为抗击新冠肺炎疫情，全球各国人民做出了艰苦卓绝的努力，但同时也付出了巨大的代价。实践再次证明，面对全人类共同的危机，搞污名化、政治化只会给世界和平与可持续发展带来威胁，各国只有在疫情防治、经济稳定、卫生体系建设等方面做好合作的全面加强，共同构建人类卫生健康共同体，才能赢得这场人类同全球大流行疾病斗争的最终胜利。

一、坚决反对污名化和疫情政治化

随着疫情在全球蔓延，各种虚假信息，特别是各种谎言和谣言甚嚣尘上，一些人炮制了一系列荒谬论调，对中国污名化，把疫情政治化，严重扰乱了国际舆论，破坏了国际抗疫合作的努力。② 虚假信息和不正当舆论严重制约了国际社会的团结合作，在此环境下，各国要共同增强国家的责任和担当意识，协力建立正确的舆论导向，坚决反对污名化和疫情政治化。

第一，做好病毒溯源工作。新冠病毒是一种传播性强、变异性强、分布广泛的新型病毒，溯源工作绝非易事。病毒溯源是严肃的科学问题，必

① 参见中华人民共和国国务院新闻办公室：《抗击新冠肺炎疫情的中国行动》，人民出版社 2020 年版，第 84—85 页。

② 参见《坚决反对污名化和疫情政治化》，《经济日报》2020 年 6 月 11 日。

须立足于众多生物学信息和流行病学案例汇聚成相互印证的证据链[①]，而不能被政治化的舆论或阴谋所操纵，否则将会违背国际社会开展病毒溯源的初衷。这需要世界各国共同做好病毒溯源工作，需要众多国籍不同的科学家和医学专家以回归科学、尊重科学的态度进行研究，基于事实和证据得出科学结论。切实践行科学精神的同时，各国新闻媒体也应当坚守传播真实信息的工作责任。

第二，坚持正确舆论引领。中国在与各个国家和地区开展交流对话、在参与各类国际会议的过程中积极发声，讲好同舟共济的中国抗疫故事，寻求国际社会舆论的公正对待。面对各种舆论的污蔑，相关部门认真评估此类言论对各国对华政策的影响，并做好应急准备，自上而下地建立起主动型的对外宣传体系。积极通过各种官方渠道，采取国际受众群体易于理解和接受的表达方式，传播中国声音并树立良好的国家形象。自觉承担起引导国际舆论导向的责任，主动设置对世界发展更有利的国际议题，引导国际人民用更加理性的眼光看待中国。[②]充分调动人民群众的力量，鼓励社会各界人士通过网络等多种渠道宣传中国抗疫的正能量。

第三，彰显大国责任担当。中国坚持与国际社会团结合作抗击疫情，用实际行动破除舆论谣言。面对以新冠肺炎疫情为代表的全球突发重大公共卫生事件，污名化和疫情政治化本身就不具备公信力。[③]中国向国际社会所提供的援助是源于大国的责任和担当，绝不是谋求所谓的地缘政治利益。在抗疫斗争中，中国始终彰显大国责任与担当，做好疫情防控和经济发展的统筹工作，以开放创新的姿态发挥“世界经济稳定器”的作用，促进世界经济共同繁荣。同时，中国不断向国际社会提供力所能及的

① 参见《中国驻法国使馆发文：新冠病毒溯源呼唤科学精神》，中国新闻网，2020年12月31日，https://www.chinanews.com.cn/m/gn/2020/12-31/9376097.shtml。

② 参见毛跃：《加强智库建设　提升国际话语权》，《经济日报》2017年3月25日。

③ 参见常健：《将疫情“政治化”，还是携手共建全球防疫共同体？》，环球网，2020年3月22日，https://opinion.huanqiu.com/article/9CaKrnKq3f1。

援助，支持各国为抗疫付出努力，竭力维护区域和全球公共卫生安全，以实际行动充分展示中国协助国际抗疫的诚心与决心，以及面对全人类灾难时同舟共济的人道主义精神。

二、合作开展疫情联防联控

各国合作开展疫情联防联控是遏制全球疫情多点蔓延的必然要求，也是赢得疫情防控全球阻击战的决定因素。在这场公共卫生安全事件面前，推动国际社会同舟共济、团结合作，是构建人类卫生健康共同体的正确途径。具体而言，包括加强同现有国际组织的合作、加大多边机制的内部交流和充分运用新技术开展防控三大内容。

（一）加强同现有国际组织的合作，建立突发公共卫生事件应急机制

自新冠肺炎疫情发生，世界卫生组织为协调抗击新冠肺炎疫情的国际合作发挥了重要作用。中国支持和拥护世界卫生组织在抗击疫情国际合作中的指挥和协调作用，并呼吁世界各国加大对世界卫生组织的支持和投入。中国主张各国竭力响应世界卫生组织的领导和协调，共同采取科学合理、专业有效的联防联控措施，科学调配医疗力量和重要物资，加大在疫苗、药物、诊断试剂研发领域合作，提高其可及性和可负担性，加强信息共享和经验交流，有效开展国际联防联控。同时，也在世界卫生组织的引领下，建立区域公共卫生应急联络机制，拉起最严密的联防联控网络，提高突发公共卫生事件应急响应速度。

第一，借鉴“平战结合”的模式。结合世界卫生组织的专业意见和指导，在城市中以及城市周边选定合适的场所（例如在郊区建立的学校新校区、医疗康复社区等），作为在公共卫生突发事件发生时的人员安置场所，并以城市辐射力和交通通达性为基础，重点建设一些区域性的公共

卫生救治中心，以及区域中心储备基地。同时，依托现有的应急物资储备体系，进一步加强全球—区域—国家三级医用物资储备，形成以国家为单位、联系全球的卫生应急物资储备网络。

第二，建立人员培训制度。不仅提高各国政府部门以及民众应对公共卫生突发事件的能力，更加大对医护人员和普通市民的培训力度。引导全社会树立健康防护意识，增强居民的公共卫生应急能力，养成戴口罩、勤洗手等健康生活方式，鼓励和引导家庭、个人储备一定数量的口罩、消毒液、酒精等常用防疫物资，以备不时之需。

第三，优化医疗防护用物资的储备。建议国际社会和各国政府设立应对公共卫生突发事件的应急准备金，用于对特殊时期患者救治、医院等卫生机构的建设等方面的补贴。尤其建议健全应急物资储备制度，在日常状态下，根据人口数量、经济条件等现实基础，储备一定量的应急物资，并做好对这些物资的管理和储存，及时调整补充。

（二）加大多边机制的内部交流，协调医疗资源的供需

抗击新冠肺炎疫情的国际合作问题，其实是全球治理问题的重要组成部分。新冠肺炎疫情之下，全球治理体系短板暴露出来。中国呼吁，加强二十国集团领导人峰会、“金砖国家”领导人会晤、八国集团同发展中国家领导人对话会议等多边机制的内部沟通交流和整体协调协作。疫情防控涉及方方面面，不论是疫情信息通报、防控和诊疗经验分享，还是药物和疫苗科研攻关、生产分发，都需要各国有效沟通，积极协调行动。来自各国政府、国际组织、非营利机构、企业等方面的广泛国际合作，能够为阻断疫情传播做好相应准备和应对预案，为疫苗研发、生产等各个环节提供加速度，有助于实现全球信息开源和成果的共享。中国呼吁各国共同制定疫苗共享机制和定价规则，为疫苗问世后在全球范围的公平使用提供保障。由此，最终建立起国际社会的统一战线，彻底阻断疫情传播的

威胁。医疗资源是应对新冠肺炎疫情的核心资源，协调好医疗资源的供需关系，既是做好救治和防控工作的必要条件，也是维护国际社会安全稳定最需关注的问题。

第一，利用大数据技术解决医疗资源错配问题。在医疗服务方面，统筹医疗资源，对收治医院、医护人员和医疗设备进行集中统计，建立公开、透明的“实时统计系统”。在医疗物资方面，根据大数据收集的医护工作人员数量、医院就诊病人数量，世界卫生组织可以尽可能地在各个国家和地区间加以协调，减少医疗资源的错配和浪费。

第二，加强舆情引导缓解市场恐慌情绪。在新冠肺炎疫情导致的供需失衡中，一部分是在市场恐慌情绪的蔓延下消费者对于市场的不确定造成的。我们在调节市场供需矛盾的过程中，也应加强舆情引导，缓解市场恐慌情绪，避免恐慌消费带来的资源错配和浪费。

第三，协调医疗资源的需求和供给。充分结合国际组织和国家政府的双重作用，从供给端和需求端两侧着手。通过国际组织和国家政府力量来增加供给，在保证质量的情况下，建设一批防疫物资生产基地。通过协议价格等方式合理抑制消费者对防疫物资的需求，减少囤积。

（三）充分运用新技术，开展疫情联防联控

应对新冠肺炎疫情，各国不仅重视对病患的诊治，而且重视对疫情的防控，切实保障人民群众的生命安全和身体健康，并充分利用大数据、人工智能等新技术，积极开展疫情防控。

第一，开展流行病学调查。大数据、人工智能等新技术的发展和普及，为流行病学调查提供了可行和必要的基础。借助这些新技术，不仅可以进行科学合理的疫情现状和趋势分析，而且可以精准确定每一个确诊病例的行动轨迹，进而努力找到所有与其密切接触的人群并进行相应的检验、隔离和封闭管理。

第二，研判国家和地区疫情风险。利用大数据、地理信息系统等新兴信息技术，绘制层级不同的“疫情地图”，标记出距离最近的确诊和密切接触者的具体所在位置、当前位置与之相隔的距离、其中的具体人数等信息，并收集整理有关数据信息，建立疫情防控数据库，合理合法地为公众提供有关疫情风险的数据服务。对风险等级不同的人群加以准确的识别和分类，从而实现对区域疫情风险的精准分析和预判，为人员流动提供参考，为防范疫情提供便利。

第三，提供出行凭证。在征求公民个人同意后采集个人信息和出行轨迹等，并制作和推广地区健康码和国家行程码等电子凭证作为个人工作出行、企业复工复产、居民日常生活和进出公共场所的凭证。各类企业和各级政府根据该凭证的查询结果管控通行，针对不同类别的人群进行精准施策。

第四，保障远程交流。5G 等通信技术的应用，实现了稳定、高清的实时视频通话，使深入偏远地区开展流行病学调查的工作团队可以与几千公里外具备专业公共卫生和医学知识的专家远程实时对话，各国的医疗科研团队可以与其他世界各地的专家学者畅通交流。

三、合作应对疫情对世界经济带来的影响

受疫情影响，世界经济经历了 20 世纪 30 年代“大萧条”以来最严重的衰退，同时，逆全球化、单边主义盛行，令世界经济雪上加霜。后疫情时代，经济复苏成为各国共同的期盼。对此，世界各国需要一起合作采取有力有效的措施，实现后疫情时代的经济复苏。具体而言，包括共同维护世界经济的稳定、合作维持经济全球化进程的稳定和共同维护产业链供应链的畅通三大内容。

（一）共同维护世界经济的稳定

中国和欧美等有较强疫情应对能力的国家，除了疫情防治外，还要有更多的担当，积极发挥“世界经济稳定器”的作用，为全球抗击疫情和经济稳定做出必要的努力。世界经济大国的制造业体系门类较为完整、配套较为完备，金融市场的韧性与活力相对较强，在全球价值链中起到至关重要的作用。因此，这些疫情应对能力较强的国家，在疫情防治有所成效后，应当及时出台一系列有效的支持政策，推进国内企业的正常运转，确保外贸外资企业复工达产，保障国际贸易和产能合作的稳定性，向国际市场供应必需的防疫物资、原料药、生活品等。同时，也应当在条件允许的情况下，积极扩大进口和对外投资，为未来世界经济复苏注入活力，帮助全球各国快速走出因疫情带来的经济阴霾。作为世界上最大的发展中国家，中国经济社会的安全稳定对整体世界经济的稳定有着重要作用。维护中国安全稳定，要做好基本民生物资的保障工作。

第一，保障物资供应。出于新冠肺炎疫情防控的需要，会对整个城市或其中部分区域采取封闭式管理措施，大量人口居家隔离需要消耗大量的米面粮油、蔬菜水果、肉蛋奶等生活必需品。我们加强各级各地的联动协调，建立健全央地协同、地区协作、政企协调的联合保障供应机制和各类企业应急保供的联动协调机制，适时适度地投放中央储备粮、储备肉，协调组建和统筹管理应急物资的紧急运输队伍，增强居民基础生活物资的供给能力，全力保障封闭管理区和隔离区居民所需基础生活物资的生产、储备、供给、流通等各环节的稳定。

第二，完善物资分配。由于生活物资的多样性和复杂性，各类物资的分配很难一概而论，尤其是对于蔬菜、肉食、蛋奶等保质期较短的物资，对于高效分配有着很高的要求。在物资分配的过程中应确保公平和透明，坚持公平合理的原则，将物资分配给真正需要援助的消费者。各地方政府在做好片区统筹规划的基础上，可加强对社区工作人员的培训指导，将生活物资的配送和分发纳入社区工作中，从而打通生活物资从商超、卖场到居民家中的最后一环，通过无接触的配送、分发方式将经过检疫且符合防疫要求的物资送入千家万户，保障居民的基本生活需求和防疫安全。

第三，加强市场监管。新冠肺炎疫情的突然暴发，会在短时间内让消费者产生对市场的不确定，物价出现一定程度的上浮，这属于市场调节的正常现象。但出于保持物价水平基本稳定的目的，在维护市场机制运行的同时，政府也加强了对市场的干预，对囤积居奇、哄抬物价等扰乱市场秩序的行为进行有效的监管和打击，须严格落实国家《突发公共卫生事件应急条例》中的相关要求和规定。

（二）合作维持经济全球化进程的稳定

新冠肺炎疫情在全球的暴发和蔓延改变了经济全球化的形态，外贸需求减少和跨境物流管控阻碍了贸易自由化的发展，但从长期看，经济全球化和贸易自由化的发展大势并未发生改变。新冠肺炎疫情之下，中国主张各国继续合作推进经济全球化，共同维护以世界贸易组织为基石的贸易自由化。

第一，加强现有合作组织的内部协调。加大世界贸易组织成员、G20集团国家和亚太经合组织成员等现有合作组织的内部交流和协调。面对全球治理赤字，各国利用现有的区域合作，共同参与区域多边协调，促进区域发展，进而秉持共商共建共享的全球治理观，满足应对全球性抗疫、防疫挑战的现实需要。各国联手推动全球信息共享和经验交流，积极分享疫情防控及常态化防控条件下有序推动复工复产的有益经验，共同维护全球抗疫物资供应的稳定、安全与畅通，从而筑牢保障全人类生命安全和健康的坚固防线。

第二，继续推进贸易自由化。中国依托“一带一路”倡议、中国—东盟自由贸易区继续推进区域贸易自由化，保障区域产业链供应链的安全稳定，从而实现全球产业链供应链的顺畅运行。新冠肺炎疫情凸显了国际合作在应对全人类共同危机中的巨大价值。疫情之下，任何国家都不能独善其身。周边国家和地区的应急援助、全球的联防联控都是控制疫情蔓延的必要条件，区域和全球供应链的畅通则提供了物质基础。中国在新冠肺炎疫情期间，继续坚持树立开放包容的理念，畅通与周边国家的经贸往来，避免盲目加征关税、提高壁垒等阻断国际贸易和投资的单边保护行为，维护以世界贸易组织为基石的多边贸易体制，实现均衡普惠的持续发展。

第三，加强宏观政策协调。回顾历史上的全球性危机事件，主要国家往往各自为政，采取以邻为壑的保护措施，最终给世界经济带来了长久的、严重的衰退。现在，全球宏观经济协调有所加强，但同时也矛盾重重，难度加大。① 为了稳定世界经济的有序复苏和平稳运行，世界各国更应当秉持共商、共建、共享的原则，推进国际事务的共同治理；更应当在理性分析当前世界经济形势的前提下，提出有针对性的国际宏观经济政策重点，实施有力有效的财政和货币政策，促进各国货币汇率基本稳定；更应当加强金融监管协调，维护全球金融市场的稳定性和流动性；更应当采取迅速而有力的措施保护受影响最严重的部门，通过适当的社会保护措施来保护弱势群体。

第四，促进亚太地区经贸合作。面对新冠肺炎疫情对亚太经济造成的负面影响，中国可借由此前 RCEP 达成的契机，从制度设计、规则设立以及法律制定等方面促进亚太国家间贸易投资的自由化和便利化，拓展亚太地区经贸合作的广度和深度，进一步增强地区生产网络的完备性，推动亚太地区形成紧密的商贸往来和投资合作。同时，中国还可凭借在基础设施建设领域的丰富经验和先进优势，加强同亚太国家在海陆空等交

① 参见李晓：《多措并举应对世界经济形势变化》，《经济参考报》2020年4月7日。

通物流方面的互联互通，打造覆盖全面、方便畅通、效高质优的亚太物流网络，同时促进信息技术在物流管理体系中的应用，提高防疫物资和生产原料在运输、库存和配送等环节中的智能化，减少人员接触，为亚太地区后疫情时代的经济复苏和产业发展提供技术支持和硬件支撑。

（三）共同维护产业链供应链的畅通

新冠肺炎疫情在全球范围内的传播和蔓延，人员的跨国流动、经贸的跨境往来都受到严重阻碍，金融市场也受到了剧烈冲击，全球产业链和供应链剧烈震荡，世界经济的深度衰退不可避免，各国共同维护产业链供应链的稳定、安全和畅通势在必行。

第一，警惕疫情对产业链供应链带来的风险。为了加强对新冠肺炎疫情传播途径的管控，封闭管理等措施使一些企业停工、工厂停产、物流受阻，给相关产业链的供求关系和国际分工带来较大冲击。作为“世界工厂”，中国深度融入全球产业链，也在时刻警惕新冠肺炎疫情可能对产业链和供应链带来的风险。一是警惕供应链的逆全球化风险。新冠肺炎疫情使全球供应链面临较大的风险，当疫情在处于供应链上游位置的国家和地区暴发时，处于供应链下游位置的国家和地区即使未发生本土疫情，也会受到较大冲击。同时，由于各国之间经贸往来密切，牵一发而动全身，这种由供应链本身的关联关系带来的风险也会引起部分国家和地区的忧虑，从而使新冠肺炎疫情可能进一步催化供应链的逆全球化。二是警惕物流和货物贸易壁垒的长期化风险。新冠肺炎疫情对人员出入境、跨境物流运输和检验检疫都产生了一定程度的负面影响，从而影响到货物贸易。但这种由疫情防控带来的影响是短期的。需要警惕的是某些国家和地区以疫情防控为借口，有针对性地对发生疫情的国家和地区设置贸易壁垒，并将这些壁垒长期化，如果这种风险变为现实，那将对世界经济和国际贸易带来巨大的负面影响。三是警惕其他经济领域合作破裂的风险。新冠肺炎疫情带来的风险可能从供应链的逆全球化、物流和贸易壁垒蔓延至其他经济领域的合作破裂，如专利和技术授权、财政和货币政策的协调等。一旦发生这种问题，全球经济的安全性和稳定性必将受到巨大冲击，甚至面临更大的经济波动和经济危机。

第二，调整优化产业发展布局。新冠肺炎疫情的全球蔓延给产业链供应链带来了不少风险和挑战，中国采取了更积极的措施应对疫情带来的短期冲击，并为长期的转型和升级奠定坚实的基础。一是加快传统产业的改造升级。中国深入贯彻落实供给侧结构性改革，以疫情给产业带来变化的契机，淘汰落后产业和过剩产能，关停关闭资不抵债、依靠政府补助和银行贷款勉强维持生存的企业，促进传统产业、产品种类的多样化，改造和升级生产技术、制作工艺，减少生产的能耗和污染，优化产品的售后服务。鼓励和支持传统行业引入新技术和新方法，促进传统产业的数字化、智能化转型，积极拓展和推广线上业务，提高电子商务在传统农业、制造业中的渗透率，优化生产和交易流程，提高运营和管理效率，并将部分失去生产优势的传统产业向其他国家转移。二是加速新兴产业的培育发展。加大通用基础设施和公共平台建设投入，促进基础创新研究，从而为新兴产业的发展提供基础和支持，将促进新兴产业发展作为后疫情时代国家发展规划的重点内容，将新兴产业发展与“一带一路”倡议进行统筹规划，依托“一带一路”上的老工业基地，打造先进制造业，依托亚太经合组织、世界贸易组织等，打造高端智能制造业。三是加强高新技术产业的联合攻关。针对“卡脖子”技术，借助各类国际组织提供的各类平台，加强与其他国家的联合攻关，加强政策衔接、资金互助、机构合作、人员交流、设施互通、信息共享等，增强学习效应和创新能力。对一些风险大、投入高的联合研发项目，给予合理的资源倾斜，组建协调跨国的专家技术团队，营造良好的创新环境，鼓励企业加强生产工艺、产业技术等方面的交流，支持高校、研究所开展前沿领域的合作，实现高新技术产业的创造性突破。

第三，助力企业生产经营。应对新冠肺炎疫情对生产生活和经济运行产生的冲击，须统筹资金，加大金融助企力度。一是支持疫情防控物资生产企业扩大产能。针对医药产品制造和卫生防疫等医疗卫生重点领域，以及重要物资生产、运输和销售企业，保障好对其的融资支持。充分利用有关信贷政策，设计专门专项机制，积极对话有关企业，主动对接、充分授权，降低疫情防控物资生产、运输和销售企业的融资成本，为其提供贷款利率优惠和高效优质的金融服务，支持企业恢复产能和扩大生产。鼓励和引导保险企业为一线疫情防控人员和物资生产人员提供医疗、意外和健康等优惠保险服务。二是服务受疫情影响的企业复工复产。用足用好已有金融政策，并继续加大金融支持力度，进一步发挥再贷款、再贴现的政策效果，积极申请增加再贷款、再贴现额度，加大对企业的融资支持。对受疫情影响暂遇资金困难的企业，金融机构不得盲目抽贷、断贷、压贷，对于受疫情严重影响到期还款困难的企业，酌情给予办理展期或续贷。鼓励银行机构合理延长贷款期限，增加信用贷款和中长期贷款等，支持企业有序高效恢复生产经营。引导保险机构减费让利，适度延后保费缴纳时间，有针对性地调整和扩展保险覆盖范围。为一线的工作人员提供意外、健康、养老、医疗等优惠保险服务。三是帮扶受困小微企业。针对生产和经营暂时受困于疫情冲击，但发展潜力较大、发展前景较好的小微企业，适当调整还款付息条款，适度降低贷款利率，主动优化展期续贷流程措施。加大对小微企业的资源倾斜，引导金融机构针对小微企业设置专门的信贷计划，调整和优化小微企业贷款制度，在一定范围内适度提高小微企业的不良贷款容忍度。同时，积极拓展业务领域，为小微企业的生产经营提供更多的保障，如财产和安全生产等保险。鼓励和支持符合条件的机构发行专项金融债，为暂遇资金困难的小微企业提供必要的资金支持。

四、合作提升部分国家和地区抗击疫情的能力

新冠肺炎疫情在全球的蔓延，病毒变异的速度和破坏性加快，给世界政治经济和社会安全稳定带来极大的负面影响，不仅导致各国的公共卫生和财政金融都面临严峻挑战，而且改变着全球经济和政治格局，使全球治理体系备受质疑。后疫情时代，能否化解风险挑战成为各国面临的大考。重大挑战没有边界，各国命运息息相关。应对风险挑战，迫切需要世界各国团结合作，向应对疫情能力薄弱的国家和地区提供帮助，与应对疫情能力较强的国家和地区加强合作，共同增强国家的责任和担当意识，形成强大合力。

（一）向应对疫情能力薄弱的国家和地区提供帮助

亚洲、非洲和拉美地区发展中国家，特别是非洲国家，发展水平较低，经济较为落后，这些国家和地区的公共卫生体系比较薄弱，难以独立应对新冠肺炎疫情带来的艰巨挑战，帮助他们增强病情诊治的能力、提高疫情防控的水平是抗疫国际合作的重要内容之一。

第一，提供防疫物资和医疗支持。面对非洲、南亚和拉美等地区疫情蔓延迅速、病死率高的现实压力，中国呼吁世界各国发挥国际社会的人道主义精神，继续推进互利互惠合作，主动向疫情应对能力薄弱的国家和地区提供防疫物资和医疗支持。加快对部分国家和地区的抗疫支持与援助，不仅需要密切关注欠发达地区疫情发展情况，开辟医疗卫生物资的“绿色通道”，及时提供抗疫物资并输送抗疫医护人员，还需要积极分享抗疫经验和方案，为这些国家的疫情防控决策和技术方案制订、医护和公共卫

生人员的能力建设提供咨询指导和培训[①]，从而提高欠发达国家和地区的防疫意识和抗疫能力，加强卫生体系建设，协力保障其国民的安全和生命健康，共同创造人类更加美好的未来。

第二，减轻债务负担。中国通过减免债务、资金借贷等双边渠道，帮助特别困难的国家和地区渡过疫情下的经济难关。相对而言，疫情给欠发达国家和地区的公共卫生和经济层面都造成了更为猛烈的冲击。随着全球投资资金大规模地撤出新兴市场，许多欠发达国家陷入新一轮的债务危机。这将导致世界经济发展的不平衡性进一步加大，国际社会有责任帮助这些国家和地区维护宏观经济稳定。因此，对于一些率先控制住疫情并实现经济恢复的国家而言，应当考虑为欠发达国家和地区减轻债务压力，在双边债权人的牵头下，中止最不发达国家和其他要求延期还债的低收入国家的债务支付，切实减轻地区国家债务负担。

第三，缓解经济压力。国际社会应尽可能地提供经济援助，帮助落后国家增强自主发展能力，为其金融体系注入资金支持，协助这些国家尽早复工复产，从而维护其经济发展势头。鼓励金融机构创新金融产品、拓宽业务领域。金融机构可以借助于快速发展的互联网、大数据和云计算等新兴信息技术，积极创新开发信用类金融产品，积极拓展业务领域，大力开发专利权、商标权、股权、仓单和存货等抵押质押贷款和融资业务，合理地提高抵押率。鼓励银行机构调整信用贷款、优化服务机制。针对涉及疫情防控物资和基础生活物资生产、运输和销售的企业，银行机构可以酌情发放免担保、免抵押的信用贷款，适度降低信贷要求和标准，适当提高企业信用贷款的比重，并积极开发和推广信贷产品，优化信贷结构，聚焦重点领域、重大项目和重要企业。同时，银行机构需要建立健全应收账款的融资服务机制，积极推动企业应收账款融资专项行动，引导和支持企

① 参见马晓伟：《深化抗击疫情国际合作　共筑人类卫生健康共同体》，《求是》2020 年第 8 期。

业开展应收账款的抵押融资，用好用足企业存量资产。鼓励保险机构拓展服务领域、丰富产品种类。保险机构要积极拓展服务领域，在企业生产、运输和销售等更多、更细的环节中，充分发挥机构的自身特色和优势，提供特色保险产品、专业咨询指导和信息技术支持等增值服务。

第四，支持国际组织的援助。中国主张世界各国共同维护联合国、世界卫生组织、国际货币基金组织等国际组织在多边机制中的地位，发挥其在国际援助、公共服务和减贫工作中的重要作用。从疫情防控到经济恢复，国际组织在帮助落后发展中国家应对疫情、提供专业准确的信息和建议、支持企业恢复生产和经济复苏等方面体现了高度权威性和专业性，发挥了重要的领导和协调作用。在疫情蔓延之际，全球合作、共同应对挑战比以往任何时候都更加重要，国际组织恰恰为合作提高各国抗击疫情的能力提供了基石。中国和其他各国加大对专业性国际组织支持力度，进而寻找国家利益、国际组织利益和人类共同利益的契合点，共同承担与自身国力相一致的国际责任和道义。①

（二）与应对疫情能力较强的国家和地区加强合作

新冠肺炎疫情的暴发跨越了国界和种族，是全人类共同面临的巨大挑战。当疫情发生，公共卫生体系健全、防疫能力较强的国家和地区应该更加积极主动地有所担当，展现出更强的责任意识，加大交流对话的力度，加强抗疫合作。

第一，加强信息和经验交流。新冠肺炎疫情发生初期，中国就秉持着对本国和世界人民健康安全高度负责的态度，主动向国际社会公布疫情信息，积极与各个国家和地区交流防控经验，为全球新冠肺炎疫情的防控工作提供基础性的支持。面对疫情进一步蔓延和病毒不断变异的情况，中国加强同有关国家和地区组织的交流，第一时间主动通报疫情发展的

① 参见董川：《疫情大考让国际组织再成长》，《半月谈》2020 年第 10 期。

新情况，分享新冠病毒的基因组和变异分析信息，交流新冠肺炎诊疗和防控方案、流行病学调查和实验室检测方案。同时，与疫情应对能力较强的国家，积极开展疫情防控交流活动，举办疫情防治国际通报会，协同各国政府和社会组织的力量，建立覆盖全球的疫情信息库，依托信息库为各国专业组织和研究团队搭建信息和资源交流平台。

第二，建立联合专家团队和资源库。中国在抗击疫情的国际合作中，积极与有关国家在新冠肺炎检验检测、临床用药、疫苗研发和病毒溯源等方面开展合作，共享研究数据和信息，共同探索防控和救治新冠肺炎的策略。组建国际专家团队，定期开展研讨活动，交流最新的研究进展，并组织联合专家组实地考察调研疫情防控一线城市。建立新冠病毒资源库，汇集和整理有关科研资料和文献，为全球科研工作者提供下载、浏览和检索服务，创造良好的研究条件和研究环境。

第三，推进临床药物和新型检测试剂的研发和应用。应对新冠肺炎疫情实施的科研攻关，遵循安全、有效可供的原则，加快了推进对临床药物和新型检测试剂等研发和应用。适应疫情防控一线的紧迫需求，将提高治愈率和降低死亡率放在首要位置，围绕“可溯、可诊、可治、可防、可控”，坚持产学研相结合，集中科研力量，聚焦临床救治和药物、检测技术和产品等疫情救治一线领域，结合病毒病原学和流行病学、动物模型试验等科学研究领域，组织全球优势科研力量，开展疫情救治攻关，加速推进了临床救治和检验检测方向的科技研发和应用。

第四，加快推进疫苗的研发和产业化。疫苗是预防传染病最有效、最安全的方式之一，对于保障人民群众的生命安全和身体健康具有重要意义。针对新冠肺炎开展的疫苗研发，通过多条技术路线开展合作研发和试验，综合多学科、多领域资源，统一领导、协同推进，在保证疫苗研发应用科学性和安全性的基础上，探索其批量和上市使用的路径。

第五，坚持科研攻关和实践操作相结合。新冠病毒是一种人类未知的新型病毒，研究开发有针对性的新药所需时间较长。我们探索“老药新用”，结合以往药品研究试验、临床用药经验和病毒的特点，认真筛选出有临床治疗效果的药品，并积极探索有针对性的治疗新方法，科学严谨地推进治疗方法的体外研究和机制研究，在此基础上综合一线临床的诊治经验，推动多种治疗药物和治疗方式进入新冠肺炎的治疗方案中。同时，在征求相关人员同意的基础上，积极开展试验性临床治疗，严格观察记录患者的各项临床反应和生理指标变化，从中整理和总结出行之有效的治疗药品和治疗方法，并在一线临床诊治中加以推广和应用。同时，加强对新型冠状病毒的临床检验血液样本和研究实验室的检测生物样本的安全监督和管理。

五、合作健全完善惠及全人类、高效可持续的全球公共卫生体系

在人员流动日益频繁的时代，仍可能出现新型的传染病，应对重大公共卫生突发事件对人类来说是长期的课题。对此，亟须健全完善惠及全人类、高效可持续的全球公共卫生体系。

第一，主动参与国际公共卫生安全事务。抗击疫情凸显了人类命运共同体的价值，这意味着只有推进更高水平、更全面的国际合作，才能切实完善全球公共卫生体系。中国应更加积极主动地参与国际公共卫生安全事务，以团结合作的姿态加入全球公共卫生治理体系的建设，并呼吁各国密切同世界卫生组织和相关国家友好合作，加强国际传染病风险监测预警、信息互通和技术合作，深入参与相关国际标准、规范、指南的制定，创新卫生援助机制与合作模式①，建立全球公共卫生安全长效融资机制、威胁监测预警与联合响应机制、资源储备和资源配置体系等合作机制。

① 参见中共国家卫生健康委员会党组：《加快构建强大的公共卫生体系》，《求是》2020 年第 18 期。

第二，坚持客观公正的原则和科学专业的态度。在人类面对重大公共卫生危机的时候，科学的力量令人敬仰，任何政治操弄不应该凌驾于科学之上。[①] 中国应从自身做起，并呼吁各国政府以此次疫情为鉴，在公共卫生科研攻关上保持专业性，强化科学思维，树立正确的评价导向，为建设全球公共卫生体系提供基石。首先应当在卫生健康领域加大科技投入和科研力量布局，进而对检测试剂、疫苗、抗体、药物、诊疗方案等集中攻关，推动科研评价评估体系改革的纵深发展，最后建立起决策、咨询、执行、评价、监管等各环节职责清晰、协调衔接的公共卫生科研攻关体系，从而确保在重大突发公共卫生事件再次来临时，能够利用好先进科学的公共卫生体系。

第三，遵守和执行全球卫生治理规则。世界卫生组织在全球公共卫生事件的处理和应对中发挥着领导作用，但世卫组织的建议不具备强制力，各国执行与否取决于各自政府的态度。从以往经验和事实来看，世界卫生组织的建议往往以科学的研究和有力的事实为基础，专业性和可行性都较强。因此，中国和世界各国都应认真采纳世界卫生组织提供的新冠肺炎疫情应对建议，并严格遵守和执行《国际卫生条例（2005）》的有关规定，进一步落实相关承诺，切实做好各类疫情的防范和应对。

第四，借鉴以往公共卫生体系建设的成功经验。比如，英国在应急法制体系和基层医疗服务方面较为完善；日本在卫生应急预案体系和应急服务体系的建设上较为成熟，可执行性强；美国则在应急经费筹集和管理上具有一套较为完整和高效的体系和机制。中国应在充分沟通交流的基础上，与各国共同建立并完善公共卫生体系的顶层设计，制定统一的标准和原则，明确应急响应体系的组织架构和职责分工；健全应急体系，制定启动各级应急响应的标准，建立人员抽调机制，展开现场流行病学调查，

① 参见杜占元:《团结合作，完善全球公共卫生体系》,《光明日报》2020 年 6 月 22 日。

组织协调救治体系；设置保障体系，密切关注当地各级数据的变化，并结合国内外其他地区的数据进行分析；组建控制体系，做好关于物资的管理、储备、采购和生产、运输、追踪以及分发等工作。在正常状态下，做好应急物资的战略储备。①

新冠肺炎疫情是人类百年来遇到的影响范围最广的全球性大流行病，给全世界带来了严重危机和严峻考验，对世界的影响超出了公共卫生健康领域，已经对世界经济和政治格局造成重大影响。面对疫情，中国举国抗疫肩负大国担当，以巨大的政治勇气遏制了疫情的蔓延，并积极分享经验，主动提供援助，以公开、透明、负责任的态度协助全球抗疫，以最快的速度恢复国内经济并充分发挥世界经济稳定器的作用，彰显了大国风范和责任担当。做好全球疫情的防控工作，事关全人类的发展和命运，关系着全球公共卫生安全和人类生命健康，世界各国唯有坚定信心、团结一致。作为负责任的大国，中国连同国际社会，坚决反对污名化和疫情政治化，合作开展疫情联防联控，合作应对疫情对世界经济带来的影响，合作提升部分国家和地区抗击疫情的能力，合作健全完善惠及全人类、高效可持续的全球公共卫生体系，共同构建人类卫生健康共同体。

① 参见袁源：《全球公共卫生治理，还有这些工作要做》，《国际金融报》2020 年 5 月 25 日。

第九章

伟大抗疫精神与民族复兴

伟大抗疫精神铸就民族精神新的丰碑 / 伟大抗疫精神凝聚民族复兴的磅礴力量 / 伟大抗疫精神增进民族复兴的坚定信心 / 自觉践行伟大抗疫精神，助力民族复兴新征程

实现中华民族伟大复兴不仅要在物质上强大起来，在精神上也要强大起来。伟大抗疫精神由亿万中国人民共同铸就，在疫情大考中筑起巍然屹立的精神丰碑，充分展现了中国力量、中国自信、中国气度，彰显了新时代中国共产党人和中国人民的精神品格，是我们攻坚克难、走向复兴的强劲动力。我们要在全社会自觉践行和弘扬伟大抗疫精神，使之进一步转化为全面建设社会主义现代化国家、实现中华民族伟大复兴的强大力量。

第一节
伟大抗疫精神铸就民族精神新的丰碑

新冠肺炎疫情好比一只突如其来的“黑天鹅”，给人类带来了灾难、疾病和恐惧，如何化解它带来的系列风险，不仅需要在物质层面与困难作斗争，也需要在精神层面与困难作对垒。在中国共产党的坚强领导下，在这场艰苦卓绝的历史大考中，全国人民万众一心、众志成城，形成了生命至上、举国同心、舍生忘死、尊重科学、命运与共的伟大抗疫精神，丰富了中国精神的时代内涵，为中华民族精神家园增添新的资源，为战胜复兴路上各种风险挑战提供精神指引。

一、伟大抗疫精神是新时代中国精神的生动呈现

实现中华民族伟大复兴必须弘扬中国精神。在从未间断过的 5000 多

年文明进程中，中国人民用勤劳和智慧培育铸就了独特的中国精神，彰显着中国人民的特质和禀赋，铸就了中华民族的精神脊梁。作为历史文化的沉淀，中国精神积淀了中华民族最深层次的精神追求，代表着中华民族独特的精神标识，为中华民族延绵坚韧、朝气蓬勃提供丰富的精神滋养。在中国共产党领导中国革命、建设和改革的生动实践中，中国精神彰显着伟大民族意志和精神气概。抗疫精神蕴含民族复兴的精神密码，同中华民族长期形成的特质禀赋和文化基因一脉相承。在疫情防控中，是什么力量让中国人民如此团结和勇敢，如此坚韧不拔、开拓进取？正是中国精神和抗疫精神。抗疫精神生动诠释了中华民族自强不息、团结奋斗的民族品格；生动诠释了中华民族千磨万击还坚劲，越是艰难越向前的民族大无畏精神；生动诠释了中华民族求真务实、开拓创新的科学精神。

抗疫精神丰富了民族精神和时代精神的内涵，构筑起新时代可歌可泣的精神景观。其一，以爱国主义为核心的民族精神得到充分彰显，“当代中国，爱国主义的本质就是坚持爱国和爱党、爱社会主义高度统一”①。我们所爱的“国”是中国共产党领导的社会主义中国，爱国是每个中国人的本分和职责，是心之所系、情之所归。同时，爱国主义是具体而现实的，是在中国共产党领导下，积极投身于中国特色社会主义伟大事业。面对百年不遇的疫情大灾难，中国共产党领导中国人民共同谱写了爱国主义的伟大篇章，彰显了爱国主义的磅礴伟力。在疫情大考面前，党中央果断的防控决策、集中统一领导、全国一盘棋的高效行动等优势得到进一步彰显，增强了广大人民群众对中国共产党领导及中国特色社会主义制度的认同感。为打赢这场疫情防控阻击战，广大人民群众严守防疫纪律、积极配合并主动参与疫情防控，用实际行动表达了对党、对祖国、对社会主义最真挚的热爱，这是爱国主义在危难之际的集中展现。其二，以改革创新为核心的时代精神得以升华和发展。时代精神是顺应时代发展所彰显

①《习近平谈治国理政》第三卷，外文出版社 2020 年版，第 334 页。

的思想观念、价值取向、精神风貌和社会风尚的总和，具有实践性、时代性、民族性、先进性以及人民性等特征。其中，与时俱进地推进改革与创新，实现对固有思维的突破和对旧有事物的变革，是当前时代精神培育的题中之义。这就需要重点突出改革创新的思维方法，只有思维更新、思路清晰才能真正落实有效改革，才能通过有效改革开展创造性事业。当前，我们正在从事一项前无古人的创造性事业，即全面推进中国特色社会主义现代化建设。这一伟大事业的推进离不开勇于变革、勇于创新的时代精神，这一精神引领下全体人民始终保持昂扬向上的精神状态，通过思维革新、方法创新，解决了许多长期想解决而没有解决的难题，办成了许多过去想办而没有办成的大事。即使面对突发、未知且防控难度空前的新冠肺炎疫情，中国人民也能冷静应对、突破陈规、大胆探索、果断决策，在较短时间内有效控制疫情，保障了社会生活的有序运行。

二、伟大抗疫精神为构建中华民族精神家园增添新的内容

中华民族精神家园虽然无形，但却体现着中国人民在民族认同、社会认同、文化认同等方面的一致性，是民族凝聚力的根脉所在。一个民族失去其共有的精神家园，会导致精神归属感缺乏、民族凝聚力消失。如何更好守护并建构中华民族共有精神家园，防止人们精神空虚化、价值观判断混乱等问题，需要在多元价值观博弈中，充分彰显中华民族精神内核的时代气质，突出中华民族精神的新高度。抗疫精神作为党和人民极为宝贵的精神财富，为中华民族精神家园增添了新的资源。

抗疫精神充分诠释了中国共产党人以人为本的价值诉求，充分彰显了中国共产党人对生命的敬畏和对人格的尊重。习近平总书记强调："在保护人民生命安全面前，我们必须不惜一切代价，我们也能够做到不惜一切代价，因为中国共产党的根本宗旨是全心全意为人民服务，我们的国家

是人民当家作主的社会主义国家。”① 中国共产党人始终把人民的生命安全和身体健康放在第一位，要以生命护使命，用大爱护众生。抗疫精神传承了中华优秀传统文化的价值理念和革命文化的红色基因。在医者仁心、大爱无疆的情怀中彰显医务人员的仁爱精神；在闻令而动、严防死守、顾全大局的抗疫实践中彰显中国人民爱国爱家的家国情怀；在团结协作、担当利世中彰显中国人民天下一家的友善理念。抗击新冠肺炎疫情这场艰难战疫本身就是一本鲜活的“教科书”，中国人民从这本书中更深刻地读懂了中国共产党人的智慧和逆行者的勇气，更深刻地认识到没有人天生就是英雄，只有不计个人安危的挺身而出。这本“教科书”中的每一个抗疫故事、每一组抗疫数据都潜移默化地影响着每个中国人的认知，提升了人们的思想境界，推动中华民族精神家园的建构。与此同时，抗疫精神还从构建中国人共有的价值追求、情感认同、伦理规范等维度，为中华民族共有的精神家园增添了新瑰宝。

三、伟大抗疫精神为战胜复兴路上的困难提供精神指引

民族复兴绝不是敲锣打鼓、轻轻松松就可以实现，我们越是发展壮大，前行路上遇到的风险阻力就越大，这是我们国家由大变强发展历程中无法规避的问题，也是民族复兴新征程上绕不开的门槛。

聚焦国内，实现中华民族伟大复兴虽已进入不可逆转的历史进程，但越是接近这一目标，遇到的风险和挑战就越多。对此，习近平在省部级主要领导干部坚持底线思维着力防范化解重大风险专题研讨班开班式上讲话，对防范化解政治、意识形态、经济、科技、社会、外部环境、党的建设

① 习近平：《在全国抗击新冠肺炎疫情表彰大会上的讲话》，人民出版社2020年版，第13页。

等领域重大风险作出分析，提出要求。① 如政治领域如何贯彻总体国家安全观，确保我国政治安全；经济领域如何稳就业、稳金融、稳外贸、稳外资、稳投资、稳预期，确保经济运行在合理区间；科技领域如何加快补齐短板，确保我国进入科技创新型国家前列；外部环境领域如何统筹国内国际两个大局确保我国发展环境的安全；党建领域如何更好地以自我革命的精神推进全面从严治党；意识形态领域如何应对主流意识形态领域的挑战等。放眼国际，世纪疫情与百年变局交织叠加，世界进入动荡变革期，全球治理面临新的问题与挑战。以国际格局变化发展趋势为例，国际力量对比正在发生近代以来最具革命性的变化，世界经济重心加快自西向东位移；世界形势"东升西降"的大趋势愈加显著。这一发展趋势对中国有利，但伴随中国的崛起，中国同其他国家的战略竞争性增强，敌对势力对我国实施西化、分化的战略图谋没有改变反而增强，今后一个时期我国还将面临更多逆风逆水的外部环境。各种矛盾错综复杂，加之贫富差距、恐怖主义、移民难民、新冠肺炎疫情等问题在全球范围内凸显，增加了我国外部发展环境的不确定与不稳定性因素。

面对复兴路上的各种困难与挑战，我们有信心、有决心、有底气、有实力去应对和解决。因为抗疫精神与中华民族长期形成的特质禀赋和文化基因一脉相承，正是这种精神品质和文化基因支撑着中华民族战胜一个又一个艰难险阻。毛泽东曾指出，"我们共产党人是以不怕困难著名的"②。他主张在战略上藐视困难，战术上重视困难，"对于每一个具体的困难，我们都要采取认真对待的态度，创造必要的条件，讲究对付的方法，一个一个地、一批一批地将它们克服下去"③，"种种困难，遇到共产党人，

---

① 参见中共中央党史和文献研究院：《中国共产党一百年大事记（1921 年 7 月—2021 年 6 月）》，人民出版社 2021 年版，第 229—230 页。

②《毛泽东文集》第六卷，人民出版社 1999 年版，第 392—393 页。

③ 中共中央文献研究室编：《毛泽东著作专题摘编》上，中央文献出版社 2003 年版，第 926 页。

它们就只好退却，真是‘高山也要低头，河水也要让路’”①。即使当中华民族面对百年不遇的全球性传染疾病，也能在疫情大考中交出满意答卷。因此，经历这次疫情，大家更加坚信，没有任何困难能够难倒我们，没有任何力量可以阻挡中华民族实现伟大复兴的铿锵步伐。抗疫精神将成为中国人民化危为机、朝着既定目标坚定前行的精神支撑，筑牢中华民族在伟大复兴新征程上压倒一切困难而不被困难所压倒的精神丰碑，必将成为民族复兴新征程上战胜一切风险挑战的重要精神力量。

第二节
伟大抗疫精神凝聚民族复兴的磅礴力量

实现中华民族伟大复兴必须凝聚中国力量，这就是全国各族人民大团结的力量。此次疫情防控阻击战集中体现了万众一心、众志成城的人民伟力。其中，“中国共产党所具有的无比坚强的领导力，是风雨来袭时中国人民最可靠的主心骨”②，“中国人民所具有的不屈不挠的意志力，是战胜前进道路上一切艰难险阻的力量源泉”③。与此同时，“科学技术是人类同疾病较量的锐利武器”④，疫情防控取得重大决定性胜利离不开科学发展和技术创新。抗疫精神作为凝聚中国力量的精神纽带，在抗疫斗争

①《毛泽东文集》第六卷，人民出版社 1999 年版，第 393 页。

② 习近平：《在全国抗击新冠肺炎疫情表彰大会上的讲话》，人民出版社 2020 年版，第 17 页。

③ 习近平：《在全国抗击新冠肺炎疫情表彰大会上的讲话》，人民出版社 2020 年版，第 18 页。

④ 中华人民共和国国务院新闻办公室：《抗击新冠肺炎疫情的中国行动》，人民出版社 2020 年版，第 56 页。

中实现了党的领导力、人民伟力以及科技创新力三者有机统一。正因为有中国共产党领导力的锻造、中国人民意志力的磨炼、中国科学家作用的充分发挥，才有疫情防控坚固防线的构筑和民族复兴磅礴力量的汇聚。

一、发挥了中国共产党的领导力

建党百年来，中国共产党带领中国人民取得了革命、建设、改革的伟大成就，确保了党执政地位的巩固和国家的长治久安，中国发展成就充分证明，中国共产党具有无比坚强的领导力。面对此次疫情带来的严峻挑战，中国共产党始终总揽全局、系统部署、科学统筹、协调各方，领导中国人民有效遏制了疫情的广泛扩散，疫情防控取得重大决定性胜利。

党的领导力是包括政治领导力、思想领导力、社会组织动员力等在内的完整体系。在政治领导力层面，中国共产党始终坚守政治立场，将疫情防控工作作为一项重大政治任务来落实，锻造了其坚不可摧的政治定力。这不仅彰显了中国共产党的根本宗旨和初心使命，也体现了党对新中国成立以来我国防疫经验的充分汲取。面对新中国成立初期我国传染病高发、医疗卫生条件落后、党对卫生防疫和一般医疗工作缺乏注意等问题，“今后必须把卫生、防疫和一般医疗工作看作一项重大的政治任务，极力发展这项工作”①。只有思想上高度重视，行动上高度配合，才能有效减少公共卫生事件的发生，减轻疫情给人民生命安全和身体健康带来的伤害。面对突如其来的新冠肺炎疫情，党中央和各级领导部门高度重视、相互配合，把疫情防控作为压倒一切的重大政治任务，压紧压实疫情防控的政治责任，最大程度降低了新冠病毒对人的生命危害，在最短时间内实现了社会经济的止跌回升。在党的思想领导力层面，为帮助人民及时了解客观

---

① 中共中央文献研究室编:《毛泽东著作专题摘编》下，中央文献出版社 2003 年版，第 1651 页。

准确的防疫进展，获取及时有效的防疫知识，中国共产党以主流舆论平台为载体广泛开展宣传教育，包括发布党中央关于疫情防控的重大决策部署、宣传国内外疫情防控的最新形势，设置专栏和制作专题节目宣传防疫一线的感人事迹等。这些宣传工作深入人心，达到了鼓舞人心、振奋精神的效果，增强了人民群众打赢疫情防控阻击战的信心。在组织和动员能力层面，中国共产党始终依靠人民打赢这场人民战争，展现了党的强大组织优势，锻造了党的强大社会动员能力。面对这场传播链条多、传播速度快、传播范围广且百年不遇的疫情，答好这张“必答卷”难度系数空前。事实证明，中共中央将疫情防控界定为一场人民战争，依靠群防群控的思路是完全正确的。中国人民一旦被组织动员起来，就能形成抗击一切艰难险阻的强大合力。此次抗疫斗争所彰显的党的卓越领导力表明，坚持党的领导是中国特色社会主义制度的最大优势，是国家治理体系和治理能力现代化的“引擎”，为实现中华民族伟大复兴的中国梦锻造了更加坚强的领导力量。

二、汇聚起中国人民不屈不挠的意志力

一个民族的伟大在于其伟大的人民，在于这个民族的人民在任何困难和风险面前都从来不放弃、不退缩。而中华民族就是这样伟大的民族，中国人民就是这样伟大的人民。中华民族经历的苦难考验并锻炼了中国人民，铸就中国人民的顽强意志力和战斗力。中国人民在列强侵略时顽强抵抗，在山河破碎时浴血奋战，在一穷二白时发愤图强，在时代发展中开拓进取，在自然灾害面前举国同心、众志成城。正如习近平总书记所说：“千百年来，中国人民就以生命力的顽强、凝聚力的深厚、忍耐力的坚韧、

创造力的巨大而闻名于世，我们都为自己是中国人感到骄傲和自豪！”①

疫情防控再次锻造了中国人民不屈不挠的意志力。其一，涵养了中国人民强大的生命力。强大的精神生命力成就了个体生命的不朽，为中华民族生生不息提供磅礴力量。以抗击疫病为例，在中华民族5000多年的文明进程中，疫病如影相随。我国有文字明确记载的疫病从商朝开始，甲骨文中有“疾年”的说法，大概就是指疫病流行。②在这些疫病中，鼠疫、天花、斑疹、肺结核、疟疾、血吸虫病等疫病曾严重危及人类的生命健康，影响正常的生活秩序。但中国人民以坚韧的意志力、博大深邃的智慧，交出过一份又一份战疫答卷，使中华民族在疫病磨难中成长、在应对疫病磨难中奋起。尤其在抗击新冠肺炎疫情中，以抗疫精神为精神引领，以各条战线护佑生命的壮举为依托，中国人民坚韧的生命力再次得以彰显，中华民族磅礴的生命力得以巩固和延续。其二，增强了中华民族的凝聚力。人民才是历史的创造者，是真正的英雄，波澜壮阔的中华民族发展史由中国人民书写，历久弥新的中国精神由中国人民培育。“只要我们同全体人民更好地团结起来了，中国的事情就好办了。”③无论是古代中国的辉煌历史，还是近代中华民族的救亡图存，或是新时期民族复兴梦想的接力推进，都离不开人民力量支撑。此次疫情防控阻击战正是新中国成立以来最大规模的群众动员。为早日打赢这场战疫，武汉人民作出了巨大牺牲，守住了疫情防控的决胜之地，这是人类文明史上值得永远铭记的战疫壮举。一位武汉市民曾写道：“你要让我说，这座城市哪儿好，我让你看看，用血肉和生命垒起的战壕。你要让我说，这些人民哪儿好，我让

---

① 习近平：《在全国抗击新冠肺炎疫情表彰大会上的讲话》，人民出版社2020年版，第18页。

② 参见张剑光：《中国抗疫简史》，新华出版社2020年版，第1页。

③ 中共中央文献研究室编：《毛泽东著作专题摘编》上，中央文献出版社2003年版，第280页。

你听听，用离别和牺牲谱写的歌谣。”① 无论是在社区管理第一线、医院救治病人第一线、边境检测第一线、集中隔离区域第一线还是物资运输第一线，随处可见由人民力量筑起的群防群控坚固防线。而“宅家”隔离的中国人民，则是以一种特别的方式贡献自己的力量，守住了疫情防控的战略成果。因为有了各条战线的协力坚守，我国最先遏制住疫情蔓延势头；因为有了中国人民所具有的不屈不挠的意志力，才有战胜前进道路上一切艰难险阻的力量源泉，才能夯实实现民族复兴中国梦的力量根基。

三、施展出科技战疫、科技强国的硬实力

“在中华民族伟大复兴的征程上，一代又一代科学家心系祖国和人民，不畏艰难，无私奉献，为科学技术进步、人民生活改善、中华民族发展作出了重大贡献。”② 纵观人类发展史，科技始终是人类同疾病较量最有力的武器。《汉书·平帝纪》中曾载“民疾疫者，舍空邸第，为置医药”，最早提出了隔离的防疫举措。到明代中期，我国已有预防天花的“人痘”接种术。经过几代科学家不懈努力，最终研制出多种病毒疫苗，天花、霍乱、鼠疫、流感等重大传染疾病得到有效控制。面对新冠肺炎疫情袭击，及时研制出消灭病毒的先进“武器”和“弹药”是关键。在这方面，生物医学、中医中药、病毒疫苗研发和疾病预防控制等方面的科学家居功至伟。

疫情防控期间，中国科学家以胸怀祖国、服务人民的情怀，始终秉持实事求是精神，坚守在疫情最严重的一线，为抗疫工作提供坚强保障。在疫情暴发初期，钟南山院士经过科学分析，在镜头前向人们发出“肯定人传人”的警告，要求严格隔离患者、追踪接触者，并积极投入重症患者救

① 《万众一心打赢“人民战争”——携手全球抗疫 彰显中国担当》，新华社2020年5月1日。

② 习近平：《在中国科学院第二十次院士大会、中国工程院第十五次院士大会、中国科协第十次全国代表大会上的讲话》，人民出版社2021年版，第18页。

治和医学研究工作。陈薇院士在大年初二抵达武汉，经过 4 个昼夜的赶工，建成了一座帐篷式移动检测实验室，成为新冠病毒疫苗研制中的先锋队，有力推进了疫情防控工作。年过古稀的张伯礼院士以国家级中医专家身份受召出征，申请建成了以中医药综合治疗为主的方舱医院，充分发挥了中医药在疫病治疗中的主导作用。武汉市金银潭医院身患“渐冻症”的院长张定宇，及时采集样本，为成功分离出病毒颗粒和基因序列赢得先手。我国著名妇产疾病专家乔杰院士率领援鄂抗疫国家医疗队来到武汉，凭借专业医学知识，研究病毒在母婴之间垂直传播的可能性，保障了武汉地区的孕产妇和婴幼儿安全。

为打赢这场防疫之战，无数医学科研人员逆行前行。随着科研工作者对病毒研究的深入，科学防治技术不断优化，治疗方案不断完善，疫情防控效果不断提升，人民的生命安全和身体健康有了坚实保障。与此同时，为遏制疫情的蔓延，数字技术领域科研人员同样发挥着主力军和先锋队作用。因为有了数字科技人员夜以继日的攻关，才有健康码对流动人口的准确健康监测，才能实现线上医疗、信息共享、AI 辅助诊断等技术创新，为战胜新冠病毒提供不可或缺的科技后盾。习近平总书记希望广大科技人才“继承和发扬老一辈科学家胸怀祖国、服务人民的优秀品质”①，希望“广大院士要不忘初心、牢记使命，响应党的号召，听从祖国召唤，保持深厚的家国情怀和强烈的社会责任感，为党、为祖国、为人民鞠躬尽瘁、不懈奋斗”②。科学家在科技战疫和科技强国中必将发挥关键作用，助力强国建设民族复兴目标的实现。

---

① 习近平：《在科学家座谈会上的讲话》，人民出版社 2020 年版，第 12 页。

② 习近平：《在中国科学院第二十次院士大会、中国工程院第十五次院士大会、中国科协第十次全国代表大会上的讲话》，人民出版社 2021 年版，第 18 页。

第三节
伟大抗疫精神增进民族复兴的坚定信心

实现民族复兴，必须坚定中国信心。回顾人类发展历程，人类重大的历史进步往往发生在重大灾难之后。新冠肺炎疫情给人类带来了巨大灾难，也赋予了我们浴火重生、开辟新天地的契机。抗疫重大战略性成果的取得，极大增强了全党全国各族人民对中国特色社会主义的道路自信、理论自信、制度自信、文化自信，凝聚起推进民族复兴的蓬勃精神力量，这必将激励中国人民在新时代复兴之路上披荆斩棘、奋勇前进，必将在提振全球发展信心中营造民族复兴的良好国际环境。

一、坚定道路自信，开拓民族复兴的必由之路

道路问题是事关党的事业兴衰成败的首要问题，“中国的发展，关键在于中国人民在中国共产党领导下，走出了一条适合中国国情的发展道路”①。今日中国已成为世界第二大经济体，历史性地解决了绝对贫困问题，创造了人类减贫历史上的奇迹。中国经济已开始由高速增长转向高质量发展，国内生产总值由 1978 年的 3645 亿元跃升到 2023 年的 1260582 亿元，中国 GDP 占世界经济比重也从 1978 年不足 2% 跃升到 2020 年的 18% 左右，作为世界经济增长的最强引擎，连续 18 年对世界经济增长的贡献率稳居世界第一。

充足的财力物力是应对疫情挑战的坚实保障，是增强中国人民道路自信的根基所在。在疫情冲击下，我国经济社会发展大局始终保持稳定，

①《习近平谈治国理政》第二卷，外文出版社 2017 年版，第 482 页。

这与我国雄厚的国力和物资储备密不可分。为了挽救生命，中国不计成本，新冠肺炎患者和疑似患者的治疗费用无须个人承担，这与我国雄厚的国力密不可分。

国家医保局的治疗数据显示，确诊住院患者人均医疗费用超 2 万元，重症患者人均治疗费用超过 15 万元，这些费用除部分由医保报销外，其余部分由国家财政补贴。在抗疫治疗中，从出生仅 30 多个小时的婴儿到 100 多岁的老人，从在华外国留学生到来华外国人员，每一个生命都得到全力护佑。这其中，不乏存在有的患者治疗时间长，治疗费用更高的情况。为更好维持社会秩序，保障人们正常生产生活，我国在疫情发生后迅速开展全方位人力组织战、物资保障战、科技突击战、资源运动战，即使在抗疫最严峻的时刻，我国的社会秩序也能总体稳定，这同样得益于新中国成立以来特别是改革开放以来长期积累的综合国力。面对疫情对经济社会带来的巨大冲击，中国经济发展形势始终保持“三个没有变”，即“我国经济稳中向好、长期向好的基本面没有变，我国经济潜力足、韧性大、活力强、回旋空间大、政策工具多的基本特点没有变，我国发展具有的多方面优势和条件没有变”①。这同样得益于我国雄厚的物质基础，这是中国道路正确性最有力的诠释和说明，是应对惊涛骇浪的深厚底气所在，进一步筑牢了新时代民族复兴的道路自信。

二、增强理论自信，筑牢民族复兴的思想根基

理论自信是对中国特色社会主义理论体系科学性的高度认同，是对马克思主义理论的坚定信仰。“两个世纪过去了，人类社会发生了巨大而深刻的变化，但马克思的名字依然在世界各地受到人们的尊敬，马克思的

① 《习近平重要讲话单行本（2020 年合订本）》，人民出版社 2021 年版，第 133 页。

学说依然闪烁着耀眼的真理光芒。”① 在庆祝中国共产党成立 100 周年大会上，习近平总书记进一步强调：“中国共产党为什么能，中国特色社会主义为什么好，归根到底是马克思主义行，是中国化时代化的马克思主义行。”② 马克思主义之所以行，关键在于“它的科学性和真理性在中国得到了充分检验，它的人民性和实践性在中国得到了充分贯彻，它的开放性和时代性在中国得到了充分彰显”③。

此次战疫书写了中华民族抗击传染病历史上最伟大的一页，进一步彰显了马克思主义理论的真理性和先进性，筑牢了民族复兴的思想根基。其一，马克思主义的科学性品格昭示了马克思主义政党的先进性。“没有先进理论的指导，没有用先进理论武装起来的先进政党的领导，没有先进政党顺应历史潮流、勇担历史重任、敢于作出巨大牺牲，中国人民就无法打败压在自己头上的各种反动派，中华民族就无法改变被压迫、被奴役的命运，我们的国家就无法团结统一、在社会主义道路上走向繁荣富强”④。只有坚持马克思主义指导地位，中国共产党才能带领中国人民在民族复兴征程上取得改天换地、翻天覆地、惊天动地的伟大成就，才能在抗疫大考中铺就理论自信的科学底色。其二，马克思主义的人民性品格规定了共产党人的根本立场。“过去的一切运动都是少数人的，或者为少数人谋利益的运动。无产阶级的运动是绝大多数人的，为绝大多数人谋利益的独立的运动。”⑤ 无产阶级政党始终要把人民放在心中最高的位置，始终全

① 习近平：《在纪念马克思诞辰200周年大会上的讲话》，人民出版社2018年版，第1—2 页。

② 习近平：《开辟马克思主义中国化时代化新境界》，《求是》2023 年第 20 期。

③ 习近平：《在纪念马克思诞辰 200 周年大会上的讲话》，人民出版社 2018 年版，第 14 页。

④ 中共中央党史和文献研究院编：《十八大以来重要文献选编》下，中央文献出版社 2018 年版，第 343 页。

⑤《马克思恩格斯选集》第一卷，人民出版社 2012 年版，第 411 页。

心全意为人民服务，始终为人民利益而努力工作，指明为了人民、依靠人民推动历史前进的人间正道，为打赢这场疫情防控阻击战铺就了理论自信的人民底色。其三，马克思主义的实践性品格体现了其指引人们正确认识和运用客观规律改造世界的强大力量。作为实践的理论，马克思主义提供着“进一步研究的出发点和供这种研究使用的方法”①。面对传染性极强的未知病毒，全国各条战线的工作者坚持两点论和重点论相统一的工作方法，秉持解放思想、实事求是、大胆探索的实践精神，制定了科学防治的有效方案，铺就了理论自信的实践底色。其四，马克思主义的开放性品格彰显了其不断创新发展的理论特质。马克思主义不是僵化封闭的教条，而是不断发展的开放的理论。在中国，“两个结合”充分体现了这一理论的开放性。面对疫情，以习近平同志为核心的党中央把马克思主义基本原理特别是其中蕴含的领导方法、思想方法、工作方法，同中国具体实际特别是疫情防控斗争和经济社会发展实际相结合，同中华优秀传统文化特别是历史上应对疫病的宝贵经验做法相结合，不断提出关于统筹疫情防控和经济社会发展的新理念、新观点、新论断、新要求，指引我们因应疫情新变化、及时研制新策略，取得了抗疫斗争中一个又一个新胜利，铺就了理论自信的开放底色。理论自信源于对马克思主义的坚定信仰，全国各族人民有了统一思想、凝聚意志和统一行动的思想根基，即使面对新冠肺炎疫情的严峻挑战，也能积极有效应对，在抗疫实践中夯实了新时代民族复兴的理论底气。

三、坚定制度自信，夯实民族复兴的制度保障

制度自信来自对我国历史发展经验的深刻总结。新中国成立 70 多年来，中华民族用几十年的时间走完西方发达国家几百年走过的发展历程，

---

①《马克思恩格斯文集》第十卷，人民出版社 2009 年版，第 691 页。

创造了各种令世界惊叹的发展奇迹，充分证明中国特色社会主义制度的显著优势和治理效能。中国特色社会主义制度作为“当代中国发展进步的根本制度保障，是具有鲜明中国特色、明显制度优势、强大自我完善能力的先进制度”①。

中国特色社会主义制度自信源于其制度优势本身，制度优势集中体现为对重大现实问题的有效应对。“制度优势是一个国家的最大优势，制度竞争是国家间最根本的竞争。”②党的十九届四中全会重点梳理了包括坚持党的集中统一领导、坚持人民当家作主、坚持全国一盘棋、坚持集中力量办大事等在内的十三个国家制度和治理体系的显著优势，为我们坚定制度自信提供了基本依据。制度优势不能直接转化为制度自信，制度自信的生成需要制度优势充分转化为治理效能，通过治理效果和水平的提升来予以彰显。“衡量一个国家的制度是否成功、是否优越，一个重要方面就是看其在重大风险挑战面前，能不能号令四面、组织八方共同应对。”③在党中央统一领导和广泛动员下，我们打响了消灭霍乱、鼠疫、肺结核、血吸虫病等的人民战争，开展了全国规模的群众性爱国卫生运动，大大改善了城乡环境卫生，清除了瘟疫滋生的土壤，为防疫工作成效的取得提供了重要制度保障。在此次疫情防控中，中国共产党领导和中国特色社会主义制度的显著优势再次彰显，具体表现为“非凡的组织动员能力、统筹协调能力、贯彻执行能力，能够充分发挥集中力量办大事、办难事、办急事的独特优势”④。与此同时，中国共产党在抗疫实践中，始终秉

① 中共中央党史和文献研究院编：《十八大以来重要文献选编》下，中央文献出版社 2018 年版，第 349 页。

②《习近平谈治国理政》第三卷，外文出版社 2020 年版，第 119 页。

③ 习近平：《在全国抗击新冠肺炎疫情表彰大会上的讲话》，人民出版社 2020 年版，第 19 页。

④ 习近平：《在全国抗击新冠肺炎疫情表彰大会上的讲话》，人民出版社 2020 年版，第 19 页。

持对人民负责、对生命负责、对世界负责、对历史负责的态度，采取了最果断、最全面、最严格、最灵活和最积极的防控举措，防疫效果得到社会各界的广泛认同。疫情防控作为对国家治理体系和治理能力的综合性大考，深度检验了我国的治理效能，中国人民也在这次疫情大考中更深刻理解了“只有社会主义才能救中国，只有中国特色社会主义才能发展中国”的深刻意蕴，进一步坚定了制度自信。

四、提升文化自信，厚植民族复兴的精神根基

文化自信是更基本、更深沉、更持久的力量。“没有高度的文化自信，没有文化的繁荣兴盛，就没有中华民族伟大复兴。”① 中华优秀传统文化作为5000多年唯一未间断过的人类文明，形成了中国人看待世界、看待社会、看待人生的独特价值体系，奠定了道路自信、理论自信、制度自信的文化根基。抗疫精神根植于中华优秀传统文化的土壤，无论是生命至上的坚守、举国同心的相助、舍生忘死的奉献，还是命运与共的担当，都是对中华优秀传统文化基因的传承，处处彰显中华优秀传统文化的精神气质。正如习近平总书记指出：“中国古代就有崇仁爱、重民本、守诚信、讲辩证、尚和合、求大同等思想，其中就有很多具有永恒价值的内容。”② 传统文化的独特气质激励全党全国各族人民在民族危难之际释放巨大精神潜能，构筑起全国人民共同抗疫的精神防线。战疫斗争越艰险，精神防线越坚固。

中医药文化是中国传统文化的重要组成部分，积累了中华民族几千年来的宝贵经验，汲取了中华优秀传统文化的精华，作为中华民族几千年

---

①《习近平谈治国理政》第三卷，外文出版社2020年版，第32页。

② 中共中央文献研究室编：《习近平关于社会主义文化建设论述摘编》，中央文献出版社2017年版，第138页。

来的伟大创造，护佑中华民族繁衍生息。回顾中华民族的战疫历史，中华民族在疫情灾难面前之所以能转危为安，离不开中医药治疗疫病的实践经验总结，从远古时期“神农尝百草”、秦汉时期的《黄帝内经》、西晋时期的《针灸甲乙经》、唐代的《大医精诚》、明代的《本草纲目》到清代的《温热论》等经典著作，形成了中医药治疗传染病的理论与实践体系。中医药是我国各族人民几千年生产生活和在与疾病做斗争中逐步形成并不断丰富发展的医学科学，具有“简、便、验、廉”的特点，在保障人民群众健康方面拥有独特优势。面对突发的新冠肺炎疫情，实现中医药深度介入诊疗全过程是抗疫战略之需。我国迅速组建了 5 批国家中医医疗队，在支援湖北的医务工作者中，有来自全国 29 省的 4900 余名中医药人员，约占援鄂医护人员的 13%。中医团队整建制接管武汉市金银潭医院、雷神山医院、湖北省中西医结合医院 3 家医院的 8 个病区，同时承包了江夏方舱医院。武汉 55 家定点医院都配备有中医药专家团队巡诊，为守护人民身体健康作出重要贡献。在中医战疫的战场上，中医药专家团队坚持守正创新，提出了包括隔离服用中药、针灸、推拿、穴位按摩等治疗方法。为增强患者的精气神，中医方舱医院成立了患者党支部，建立爱心角、图书角，江夏方舱医院组织患者练太极拳、八段锦，最终实现“零转重、零复阳”。实践证明中医药在疫情防控中有着独特优势，在救治病患、促进身体康复等方面发挥着不可替代的作用。中医药在此次疫情阻击战中彰显的显著优势，增强了中国人民对中医药文化的认同感，增强了中国人民对中华优秀传统文化的自信，夯实了新时代民族复兴的精神基石。

五、提振世界信心，营造民族复兴的良好国际环境

世界的发展离不开中国，中国的发展也同样离不开世界。实现中华民族伟大复兴需要和平的国际环境，中国坚定不移走和平发展道路，既努力争取和平的国际环境发展自己，又以自身发展促进世界发展。新冠肺

炎疫情的暴发，给生产生活按下了“暂停键”，中国人民齐心战疫开启了国内经济社会复苏的“启动键”，在不平凡的抗疫年份书写了非凡答卷，提振了世界经济复苏的信心。

其一，中国经济的持续恢复，增强了世界经济发展动能。在复杂严峻的国内外环境面前，各地区各部门按照党中央、国务院决策部署，历史性地解决了绝对贫困问题，开启全面建设社会主义现代化国家、向第二个百年奋斗目标进军新征程。一是经济增速位居主要经济体前列，2021 年我国国内生产总值（GDP）比上年增长 8.1%，经济总量突破 110 万亿元，人均GDP突破1.2万美元。二是国际影响力进一步扩大，我国货物贸易额、外汇储备余额位居世界第一。2021 年我国经济增长对世界经济增长的贡献率为 25% 左右，是引领世界经济恢复的主要力量。俄罗斯经济学专家奥斯特洛夫斯基表示，虽然疫情让中国经济遭受了重大损失，但中国经济的强劲复苏彰显了其强大内生动力，尤其是网上零售额的逆势增长以及高新技术产业的稳步回升。随着中国经济稳步复苏，中国国内需求也在日益增长，中等收入群体稳步扩大，在华投资的外国企业的收益也持续增长。

其二，供给侧结构性改革持续深化，市场化法治化国际化营商环境加快形成。疫情后我国加快了重点领域改革，市场活力和内生动力优化提升。如进一步降低关税水平，努力消除非关税贸易壁垒；全面实施平等待遇；大力推动经贸谈判；进一步缩减外商投资准入负面清单；实施新的《外商投资法》，将知识产权保护重要性提到前所未有高度，持续优化中国商业环境；等等。世界银行发布的《2020 营商环境报告》显示：中国的营商环境在全球 190 个经济体中排名第 31 位，中国连续两年被世界银行评为全球营商环境改善幅度最大的 10 个经济体之一。系列便利化措施的推进，使中国持续保持对外资吸引力。2021 年，多种所有制经济竞相发展的活力持续显现，规模以上工业中，国有控股企业、股份制企业、私营企业、外商及港澳台商投资企业增加值分别比上年增长 8.0%、9.8%、10.2%、8.9%。

其三，中国坚定不移地全面扩大开放，同世界分享市场机遇，提升了国际社会共享中国发展红利的预期。尽管新冠肺炎疫情使世界经济不稳定不确定因素增多，但中国扩大高水平开放的决心不会变，同世界分享发展机遇的决心不会变，推动经济全球化朝着更加开放、包容、普惠、平衡、共赢方向发展的决心不会变。在引资规模方面，2021 年，我国实际使用外资 11494 亿元，创历史新高，比上年增长 14.9%。同时，共建“一带一路”领域成效走深走实。截至 2022 年 1 月，我国已与 147 个国家、32 个国际组织签署 200 多份共建“一带一路”合作文件。2021 年，我国对“一带一路”沿线国家进出口额比上年增长 23.6%，对“一带一路”沿线国家投资增长 7.9%；中欧班列开行量超过 1.5 万列，增长 22.0%。在对外经贸合作领域，2021 年，中国等 10 个国家完成《区域全面经济伙伴关系协定》（RCEP）核准，2022 年 1 月 1 日，RCEP 正式生效，15 个签署协定国家总人口、经济体量、贸易总额均占全球总量约 30%，形成全球最大的自由贸易区。中国作为体量最大、最具活力的新兴经济体，一直用行动向世界证明中国全面开放的决心。中国坚信只有合作才能破解疫情冲击的难题，重拾全球经济发展的信心以携手创造人类更加美好的未来，为民族复兴营造良好国际环境。

第四节
自觉践行伟大抗疫精神，助力民族复兴新征程

“当高楼大厦在我国大地上遍地林立时，中华民族精神的大厦也应该巍然耸立。”[①] 伟大抗疫精神在抗疫斗争的实践中形成，更需要在中华民族伟大复兴新征程中自觉践行和发扬光大。“弘扬好伟大抗疫精神，我们才

① 习近平：《在文艺工作座谈会上的讲话》，人民出版社 2015 年版，第 6 页。

能避免历史的健忘症，才能对得起曾经的拼搏和付出，才能进一步推进民族精神的新成长，才能更加坚毅自信地面对风雨、开创未来。”① 弘扬践行伟大抗疫精神，需要全党力行示范、全国人民共同行动，充分发挥抗疫精神的价值引领作用，在传承中书写新生，在弘扬中实现抗疫精神的精神优势转化为治理优势。在具体实践环节，以生命至上的为民理念引领卫生防疫工作；以举国同心的团结伟力夺取疫情防控和经济发展双胜利；以舍生忘死的顽强意志夺取新时代伟大斗争新胜利；以尊重科学的求是态度推进科学普及和科学创新工作；以命运与共的人文情怀构建人与自然生命共同体和人类卫生健康共同体，补齐我国在公共卫生治理、生态治理、生物安全等领域的短板和不足。与此同时，通过弘扬伟大抗疫精神，深化新时代公民道德建设，推动全民道德素质和社会文明程度达到新高度。抗疫精神的精神优势和治理优势的充分发挥，将为民族复兴伟业注入不竭动力。

一、以生命至上的为民理念引领新时代卫生防疫工作

生命至上的为民理念生动诠释中国共产党为什么人、靠什么人的问题，集中体现了中国共产党人坚持人民至上的价值追求，鼓舞了亿万中国人的强劲士气、昂扬斗志以及必胜信心。然而，疫情大考却暴露了公共卫生领域制约群众生命安全和身体健康的短板。如何补齐短板、堵漏洞、强弱项，全力守护每一个生命，中国共产党始终秉持生命至上的理念，持续筑牢民族复兴伟业的健康防线。

其一，坚持预防为主，加强新时代卫生防疫宣传工作。我国率先控制住疫情的广泛传播，不仅得益于积极有效的治疗策略，还得益于预防

① 沈壮海：《让新时代中华民族的精神长城巍然屹立——学习习近平总书记关于伟大抗疫精神的重要论述》，《文化软实力》2021 年第 1 期。

为主的战略，但疫情防控这根“弦”千万不能松，“决不能让来之不易的疫情防控成果前功尽弃”①。因此，需要做好防疫工作尤其是防疫宣传工作，这是预防疫情最有效的健康策略。新中国成立之初，由于有的地方迷信现象盛行，人民群众对卫生防疫工作持消极态度。对此，毛泽东强调：“我们必须告诉群众，自己起来同自己的文盲、迷信和不卫生的习惯作斗争。”②如今，中国卫生防疫水平虽有了飞跃式发展，人们对卫生防疫工作重要性的认识却仍存有短板。如在新冠肺炎疫情防控中，拒不佩戴口罩、拒绝扫描健康码以配合防疫工作、瞒报真实行程等行为仍时有发生。如何从宣传教育层面提升防疫工作效果，需要汲取我国防疫宣传的经验，开展多种形式的防疫宣传工作。如充分调动各类媒体资源，运用报纸、书刊等大众传媒手段展开集中宣传；深入群众之中开展接地气的“面对面”宣传教育；利用网络社交平台和公众号与网民进行“键对键”的对话；加大防疫榜样力量的宣传，强化反面典型案例的警示作用；等等。通过开展防疫宣传工作，达到巩固战疫成果、筑牢常态化疫情防控防线效果。

其二，完善新时代卫生防疫体系，提高应对突发公共卫生事件的能力。一是持续优化组织领导体系，加强党的领导能力现代化建设。此次疫情防控暴露领导干部中存在思想重视不足、治理能力不足等问题。如2020年2月12日，新华社“新华视点”栏目播发了《揭一揭抗疫中的“形式主义”》一文，揭露了抗疫工作中的形式主义弊病；全国多地出现干部被问责、被免职现象，揭露了干部队伍中存在的能力不足、工作不作为或作为不到位等问题。加强党的领导能力建设，需要全面落实领导干部防疫工作责任制，压实各级党委干部关于卫生防疫的领导责任；需要全方位提高领导干部的能力，主要包括：政治能力、调查研究能力、科学决策能力、改革攻坚能力、应急处突能力、群众工作能力、抓落实能力，勇于直面问

① 习近平：《在全国抗击新冠肺炎疫情表彰大会上的讲话》，人民出版社2020年版，第23页。

②《毛泽东选集》第三卷，人民出版社1991年版，第1011页。

题，想干事、能干事、干成事，不断解决问题、破解难题的能力。领导干部能力现代化是我国卫生防疫事业的现代化的重要前提，确保全面建设社会主义现代化目标顺利实现。二是持续完善疫情防控法治体系，全面提高依法防控依法治理能力。此次疫情是新中国成立以来遭遇防控难度最大的一次，在全民战疫中，却存在刻意隐瞒病情；阻碍民警依法执行职务，干扰正常防疫的行为；利用网络社交软件销售医用口罩，只收钱不发货的诈骗案件；利用网络散布虚假信息被行政处罚的案例；利用“微信朋友圈”等平台散布不实信息现象；殴打医务人员，破坏医疗秩序案件；销售伪劣商品、销售野生动物制品；等等。如何有效应对疫情防控中存在的问题，不仅需要宣传教育以增强“自律”，还需要用法律武器强化“他律”约束。如完善领导干部违规违法处罚程序和领导干部表彰机制；修订完善野生动物保护法律法规，从制度规范层面坚决取缔和严厉打击非法野生动物市场；严厉查处各类哄抬防疫用品的违法行为；依法严厉打击抗拒疫情防控、制假售假、造谣传谣等违法犯罪行为；全面贯彻生物安全法，筑牢国家生物安全防线等。三是持续完善疫情防控救治体系，提高重大疫情防控救治能力。其中，加强疫情防控救治领域人才队伍建设，是完善重大疫情防控救治体系的重要环节。新冠肺炎疫情暴露了疫情防控救治体系中高质量医学人才短缺问题，需要“着力培养能解决病原学鉴定、疫情形势研判和传播规律研究、现场流行病学调查、实验室检测等实际问题的人才”①。同时，完善的疫情救治体系依赖应急物资储备和应急保障能力的提升。此次疫情防控存在医用防护服、口罩等物资出现告急的情况，国家应急物资储备存有短板。因此，需要按照集中管理、统一调拨、平时服务、灾时应急、采储结合、节约高效的要求，打造医疗防治、物资储备、产能动员三位一体的物资保障体系，全方位夯实护佑人民生命安全和身体

① 习近平：《构建起强大的公共卫生体系　为维护人民健康提供有力保障》，《求是》2020 年第 18 期。

健康的制度体系。

二、以举国同心的团结伟力夺取疫情防控和经济发展双胜利

举国同心绘就了上下一条心、全国一盘棋、团结就是力量的生动画卷，集中体现了中国人民众志成城、同甘共苦的团结伟力，形成了全面动员、全面部署、全面加强疫情防控工作的局面，疫情防控成果持续巩固。但由于之后全球新冠肺炎疫情起伏反复，变异毒株的扩展，我国外防输入压力持续加大。同时，在受到疫情等严重冲击后的恢复发展过程中，国内外形势又出现很多新变化，保持经济平稳运行难度加大。我们需要凝聚举国同心的人民伟力，夺取疫情防控与经济发展双胜利。

坚持“两手抓，两手都要硬”，一手抓疫情防控，一手抓经济社会发展。疫情防控事关人民群众生命安全和身体健康，事关经济社会发展大局，是党和国家工作的重中之重。加强疫情防控必须慎终如始，对疫情的警惕性不能降低，防控要求不能降低，防疫工作需抓紧抓实抓细。如提高医疗卫生机构、疾病预防控制机构等专业机构的核酸检测能力；保证重点场所和重点人群防控工作常态化；严格疫情防控标准，切实做好疫情的监测、追踪，对感染、疑似、无症状感染、密切接触者果断采取隔离和治疗措施，全方位巩固抗疫战略性成果；等等。持续打赢疫情防控阻击战，离不开强有力的经济实力支撑。在不确定国际环境中保持我国经济发展活力，实现经济高质量发展，一是要持续护航经济发展，持续加大民生领域投入。2021 年，全国居民人均转移净收入比上年增长 5.8%，两年平均增长 7.2%；全国居民人均政策性生活补贴收入比上年增长 14.6%，人均报销医疗费增长 21.1%。社会领域投资比上年增长 10.7%。同时，微观主体潜能释放，就业形势总体稳定。2021 年末，我国实有登记在册的市场主体达 1.54 亿户，其中企业 4842 万户，个体工商户 1.03 亿户。新设市场主体的快速增加对带动增长、促进就业起到了重要作用，2021 年我国新增就业 1269 万

人，实现 1100 万人以上的预期目标。二是充分发挥数字经济的优势，更好赋能经济发展、丰富人民生活。加强数字中国建设整体布局，重点推进数字化信息基础设施建设、产业数字化转型、加快 5G 规模应用、加快发展工业互联网、培育壮大集成电路、人工智能等数字产业，提升关键软硬件技术创新和供给能力，为我国经济社会持续复苏提供有力支撑。三是立足新发展阶段、贯彻新发展理念、构建新发展格局。在全面建设社会主义现代化国家新征程上，领导干部要着力提高贯彻创新、协调、绿色、开放、共享的新发展理念的能力和水平，着力构建新发展格局，依托国内市场的“确定性”优势化解国际市场“不确定性”对我国经济社会发展带来的负面冲击。

三、以舍生忘死的顽强意志夺取新时代伟大斗争新胜利

舍生忘死的抗疫精神生动诠释了中国共产党以生命赴使命、以大爱护众生的责任担当，集中体现了中国人民不惧困难、敢于斗争、敢于胜利的顽强意志。正是这种精神的鼓舞，各条战线的逆行者以“明知山有虎，偏向虎山行”的壮举直面疫情挑战，为战疫筑起坚不可摧、牢不可破的生命防线。在疫情防控常态化阶段，“我们要继续进行具有许多新的历史特点的伟大斗争，准备战胜一切艰难险阻，朝着我们党确立的伟大目标奋勇前进”①。因为“当前和今后一个时期，我国发展进入各种风险挑战不断积累甚至集中显露的时期，面临的重大斗争不会少”②，甚至会遇到难以想象的惊涛骇浪。新时代伟大斗争是新的历史阶段各种矛盾斗争的集中体现，具有许多新的历史特点。从斗争的艰巨性和复杂性来看，这场伟大斗争极具风险性和挑战性，艰巨程度世界罕见。由于伟大斗争涉及的范围极

---

①《习近平谈治国理政》第三卷，外文出版社 2020 年版，第 73 页。

②《习近平谈治国理政》第三卷，外文出版社 2020 年版，第 226 页。

其广泛、触及的问题和矛盾极其深刻，难以预测的因素纷繁复杂。从斗争的性质来看，这场斗争是人民性和正义性的统一。这场斗争始终将人民利益置于首位，着力解决民生领域的突出问题，努力让人民群众有更多获得感。然而，目前我国民生领域还有短板，如政府工作存在不足，仍有形式主义、官僚主义现象存在，脱离实际、违背群众意愿现象时有发生；少数干部不担当、不作为、乱作为等问题仍存在，要彻底战胜它们绝非易事，需要久久为功的韧性战斗。从斗争的形式看，这场伟大斗争是非对抗性与对抗性的统一。其中非对抗性斗争属于人民内部矛盾范畴，是主要矛盾；对抗性斗争属于敌我矛盾范畴，是次要矛盾。无论是非对抗性还是对抗性斗争，都呈现出前所未有的复杂性和严峻性。应对民族复兴路上诸多具有新特点的伟大斗争，需要我们以舍生忘死的顽强意志发扬斗争精神、提高斗争本领，坚持系统观念，用全新的思路和方法去破解，奋力夺取复兴路上伟大斗争新胜利。

四、以尊重科学的求实态度推进科学普及和科学创新工作

尊重科学是伟大抗疫精神的重要组成部分，“集中体现了中国人民求真务实、开拓创新的实践品格”①。自疫情发生，我国充分发挥科技战疫优势，将大数据、人工智能、数字服务、5G技术等科技优势运用于疫情防控，取得显著成效。疫情防控进一步推动我国线上智慧平台等数字技术的发展，成为中国智慧经济发展的一个新起点，使中国经济在疫情面前更显韧性。对此，美国哥伦比亚大学经济学教授埃德蒙德·菲尔普斯表示，中国将从一个以创新为导向的经济体中受益匪浅。②

---

① 习近平：《在全国抗击新冠肺炎疫情表彰大会上的讲话》，人民出版社2020年版，第15页。

② 参见《后疫情时代中国将从创新中获益》，《光明日报》2020年6月12日。

与此同时，疫情大考也考出了我国在科技防疫领域存在的短板，如公民的科学素养亟待提升，针对重大突发传染病，我国医疗技术储备、成果储备显得较为薄弱，应对突发重大传染病药物研究的布局和支持不足。要补齐我国科技领域发展短板，实现科学普及和科技创新“两手抓、两手都要硬”是关键。正如习近平总书记指出：“科技创新、科学普及是实现创新发展的两翼，要把科学普及放在与科技创新同等重要的位置。没有全民科学素质普遍提高，就难以建立起宏大的高素质创新大军，难以实现科技成果快速转化。”① 在提升公民科学素养方面，《全民科学素质行动规划纲要（2021—2035 年）》指出，我国公民 2020 年具备科学素质的比例达到 10.56%，公民科学素质水平大幅提升但整体水平偏低。新冠肺炎疫情防控期间，少数抢购板蓝根、连花清瘟胶囊、双黄连口服液等物资现象，拒不戴口罩、违规聚会等行为都反映出部分公民科学素养亟待提升。我们需要充分发挥科学精神引领作用，传递科学观念和行为方式，不断丰富人民的精神家园，形成崇尚科学崇尚创新的社会氛围。在持续推进科技创新方面，“十四五”规划已指明了包括人工智能、量子信息、集成电路、生命健康、脑科学、生物育种、航天科技、深地深海等前沿领域在内的发展方向，勾勒了面向世界科技前沿、面向经济主战场、面向国家重大需求、面向人民生命健康的科技发展蓝图。

五、以命运与共的天下胸怀推动构建两大“共同体”

命运与共“集中体现了中国人民和衷共济、爱好和平的道义担当”②。以命运与共的人文情怀推动构建“人与自然生命共同体”和“人类卫生

①《习近平谈治国理政》第二卷，外文出版社 2017 年版，第 276 页。

② 习近平：《在全国抗击新冠肺炎疫情表彰大会上的讲话》，人民出版社 2020 年版，第 15 页。

健康共同体”，是坚定不移走国际合作之路、携手应对全球性公共卫生危机的人间正道。

其一，构建人与自然生命共同体，共同护佑全人类生命安全和身体健康。人类社会发展历程表明，生态兴则文明兴，生态衰则文明衰。人与自然生命共同体理念的提出，充分肯定了人与自然是彼此联系、休戚与共的有机生命整体。新冠肺炎疫情的全球暴发再次给人类敲响了环保警钟。“但是我们不要过分陶醉于我们人类对自然界的胜利。对于每一次这样的胜利，自然界都对我们进行报复。”①虽然新冠肺炎疫情的病毒溯源至今仍扑朔迷离，但确也为我们提供了重新审视人与自然关系的视角。事实上，人类早已从诸多教训中认识到破坏自然生态系统的危害性，非典、埃博拉、天花、黑死病等疫情都曾给人类社会带来惨痛代价。我们要重视大自然发出的警告，人类对大自然的伤害最终会伤及人类自身，这是无法抗拒的规律，实现人与自然和谐共生，构建人与自然生命共同体才是发展正道。一是重新审视人与自然的关系。在马克思看来，自然界是人类的无机身体，“我们连同我们的肉、血和头脑都是属于自然界和存在于自然之中的”②。人类从自然界中走来，没有自然作为物质依托，人类将不复存在。人类必须以尊重自然为首要态度，以顺应自然为基本原则，以保护自然为重要责任。尊重自然就是保护好中华民族永续发展的生命之根；顺应自然则是强调顺应自然界的客观规律，按照自然规律办事，防止出现因急功近利和个人贪欲而违背自然规律的现象；保护自然则是强调人类对自然界应该承担保护职责，不应忽视自然界对人类的反作用，无节制地从自然界进行索取，“生态环境没有替代品，用之不觉，失之难存”③。二是保护生物多样性，从源头上防范化解重大公共卫生风险。《荀子·天问》云：“万

①《马克思恩格斯选集》第三卷，人民出版社 2012 年版，第 998 页。

②《马克思恩格斯文集》第九卷，人民出版社 2009 年版，第 560 页。

③《习近平谈治国理政》第三卷，外文出版社 2020 年版，第 360 页。

物各得其和以生，各得其养以成。”生物多样性使地球充满生机，也是人类生存和发展的基础，保护生物多样性有助于维护地球家园，促进人类可持续发展。与此同时，构建人与自然生命共同体，团结合作是必由之路。习近平总书记多次呼吁国际社会要以前所未有的雄心、担当和行动，共同构建人与自然生命共同体。我国努力构建公平合理、合作共赢的全球环境治理体系，愿同国际社会一道纾解全球环境治理之困，共同建设清洁美丽的生活家园。

其二，深化疫情防控国际合作、共筑人类卫生健康共同体。新冠肺炎疫情以多点暴发、迅速蔓延之势席卷了全球200多个国家和地区，成为世界性的卫生治理难题。截至2023年3月26日，全球新冠肺炎确诊病例超过7.6亿人，累计死亡人数已高达689万余人，给世界各国人民的生命健康安全带来了极大威胁。人类卫生健康共同体倡议的提出，表达了中国愿携手国际社会共同护佑人类健康和美好未来的强烈愿望，彰显了中华民族协和万邦的精神气度。倡议以共商共建共享为原则，以团结应对全球性卫生健康问题和公共卫生危机为主要任务，以尊重和保护全世界各国人民平等的生命健康权为价值诉求。为更好地履行国际责任，我国积极帮助公共卫生防疫体系相对较弱的国家和地区加强公共卫生建设，积极参与国际社会在抗击天花、艾滋病、埃博拉、禽流感等重大疫情方面的合作，奠定了中国与国际社会进行卫生防疫合作的良好基础。此次疫情防控，我国开启了自新中国成立以来最大规模的国际援助，通过毫无保留地分享抗疫经验、最大限度提供抗疫物资援助等行动践行人类卫生健康共同体理念。正如《中共中央关于党的百年奋斗重大成就和历史经验的决议》指出，“我国开展抗击新冠肺炎疫情国际合作，发起新中国成立以来最大规模的全球紧急人道主义行动，向众多国家特别是发展中国家提供物资援助、医疗支持、疫苗援助和合作，展现负责任大国形象”。但是，构建人类卫生健康共同体仍面临诸多挑战，主要表现在：“逆全球化”思潮涌动、保护主义倾向上升，全球公共卫生产品供给不足；新冠肺炎疫情下西方主流媒体的傲慢与偏见，将新冠病毒溯源问题政治化等。这些“杂音”的存在，导致全球在形成共同应对公共卫生危机的强大合力方面还存在障碍。树立全球抗疫大局意识，共同构筑人类卫生健康共同体，才能共同守护人类生命安全，共同护佑人类美好家园。

六、以伟大抗疫精神引领新时代公民道德建设

国无德不兴，人无德不立。实现中华民族伟大复兴，需要加强社会主义精神文明建设，推动全国人民道德素质和社会文明程度达到新高度。疫情防控不仅是对国家治理体系和治理能力的大考，也是对新时代我国公民道德水平的大考。在疫情防控的道德答卷中，中国人民同心同德、众志成城，为中国战疫提供了强有力的思想道德支撑。然而，在答卷过程中也暴露出公民道德失范问题，如国家危难面前的利益至上、公众利益面前的利己主义等。借助抗疫大考提供的契机，以抗疫精神引领新时代公民道德建设，有助于提高公民的道德水准，实现中华民族精神财富的极大丰富。

其一，以提高人们的思想道德觉悟为前提，筑牢理想信念之基。心中有信仰，脚下才有行动的力量。共产党人的理想信念就是对马克思主义的信仰，对社会主义和共产主义的信念。它是中国共产党人精神之钙，是其经受住任何考验的精神支撑。在革命年代，共产党人高唱“砍头不要紧，只要主义真”而前赴后继。在战疫中，广大党员以实际行动诠释“我是党员我先上”的使命担当，亮出新时期共产党员的鲜明品格，彰显了新时期共产党人的庄严承诺。无论过去、现在还是将来，理想信念之光一经点燃，必定产生巨大的精神能量。

其二，积极培育社会主义核心价值观，凝聚社会价值共识，促进社会团结奋进。社会主义核心价值观回应了我们要建设什么样的国家、建设什么样的社会、培育什么样的公民等重大问题。在公民价值引导层面，能

够为人们正确判断是非、正误、善恶、美丑提供价值依据，为人们正确认识人伦关系、树立正确的道德观提供价值引导。在社会和国家建设层面，有助于凝心聚力共同铸牢中华民族共同体意识。回顾中华民族发展历程，我们辽阔的疆域是各民族共同开拓的，我们悠久的历史是各民族共同书写的，我们灿烂的文化是各民族共同创造的，我们伟大的精神是各民族共同培育的。一部中华民族的发展史，正是一部生动的各民族你中有我、我中有你，多元一体、共同发展的历史。我们应立足中华民族伟大复兴新征程，铸牢中华民族共同体意识，让各民族像石榴籽一样紧紧相拥，共同抵御逐梦路上的风险与挑战。

其三，重视道德教育和道德实践，加强全社会各领域的道德教育工作。抗疫精神融入公民道德建设是提升公民道德素质、增强社会责任感的过程，也是引领社会风尚、提高社会文明程度的过程。需要将抗疫精神融入社会公德、职业道德、家庭美德、个人品德、网络道德教育各环节。只有全社会各领域道德水平得以提升，才能促进良好社会风气的形成与发展，为民族复兴营造有利的社会环境。

新冠肺炎疫情作为百年不遇的重大突发公共卫生事件，是中华民族接续奋进征程中面临的一场重大考验。在这场艰苦卓绝的历史性大考中，孕育形成了弥足珍贵的伟大抗疫精神。生命至上的为民追求、举国同心的团结伟力、舍生忘死的顽强斗志、尊重科学的求是态度、命运与共的天下情怀，都充分彰显了中华民族的特质禀赋和文化基因，使中国人民接受了一次全面深刻的思想淬炼和精神洗礼，为抗疫斗争重大决定性胜利的取得提供了强大精神支撑。这场重大决定性胜利是人民伟力生动实践的结果，是中国共产党领导和中国特色社会主义制度优越性的具体表现，是对中国负责任大国形象的深刻诠释，在民族复兴新征程上构筑起巍然屹立的精神丰碑，凝聚起共同奋斗的中国力量以及坚定奋进的中国信心，丰富了中国共产党人的精神谱系，为民族复兴中国梦的实现提供不竭动力。我们于变局中开新局，在危机中育先机，需要努力自觉弘扬和积极践行伟大抗疫精神，主动担负起时代赋予的重任，以敢于压倒一切困难而不被一切困难所压倒的勇气，继续进行具有许多新的历史特点的伟大斗争，增强民族复兴的志气、骨气和底气。中华民族必将步履铿锵，实现强国建设、民族复兴的伟大目标。

后　记

距离新冠疫情暴发，已经过去了四年多。回望这场惊心动魄的抗疫大战、艰苦卓绝的历史大考，许多情景至今仍历历在目。我们谨将此书，献给在伟大抗疫斗争中弘扬抗疫精神、作出重大贡献的人民英雄和英雄人民。

在本书中，我们坚持历史与逻辑、理论与实践相统一，努力展现抗击疫情的艰辛历程、揭示抗疫精神的深刻意蕴，阐释党的领导、人民伟力、制度优势、决胜之地、民族禀赋与抗疫精神的关系，反映国际抗疫的中国担当，阐明抗疫精神对于民族复兴的重要意义。我们期待通过本书，为抗疫精神的学习研究和宣传阐释，贡献思想理论工作者的绵薄之力。

本书是集体合作的成果。在研究写作过程中，课题组分工合作、多次研讨，交流碰撞、反复修改，形成了摆在读者面前的这些文字。其中，我们二人撰写了绪论，并完成了全书统稿工作；武汉大学马克思主义学院李楠教授撰写了第一章；武汉大学马克思主义学院刘水静教授撰写了第二章；武汉大学马克思主义学院杨军教授撰写了第三章；湖北省社会科学院李涛副研究员、复旦大学马克思主义学院金伟教授撰写了第四章；武汉大学政治与公共管理学院吕普生教授撰写了第五章；武汉大学新闻与传播学院李小曼副教授撰写了第六章；武汉大学国家文化发展研究院肖波教授撰写了第七章；武汉大学经济与管理学院余振教授撰写了第八章；西南石油大学马克思主义学院张莉副教授、武汉大学哲学学院吴昕炜副教授撰写了第九章。武汉大学马克思主义学院王芸婷讲师对绪论部分的撰写亦有贡献。

研究和写作过程中，我们也从学界同行的研究成果中获益良多。马克思主义理论研究和建设工程办公室、中共湖北省委宣传部、马克思主义理论与中国实践湖北省协同创新中心、武汉大学人文社会科学研究院、武汉大学马克思主义学院等多家单位对这项工作给予了鼎力支持。湖北人民出版社的领导和责任编辑对本书申报国家出版基金资助项目和编辑出版，提出了宝贵意见，付出了大量心血。2022 年 3 月，本书获批 2022 年度国家出版基金资助项目。在此，谨致真诚谢意！

由于学养所限，书中错讹之处，还请各位读者批评指正。

沈壮海　简繁

2024 年 6 月